# Unternehmenskultur

Perspektiven für Wissenschaft und Praxis

Von

## Dr. Dr. h. c. mult. Edmund Heinen

o. Professor der Betriebswirtschaftslehre
an der Universität München

zusammen mit

Akadem. Oberrat Dr. Bernhard Dietel
Akadem. Rat Dr. Claus Breit
Akadem. Rat Dr. Peter Dill
Akadem. Rat Dr. Jürgen Dormayer
Dipl. Kfm. Bernd Gussmann
Dipl. Kfm. Gert Hügler
Dipl. Kfm. Thomas Kettern
Dipl. Kfm. Bernd Klofat
Dipl. Kfm. Christian Ochsenbauer

R. Oldenbourg Verlag München Wien

© 1987 R. Oldenbourg Verlag GmbH, München

Das Werk einschließlich aller Abbildungen ist urheberrechtlich geschützt. Jede Verwertung außerhalb der Grenzen des Urheberrechtsgesetzes ist ohne Zustimmung des Verlages unzulässig und strafbar. Das gilt insbesondere für Vervielfältigungen, Übersetzungen, Mikroverfilmungen und die Einspeicherung und Bearbeitung in elektronischen Systemen.

Gesamtherstellung: R. Oldenbourg Graphische Betriebe GmbH, München

ISBN 3-486-20449-1 brosch.
ISBN 3-486-20452-1 geb.

# Inhaltsverzeichnis

**Beitrag A: Unternehmenskultur als Gegenstand der Betriebswirtschaftslehre (Edmund Heinen)** ............................................................. 1

1. **Hintergründe und Verlauf der Diskussion „kultureller" Phänomene in Betriebswirtschaften** ................................................ 4
1.1 Ursprünge der „Corporate Culture"-Diskussion ........................... 4
1.2 Unternehmenskultur und Organisationstheorie ........................... 14
1.2.1 Die Kultur als „Variable": Objektivistische Unternehmenskulturforschung ............................................................... 15
1.2.2 Die Kultur als erkenntnisleitender Grundbegriff: Individualistische Unternehmenskulturforschung ..................................... 16
2. **Entscheidungsorientierte Betriebswirtschaftslehre und Unternehmenskulturforschung** ......................................................... 20
2.1 Ein entscheidungsorientierter Unternehmenskulturbegriff ............... 22
2.2 Ein Vorschlag zur Typologisierung von Unternehmenskulturen .......... 26
2.3 Grundmodelle und Unternehmenskultur .................................... 33
2.3.1 Werte und Normen im entscheidungsorientierten Grundmodell der Organisation ......................................................... 33
2.3.2 Werte und Normen im Führungsprozeß .................................. 37
2.4 Aufgaben der entscheidungsorientierten Betriebswirtschaftslehre in der betriebswirtschaftlichen Unternehmenskulturforschung ........... 39
2.4.1 Erklärungsaufgabe ........................................................ 39
2.4.2 Gestaltungsaufgabe ....................................................... 40

**Beitrag B: Kulturkonzepte in der allgemeinen Kulturforschung – Grundlage konzeptioneller Überlegungen zur Unternehmenskultur (H.-Jürgen Dormayer/Thomas Kettern)** ......................................................... 49

1. **Der allgemeine Kulturbegriff** ............................................. 50
2. **Ansätze zur Systematisierung unterschiedlicher Kulturkonzepte** ....... 53
2.1 Anthropologisch orientierte Klassifikationen ............................. 54
2.2 Systematisierung nach Allaire/Firsirotu ................................... 57
2.2.1 Ansätze der „Sociocultural-System"-Schulen ............................ 59
  (1) Die funktionalistische Konzeption ...................................... 59
  (2) Der struktur-funktionalistische Ansatz ................................. 60
  (3) Der ökologisch-adaptionistische Ansatz ................................ 60
  (4) Der historisch-diffusionistische Ansatz ................................ 61
2.2.2 Kultur als Ideensystem .................................................. 61
  (1) Der kognitive Ansatz .................................................... 62
  (2) Der strukturalistische Ansatz ........................................... 62
  (3) Der Äquivalenzansatz .................................................... 62
  (4) Der symbolische Ansatz ................................................. 63

**Beitrag C: Überlegungen zur paradigmatischen Dimension der aktuellen Unternehmenskulturdiskussion in der Betriebswirtschaftslehre (Christian Ochsenbauer/Bernhard Klofat)** .................... 67
1. Ein Orientierungsrahmen zur paradigmatischen Analyse alternativer Ansätze der Organisationsforschung .................. 73
2. Die aktuelle Grundlagendiskussion in der Organisationstheorie und deren grundsätzliche Beziehung zur Organisationskulturforschung . 79
3. Alternativen der Organisationskulturforschung – Eine paradigmatische Analyse ............................ 87
3.1 Funktionalistisch-systemorientierte Ansätze der Organisationskulturforschung ............................ 87
3.2 Interpretative Ansätze der Organisationskulturforschung ...... 89
3.3 Radikal-humanistische Ansätze der Organisationskulturforschung 92
3.4 Radikal-strukturalistische Ansätze der Organisationskulturforschung............................ 94
4. Ansatzpunkte einer reflektiert funktionalistischen Unternehmenskulturforschung ............................ 96
5. Ergebnis ............................ 101

**Beitrag D: Ansatzpunkte für eine Theorie der Unternehmenskultur (Bernd Gussmann/Claus Breit)** ............................ 107
1. Symbole als Medien der Unternehmenskultur ............... 109
1.1 Die Bedeutung der Sprache ...................... 111
1.1.1 Die symbolische Dimension der Sprache .............. 111
1.1.2 Geschichten, Erzählungen und Stories ............... 113
1.1.3 Mythen ............................ 115
1.2 Symbolische Handlungsartefakte ................... 116
1.3 Zur Entstehung und Verwendung von gemeinsamen Symbolen: Der symbolische Interaktionismus ................... 118
2. Ansätze zur Erklärung unterschiedlicher Ausprägungen der Unternehmenskultur ............................ 121
2.1 Einflußfaktoren der Ausbildung unterschiedlicher Verankerungsgrade der Unternehmenskultur ................. 122
2.1.1 Ausgewählte Ansätze der betriebswirtschaftlichen Organisationstheorie zu den Begriffen der Identifikation und Internalisierung . . 123
2.1.2 Ein Vorschlag zur Systematisierung unterschiedlicher Verankerungsgrade der unternehmensbezogenen Werte und Normen der Organisationsmitglieder ...................... 125
2.1.3 Die Bedeutung der Führung für die Entwicklung eines hohen Verankerungsgrades der Unternehmenskultur bei den Organisationsmitgliedern ............................ 127
2.2 Bestimmungsgründe des Übereinstimmungsausmaßes der unternehmenskulturellen Werte und Normen einer betriebswirtschaftlichen Organisation ............................ 128

| | | |
|---|---|---|
| 2.2.1 | Bestimmungsgründe unterschiedlicher Ausprägungen unternehmensspezifischer Subkulturen | 129 |
| 2.2.2 | Die Bedeutung des Zielsystems der betriebswirtschaftlichen Organisation für das Übereinstimmungsausmaß der Unternehmenskultur | 130 |
| 2.3 | Gesamtgesellschaftlicher Wertewandel und Systemkompatibilität von Unternehmenskulturen | 133 |

**Beitrag E: Unternehmenskultur und Führung betriebswirtschaftlicher Organisationen – Ansatzpunkte für ein kulturbewußtes Management (Peter Dill/Gert Hügler)** .................................................. 141

| | | |
|---|---|---|
| 1. | **Funktionen der Unternehmenskultur** | 146 |
| 1.1 | Originäre Funktionen | 147 |
| 1.1.1 | Die Koordinationsfunktion der Unternehmenskultur | 147 |
| 1.1.2 | Die Integrationsfunktion der Unternehmenskultur | 152 |
| 1.1.3 | Die Motivationsfunktion der Unternehmenskultur | 154 |
| 1.2 | Derivative Funktionen | 157 |
| 2. | **Zielbildungs- und Zieldurchsetzungsprozesse in betriebswirtschaftlichen Organisationen aus der Perspektive der Unternehmenskultur** | 159 |
| 2.1 | Das dreistufige Modell des Zielbildungs- und Zieldurchsetzungsprozesses in betriebswirtschaftlichen Organisationen | 159 |
| 2.2 | Unternehmenskultur und die Bildung genereller Oberziele | 163 |
| 2.2.1 | Unternehmensgrundsätze und Unternehmensleitbilder als Grundlagen für ein Kulturmanagement | 164 |
| 2.2.2 | Zum Prozeß der Einführung von Unternehmensgrundsätzen und Unternehmensleitbildern | 166 |
| 2.3 | Unternehmenskultur und strategische Entscheidungsprozesse | 172 |
| 2.3.1 | Die Rolle der Unternehmenskultur im Rahmen von Prozessen des Entwurfs und der Bewertung von Strategien | 174 |
| 2.3.2 | Die Handhabung von Misfits zwischen Unternehmenskultur und strategischen Entscheidungen | 177 |
| 2.3.2.1 | Identifikation und Bewertung der aus Misfits zwischen Unternehmenskultur und Strategie resultierenden Risiken | 178 |
| 2.3.2.2 | Begrenzung und Abbau von Risiken | 179 |
| 2.4 | Unternehmenskultur und Mitarbeiterführung – Methoden eines kulturbewußten Managements | 181 |
| 2.4.1 | Die Idee gelebter Wertesysteme | 182 |
| 2.4.2 | Symbolisches Management | 183 |
| 2.4.2.1 | Kommunikative Instrumente | 184 |
| 2.4.2.2 | Symbolische Repräsentation | 188 |
| 2.4.3 | Konsensorientiertes Management | 189 |
| 2.4.4 | Werteorientiertes Human-Ressourcen Management | 196 |
| 2.4.4.1 | Grundgedanken eines werteorientierten Human-Ressourcen Managements | 196 |

2.4.4.2 Strategien eines werteorientierten Human-Ressourcen Managements ............................................. 197

**Beitrag F: Unternehmenskultur: eine Herausforderung für die Theorie der Unternehmung? (Bernhard Dietel)** ............................... 211

1. Anreiz-beitrags- und koalitionstheoretische Grundlagen einer Theorie der Unternehmung ........................................ 214
2. Starke Unternehmenskulturen in einem anreiz-beitrags- und koalitionstheoretisch fundierten Modell der Unternehmung ............ 219
2.1 Beitritts- und Beitragsleistungsentscheidungen und Unternehmenskultur ............................................................... 220
2.1.1 Beitrittsentscheidungen ....................................... 220
2.1.2 Beitragsleistungsentscheidungen ............................. 221
2.2 Managementaufgabe und Unternehmenskultur ................ 222
2.2.1 Zielsetzung .................................................... 223
2.2.2 Rollendefinition, Rollenbesetzung und Rollenhandeln ....... 228
3. Die „Botschaft" der Unternehmenskulturdiskussion: Management of Evolution ................................................... 233

**Sachverzeichnis** .......................................................... 239

# Vorwort

Wissenschaft und Praxis interessieren sich zunehmend für das Phänomen der Unternehmenskultur. Mit dem vorliegenden Buch „Unternehmenskultur – Perspektiven für Wissenschaft und Praxis" wird eine „betriebswirtschaftliche Kulturanalyse" vorgelegt. Zentrales Anliegen ist es, aus der Vielfalt der Diskussionen und Aussagen den wissenschaftlichen Kern herauszuheben und mit den Ergebnissen eigener Kulturforschung zu verknüpfen.

Den methodischen Rahmen bildet die entscheidungsorientierte Betriebswirtschaftslehre. Ihr realwissenschaftliches Aussagesystem basiert auf den Entscheidungen des wirtschaftenden Menschen in der Einzelwirtschaft. Ihre interdisziplinäre Ausrichtung, die sich auf die Grundmodelle Individuum, Gruppe, Organisation und Gesellschaft als Bausteine stützt, führt zur Betrachtung der Unternehmung als sozio-ökonomisches System. Ein solchermaßen konzipierter Ansatz ist auch offen für die Behandlung von Problemstellungen wie die der Unternehmenskultur.

Die Unternehmenskultur bringt eine teilweise kulturelle Eigenständigkeit zum Ausdruck, durch die sich Unternehmungen als Subsysteme der Gesellschaft voneinander abheben. Im Mittelpunkt der „betriebswirtschaftlichen Kulturanalyse" steht die Frage, welche Erkenntnisfortschritte die Einbeziehung kultureller Wertvorstellungen und Überzeugungen auf Unternehmensebene für Betriebswirtschaftslehre und unternehmerische Praxis zu leisten vermag.

Beschreibung und Erklärung des Wesens der Unternehmenskultur erfolgen über eine Präzisierung des Begriffes der Unternehmenskultur und über eine Analyse der Genese gemeinsamer unternehmensindividueller Werte und Normen sowie deren Konkretisierung in Symbolen. Die weitere Vorgehensweise der Untersuchung schließt die Zielanalyse mit der Begründung der in der Unternehmenswirklichkeit vorfindbaren Ziele ein, sowie deren Entstehung, Verankerung, Wandel und Weitergabe. Von allgemeinen Kulturkonzepten ausgehend werden Fragen des paradigmatischen Anspruchs einer Unternehmenskulturtheorie erörtert. Die Erkenntnisgewinnung dient der Erstellung von Gestaltungsentwürfen für ein kulturbewußtes Management. Der Einbezug der Unternehmenskultur in die Diskussion des gesellschaftlichen Wertewandels der Gegenwart und in den Bereich der Wertfreiheit der Wissenschaft wird angesprochen.

Die betriebswirtschaftliche Beschäftigung mit dem Phänomen der Unternehmenskultur beinhaltet nicht zuletzt auch die Frage nach einem umfassenderen Menschenbild. Dieses Bild darf den Menschen nicht nur als Verhaltenssystem sehen, sondern muß ebenso die Bedeutung von Symbolen und das Streben des Menschen nach Sinn mit einschließen.

Zur Entstehung des Buches „Unternehmenskultur – Perspektiven für Wissenschaft und Praxis" verdient dankbare Erwähnung, daß alle Mitarbeiter am Seminar für Industrieforschung und betriebliches Rechnungswesen mit großem Arbeitseifer und nimmermüder hartnäckiger Sachdiskussion zur Reife beigetragen haben. Anerkennung gebührt den Mitarbeiterinnen im Sekretariat, hier insbesondere Frau Kohlschmidt, die in lobenswerter Weise das immer wieder geänderte Manuskript geschrieben haben.

Edmund Heinen

# Beitrag A.

# Unternehmenskultur als Gegenstand der Betriebswirtschaftslehre

von

Edmund Heinen

| | | |
|---|---|---:|
| 1. | **Hintergründe und Verlauf der Diskussion „kultureller" Phänomene in Betriebswirtschaften** | 4 |
| 1.1 | Ursprünge der „Corporate Culture"-Diskussion | 4 |
| 1.2 | Unternehmenskultur und Organisationstheorie | 14 |
| 1.2.1 | Die Kultur als „Variable": Objektivistische Unternehmenskulturforschung | 15 |
| 1.2.2 | Die Kultur als erkenntnisleitender Grundbegriff: Individualistische Unternehmenskulturforschung | 16 |
| 2. | **Entscheidungsorientierte Betriebswirtschaftslehre und Unternehmenskulturforschung** | 20 |
| 2.1 | Ein entscheidungsorientierter Unternehmenskulturbegriff | 22 |
| 2.2 | Ein Vorschlag zur Typologisierung von Unternehmenskulturen | 26 |
| 2.3 | Grundmodelle und Unternehmenskultur | 33 |
| 2.3.1 | Werte und Normen im entscheidungsorientierten Grundmodell der Organisation | 33 |
| 2.3.2 | Werte und Normen im Führungsprozeß | 37 |
| 2.4 | Aufgaben der entscheidungsorientierten Betriebswirtschaftslehre in der betriebswirtschaftlichen Unternehmenskulturforschung | 39 |
| 2.4.1 | Erklärungsaufgabe | 39 |
| 2.4.2 | Gestaltungsaufgabe | 40 |

Unternehmenskultur – ein Begriff, der noch vor nicht allzulanger Zeit in der deutschsprachigen betriebswirtschaftlichen Literatur zu den Bereichen Organisation, Führung und Personal keinerlei Aufmerksamkeit gefunden hat – entwickelt sich in zunehmendem Maße zu einem höchst aktuellen Gegenstand betriebswirtschaftlicher Forschungsbemühungen. Die Zahl der Monographien, Aufsätze und Sammelbände zu diesem Thema steigt sprunghaft an.[1] Aber auch die Praxis zeigt sich interessiert. Institutionen, die sich der Aus- und Weiterbildung von Führungskräften in der Wirtschaft widmen, bieten eine Vielzahl von Seminaren, Arbeitskreisen, Kolloquien und Symposien zum Thema Unternehmenskultur an und finden großen Anklang. Zahlreiche Unternehmen haben bereits Unternehmensgrundsätze, Leitbilder oder Führungsphilosophien formuliert.[2] Deren Umsetzung oder Weiterentwicklung zu einer funktionsfähigen Unternehmenskultur wird als eine wichtige Zukunftsaufgabe angesehen. Führungskräfte denken im Rahmen sog. „workshops" über Sein und Sollen der eigenen Unternehmenskulturen nach. Auch die Gründe für die zunehmende Beliebtheit von „quality circles" bzw. der eher auf europäische Verhältnisse zugeschnittenen Lernstattkonzepte sind im Zusammenhang mit der aktuellen Diskussion um das Phänomen Unternehmenskultur zu suchen. Nicht zuletzt scheint sich insbesondere in den Vereinigten Staaten die Unternehmenskultur zu einem Verkaufsschlager von Unternehmensberatungsorganisationen zu entwickeln, die sich auf den Feldern der Organisations- und Personalentwicklung oder der Strategieberatung betätigen.

Fragt man nach dem Inhalt des Begriffes, der in den genannten Veröffentlichungen sowie in diesbezüglichen Diskussionen und Aktivitäten in Unternehmungen die zentrale Stellung einnimmt, so stößt man in Literatur und Praxis auf eine Vielzahl von Begriffsauffassungen, die inhaltlich zum Teil nicht unerheblich voneinander abweichen.

Mit dem Begriff der Unternehmenskultur[3] soll zum Ausdruck gebracht werden, daß Betriebswirtschaften in ihrem Agieren eine gewisse wert- und normbezogene Eigenständigkeit entwickeln können, durch welche sie sich voneinander und u.U. auch bis zu einem gewissen Grade vom Wert- und Normgefüge der Gesamtgesellschaft abheben können. Unternehmenskultur äußert sich – insbesondere, wenn sie stark ausgeprägt ist – in einer gemeinsamen Geisteshaltung und Denkweise der Organisationsmitglieder. Sie beeinflußt Entscheidungen und Handlungen auf allen Hierarchieebenen und in jeder Abteilung. Spezifische Unternehmenskulturen können für Erfolg und Wettbewerbsfähigkeit von aus-

---

[1] Beispielhaft seien hier einige deutschsprachige Publikationen genannt: Bleicher (1982), (1983), (1984); Deal (1984); Dill (1986); Ebers (1985); Gabele/Kretschmer (1985); Hauser (1985); Heinen (1981), (1985b), (1985c), (1985d), (1985e), (1986a), (1986b); Heinen/Dill (1986); Hochreutener (1984); Kieser (1985); Krulis-Randa (1984); Matenaar (1983); Pramann (1985); Pümpin (1984a), (1984b); Reinhard (1983); Rüttinger (1985); Sackmann (1983); Schein (1984a), (1984b), (1985); Scheuten (1985); Schuster/Widmer (1984); Staerkle (1985); Ulrich, P. (1983), (1984); Wever (1983); Wolff (1984).
[2] Zur wachsenden Bedeutung und Problematik von solchen Grundsatzpapieren siehe z.B. Gabele/Kretschmer (1985), Kubicek (1984); vgl. auch die in den Veröffentlichungen der amerikanischen Managementliteratur dargestellten Unternehmensgrundsätze, z.B. in Ouchi (1982), S. 193ff; Pascale/Athos (1981); Deal/Kennedy (1982).
[3] Vgl. Heinen (1985d), Heinen/Dill (1986); Heinen (1986a), (1986b); insb. auch Abschnitt 2.1. dieses Beitrages.

schlaggebender Bedeutung sein. Wie jüngere empirische Fallstudien gezeigt haben, sind vor allem der Entwurf und die Umsetzung von innovativen Unternehmensstrategien ohne die Berücksichtigung der unternehmensbezogenen Wert- und Normgefüge der betroffenen Organisationsmitglieder ein schwieriges Unterfangen.[4]

Die nicht selten an Euphorie grenzende Begeisterung, mit der sich einige Theoretiker und viele Praktiker der Unternehmenskultur verschrieben haben, darf nicht darüber hinwegtäuschen, daß die Unternehmenskultur als empirisches Phänomen nicht erst in jüngster Zeit „erfunden" worden ist. Man hat schon seit jeher aufgrund ganz konkreter persönlicher Erfahrungen vom Wesen, vom Ethos, von der Philosophie, von übergeordneten Zwecken, vom Geist und vom Stil eines Unternehmens gesprochen, nicht zuletzt in Praktikerkreisen.[5] Das Aufkommen des Begriffs der Unternehmenskultur in der Betriebswirtschaftslehre verdeutlicht jedoch die Notwendigkeit, daß die damit angesprochenen Sachverhalte einer systematischen wissenschaftlichen Analyse bedürfen. Insbesondere der entscheidungsorientierten Betriebswirtschaftslehre eröffnet sich hierdurch eine Perspektive, die den herkömmlichen Ansätzen zur Erklärung und Gestaltung betrieblicher Strukturen und Prozesse eine neue und aussagekräftige Dimension hinzufügt.

Die betriebswirtschaftliche Unternehmenskulturforschung und die Bemühungen in der Praxis zur Entwicklung von Unternehmenskulturen sollten deshalb nicht als Modeerscheinung begriffen werden, deren baldige Ablösung durch eine neue „Welle" gewissermaßen vorprogrammiert ist. Die Unternehmenskultur dürfte vielmehr an theoretisch-betriebswirtschaftlicher und praktischer Bedeutung gewinnen. Einerseits ist die Gegenwart geprägt von ungeheuren Anforderungen an die Flexibilität, an die Kreativität und Innovationsfähigkeit von Organisationen und deren Mitgliedern. Diese Höchstbeanspruchungen gehen andererseits einher mit Wert- und Sinnverlusten in der Arbeitswelt, mit sozialer Desorientierung und Desintegration. Sie werden begleitet von der Tendenz zu hedonistischen und narzißtischen Verhaltensweisen, insbesondere in den nachwachsenden Generationen. Den daraus entstehenden Problemen muß sich die Betriebswirtschaftslehre in differenzierter Weise stellen. Daher sollen im folgenden

1. die Hintergründe und der Verlauf der Auseinandersetzung mit „Unternehmenskultur" in der aktuellen betriebswirtschaftlichen und organisationstheoretischen Literatur in groben Umrissen nachgezeichnet werden,

2. zentrale Problemfelder aufgezeigt werden, die sich aus dieser Diskussion für die entscheidungsorientierte Betriebswirtschaftslehre ergeben.

Im folgenden ersten Abschnitt geht es um die Hauptquellen des aktuellen Interesses der Betriebswirtschaftslehre an unternehmenskulturellen Phänomenen i. w. S., wie an Werten, Normen, aber auch Symbolen, Riten, Mythen und anderen kulturellen Artefakten, soweit sie in Zusammenhang mit dem Handeln betriebswirtschaftlicher Organisationen gesehen werden können.

---

[4] Vgl. hierzu bspw. Schwarz/Davis (1981), Davis (1984).
[5] Vgl. hierzu auch die Darstellung von Zürn (1985).

# 1. Hintergründe und Verlauf der Diskussion „kultureller" Phänomene in Betriebswirtschaften

Wesentliche Impulse für das Interesse an kulturellen Phänomenen auf der Ebene betriebswirtschaftlicher Organisationen gehen einerseits von der aktuellen amerikanischen Managementliteratur und andererseits von den jüngsten Entwicklungen und kritischen Auseinandersetzungen im Bereich der Organisationstheorie aus. Während die organisationstheoretische Grundlagendiskussion naturgemäß nur einem relativ engen Kreis von Fachleuten vorbehalten ist, hat die teilweise eher populärwissenschaftliche Behandlung unternehmenskultureller Phänomene unter dem Schlagwort „Corporate Culture" in der breiteren Öffentlichkeit rege Aufmerksamkeit gefunden. Diese Diskussion und deren Hintergründe sind Gegenstand des folgenden Abschnittes.

## 1.1 Ursprünge der „Corporate Culture"-Diskussion

Wie so oft in der Entwicklung von einzelwirtschaftlichen Theorien und Fragestellungen ist auch die „Corporate-Culture"-Diskussion in den Vereinigten Staaten aus strukturellen Veränderungen der makroökonomischen Bedingungen entstanden. Sie ist insbesondere auf die Umwälzung in den Wettbewerbsverhältnissen zwischen den führenden Industrienationen auf den Weltmärkten zurückzuführen.

Schon in den frühen 70er Jahren zeichnet sich hier der phänomenale Aufstieg Japans von einer wirtschaflich bis dahin eher unterentwickelten Nation zu einer Wirtschaftsmacht ersten Ranges ab.[6] Besonders betroffen von diesem Phänomen sind die Vereinigten Staaten als die führende Industrienation der Welt. Gerade diejenigen Märkte, auf welchen die Amerikaner traditionell Vorherrschaft und Unangreifbarkeit für sich beanspruchen, werden in den 70er Jahren zu einem Felde dramatischer Erfahrungen und Niederlagen für amerikanische Unternehmungen.[7] Hinzu kommt ein erschüttertes Selbstbewußtsein der amerikanischen Gesellschaft insgesamt infolge des verlorenen Vietnamkriegs und des „Ölschocks". Beide Ereignisse stellen letztendlich für viele amerikanische Bürger nichts anderes als ein Zeichen bzw. eine Auswirkung des schwindenden Einflusses amerikanischer Politik im Weltzusammenhang dar. Zusammen mit einer kontinuierlichen Schwäche des Dollars und verschiedenen Ereignissen, die das Vertrauen in den politisch-administrativen Apparat untergraben, läßt sich aus diesen Faktoren für die USA der 70er Jahre durchaus das Bild einer sozio-ökonomischen Krise und einer damit verbundenen sozialen Desorientierung zeichnen.

Im Bereich des Managements betriebswirtschaftlicher Organisationen führt die skizzierte Entwicklung zunächst offensichtlich zu einer Art kritischer Reflexion. Die Konfrontation mit der japanischen Herausforderung auf den Welt-

---

[6] Vgl. zu den Besonderheiten der wirtschaftlichen Entwicklung Japans z.B. Berg (1981); Ernst (1985); Fürstenberg (1981); Gaugler/Zander (1981); Kraus (1982); Morishima (1985); Pascale/Athos (1981); Schulze (1984); Vogel (1979).
[7] Man denke nur an die lange Zeit nicht überwundene Krise der amerikanischen Automobilindustrie in den frühen 80er Jahren.

und amerikanischen Binnenmärkten erschüttert das Selbstbewußtsein der Führungselite in Bezug auf das eigene Wissen um die effizientesten Managementmethoden. Die Hoffnung auf die Handhabbarkeit zunehmend turbulenter werdender Umwelten durch die Instrumente des Strategischen Managements wird nicht hinreichend erfüllt. Es taucht die Frage auf, ob die Ursachen für die überraschenden Schwierigkeiten der amerikanischen Industrie in bestimmten bisher wenig beachteten Eigenheiten amerikanischer Managementmethoden zu suchen sind, welche Absentismus, stagnierende Produktivitätszuwachsraten und Qualitätsverluste besser zu erklären vermögen als z.B. die durch staatliche Wirtschaftspolitik beeinflußten Rahmenbedingungen. Angesichts der japanischen Erfolge mündet die anfängliche Verwirrung in konstruktivere Fragen wie: „Was machen die Japaner anders bzw. besser als wir?" oder „Was können wir von den Japanern lernen?"

Erste Anhaltspunkte zur Beantwortung dieser Fragen ergeben sich aus den Untersuchungen im Rahmen der „kulturvergleichenden Managementforschung", einer relativ jungen Spezialdisziplin innerhalb der Organisationstheorie. Die Vertreter dieser Forschungsrichtung beschäftigen sich insbesondere mit der Frage, ob „kulturfreie" Prinzipien des Managements betriebswirtschaftlicher Organisationen festgestellt werden können. Aber auch die umgekehrte Fragestellung wird untersucht. Hier geht es beispielsweise darum, inwieweit die Persönlichkeitsvariablen von Führungskräften und Mitarbeitern einer Unternehmung kulturspezifisch geprägt sind und sich daraus Konsequenzen für die Erscheinungsformen von betriebswirtschaftlichen Organisationen ergeben. In einer solchen Sichtweise wird Kultur als Bedingungsfaktor der Funktionalität von Strukturen und Prozessen in Unternehmungen interpretiert. Der Kulturbegriff dient zur Charakterisierung bestimmter traditionsbedingter Eigenheiten einer spezifischen Gesellschaft.[8]

Innerhalb der kulturvergleichenden Managementforschung gelangen im Zuge der japanischen Herausforderung diejenigen Arbeiten und Forschungsprojekte zu besonderer Bedeutung, die sich mit Theorie und Praxis der japanischen Unternehmensführung beschäftigen. Bezeichnenderweise läßt sich bei den betroffenen Forschern angesichts der oben skizzierten Probleme eine gewisse Schwerpunktverlagerung in der Interpretation ihrer Forschungsergebnisse feststellen: Die anfänglich reine Beschreibung kulturbedingter Unterschiede in der Führung von amerikanischen und japanischen Unternehmungen mündet zunehmend in Kritik an den Methoden und Instrumenten der Mitarbeiter- und Unternehmensführung amerikanischer Prägung.

Ein frühes Beispiel für diese Verschiebung des Interesses von einer relativ wertneutralen kulturvergleichenden Managementforschung hin zu einer Kritik amerikanischer Instrumente der Mitarbeiter- und Unternehmensführung geben die Arbeiten von Pascale.

In einer Veröffentlichung von 1978 mit dem ungewöhnlichen Titel „Zen and the Art of Management"[9] zeichnet Pascale ein recht differenziertes Bild japani-

---

[8] Vgl. zur kulturvergleichenden Managementforschung: Harbison/Myers (1959); Haire/Ghiselli/Porter (1966); Ajiferuke/Boddewyn (1970); Cummings/Schmidt (1972); eine Zusammenfassung gibt Hofstede (1978), (1980); vgl. auch die neuere Arbeit von Kellers (1982).
[9] Vgl. Pascale (1978).

scher Mitarbeiter- und Unternehmensführung und stellt diese den amerikanischen Verhältnissen gegenüber. Die Interpretation der von ihm durchgeführten Langzeitstudie erbringt interessante Ergebnisse. Japanische Führungskräfte stützen sich danach in ihren Entscheidungen weit weniger auf formale Berichts- und Kontrollsysteme als ihre amerikanischen Kollegen. Entscheidungen werden in einer Art partizipativem Prozeß getroffen, ohne daß damit eine offene Austragung von Konflikten verbunden ist. Die Form zwischenmenschlicher Kommunikation ist geprägt durch eine indirekte, oft bildhaft eingekleidete Informationsübermittlung. Offene Konfrontation und das öffentliche Bloßstellen von Kollegen und Untergebenen werden weitgehend vermieden. Pascale bezeichnet diese Phänomene als die „implizite Dimension" der japanischen Mitarbeiter- und Unternehmensführung. Verstehbar wird diese Dimension nach Pascal aus dem kulturellen Milieu der japanischen Zen-Tradition. Dort ist insbesondere die Sensibilität gegenüber den Feinheiten und Zwischentönen der menschlichen Sprache und Interaktionen wesentlich ausgeprägter als bei den Angehörigen des amerikanischen Kulturkreises. Dies äußert sich nicht zuletzt in den Eigenheiten der japanischen Sprache. Die Japaner kennen z. B. ein Begriffspaar, welches zwei Ebenen sozialer Realität kennzeichnet, für die in den Sprachen des westlichen Kulturkreises keine Entsprechungen vorhanden sind: „tatemae" und „honne". „Tatemae" bezeichnet den sichtbaren, im Vordergrund stehenden Aspekt eines sozialen Prozesses. Hierzu gehören auf Unternehmensebene z. B. offizielle Verlautbarungen, formelle Amtseinsetzungen bzw. Aufgabenzuweisungen. Ein in die japanische Kultur eingebundenes Individuum interpretiert solche formellen Regelungen und Zeremonien gewissermaßen als „Oberflächenerscheinungen". Durch sie wird auf die Vorgänge „hinter den Kulissen" hingewiesen, auf den Aspekt des „honne", auf das, was „tatsächlich" vor sich geht. In den Augen des Japaners ergeben „tatemae" und „honne" jedoch erst in ihrer Gesamtheit das vollständige Bild eines sozialen Ereignisses. Das Zeremoniell ist zwar von höchster Bedeutung für den alltäglichen sozialen Umgang; den offiziellen Aspekt, das Formale eines sozialen Ereignisses für die ganze Wahrheit zu halten, ist für den Japaner aber bestenfalls ein Zeichen von Naivität. „Tatemae" ist interpretationsbedürftig![10]

Kann man nun aus der Untersuchung solcher kulturspezifischer Tatbestände wie der Existenz eines Begriffspaares „tatemae" und „honne" Schlußfolgerungen ableiten, welche den Erfolg japanischer Unternehmungen miterklären können? Aus der Perspektive der klassischen Managementlehre erscheint dies sicherlich kaum möglich zu sein. Voraussetzung hierfür ist zuerst ein Perspektivenwechsel, der kulturellen Phänomenen wie der Sprache einen angemessenen Stellenwert bei der Erklärung von Strukturen und Prozessen in der Unternehmung einzuräumen erlaubt. In diesem Fall könnte die Existenz der Begriffe „tatemae" und „honne" einen Hinweis darauf geben, warum in japanischen Unternehmungen formale Regelungen zur Aufbau- und Ablauforganisation oft bewußt unklar gehalten sind, ohne daß daraus negative Konsequenzen für die Koordination entstehen. Wie schon angedeutet, sind im Weltbild eines Mitglieds des japanischen Kulturkreises die Formalien, das „Zeremoniell", nur eine Art symbolischer Dimension sozialer Beziehungen. Entsprechend haben formale Regelun-

---

[10] Vgl. zu den Begriffen „tatemae" und „honne": Takeo Doi (1974), S. 24f; Kobayashi/Burke (1976), S. 6; insb. auch Pascale/Athos (1981), S. 112f; ähnlich Pascale (1978), S. 157f., hier allerdings unter Bezugnahme auf das Begriffspaar „ura" und „omote".

gen zur Aufgabenverteilung, zu hierarchischen Beziehungen und Entscheidungsbefugnissen für das Mitglied einer japanischen Unternehmung bei weitem nicht die Bedeutung, welche vergleichbaren Regelwerken in Unternehmungen westlicher Prägung zukommt.

Ähnliche Beobachtungen wie Pascale macht auch Ouchi. Auf der Grundlage einer Studie im Sinne der „kulturvergleichenden Managementforschung" entwickelt Ouchi zusammen mit Johnson schon 1978 ein Klassifikationsschema, das eine Charakterisierung der Unterschiede zwischen einer idealtypischen amerikanischen und einer vergleichbaren japanischen Unternehmung ermöglicht.[11] Das erstaunliche Ergebnis dieser kulturvergleichenden Studie der Managementmethoden in Japan und den Vereinigten Staaten ist nun allerdings weniger die Erkenntnis, daß sich die typische japanische Unternehmung (bei Ouchi die Typ-J-Organisation) in ihrem Erscheinungsbild wesentlich von ihrem amerikanischen Pendant abhebt; überraschend ist vielmehr, daß es im Gegensatz zu einer relativen Einheitlichkeit der in Japan vorzufindenden Managementpraktiken in den Vereinigten Staaten offensichtlich zwei grundsätzlich verschiedene Organisationstypen gibt. Sie unterscheiden sich in ihren Techniken zur Koordination und Integration der organisationalen Prozesse wesentlich: Ouchi nennt diese beiden Typen die Typ-A-Organisation und die Typ-Z-Organisation.[12] Die „Typ A"-Organisation als typische amerikanische Unternehmung versucht Koordination und Integration durch eine hochformalisierte Organisationsstruktur und durch explizite, überwiegend auf quantifizierbaren Daten aufbauende Überwachungs- und Steuerungssysteme zu erreichen. Demgegenüber zeichnet sich die „Typ Z"-Organisation ähnlich wie die japanische Unternehmung durch eine weitgehende Sozialisation der Organisationsmitglieder in die unternehmensspezifischen Gebräuche aus, welche die formalen Strukturen in ihrer Bedeutung deutlich zurücktreten läßt. Die „Typ Z"-Organisation erscheint dementsprechend im interkulturellen Vergleich als eine „Hybridform" der idealtypischen japanischen und amerikanischen Unternehmung, wobei die Merkmale des japanischen Idealtypus eindeutig überwiegen.

Ein Teil der in den Vereinigten Staaten als Typ-Z-Organisationen identifizierten Unternehmungen sind Tochtergesellschaften japanischer Großunternehmen; dort ist das Auftreten japanischer Charakteristika naturgemäß nicht sehr überraschend, obwohl deren durchschlagender Erfolg unter den sozioökonomischen Bedingungen der Vereinigten Staaten zu denken geben muß. Ein nicht unerheblicher Teil der Typ-Z-Organisationen ist jedoch originär amerikanischen Ursprungs, und es sind gerade sehr erfolgreiche und bekannte Unternehmungen, bei denen Ouchi die wesentlichen Charakteristika der idealtypischen Typ-Z-Organisation wiederzufinden glaubt.[13]

Die Tatsache der parallelen Existenz zweier so grundsätzlich verschiedener Organisationstypen in derselben sozioökonomischen Umwelt wirft für Ouchi die Frage nach den Ursachen für die Überlebensfähigkeit bzw. für den Erfolg dieser

---

[11] Vgl. Ouchi/Johnson (1978).
[12] Vgl. zur Typ-Z-Organisation Ouchi (1980), Ouchi (1981), Ouchi/Jaeger (1978), Ouchi/Johnson (1978), Ouchi/Price (1978).
[13] Z.B. bei Kodak, IBM, Levi Strauss, Procter and Gamble, Ely Lily u.a.; siehe Ouchi/Jaeger (1978), S. 307; Ouchi (1982), S. 186.

beiden Typen auf, insbesondere nach den Ursachen des großen Erfolgs der „Typ Z"-Organisation in den Vereinigten Staaten.

Eine theoretische Antwort auf diese Frage sucht Ouchi im Bereich der klassischen Makrosoziologie. Dort steht das Problem der Ordnung in Gesellschaften im weitesten Sinne im Zentrum des Forschungsinteresses, insbesondere die Ursachen und Bedingungsfaktoren eines Wertkonsenses bzw. einer einheitlichen normativen Grundlage gesellschaftlichen Lebens. Die Überlegungen von Dürkheim und dessen Begriff der „organischen" Solidarität dienen Ouchi als Ausgangspunkt der Entwicklung seines Begriffs der „clan"-Organisation. Der „clan"-Mechanismus bietet für Ouchi die maßgebliche Erklärung des Erfolgs der „Typ Z"-Organisation in den Vereinigten Staaten. Die Überlegungen Dürkheims sollen deshalb etwas näher erläutert werden.[14]

Grundthese von Dürkheim ist es, daß mit fortschreitender sozialer Arbeitsteilung und Industrialisierung die Grundlagen der gesellschaftlichen Kohäsionskräfte einem Wandlungsprozeß unterworfen sind. Der wichtigste Indikator für diesen Wandlungsprozeß ist für Dürkheim dabei das Rechtssystem. Anhand einer ausführlichen Analyse des Rechtssystems vorindustrieller Gesellschaftsformen zeigt Dürkheim auf, daß dort das Recht ausschließlich der Aufrechterhaltung von Negativnormen dient. Die dazu notwendigen Regeln stellen auf die Ähnlichkeit des Verhaltens von Gesellschaftsmitgliedern ab; das Ergebnis eines derartig funktionierenden Rechtssystems ist eine „mechanische", zwangsläufige Solidarität zwischen den Gesellschaftsmitgliedern, welche den einzelnen Individuen tendenziell nur sehr wenig Spielraum zur Entfaltung einer individuellen Persönlichkeit läßt. Die „mechanische" Solidarität wird begünstigt durch die Einbindung der Individuen in die traditionellen Kooperationsstrukturen der vorindustriellen Produktion, die vor allem auf Abstammungsbeziehungen oder auf gesellschaftlichen Mikrostrukturen wie der Dorfgemeinschaft beruhen und eine starke soziale Kontrolle kollektiver Normen und Werte möglich machen.[15]

Die fortschreitende soziale Arbeitsteilung im Zuge des Industrialisierungsprozesses führt nun nach Dürkheim zu einer zunehmenden Auflösung dieser „mechanischen" Solidarität. Die Spezialisierung auf gesellschaftliche Teilfunktionen, die größere Mobilität der Bevölkerung und die Entwicklung von Ballungszentren um die industriellen Produktionsstätten lösen die Individuen aus ihrer traditionellen sozialen Verankerung weitgehend heraus. Gleichzeitig erreichen aber die gesamtgesellschaftlichen Interdependenzen im Verhältnis zu vorindustriellen Gesellschaften ein ungeahntes Ausmaß. Im Rechtssystem äußert sich diese Entwicklung darin, daß das Repressivrecht traditioneller Gesellschaftsformen an Bedeutung verliert und gleichzeitig das Kooperationsrecht an Bedeutung gewinnt. Das Kooperationsrecht hat dabei nicht die Aufgabe, die Verhaltensähnlichkeiten als Grundlage der „mechanischen" Solidarität einer traditionellen Gesellschaftsform aufrecht zu erhalten; das Kooperationsrecht soll vielmehr die sich im Zuge der Arbeitsteilung entwickelnden Kooperationsbeziehungen normativ absichern. Diese normative Absicherung der Kooperationsbeziehungen

---

[14] Vgl. zum folgenden: Dürkheim (1977); das Original ist 1893 verfaßt mit dem Titel: „De la division du travail social"; vgl. auch Ouchi/Johnson (1978), S. 296 ff.; auch Ouchi (1980), S. 135 f.
[15] Vgl. Dürkheim (1977), Kap. 2.

begreift Dürkheim als Ausgangspunkt der Entstehung einer „organischen" Solidarität, welche in der Industriegesellschaft ein aus dem Zurückgehen der „mechanischen" Solidarität resultierendes Desintegrationspotential ausgleichen soll.

Von entscheidender Bedeutung sind in diesem Prozeß neben dem Kooperationsrecht und den zweiseitigen Vertragsverhältnissen gewisse soziale Mechanismen, die eine normative Einbindung der Individuen in die Gesellschaft im Sinne einer „organischen" Solidarität ermöglichen. Nach Dürkheim entwickelt sich dieses Normbewußtsein aus der Erkenntnis der gegenseitigen Abhängigkeit, die für eine arbeitsteilig und spezialisiert organisierte Gesellschaft charakteristisch ist. Es entsteht eine „Moral der Industriegesellschaft":

> „Jede Gesellschaft ist eine moralische Gesellschaft ... Weil sich das Individuum nicht genügt, erhält es von der Gesellschaft alles, was der Mensch braucht, genauso wie es für sie arbeitet. So bildet sich ein starkes Gefühl der Abhängigkeit. ... Die Gesellschaft ihrerseits lehrt, die Mitglieder nicht als Dinge zu betrachten, auf die sie ein Recht hat, sondern als Mitarbeiter, auf die sie nicht verzichten kann und denen gegenüber sie Pflichten hat. Zu Unrecht stellt man also die Gesellschaft, die aus der Glaubensgemeinschaft kommt, der Gesellschaft gegenüber, die aus der Zusammenarbeit ihre eigenständige Moralität gewinnt."[16]

Diese Sätze stammen aus einer Zeit, in der die Menschen mitten in dem gewaltigen Umbruch stehen, der sich aus der Entwicklung von einer Agrargesellschaft zu einer Industriegesellschaft ergibt. Auch heute sehen sich die Unternehmungen hochentwickelter Industriegesellschaften einschneidenden Umwälzungsprozessen gegenübergestellt, deren Zielrichtung vielleicht in der postindustriellen Informations- und Dienstleistungsgesellschaft zu suchen ist. Angesichts der damit einhergehenden Probleme gewinnen diese Sätze von Dürkheim neue Aktualität. Die Komplexität moderner Formen der arbeitsteilig-kooperativen Produktion von Gütern und Dienstleistungen läßt sich anscheinend mit dem Kooperationsrecht und expliziten vertraglichen Regelungen allein weniger denn je zuvor bewältigen. Die für Industriegesellschaften geradezu lebensnotwendige „organische" Solidarität im Sinne von Dürkheim bedarf darüber hinaus gerade heute einer spezifischen Moral für das Handeln der arbeitsteilig kooperierenden Gesellschaftsmitglieder. Es stellt sich allerdings die Frage, worauf eine solche „Moralität der Industriegesellschaft" in der aktuellen Situation einer zunehmenden gesellschaftlichen Wertpluralität gründen könnte.

Für Dürkheim fallen die Aufgaben der Überlieferung, Weiterentwicklung und sozialen Realisation dieser impliziten Moralität der arbeitsteiligen Gesellschaft der beruflichen und damit überwiegend organisierten Tätigkeit der Individuen zu. Die einzelnen Arbeits- und Berufsgruppen entwickeln spezifische Verhaltenskodizes und Wertstandards. Die Einbindung in solche Arbeitsgruppen soll in der Industriegesellschaft den Ersatz für die geringer werdende „mechanische" Solidarität vorindustrieller Gesellschaftsformen bieten.[17] Dies ist für Dürkheim die Gegenkraft, die den Desintegrationspotentialen sozialer Arbeitsteilung entgegengesetzt werden muß.

---

[16] Dürkheim (1977) S. 267f.
[17] Vgl. zur Rolle des Berufs auch Dürkheim (1951), S. 378f.

Ouchi überträgt Dürkheims gesamtgesellschaftliches Konzept der „organischen" Solidarität auf die Unternehmensorganisation, indem er das Modell der „clan"-Organisation entwirft. „Clan"-Organisationen erreichen die Koordination komplexer organisationaler Prozesse nicht zuletzt durch die „organische" Solidarität ihrer Mitglieder. Diese Art der Solidarität erwächst aus dem Bewußtsein der gegenseitigen Abhängigkeit und äußert sich in einer weitgehenden Verinnerlichung grundlegender unternehmensbezogener Werte und Normen durch die Organisationsmitglieder.[18]

Das Modell der „clan"-Organisation sieht Ouchi in denjenigen amerikanischen Unternehmungen am ehesten verwirklicht, die sich in seinen Untersuchungen in die Kategorie der „Typ-Z"-Organisation einstufen lassen. Die Kennzeichnung der „Typ-Z"-Organisation erfolgt bei Ouchi durch die spezifische Kombination der Ausprägungen von sieben Merkmalen, die er zur Beschreibung von Unternehmensorganisationen verwendet. Diese sieben Kriterien sind:[19]

a) Beschäftigungsdauer
b) Art der Entscheidungsfindung
c) Verantwortung
d) Beurteilungs- und Beförderungszyklen
e) Formen der Verhaltenssteuerung und -kontrolle
f) Gestaltung der Karrierewege
g) Interpersonale Beziehungen

Zu a) Die „Typ-Z"-Organisation ist gekennzeichnet durch eine durchschnittlich wesentlich geringere Fluktuationsrate auf allen hierarchischen Ebenen, als sie in der typischen amerikanischen Unternehmung üblich ist. Dies bedeutet für die Organisation ein relativ größeres Reservoir an Arbeitnehmern mit firmenspezifischen Erfahrungen.

Zu b) Die Entscheidungsfindung bei Nichtroutineentscheidungen verläuft in der „Typ-Z"-Organisation im allgemeinen einvernehmlich. Dies ist allerdings nicht unbedingt mit einem partizipativen Führungsstil gleichzusetzen. Durch die weitgehende Interessensübereinstimmung der Mitglieder einer „Typ-Z"-Organisation sind vielmehr langwierige Verhandlungen, die für partizipative Prozesse typisch sind, in der Entscheidungsfindung nicht nötig. Die Aussicht, u. U. ein Leben lang mit denselben Organisationsmitgliedern zusammenzuarbeiten, verringert die Problematik einer einvernehmlichen Entscheidungsfindung deshalb erheblich.

Zu c) Trotz der vorherrschenden einvernehmlichen Entscheidungsfindung wird in der „Typ-Z"-Organisation am Prinzip der individuellen Verantwortung festgehalten. Dieses Auseinanderklaffen von Kompetenz und Verantwortung ist der einzige grundsätzliche Unterschied zur idealtypischen japanischen Unter-

---

[18] Vgl. Ouchi: „The solidarity to which Dürkheim refers contemplates the union of objectives between individuals which stems from their necessary dependence upon one another. In this sense, any occupational group which has organic solidarity may be considered a clan. Thus, a profession, a labor union, or a corporation may be a clan ...", Ouchi (1980), S. 136.
[19] Vgl. zum folgenden: Ouchi/Jaeger (1978), S. 307 ff.; Ouchi/Johnson (1978), S. 294.

nehmung und führt naturgemäß zu Spannungen. Unter den spezifischen gesamtsystemischen Bedingungen einer „Typ-Z"-Organisation bringen solche Spannungen nach Ouchi allerdings keine unlösbaren Probleme mit sich.

Zu d) Formale Beurteilung der Organisationsmitglieder und Beförderungen erfolgen in der „Typ-Z"-Organisation in relativ langangelegten Zyklen. Dies entlastet insbesondere die unmittelbaren Vorgesetzten von dem Zwang, ihre Untergebenen auf einer zu schmalen Informationsbasis nach relativ kurzen Perioden der Zusammenarbeit beurteilen zu müssen. Dieser Zwang führt in traditionell organisierten Unternehmungen im allgemeinen dazu, daß die Vorgesetzten den Aufbau von nichtformalen sozialen Beziehungen zu ihren Untergebenen scheuen, um den Anschein einer subjektiv gefärbten Leistungsbeurteilung zu vermeiden. Solche nichtformalen zwischenmenschlichen Beziehungen sind aber ein wesentlicher Grundpfeiler, auf dem der Erfolg einer Organisation vom „Typ Z" beruht; deshalb sind langangelegte Beurteilungs- und Beförderungszyklen ein wichtiger Faktor im Gesamtmodell der „Typ-Z"-Organisation.

Zu e) Das erwünschte Verhalten und die geforderte Leistung werden in der Organisation vom „Typ Z" vorrangig nicht in formalisierten Regelwerken festgelegt. Die Organisationsmitglieder haben die zentralen Werte der Unternehmung vielmehr soweit internalisiert, daß sie die zu treffenden täglichen Routineentscheidungen quasi automatisch im Sinne der Organisation treffen können und wollen. Die Steuerung und Kontrolle des individuellen Handelns erfolgt durch die Zugehörigkeit zu einer Vielzahl von Gruppen, in welche jedes Unternehmensmitglied im Laufe seines Hineinwachsens in die Unternehmung eingebunden wird. Formale Führungsbeziehungen und Organisationsstrukturen spielen dementsprechend eine untergeordnete Rolle.

Zu f) Die Karrierewege der Mitglieder einer Organisation vom „Typ Z" zeichnen sich dadurch aus, daß sie nicht an ein spezifisches funktionales Subsystem innerhalb der Unternehmung gebunden sind. Unter Zugeständnissen an die funktionsbezogene Fachkompetenz wird der Schwerpunkt auf den Einsatz der Organisationsmitglieder in den verschiedensten Abteilungen der Organisation verlagert. Dieses Verfahren bewirkt bei konsequenter Anwendung unter der Voraussetzung einer geringen Fluktuationsrate bei den Arbeitnehmern ein besseres Verständnis der Gesamtorganisation.

Zu g) Die zwischenmenschlichen Beziehungen insbesondere von Vorgesetzten und Untergebenen zeichnen sich in der „Typ-Z"-Organisation dadurch aus, daß sie nicht nur in aufgabenorientierter und instrumentaler Weise erfolgen; es ist ein ganzheitliches Beziehungsgefüge zwischen den Organisationsmitgliedern zu beobachten.

Ouchi identifiziert als wesentliche Ursache der genannten Strukturen von „Typ-Z"-Organisationen die dort vorzufindenden starken „company cultures". Diese „company cultures" enthalten nach Ouchi Traditionen und grundsätzliche Werte, welche zur Grundlage der Einstellungen und Handlungen von Organisationsmitgliedern in allen Unternehmensbereichen werden.[20] Ouchi erweitert damit als einer der ersten Vertreter der amerikanischen Managementliteratur den Anwendungsbereich des Kulturbegriffs auf spezifische Aspekte von betriebswirt-

---

[20] Vgl. Ouchi (1982), S. 165 ff., aber auch schon Ouchi/Price (1978).

schaftlichen Organisationen.[21] Insofern leistet er einen wichtigen Beitrag zu der sich parallel und in der Folge entwickelnden Diskussion der „corporate culture" in der amerikanischen Managementliteratur. Allerdings bleibt er in den Vorschlägen zur Nutzbarmachung seiner Erkenntnisse über Unternehmenskulturen zu sehr dem japanischen Modell verhaftet.[22]

Diese Problematik überwinden andere Vertreter der praxisorientierten Managementforschung in den Vereinigten Staaten. Ihre Arbeiten können als Reaktion auf und Indikator für ein wiedererwachendes Selbstbewußtsein der amerikanischen Führungselite interpretiert werden.

Insbesondere Mitarbeiter der Unternehmensberatungsgesellschaft McKinsey engagieren sich im Prozeß der Übertragung von Erkenntnissen der kulturvergleichenden Managementforschung auf die Bedingungen amerikanischer Unternehmen. Von Bedeutung erscheint hier nicht zuletzt das sogenannte „7-S-Konzept", welches Peters/Watermann zusammen mit Pascale/Athos entwickelt haben. Dieses „7-S-Konzept" ist ein Systematisierungsrahmen, der eine umfassende Benennung derjenigen Variablen erlauben soll, welche den Erfolg einer betriebswirtschaftlichen Organisation beeinflussen.

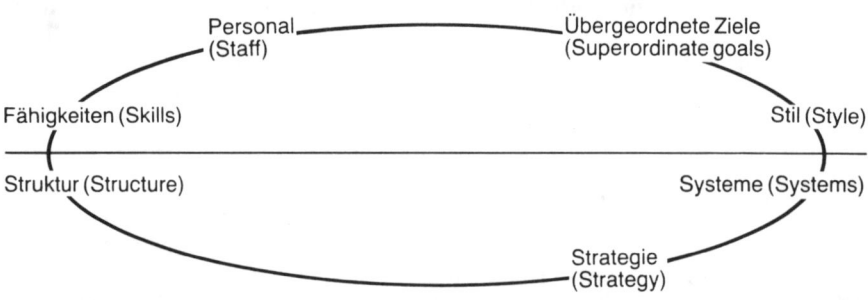

Abb. 1   „7-S-Konzept"[23]

Kern dieser Systematisierung ist die Überlegung, daß „weiche" und „harte" Variablen der Mitarbeiter- und Unternehmensführung unterschieden werden müssen. „Harte" Elemente bilden dabei die formale Organisationsstruktur (structure), die Systeme (im Sinne von „business systems") und die Unternehmensstrategie(n) (strategy). „Weiche" Elemente sind in diesem Modell dagegen unter den Begriffen (Führungs-)Personal (staff), Fähigkeiten (skills), Stil (style) und übergeordnete Ziele (superordinate goals) zusammengefaßt.

Durch die explizite Berücksichtigung der „weichen" Elemente, insbesondere des ‚Stils' und der ‚übergeordneten Ziele', werden Problembereiche thematisiert,

---

[21] Auch im Bereich der Organisationsentwicklungstheorie und -praxis wird von „Organisationskulturen" gesprochen, dort allerdings mehr im Sinne der informalen Mikrostrukturen innerhalb von Organisationsstrukturen, vgl. z. B. French/Bell (1977), S. 32f.
[22] Vgl. hierzu die Kritik von Schein (1981).
[23] Vgl. zur Abb. 1 Pascale/Athos (1981), S. 93.

die in der traditionellen amerikanischen Managementliteratur bis dahin bestenfalls am Rande Erwähnung gefunden haben. Es wird nicht zuletzt im Bewußtsein der Eigenheiten japanischer Unternehmungen behauptet, daß Unternehmungen ihren Mitgliedern übergeordnete Ziele im Sinne von geistigen Orientierungen vermitteln können. Zwecksetzungen unternehmerischen Handelns, die den Horizont herkömmlicher betriebswirtschaftlicher Zielsysteme in die Bereiche übergeordneter Sinnzusammenhänge ausdehnen, sollen hierbei als Kern eines unternehmensspezifischen Wertsystems dienen, das von allen Unternehmensmitgliedern geteilt wird.[24] Die Variable ‚Stil' erfaßt ebenfalls Sachverhalte, die in der Literatur bisher nicht oder zumindest nicht in diesem Umfang berücksichtigt worden sind. ‚Stil' meint im Rahmen des „7-S-Konzeptes" nicht so sehr Führungsstil und Führungsverhalten der Führungskräfte eines Unternehmens, sondern bezieht sich auf die symbolische Dimension des alltäglichen Handelns von Führungskräften.[25]

Mit der Idee des „Stils" einer Unternehmung ist nach Meinung der Urheber des „7-S-Konzeptes" eine zusätzliche Dimension der Führung eröffnet: Führung als Vermittlung von Bedeutungen bzw. Werten oder auch „Sinn" im Wege symbolhaften Handelns. Hinter diesem erweiterten Führungsbegriff steht die Überlegung, daß sichtbares Handeln, insbesondere von Führungskräften, Zeichen setzt und Vorbildwirkung hat. Dies ist unabhängig davon, ob eine spezielle Aktivität einer Führungskraft die bewußte, unmittelbare Verhaltensbeeinflussung von Mitarbeitern beabsichtigt oder nicht. Ist das Bewußtsein der symbolischen Dimension eigenen Handelns bei vielen Führungskräften ausreichend entwickelt, so kann in Verbindung mit einem weitgehend verinnerlichten Wertsystem ein „Stil des Unternehmens" entstehen. Die Führungskräfte und schließlich auch die Mitarbeiter entfalten dann auf der Basis des verinnerlichten Wertsystems zieladäquate Verhaltensmuster, deren Begründung weder im individuellen, persönlichkeitsbestimmten Führungsstil noch in einem der Situation angepaßten Führungsverhalten zu suchen ist.[26] Das „7-S-Modell" vermittelt also in einer relativ differenzierten Form die Notwendigkeit der Berücksichtigung „weicher" Elemente des Systems Unternehmung **neben** den harten, klassischen Elementen Strategie, Struktur und „Business-Systems".

Ein weiteres vielbeachtetes Werk im Zusammenhang der „corporate culture"-Diskussion ist „Corporate Culture – The Rites and Rituals of Corporate Life" von Deal/Kennedy.[27] Hier wird die Unternehmenskultur im Gegensatz zum „7-S-Konzept" zum beinahe alleinigen Erfolgsfaktor unternehmerischen Handelns emporstilisiert. Dieses Buch zeigt sowohl die Stärken als auch die Schwächen der „corporate culture"-Diskussion in den Vereinigten Staaten sehr deutlich auf. Die Stärken bestehen in der ungemein reichhaltigen Schilderung von Anekdoten aus heutigen Großunternehmen, zu der die Autoren aufgrund ihrer Erfahrungen in der Unternehmensberatung offensichtlich besonders prädestiniert sind. Die Schwächen ergeben sich hingegen daraus, daß Deal/Kennedy allzuleicht der Versuchung erliegen, dem Verlangen des amerikanischen Lesers

---

[24] Vgl. Pascale/Athos (1981), S. 57f.
[25] Vgl. Pascale/Athos, S. 51f., hier die Schilderung des „Stils" von Matsushita.
[26] Vgl. Pascale/Athos (1981), S. 94; die Autoren sprechen hier von einem „kulturellen" Stil der Organisation.
[27] Vgl. Deal/Kennedy (1982); auch Deal (1984).

nach Hebung seines angeschlagenen Selbstwertgefühls zu entsprechen. Dies äußert sich zum Beispiel darin, daß sie einerseits die Unternehmenskultur als ein System von „values and beliefs" definieren, welches „enables people to feel better about what they do", andererseits aber den interessierten Leser dann damit überraschen, daß die Werte und Glaubenssätze, welche den Menschen in starken Kulturen zu einem „besseren Gefühl" verhelfen, genau die Basiswerte der amerikanischen Gesellschaft sein sollen – z. B. der Heldenkult, der „Mythos vom einsamen Cowboy", die Überzeugung, daß auch der größte Erfolg prinzipiell für jeden „im Alleingang" erreichbar sei, sofern er sich nur genügend einsetze, usw. usf.[28]

Solche Überlegungen können letztendlich nur als Folge eines Verdrängungsprozesses erklärt werden, welcher die Umsetzung der Erkenntnisse aus dem Studium japanischer Unternehmungen offenbar teilweise verhindert hat.[29] Dennoch ist „Corporate Culture" ein wichtiges Buch im Rahmen der aktuellen Unternehmenskulturdiskussion. Die Reihe der mehr oder weniger bedeutsamen Beiträge zum Problemkreis „Unternehmenskultur" ließe sich beinahe beliebig verlängern.[30] Im folgenden soll jedoch anstelle der detaillierten Darstellung einzelner Ansätze und Meinungen kurz aufgezeigt werden, wie sich die Wissenschaft und dabei insbesondere die Organisationsforschung, mit dem Phänomen Unternehmenskultur auseinandersetzt. Eine ausführlichere Beschäftigung mit der in diesem Zusammenhang zunehmend bedeutsamer werdenden „Organisationskulturforschung" erfolgt im Beitrag C dieses Buches.

## 1.2 Unternehmenskultur und Organisationstheorie

Das Aufkommen des Begriffs „Corporate Culture" führt seit Anfang der 80er Jahre zu einer intensiven Auseinandersetzung mit dem Phänomen „Unternehmenskultur" durch die Organisationsforschung. Parallel zur Beschäftigung mit Einzelproblemen, wie der Untersuchung der Wirkungen von Stories, Mythen, Riten und Ritualen und anderen im täglichen Unternehmensgeschehen vorzufindenden Symbolen, ist dabei eine rege Diskussion von methodologischen bzw. allgemeinen wissenschaftsprogrammatischen Grundsätzen der Organisationsforschung festzustellen. Es deutet vieles darauf hin, daß kulturelle Phänomene nicht ohne weiteres in die Paradigmata der „herrschenden" Organisationsforschung einbezogen werden können. Das Interesse an unternehmenskulturellen Phänomenen gibt deshalb auch Anlaß zu grundsätzlichen wissenschaftstheoretischen Auseinandersetzungen. In deren Verlauf wird deutlich, daß sehr unterschiedliche Standpunkte bezüglich der angemessenen Sichtweise von betriebswirtschaftlichen Organisationen im allgemeinen eingenommen werden können. Entsprechend den jeweils zugrundeliegenden Sichtweisen der betriebswirtschaftlichen Organisation fällt die Art der Berücksichtigung kultureller Phänomene und deren Beurteilung im Hinblick auf das Funktionieren betriebswirtschaftli-

---

[28] Vgl. z. B. Deal/Kennedy (1982), Kap. 13.
[29] In diesem Zusammenhang ist die Gesellschaftsanalyse des amerikanischen Soziologen Lasch interessant, der die oben angeführten Werthaltungen für gewisse Degenerationserscheinungen der amerikanischen Kultur verantwortlich machen zu können glaubt; vgl. Lasch (1980).
[30] Vgl. hierzu Heinen/Dill (1986), Dill (1986) und die dort angegebenen Literaturhinweise.

cher Organisationen höchst unterschiedlich aus. Daneben zeigt sich erst im Kontext organisationstheoretischer Grundsatzdiskussionen die Notwendigkeit und Tragweite einer kulturellen Perspektive in der Erforschung betriebswirtschaftlicher Organisationen. An erster Stelle steht hier die Erkenntnis, daß in der bisher vorliegenden organisationstheoretischen Literatur die Bedeutung von **Symbolen** für die Strukturen und Prozesse in Organisationen weitgehend verkannt bzw. nicht in ausreichendem Maße gewürdigt worden ist.[31]

Ein besonders bedeutsamer Teilaspekt ergibt sich aus der mit dieser Erkenntnis zusammenhängenden Forderung, die Führung von und in Organisationen nicht zuletzt als ein Problem des „Managements" von Symbolen zu begreifen.[32] Diese Forderung kann in direkter Linie auf die in Abschnitt 1.1 dargestellten Beobachtungen der japanischen Führungspraxis zurückgeführt werden. Konsequenterweise rückt die Systematisierung von Symboltypen und die Erklärung von deren Wirkungsweisen in Führungsprozessen ins Zentrum des organisationskulturellen Forschungsinteresses. Dies mündet in ein verschärftes Bewußtsein der Möglichkeiten, die sich aus der Kenntnis symbolischer Prozesse und deren Wirkungen für die Führungskräfte einer Unternehmung ergeben.[33] Gleichzeitig macht sich aber bei einem Teil der „Organisationskulturforscher" zunehmend Skepsis breit gegenüber der uneingeschränkten Manipulierbarkeit bzw. Machbarkeit von Organisationskulturen.

Es zeigt sich, daß die Unterschiede in den Auffassungen bezüglich der Gestaltbarkeit von Unternehmenskulturen nicht zuletzt auf unterschiedlichen wissenschaftstheoretischen Positionen beruhen.[34] Diese unterschiedlichen Auffassungen haben als „individualistische" und als „objektivistische" Organisationskulturforschung Eingang in die Diskussion gefunden.

### 1.2.1 Die Kultur als „Variable": Objektivistische Unternehmenskulturforschung

Die Vertreter dieser Sichtweise sehen Organisationen als Institutionen, die neben ihrer zentralen Aufgabe der Produktion von Gütern und Dienstleistungen gewissermaßen als beabsichtigtes oder unbeabsichtigtes Nebenprodukt „Kultur" erzeugen, insbesondere in der Form von kulturellen Artefakten wie unternehmensspezifischen Legenden, Riten, Ritualen und Zeremonien.[35]

Organisations- bzw. Unternehmenskultur wird begriffen als eine von mehreren internen Variablen der Organisation, welche in ihrer Gesamtheit von (über)lebenswichtiger Bedeutung sind. Charakteristisch ist die systemorientierte Betrachtungsweise – Kultur als „kulturelles Subsystem" des Gesamtsystems Un-

---

[31] Dies ist ein Urteil, welches von nahezu allen Autoren geteilt wird, die sich mit Organisationskultur im weitesten Sinne beschäftigen, vgl. bspw. Pondy/Mitroff (1979), Pettigrew (1979), Louis (1980); sowie alle Autoren des Sammelbandes „Organizational Symbolism", hrsg. von Pondy et al. (1983).
[32] Vgl. hierzu z.B. Peters (1978); Smircich/Morgan (1982).
[33] Vgl. zu diesem Aspekt insb. Dandridge/Mitroff/Joyce (1980); Trice/Bayer (1983); vgl. zu einer äußerst kritischen Auseinandersetzung mit der Macht von Symbolen im Sinne einer Quelle von Manipulation und Herrschaft Abravanel (1983); Walter (1983); zu einer Standortbestimmung dieser Beiträge vgl. Beitrag C.
[34] Vgl. hierzu auch Beitrag C.
[35] Die wohl bekanntesten Vertreter einer solchen Sichtweise sind Peters/Waterman mit ihrer Erfolgsveröffentlichung „In search of excellence". Vgl. Peters/Waterman (1982) und Deal/Kennedy (1982); vgl. aber auch Louis (1980), Tichy (1982), Louis (1983).

ternehmensorganisation.³⁶ Beispielhaft hierfür steht die Argumentation von Pfeffer.³⁷

Pfeffer geht von der Vorstellung aus, daß Unternehmungen in einer weitgehend determinierten, d. h. unbeeinflußbaren Umwelt handeln. Aus den Umweltbedingungen ergeben sich für die Führungskräfte spezifische Verhaltenszwänge, welche sie innerhalb ihrer Organisation mit Hilfe eines „symbolischen" Apparates umzusetzen versuchen. Die Berücksichtigung der symbolisch-kulturellen Dimension ihres Führungshandelns trägt zum Systemgleichgewicht bei. Im Sinne der Organisationstheorie werden hier der Kontingenzgedanke und die damit zusammenhängende Forderung nach einem „Alignment", d. h. einer Abstimmung einzelner organisationaler Subsysteme untereinander und im Hinblick auf organisationale Umsysteme, um die Berücksichtigung eines kulturellen Subsystems erweitert.³⁸

Im Zuge der Präzisierung dieses Grundgedankens der systemtheoretisch geprägten Organisations- oder Unternehmenskulturforschung werden von den einzelnen Autoren verschiedene Ansätze zur Definition der Unternehmenskultur entwickelt. Unternehmenskultur wird intuitiv als ein sozialer, normativer „Klebstoff" (glue) verstanden, der eine Organisation zusammenhält.³⁹ In allen Definitionen wird die Bedeutung von Werten, Normen und Idealen hervorgehoben. Nicht zuletzt wird immer wieder argumentiert, daß Unternehmenskultur sich in Symbolen verkörpere. Allerdings bleiben die Ansätze zur inhaltlichen Erklärung des Unternehmenskulturbegriffs der Konzentration auf die sichtbaren, greifbaren Erscheinungsformen verhaftet. Dies äußert sich darin, daß sich die Ausführungen der einzelnen Autoren auf die mehr oder weniger gelungene Darstellung einzelner unternehmensspezifischer Symboltypen beschränken, ohne sich an die Frage nach dem eigentlichen Wesen der Unternehmenskultur und damit zusammenhängend nach dem Wesen der Kultur im allgemeinen heranzuwagen. In diesen Arbeiten ist die Tendenz gegeben, die sichtbaren Ergebnisse spezifischer Unternehmenskulturen mit den eigentlichen Unternehmenskulturen gleichzusetzen. Die daraus resultierende Vorstellung, mit Hilfe der Installation und Manipulation solcher äußerer Erscheinungsformen Unternehmenskulturen „schaffen" zu können, erscheint deshalb wenig realitätsbezogen.

Während die Überzeugung der Vertreter der „Variablen"-Sichtweise, daß Unternehmenskulturen relativ beliebig gestaltbar sein könnten, mit großer Skepsis betrachtet werden muß, ist die Vermutung der Funktionalität starker Unternehmenskulturen eher nachvollziehbar.

---

³⁶ Dieser Sichtweise hat sich die deutsche Organisationslehre zum überwiegenden Teil angeschlossen, vgl. z. B. Staerkle (1985), Matenaar (1983), Pümpin (1984a), (1984b).
³⁷ Vgl. Pfeffer (1981).
³⁸ Die Idee der Notwendigkeit des „Alignment" von organisationalen Subsystemen ist am deutlichsten von Thompson (1967) ausgeführt worden, der sich insbesondere die Integration von Koalitions- und Systemtheorie zum Ziel setzt. Thompson's Gedanken sind der Ausgangspunkt der kritischen Auseinandersetzung Pondy/Mitroff's (1979) mit der „Offenen-System" Sichtweise in der Organisationstheorie; dieser Aufsatz von Pondy/ Mitroff (1979) ist wiederum als Schlüsselbeitrag im Rahmen der Entwicklung der Organisationskulturforschung zu sehen, vgl. Morgan/Frost/Pondy (1983), S. 3f, vgl. auch Beitrag C, S. ■■ ff.
³⁹ Vgl. z. B. Tichy (1982); Louis (1980).

Im Zentrum steht die Vorstellung, daß sich durch das Vorhandensein von starken Unternehmenskulturen generell die **Stabilität** des Sozialsystems Unternehmung verbessert. Dies wird erreicht durch ein kulturbedingtes **Identitäts**gefühl der Organisationsmitglieder, welches sich sowohl auf ihr eigenes Selbstverständnis als auch auf ihre Beziehung zu der Gesamtorganisation erstreckt. Letzteres äußert sich in der **Bindung** (commitment) an etwas Größeres als das Selbst als einem Grundbedürfnis menschlicher Existenz.[40]

Zusammenfassend kann der „systemorientierte" Zweig der Organisationskulturforschung als Denkrichtung aufgefaßt werden, der in der Beherrschung kultureller Faktoren im Sinne von Variablen einen weiteren Schlüssel zur effektiveren Führung und Steuerung von Unternehmen sieht. Diese Sichtweise steht in direkter Beziehung zum Grundgedanken des in Abschnitt 1.1 erläuterten „7-S-Konzeptes". Da die in den 70er Jahren propagierten Konzeptionen eines Strategischen Managements die Erwartungen nicht vollumfänglich erfüllt haben, ist es verständlich, daß die Idee der Unternehmenskultur im Sinne einer „Variablen" eine enthusiastische Gefolgschaft bei Forschern und Praktikern im Bereich der Strategischen Planung findet. Unternehmenskulturen, die die jeweiligen Unternehmensstrategien begünstigen, sind dementsprechend Ziel eines instrumentell verstandenen „Kulturmanagements". Führungskräften kommt bei dieser Sichtweise die Aufgabe zu, neben formalen Steuerungs- und Kontrollsystemen auch unternehmenskulturelle Symbole wie z. B. organisationale Geschichten, Riten und Anekdoten aus der Unternehmenshistorie zur zielorientierten Verhaltenssteuerung der Mitarbeiter einzusetzen.

### 1.2.2 Die Kultur als erkenntnisleitender Grundbegriff: Individualistische Unternehmenskulturforschung

Wie bereits angesprochen, hat das Phänomen „Unternehmenskultur" nicht nur ein Überdenken der einseitigen Ausrichtung der Unternehmensführung an den „harten" Elementen und die Hinwendung zu „weichen" Elementen des betriebswirtschaftlichen Erfolgs ausgelöst. „Kultur" gewinnt bei einem Teil der „Unternehmens"- oder „Organisationskulturforscher" eine tiefergehende Qualität. Diese Richtung kann als individualistisch bezeichnet werden. Die „Individualisten" lassen trotz ihrer durchaus unterschiedlichen Ansätze und Schwerpunkte eine Grundtendenz erkennen: Die Abkehr von einer systemtheoretisch-funktionalistischen Sichtweise und die Hinwendung zu einer subjektiven Interpretation der Strukturen und Prozesse in Organisationen.[41]

Im Zentrum steht dabei die Idee, den Kulturbegriff als „root metaphor", also im Sinne eines erkenntnisleitenden Grundbegriffs der Organisationsforschung zu verwenden.[42] Ausgangspunkt ist dabei eine Anschauung innerhalb der Er-

---

[40] Vgl. z. B. Schall (1981); Kreps (1981); Staerkle (1985).
[41] Vgl. zu dieser Begriffsfassung auch den in Teil C vorgestellten Begriffsapparat zur Kennzeichnung unterschiedlicher Ansätze der Organisationskulturforschung.
[42] Vgl. hierzu bspw. Smircich (1983); auch Jelenic/Smircich/Hirsch, die die mit der Verwendung des Kulturbegriffes als „root metaphor" einhergehende Verschiebung in der Betrachtung von Organisationen diskutieren: „Culture as a root metaphor for organization studies is ... redirecting our attention away from some of the commonly accepted „important things" (such as structure and technology) and toward the until now less-fre-

kenntnistheorie, daß jede Wissenschaft ihre spezifische Sichtweise der Realität dadurch gewinnt, daß sie Inhalte verschiedener bildhafter Denkfiguren (Metaphern) im Hinblick auf ihren Erkenntnisgegenstand fruchtbar macht und ausarbeitet. Das dabei wirksame Prinzip ist der „metaphorische Prozeß": Empirische Phänomene, die einer unmittelbaren Erklärung nicht ohne weiteres zugänglich sind, werden in den Begriffen anderer, besser verstandener Sachverhalte gesehen und interpretiert.[43]

Bezieht man diese Vorgehensweise auf die Organisationsforschung, so stellt sich die Frage, mit welchen Denkkategorien – im Sinne von erkenntnisleitenden Grundbegriffen – die Organisationstheorie bisher gearbeitet hat. Eine diesbezügliche Untersuchung der wichtigsten Ansätze zeigt, daß die Bilder des biologischen Organismus bzw. der Maschine im Vordergrund stehen.[44]

Diese Überlegung erhellt viele altbekannte Vorstellungsbilder der betriebswirtschaftlichen Organisation hinsichtlich ihres metaphorischen Ursprungs. Man denke nur an Gutenbergs Idee der Unternehmung als einem „System produktiver Faktoren", welches seinen Sinn aus dem maschinenähnlichen Ineinandergreifen seiner einzelnen Elemente zum Zwecke der Leistungserstellung gewinnt, ohne daß es dazu (theoretisch) einer Mitwirkung von Individuen bedarf, die über das maschinenähnliche Funktionieren als „Aufgabenerfüllungsfaktoren" (im Sinne Kosiols) hinausginge. Auch die stärkere Berücksichtigung unternehmensspezifischer Umwelten im Sinne des „Offenen System"-Gedankens und die in jüngster Zeit zunehmende Betonung der Notwendigkeit einer Antizipation umweltbedingter Störungen im Rahmen der strategischen Planung ändern nichts an der Tendenz, Organisationen als maschinenähnliche Instrumente der Zielverwirklichung bzw. als sich anpassende Organismen zu sehen.[45] In einem solchen Kontext ist es folgerichtig, daß kulturelle Phänomene nur einen Teilaspekt des Wesens von Organisationen ausmachen. Sie sind integrale Bestandteile eines „sozio-kulturellen" Systems, dem als abstraktem Seienden ein ontologischer Status eingeräumt wird mit der Folge, daß dem System individuengleiche Eigenschaften zugeschrieben werden, wie z. B. die Fähigkeit, Ziele zu verfolgen bzw. das eigene Überleben sichern zu wollen und zu können.

Dem steht nun, wie schon erwähnt, die grundlegende Idee gegenüber, Organisationen **als** Kulturen zu begreifen, d. h. Kultur zum erkenntnisleitenden Grundbegriff der Organisationsforschung machen zu wollen.

In einer solchen Sichtweise wird eine Organisation nicht in Begriffen der physikalischen Welt beschrieben, sondern in Begriffen, die der Beschreibung eines anderen Komplexes an Phänomenen der sozialen Realität entstammen, der **Kultur**. Kultur als Beschreibungsdimension sozialer Realitäten geht dabei weiter als die instrumentelle Sichtweise der Maschinenmetapher und die Anpassungsidee der Organismusmetapher. Kultur als „root metaphor" organisationstheoretischer Erkenntnis verweist auf die Tatsache, daß die Organisation als Ausdruck

---

quently examined elements raised to importance by the new metaphor (such as shared understandings, norms, or values) …", Jelenic/Smircich/Hirsch (1983); auch Brown (1977).

[43] Vgl. hierzu Morgan (1980); Smircich (1983); Brown (1977).
[44] Vgl. z.B. die Argumentation von Pondy/Mitroff (1979); aber auch Morgan/Frost/Pondy (1983).
[45] Vgl. Smircich (1983), S. 347ff. Allaire/Firsirotu (1984).

und Manifestation menschlichen Bewußtseins gesehen werden kann.[46] Organisationen müssen demzufolge in ihren expressiv-symbolischen Aspekten analysiert werden. In einer solchen subjektivistischen Sichtweise geht es letztendlich um die Erforschung des **subjektiven** Lebens und Erlebens der Organisation durch die Organisationsmitglieder.

Die Umsetzung der oben skizzierten neuen Sichtweise von Organisationen erfolgt wohl am konsequentesten in den Beiträgen, die als erste Ansätze innerhalb der sich eben etablierenden neuen Spezialdisziplin der Organisationstheorie, des „Organizational Symbolism"-Ansatzes, begriffen werden können. Organisationen werden hier interpretiert als ein Beziehungsgeflecht von symbolischen Kommunikations- und Interaktionsprozessen, die in ihren Bedeutungsinhalten und konkreten Erscheinungsformen nicht von vornherein und zweifelsfrei etwa aus Organisationszielen, Organisationsstrukturen oder gar Stellenbeschreibungen abgelesen werden können. Solche Beschreibungsdimensionen der formalen Organisation erfassen für den symbolorientierten Organisationsforscher vielmehr nur einen Bruchteil derjenigen Phänomene, die eine symbolische Kommunikation und Interaktion in Organisationen prinzipiell ermöglichen bzw. repräsentieren. Darüber hinaus existieren gemäß einer individualistischen Sichtweise der Organisation tieferliegende Mechanismen, die auf das subjektive Erleben und Handeln in einer Organisation maßgeblich einwirken: Das „Sinnsystem" einer Organisation.[47]

Dieses Sinnsystem als ideelle Essenz einer Organisation muß von der Organisationsforschung – im neu verstandenen Sinne – zum Forschungsgegenstand gemacht werden. Mit Hilfe von Methoden aus dem Arsenal der Ethnographie soll der Organisationskulturforscher Zugang zur Organisation **als** Kultur finden – die Organisation muß interpretiert und gelesen bzw. entschlüsselt werden.[48]

Dieser sicher nicht erschöpfende Abriß einiger grundsätzlicher Überlegungen, die dem forschungsprogrammatischen Postulat der Organisation **als** Kultur zugrunde liegen, zeigt sehr deutlich, daß eine auf die Interpretation und Entschlüsselung von Symbolstrukturen abzielende Organisationskulturforschung im Vergleich zur „Variablensichtweise" der Organisationskultur eine grundsätzlich verschiedene Position einnimmt. Die konkreten Ausformungen und Erscheinungsweisen sozialer Systeme werden nicht als notwendiges Ergebnis bestimmter Faktorenkonstellationen in der objektiven Realität erklärt, sondern vielmehr als Folge subjektiv geprägter Wahrnehmungen und Interpretationen dieser objektiven Realität. Individuen als soziale Wesen schaffen die soziale Realität durch

---

[46] Vgl. die Argumentation von Pondy/Mitroff (1979) zu den Organisationsmodellen, die in ihrem Anspruch „Beyond Open Systems" gehen, vgl. auch die entsprechenden Ausführungen in Teil C.
[47] Bei der Bezeichnung ihres spezifischen Forschungsgegenstandes sind sich die Vertreter des „Organizational Symbolism"-Ansatzes nicht immer einig: Pondy/Mitroff (1979) sprechen bspw. von „…generative mechanisms, or underlying models, that produce the surface behavior …" S. 28; Smircich (1983) dagegen von „structure of meaning", Daft/Weick (1984) von „interpretation system".
[48] Vgl. Smircich (1983); vgl. zur Beziehung von Ethnomethodologie und Organisationsforschung z. B. Sanday (1979), welche drei grundsätzliche Richtungen innerhalb der systematischen Ethnographie identifiziert, den holistischen, den semiotischen und den behavioristischen Stil, Sanday (1979), S. 529 ff.

spezifische, im Wege von Sozialisationsprozessen oder auch durch Einsicht in soziale Notwendigkeiten geformte Wahrnehmungsmuster und darauf aufbauende intentionale Handlungen. Die Erklärung der sozialen Realität „Organisation" muß dementsprechend in Kategorien wie z. B. Wahrnehmungsmuster, Intentionen, vermutete Ursache-Wirkungszusammenhänge u. ä. erfolgen.

## 2. Entscheidungsorientierte Betriebswirtschaftslehre und Unternehmenskulturforschung

Die „Corporate Culture"-Diskussion und die davon nicht unabhängig zu sehende Grundlagendiskussion innerhalb der Organisationstheorie sind Entwicklungen, denen sich eine Betriebswirtschaftslehre mit umfassendem Geltungsanspruch nicht verschließen darf. Die vorangegangenen Ausführungen sollten deutlich gemacht haben, daß die betriebswirtschaftliche Beschäftigung mit unternehmensbezogenen Werten und Normen der Mitglieder einer betriebswirtschaftlichen Organisation zu komplexe Fragen aufwirft, als daß man sich darauf gewissermaßen „aus dem Stand" einlassen dürfte. Eine sinnvolle und fruchtbare betriebswirtschaftliche Unternehmenskulturforschung erfordert zuallererst eine Klärung verschiedener Grundsatzfragen, welche sich aus den in Kapitel 1 dargestellten Beobachtungen, Ansätzen und kontroversen Meinungen auch und gerade für die entscheidungsorientierte Betriebswirtschaftslehre ergeben.

Die entscheidungsorientierte Betriebswirtschaftslehre gewinnt ihr Selbstverständnis aus dem Anspruch, eine praktisch-normative Disziplin zu sein. Das Attribut „praktisch" soll dabei zum Ausdruck bringen, daß nicht allein ein theoretisches Erkenntnisinteresse die Antriebskraft betriebswirtschaftlicher Forschungsaktivitäten sein kann, sondern daß die Betriebswirtschaftslehre vielmehr auch einen unmittelbaren Beitrag zur Bewältigung von Problemen der Praxis leisten muß, wenn sie den Ansprüchen der Gesellschaft an die Wissenschaften hinreichend gerecht werden will. Das Attribut „normativ" kennzeichnet die mit der Praxisorientierung verbundene Notwendigkeit, den handelnden Menschen in Betriebswirtschaften Empfehlungen zur Verfügung zu stellen, durch deren Befolgung bestimmte Ziele erreicht werden können. Die entscheidungsorientierte Betriebswirtschaftslehre versteht sich somit hinsichtlich ihres pragmatischen Anspruchs als angewandte Wissenschaft. Im Unterschied zu den bekennend-normativen Richtungen in der Betriebswirtschaftslehre, wie sie von Nicklisch, Kalveram und Fischer vertreten worden sind, geht die entscheidungsorientierte Betriebswirtschaftslehre allerdings nicht davon aus, daß die letzte Rechtfertigung von Zielen, die sie ihren Handlungsempfehlungen hypothetisch zugrunde legt, in ihren Aufgabenbereich fällt. Insoweit nimmt sie in der „Wertfreiheit"-Diskussion eine Position ein, die im Zuge einer Präzisierung als „werturteilsfrei" charakterisiert werden kann.[49]

Zur Einlösung des Anspruchs einer praktisch-normativen Wissenschaft hat es sich als zweckmäßig erwiesen, die menschlichen Entscheidungsprozesse in betriebswirtschaftlichen Organisationen in den Mittelpunkt des Interesses zu rük-

---

[49] Vgl. zu diesen Problemkreisen insb. Heinen/Dietel (1976), Heinen (1984), Heinen (1985a), Heinen (1985c).

ken. Die Konzentration auf die Entscheidung als dem zentralen Bestimmungsfaktor betriebswirtschaftlicher Strukturen und Prozesse zeigt sich als äußerst fruchtbar für die Reichweite und Aussagekraft betriebswirtschaftlicher Theorien. Im Rahmen der Erfüllung ihrer **Gestaltungsaufgabe** ist die entscheidungsorientierte Betriebswirtschaftslehre bestrebt, den verantwortlichen Entscheidungsträgern in Betriebswirtschaften Hilfestellung beim Treffen von Entscheidungen zu geben. Die dazu entwickelten Modelle werden als Entscheidungsmodelle bezeichnet. Bevor sinnvolle Entscheidungsmodelle konstruiert werden können, müssen zwei Voraussetzungen erfüllt sein. Zum einen ist die möglichst realitätsnahe Beschreibung der im Entscheidungsfeld des Entscheidungsträgers enthaltenen Tatbestände und Zusammenhänge, insbesondere die der Konsequenzen einer Realisation einer bestimmten Handlungsalternative hinsichtlich ihrer Zielwirkung, notwendig. Die damit zusammenhängenden Probleme fallen in den Zuständigkeitsbereich der **Erklärungsaufgabe** der entscheidungsorientierten Betriebswirtschaftslehre. Zum anderen müssen begründete Vorstellungen darüber entwickelt werden, an welchen Kriterien die Entscheidungsträger den Erfolg ihrer Entscheidungen messen können.

Bei der Erfüllung ihrer Teilaufgaben geht die entscheidungsorientierte Betriebswirtschaftslehre von **Grundmodellen** aus. Grundmodelle bilden die theoretische Basis der Beschreibung und Erklärung des Entscheidungsverhaltens von Entscheidungsträgern in betriebswirtschaftlichen Organisationen. Im einzelnen bezieht sich die entscheidungsorientierte Betriebswirtschaftslehre auf die Grundmodelle des Individuums, der Gruppe, der Organisation und der Gesellschaft. Wichtige Impulse erhält die entscheidungsorientierte Betriebswirtschaftslehre durch das Aufgreifen betriebswirtschaftlich bedeutsamer Erkenntnisse der fachübergreifenden Ansätze aus dem Bereich der Sozialwissenschaften. Hierzu zählen insbesondere die deskriptive und die praeskriptive Entscheidungstheorie, aber auch die Organisationstheorie im weitesten Sinne. Daneben sind Nachbarwissenschaften wie die Volkswirtschaftslehre, die Rechtswissenschaften, die Mathematik und im Rahmen des vorliegenden Untersuchungsschwerpunktes die Soziologie, Anthropologie und Psychologie von Bedeutung.[50]

Vor diesem Hintergrund wird im folgenden untersucht, in welcher Form sich die entscheidungsorientierte Betriebswirtschaftslehre die Überlegungen zur Unternehmenskultur im Rahmen ihres Forschungsprogramms zunutze machen kann. Wie oben angesprochen, sind die Grundmodelle des Individuums, der Gruppe, der Organisation und der Gesellschaft die theoretischen Bausteine, welche Entscheidungen und die daraus resultierenden Strukturen und Prozesse in Betriebswirtschaften zu erklärbaren und damit letztendlich gestaltbaren Phänomenen werden lassen. Die für die hier zu erörternden Fragen relevanten Grundmodelle werden deshalb in diesem Abschnitt im Lichte der Unternehmenskultur-Diskussion einer Präzisierung unterzogen. Darauf aufbauend können die prinzipiellen Konsequenzen erläutert werden, die sich hinsichtlich der Berücksichtigung der Unternehmenskultur innerhalb der einzelnen Teilaufgaben der entscheidungsorientierten Betriebswirtschaftslehre ergeben.

---

[50] Vgl. zum Wissenschaftsprogramm der entscheidungsorientierten Betriebswirtschaftslehre bspw. Heinen (1984), Heinen (1985a).

Hierzu werden zunächst die Ergebnisse vorgestellt, die sich aus der bisherigen Beschäftigung mit unternehmensbezogenen Werthaltungen und Normen innerhalb betriebswirtschaftlicher Organisationen im Rahmen der entscheidungsorientierten Betriebswirtschaftslehre ergeben haben. Im wesentlichen sind dies die explizite Fassung des Begriffs der Unternehmenskultur und ein erster Ansatz zur detaillierten Beschreibung unternehmensspezifischer Werte- und Normengefüge mit Hilfe von drei Begriffsdimensionen.

## 2.1 Ein entscheidungsorientierter Unternehmenskulturbegriff[51]

Wie in den Ausführungen des Kapitels 1 deutlich geworden ist, stößt man in der Literatur zur Organisations- bzw. Unternehmenskulturdiskussion auf eine Vielzahl von Bedeutungsinhalten, die mit der Verwendung der Bezeichnung „Kultur" zur Beschreibung organisationaler Phänomene verbunden werden. Dennoch kann man einige Grundelemente und Beziehungsmuster identifizieren, die durchgängig in Ausdrücken wie z. B. „corporate culture", „company culture", „superordinate goals", „style" u. ä. explizit oder implizit enthalten sind. Dazu gehören insbesondere Begriffe wie Werte, Normen und Symbole. Häufig ist auch von kulturellen Artefakten die Rede. In diesen Kategorien bewegt sich auch der Unternehmenskulturbegriff der entscheidungsorientierten Betriebswirtschaftslehre.

Aus Gründen, die im Rahmen dieses Buches innerhalb des Beitrags B eingehend aus kulturanthropologischer Sicht erläutert werden, hat es sich als zweckmäßig erwiesen, den Begriff der Unternehmenskultur inhaltlich auf die unternehmensbezogenen Werte und Normen im Sinne eines gemeinsamen Ideensystems der Organisationsmitglieder zu beschränken. Die beiden wesentlichen Elemente einer so verstandenen Unternehmenskultur, die Werte und Normen, sollen im folgenden genauer analysiert werden.

Der Ausdruck „Wert" wird sehr häufig verwendet zur Bezeichnung eines Gegenstandes im weitesten Sinne, welcher positiv bewertet wird oder wurde.[52] Zu den Gegenständen zählen hierbei nicht nur Elemente der materiellen Realität, sondern auch Eigenschaften und Zustände einzelner Individuen und sozialer Systeme bis hin zu ganzen Gesellschaften. Es können also so unterschiedliche Dinge wie eine unberührte Naturlandschaft („Ein Wert, der erhalten werden muß"), die Verläßlichkeit eines Mitarbeiters oder auch die öffentliche Sicherheit in einem Staatswesen als Werte verstanden werden. Als Beispiele für unternehmensspezifische Werte bieten sich Phänomene wie die hohe Qualität der Produkte, ein mitarbeiterorientiertes Führungsverhalten oder auch Fairness im Umgang mit Lieferanten und Abnehmern an.

Diese kurze Charakterisierung des Wertbegriffs zeigt, daß Werte ein soziales Phänomen sind. Die nicht-soziale Realität ist für sich gesehen wertneutral; erst die positive Auszeichnung empirischer Phänomene mit Attributen wie „gut", „richtig" oder „schön" durch Individuen macht diese zu Werten. Die „Existenz" von Werten hängt somit von ihrer Verankerung in den Erkenntnissen der die Werte „besitzenden" Individuen ab. Sind aber Werte als Elemente der Er-

---
[51] Vgl. Heinen (1985a), (1986a), (1986b); Heinen/Dill (1986); Dill (1986).
[52] Vgl. z. B. Weingartner (1978), Lautmann (1968).

kenntnisse von Individuen zu begreifen, die entweder im Bewußtsein vorhanden oder zumindest jederzeit dorthin rückrufbar sind, so ist auch die manchmal getroffene Unterscheidung von Werten und Werthaltungen überflüssig.[53] Werthaltungen im Sinne von grundlegenden Einstellungen und Überzeugungen bezüglich der richtigen Beurteilung von Zuständen oder Ereignissen stehen mit existierenden Werten in unmittelbarem Zusammenhang. Im Rahmen dieses Buches wird deshalb im allgemeinen die Bezeichnung „Wert" verwendet, um Wert- bzw. Werthaltungsphänomene zu erfassen.

Im täglichen Leben dienen Werte zum einen der kognitiven Organisation und Verarbeitung persönlicher Erfahrungen. Zum anderen können Werte bzw. Werthaltungen die Beurteilung verfügbarer Handlungsalternativen maßgeblich beeinflussen. Werte stellen damit nicht zuletzt globale Handlungsorientierungen bereit.

Werte als handlungsleitende Größen besitzen einige Eigenheiten, die sie von ähnlichen Konzepten wie Zielen und Bedürfnissen unterscheiden. So müssen Werte nicht immer den konkreten Charakter von Zielen aufweisen und sind auch nicht mit Naturkonstanten wie physiologisch bedingten Primärbedürfnissen vergleichbar. Sie sind darüber hinaus trotz ihres Beharrungsvermögens insbesondere durch Erfahrungen einer Veränderung fähig und einem kritischen Diskurs zugänglich. Die Vermittlung von Werten wird allgemein mit primären und sekundären Sozialisationsprozessen erklärt. Unternehmensbezogene Werte einzelner Unternehmensmitglieder können dementsprechend als ein Ergebnis unternehmensspezifischer sekundärer Sozialisationsprozesse begriffen werden. Dabei sind die Sozialisationsprozesse allerdings nicht nur in einem engen behavioristischen Sinne zu verstehen, sondern vielmehr als soziale symbolvermittelte Interaktionen von Individuen in einem spezifischen sozialen Kontext.[54]

Zweites konstituierendes Element einer Unternehmenskultur im hier verstandenen Sinne sind die unternehmensbezogenen Normen der Unternehmensmitglieder. Die wohl umfassendste Abhandlung haben der Normbegriff und die damit zusammenhängende Problematik durch das Werk von Wright's erfahren.[55] Insbesondere seine Typisierung von Normkategorien scheint zur näheren Charakterisierung von unternehmenskulturellen Normen geeignet zu sein. Von Wright unterscheidet drei Hauptgruppen von Normen und drei Untergruppen von besonderer Bedeutung. Der getrennte Ausweis letzterer Normtypen rechtfertigt sich dabei aus dem Umstand, daß diese nicht ohne weiteres als Spezialfälle eines bestimmten Haupttyps gesehen werden können. Sie weisen vielmehr jeweils Eigenschaften zweier Haupttypen gleichzeitig aus, ohne diese beiden Haupttypen damit begriffslogisch zu umfassen.[56]

Zu den Hauptgruppen von Normen zählen nach von Wright „Regeln", „Vorschriften" und „technische Normen (Direktiven)", zu den Untergruppen „Gebräuche", „moralische Prinzipien" und „Ideal-Regeln".

---

[53] Vgl. z. B. Ulrich/Probst/Studer (1985), S. 9 f.
[54] Vgl. hierzu den Beitrag D dieses Buches.
[55] Vgl. insb. Wright (1979) und die dort angegebene Literatur.
[56] Vgl. hierzu und zu folgendem Wright (1979), S. 18 ff.

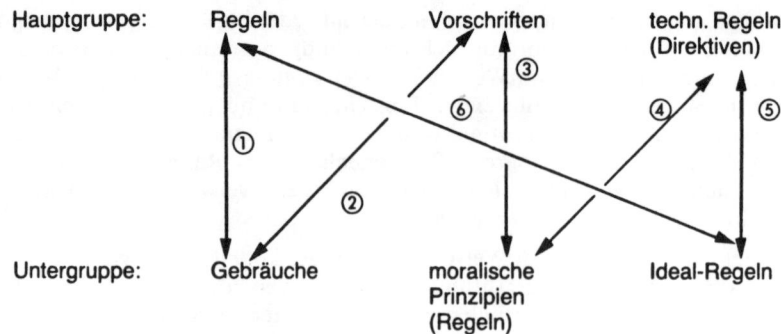

**Abb. 2** Normtypen und deren Beziehungen nach von Wright[57]

Die Regel als erster Haupttyp einer Norm ist in von Wright's Schema ein standardisiertes Muster des richtigen Verhaltens von interagierenden Individuen in bestimmten Situationen. Als Beispiele nennt von Wright Spielregeln, die Grammatik einer natürlichen Sprache oder auch die Regeln eines logischen oder mathematischen Kalküls. Von den Regeln unterscheiden sich die Vorschriften als zweiter Haupttyp von Normen insbesondere dadurch, daß bei den Vorschriften zwischen einer Norm-Autorität und einem oder mehreren Norm-Adressaten unterschieden werden kann. Die Vorschrift als Normtyp manifestiert den Willen eines Norm-Gebers, welcher ein bestimmtes Verhalten des Norm-Adressaten durchsetzen will. Die Nichtbeachtung der Vorschrift zieht im allgemeinen eine Sanktion nach sich, die über die Konsequenzen einer Spielregelverletzung (z. B. Abbruch des Spiels) hinausgeht. Der dritte Haupttyp der Norm sind die technischen Normen (Direktiven). Sie beinhalten Aussagen darüber, welche Mittel zur Erreichung eines bestimmten Zweckes eingesetzt werden müssen. Die technische Norm erscheint sprachlich zumeist als Konditionalsatz, dessen Wenn-Komponente das Ziel angibt, welches verfolgt wird, und dessen Dann-Komponente die zur Erreichung dieses Ziels notwendigen Maßnahmen oder Mittel enthält. Wer technischen Normen folgt, will das Resultat erreichen, welches in der Wenn-Komponente enthalten ist.

Ein weiterer Normtyp sind die Gebräuche. Sie sind Verhaltensmuster für die Mitglieder einer Gemeinschaft. Begriffe mit ähnlichen Bedeutungsinhalten sind Zeremonien, Moden und Manieren. Gebräuche ähneln sowohl den Regeln (1) als auch den Vorschriften (2). Ihren Normcharakter gewinnen sie aus der Tatsache, daß sie Verhalten beeinflussen. Normgeber und Normadressaten sind allerdings im Falle der Gebräuche nicht ohne weiteres an einzelnen Personen festzumachen. Gebräuche sind anonyme, implizite Vorschriften, bei denen die Autorität und Sanktionsgewalt auf die Gemeinschaft als ganzes verteilt sind. Ihren Regelcharakter erhalten die Gebräuche dadurch, daß sie gewissermaßen die Spielregeln des Umgangs der Mitglieder einer Gemeinschaft miteinander definieren. Die Natur moralischer Regeln als zweite Untergruppe im Schema von Wright's ist durch komplexe Beziehungen zu den übrigen Normtypen und auch zu Wertbegriffen charakterisierbar. Nach von Wright stehen moralische Regeln vor al-

---

[57] Vgl. Wright (1979), S. 18 ff.

lem in einem engen Zusammenhang sowohl zu den Vorschriften (3) als auch zu technischen Normen (4) („Was ist zu tun, um ein gutes Leben zu führen"). Die letzte Untergruppe von Normen bilden die Ideal-Regeln. Ideal-Regeln bringen im Gegensatz zu den bisher genannten Normtypen nicht so sehr zum Ausdruck, was getan werden sollte, sondern vielmehr Dinge und Zustände, die sein sollten. Ideal-Regeln sind eng verknüpft mit dem Wertbegriff des **Gutseins**. Ideal-Regeln fordern bestimmte Eigenschaften für den idealen Gegenstand oder einen idealen Personentyp. Ein Beispiel für Ideal-Regeln aus dem Bereich der Betriebswirtschaftslehre bieten die Eigenschaften der „idealen" Führungskraft, wie sie im Rahmen der Eigenschaftstheorie der Führung formuliert worden sind. Bezüglich der Haupttypen von Normen nehmen Ideal-Regeln eine Mittelstellung zwischen technischen Normen (5) und den einen Standard definierenden (6) Regeln ein.

Die obige Systematisierung von Normen macht deutlich, daß die betriebswirtschaftliche Beschäftigung mit unternehmenskulturellen Normen im Vergleich zur bisherigen betriebswirtschaftlichen Forschung eine gewisse Schwerpunktverlagerung mit sich bringt. Im Zentrum der unternehmenskulturellen Forschungsbemühungen stehen insbesondere die Gebräuche, die sich im Verlauf der historischen Entwicklung der sozialen Gemeinschaft „Unternehmung" herausgebildet haben. Des weiteren spielen sowohl die (Spiel-)regeln als auch die Ideal-Regeln und moralischen Prinzipien betriebswirtschaftlichen Tuns und Seins eine wichtige Rolle beim Verständnis des Funktionierens spezifischer Unternehmenskulturen. Vorschriften und technische Regeln haben dagegen im Gegensatz zu anderen Teilgebieten der Betriebswirtschaftslehre im Bereich der Unternehmenskulturforschung einen weitaus geringeren Stellenwert.

Unternehmenskultur im Sinne der entscheidungsorientierten Betriebswirtschaftslehre ist ein Gerüst und ein Vorrat an Sinnstrukturen und Handlungsmustern, aus welchen heraus Situationen, Handlungen und Entscheidungen des Unternehmensalltags einer bewertenden Interpretation hinsichtlich ihrer Bedeutung für die Unternehmung als Ganzes zugänglich werden. Im Sinne der Kulturanthropologie versteht die entscheidungsorientierte Betriebswirtschaftslehre Unternehmenskultur als **ideelles** Metasystem für das Sozialsystem Unternehmung. Damit soll insbesondere der Fehler der „Variablen"-Sichtweise der Unternehmenskultur vermieden werden, Unternehmenskultur mit ihren sichtbaren Ergebnissen in Form von Stories, Mythen, Riten und Ritualen gleichzusetzen. Diese materiellen Konkretisierungen einer Unternehmenskultur werden mit dem Begriff der **kulturellen Artefakte** erfaßt.

Das Konzept der kulturellen Artefakte entstammt der Kulturanthropologie. Mit dem Begriff der kulturellen Artefakte sind dort im weitesten Sinne alle menschlichen Handlungen und deren Ergebnisse erfaßt, insbesondere alle Formen der zwischenmenschlichen Kommunikation. Kulturelle Artefakte zeichnen sich durch ihre unmittelbare Erfahrbarkeit aus. Zu den wohl wichtigsten kulturellen Artefakten zählt die menschliche Sprache bzw. genauer die menschlichen Sprechakte.[58]

---

[58] Vgl. hierzu die Unterscheidung in das Sprachsystem als allgemeinem Kulturgut, als einem gemeinsam geteilten Wissen, und der tatsächlichen Sprachverwendung, dem Sprechakt, wie sie in der Linguistik getroffen wird, wobei letzterer als kulturelles Artefakt begriffen werden kann.

Eine der wichtigsten Erkenntnisse derjenigen Schulen der Kulturanthropologie, die Kultur als Ideensystem begreifen, ist die Überzeugung, daß kulturelle Artefakte per se keinen Sinn vermitteln können: Die Bedeutung kultureller Artefakte erschließt sich dem außenstehenden Beobachter nicht ohne die Kenntnis der zugrunde liegenden ideellen Sphäre, der eigentlichen Kultur eines Sozialsystems.[59] Voraussetzung für das Verständnis kultureller Artefakte im Sinne menschlicher Lebensäußerungen und deren überdauernder Produkte ist nach den Vertretern der „idealistischen" Kulturanthropologie also die Kenntnis der dahinter stehenden Werthaltungen und Normensysteme, insbesondere religiöser Vorstellungen und Traditionen der Mitglieder des betrachteten Kulturkreises. Diese Vermittlung setzt nach den Erkenntnissen der Kulturanthropologie das Wissen um die symbolische Dimension kultureller Artefakte bei den Erforschern von Kulturen voraus. Riten, Rituale und Zeremonien, aber auch Sagen und Mythen sind dem Außenstehenden in ihrer Bedeutung genausowenig von vornherein zugänglich wie architektonische Schöpfungen oder Produkte der bildenden Kunst. Es müssen Methoden gefunden werden, die über eine an den Oberflächenphänomenen orientierte Erklärung der Vorgänge hinaus die spezifischen, u. U. nur für die Mitglieder des betrachteten Kulturkreises gültigen Bedeutungsinhalte kultureller Artefakte verständlich werden lassen. Das heißt aber nichts anderes, als daß der symbolische Charakter menschlicher Lebensäußerungen im Mittelpunkt des kulturerforschenden Erkenntnisinteresses steht.[60]

## 2.2 Ein Vorschlag zur Typologisierung von Unternehmenskulturen

Die Charakterisierung der Unternehmenskultur als Gesamtheit der unternehmensbezogenen Werte und Normen der Unternehmensmitglieder macht deutlich, daß die entscheidungsorientierte Betriebswirtschaftslehre Unternehmenskultur als ideelles Phänomen sieht. In Analogie zur Entstehung und Entwicklung menschlicher Kulturen allgemein wird Unternehmenskultur als Ergebnis eines historischen Prozesses interpretiert, dessen Verlauf und dessen Ergebnisse wesentlich von menschlichen Entscheidungen und Handlungen geprägt werden. Die Beurteilung empirisch vorfindbarer Erscheinungsformen der Unternehmenskultur nicht zuletzt im Hinblick auf eine differenzierende Beurteilung ihrer ökonomischen Konsequenzen ist allerdings auf der Basis einer solchen Definition allein nicht möglich. Eine differenzierende Betrachtung unternehmenskultureller Phänomene erfordert vielmehr zwei zusätzliche Schritte: Eine Typologisierung der betrachteten Phänomene und die Angabe eines oder mehrerer Kriterien zur Beurteilung einzelner Typen. Die Typologisierung als wesentlicher Schritt in die Richtung einer systematischen betriebswirtschaftlichen und damit letztendlich effizienzorientierten Berücksichtigung der Unternehmenskultur in betriebswirtschaftlichen Aussagensystemen soll hier in Anlehnung an frühere

---
[59] Diese Sichtweise der Kultur ist in der Kulturanthropologie nicht unumstritten. Sie entspricht denjenigen Schulen der Kulturanthropologie, die Kultur als kognitives Phänomen interpretieren, als ein Ideensystem in den Köpfen der Kulturträger. Zur Begründung der in diesem Buch gewählten Kulturinterpretation siehe Beitrag B.
[60] Zu den einzelnen Richtungen der Kulturanthropologie, zu deren Erkenntniszielen, Forschungsmethoden und Problemen siehe den Beitrag B in diesem Buch; eine eingehende Auseinandersetzung mit dem Symbolbegriff bietet Beitrag D.

Ausführungen[61] anhand dreier Dimensionen vorgenommen werden: dem **Verankerungsgrad**, dem **Übereinstimmungsausmaß** und der **Systemvereinbarkeit** der unternehmensbezogenen Werte und Normen der Organisationsmitglieder.

**1. Verankerungsgrad:**

Der Verankerungsgrad beschreibt das Ausmaß, in dem spezifische auf das Unternehmen bezogene Werte und Normen in die individuell bei den Organisationsmitgliedern vorhandenen Wert- und Normgefüge Eingang gefunden haben. Die denkbaren Ausprägungen auf dieser Dimension reichen von einer vollständigen **Ablehnung** unternehmensspezifischer Wert- und Normgefüge über eine opportunistische Anpassung bis hin zu einer vollständigen **Internalisation**. Diese Dimension der Unternehmenskultur ist stark individuenbezogen. Eine Erklärung unterschiedlicher Ausprägungen scheint insbesondere über die Erkenntnisse der Sozialisationsforschung und der Organisationsentwicklungsarbeit möglich zu sein.

**2. Übereinstimmungsausmaß:**

Mit dieser Dimension der Unternehmenskultur ist das Ausmaß angesprochen, in dem die Mitglieder einer Unternehmung vergleichbare unternehmensbezogene Werte und Normen entwickelt bzw. übernommen haben. Als Extremausprägung auf dieser Dimension erscheint die Situation denkbar, daß jedes einzelne Unternehmensmitglied seinem täglichen Handeln unterschiedliche unternehmensbezogene Wert- und Normvorstellungen zugrunde legt. Es ist offenkundig, daß eine solche Situation nur in Ausnahmefällen mit einem erfolgreichen Agieren des Unternehmens zu vereinbaren ist; als idealtypische Ausprägung soll dieser Zustand als **unternehmenskulturelle Desintegration** bezeichnet werden. Als Normalfall kann dagegen eine Situation gesehen werden, in der zumindest einige Unternehmensmitglieder ähnliche unternehmensbezogene Werte und Normen entwickeln. Haben mehrere Gruppen von Unternehmensmitgliedern Werte und Normen entwickelt, die sich gruppenintern durch eine relative Homogenität und im Gruppenvergleich durch eine relative Heterogenität auszeichnen, so kann man von Subkulturen sprechen.

Die Struktur solcher Subkulturen soll als Kriterium für das Übereinstimmungsausmaß einer Unternehmenskultur dienen. Dabei gilt tendenziell: Je homogener die unternehmensbezogenen Werte und Normen der Subkulturenmitglieder sind, desto höher ist das Übereinstimmungsausmaß der betrachteten Unternehmenskultur. Darüber hinaus gilt: Je homogener die subkulturspezifischen Werte und Normen untereinander ausfallen, desto höher ist das Übereinstimmungsausmaß der betrachteten Unternehmenskultur. Daneben spielt auch die Zahl der Subkulturen eine Rolle. Der Grenzfall des höchsten denkbaren Übereinstimmungsausmaßes ist die festgefügte **Einheitskultur**. Die Erklärung von Unterschieden in den spezifischen Ausprägungen einzelner Unternehmenskulturen auf der Dimension Übereinstimmungsausmaß kann prinzipiell an zwei Faktoren ansetzen: An der unternehmensweiten Verfügbarkeit entsprechender einheitlicher Wert- und Norminhalte z.B. in Form von kodifizierten Unternehmensphilosophien und an dem Grad der Einheitlichkeit der subjektiven Interpretation dieser Wert- und Norminhalte.

---

[61] Vgl. Heinen (1986b).

## 3. Systemvereinbarkeit:

Mit dieser Dimension ist die Beziehung zwischen dem unternehmensbezogenen Wert- und Normgefüge der Unternehmensmitglieder und den formalen Instrumenten der Mitarbeiter- und Unternehmensführung angesprochen.

Zu den formalen Instrumenten der Mitarbeiter- und Unternehmensführung sollen hier insbesondere Führungsmodelle, Methoden und Instrumente des strategischen und operativen Managements sowie das betriebliche Informationssystem und die logistischen Systeme gezählt werden. Denkbare Arten der Beziehungen sind generell die **Unvereinbarkeit,** die **Neutralität** und die **vollständige Vereinbarkeit**. Mit Vereinbarkeit ist hierbei die subjektiv wahrgenommene Verträglichkeit zu verstehen. Es geht um die Frage, inwieweit die subjektive Wahrnehmung der Führungsinstrumente, des unternehmensspezifisch formulierten Leitbildes oder der Unternehmensstrategien mit dem individuellen unternehmensbezogenen Wert- und Normgefüge der einzelnen Organisationsmitglieder übereinstimmt.

Auf der Basis dieser Dimensionalisierung ist eine Typologisierung von Unternehmenskulturen möglich, die von den konkreten Wert- und Norminhalten abstrahieren und dennoch mit der „Systemvereinbarkeit" ein Kriterium der „Funktionalität" spezifischer Unternehmenskulturen anbieten kann. Im folgenden sollen die möglichen Kombinationen von Dimensionsausprägungen zur Charakterisierung einzelner idealtypischer Unternehmenskulturtypen herangezogen werden. Zur Vereinfachung werden in jeder Dimension nur zwei Ausprägungen unterschieden: „Hoch" und „niedrig" beim „Verankerungsgrad" (VAG), „hoch" und „gering" beim „Übereinstimmungsausmaß" (ÜAM), „ja" und „nein" bei der „Systemvereinbarkeit". Darüber hinaus wird im Zuge einer isolierten Betrachtung der Funktionalität formaler Instrumente der Mitarbeiter- und Unternehmensführung (isolierte Systembetrachtung) unterschieden zwischen wirksamen, das heißt in den Grenzen rational-formaler Unternehmenssteuerung funktionalen Steuerungsinstrumenten einerseits und dem Fall ungeeigneter bzw. weitgehend fehlender rational-formaler Steuerungsinstrumente andererseits. Mit letzterer Unterscheidung wird ein Problem berücksichtigt, das in der entscheidungsorientierten Betriebswirtschaftslehre mit dem Begriff der „schlecht-strukturierten" Entscheidung schon seit längerem thematisiert worden ist und durch die Unternehmenskulturdiskussion aus einer neuen, fruchtbaren Perspektive betrachtet werden kann: die Tatsache, daß formale Instrumente der Mitarbeiter- und Unternehmensführung nicht in jeder Entscheidungssituation hinreichen können, dem einzelnen Organisationsmitglied ausreichend spezifizierte Entscheidungsmaßstäbe und -regeln zu vermitteln. Dies resultiert aus der zunehmenden Komplexität und Dynamik der Faktoren, die für die Entscheidungsfindung insbesondere auf der politischen und auch der administrativen Ebene moderner Unternehmungen eine Rolle spielen. Dennoch kann aus diesen Grenzen der rational-formalen Systemsteuerung nicht gefolgert werden, daß die formalen Instrumente der Mitarbeiter- und Unternehmensführung etwa überflüssig wären. Man muß vielmehr zwischen relativ wirksamen (funktionalen) Steuerungsinstrumenten und vergleichsweise ungeeigneten Steuerungsinstrumenten unterscheiden.[62] Bezieht man diese Überlegung in die Bildung von Unternehmenskulturtypen ein, so lassen sich im Rahmen einer kompatibilitäts-

---

[62] Vgl. zu diesen Überlegungen die ähnliche Argumentation von Ulrich P. (1984).

orientierten Klassifikation von Unternehmenskulturen in Abhängigkeit von der relativen Funktionalität formaler Steuerungsinstrumente sechzehn idealtypische Unternehmenskulturtypen im Rahmen der zwei Hauptklassen „Unternehmenskulturen in Unternehmungen mit wirksamen formalen Steuerungsinstrumenten" und „Unternehmenskulturen in Unternehmungen mit vergleichsweise ungeeigneten formalen Steuerungsinstrumenten" bilden. Diese Typologisierung ist in der folgenden Abbildung 3 dargestellt.

Für die darin gebildete erste Hauptklasse lassen sich folgende Kulturtypen entwickeln:

Typ 1: Die starke, systemgestützte Unternehmenskultur

Sie liegt dann vor, wenn ein hoher Verankerungsgrad und ein hohes Übereinstimmungsausmaß der unternehmensbezogenen Werte und Normen der Organisationsmitglieder gegeben sind und gleichzeitig der Inhalt dieser Werte und Normen einen hohen Kompatibilitätsgrad mit der Zielrichtung der formalen Systeme der Mitarbeiter- und Unternehmensführung aufweist. Dies wäre ein „exzellentes" Unternehmen im Sinne von Peters/Waterman; ein Fall, der in der Realität anzustreben, jedoch nur schwer erreichbar ist.

Typ 2: Die starke, systemkonkurrierende Unternehmenskultur

Sie unterscheidet sich vom Typ 1 durch die Unvereinbarkeit der unternehmensbezogenen Werte und Normen der Unternehmensmitglieder mit den formalen Instrumenten der Mitarbeiter- und Unternehmensführung. Es besteht die latente Gefahr von kulturellen Krisen im Unternehmen, wie sie etwa bei amerikanischen Banken nach der Deregulation und bei der schweizerischen Uhrenindustrie im Verlauf der elektronikbedingten Veränderung ihrer Produkte und Märkte aufgetreten sind. Derartige Divergenzen können – verallgemeinert ausgedrückt – darauf zurückgeführt werden, daß einerseits Veränderungen in der für die Unternehmung relevanten Umwelt neue Instrumente der Systemgestaltung erforderlich machen, die unverträglich mit der bestehenden Unternehmenskultur sind. Andererseits ist auch eine Art „kultureller Vorlauf" z. B. durch gesellschaftlichen Wertewandel im Unternehmen denkbar, der eine Anpassung der vorhandenen Instrumente der Systemgestaltung notwendig werden läßt.

Typ 3: Die starke, systemgestützte Subkulturen-Kultur

Bei der starken, systemgestützten Subkulturen-Kultur birgt das geringe Übereinstimmungsausmaß eine gewisse Tendenz zu auseinanderstrebenden Subkulturen. Der Grad der Funktionalität ist hier nur im konkreten Einzelfall bestimmbar. Positiv könnte diese Konstellation u. U. in stark diversifizierten, divisional organisierten Großunternehmen wirken. Dazu bedarf es jedoch eines Minimums an Integration, die durch die Führungsinstrumente des Gesamtsystems gewährleistet werden muß. Erleichtert wird diese Integration bei einem solchen Kulturtypus durch die Kompatibilität der Steuerungssysteme mit den prinzipiell divergenten Subkulturen.

Typ 4: Die starke, systemkonkurrierende Subkulturen-Kultur

Hier führt die Unvereinbarkeit und Widersprüchlichkeit der Subkulturen in Verbindung mit der mangelnden Systemkompatibilität zu einer akuten Zerfallsgefahr des Gesamtsystems.

### Typ 5: Die schwache, systemgestützte Einheitskultur

Bei ihr müssen die formalen Instrumente der Mitarbeiter- und Unternehmensführung die Hauptlast der Koordination arbeitsteiliger Prozesse in der Unternehmung tragen. Da davon ausgegangen werden kann, daß eine hinreichende Determinierung aller innerbetrieblichen Entscheidungen durch systemische Steuerungsinstrumente allein nie völlig zu verwirklichen ist, kann die Schwäche der Unternehmenskultur zum Hauptfaktor der relativen Wettbewerbsschwäche der betreffenden Unternehmungen werden.

### Typ 6: Die schwache, systemkonkurrierende Einheitskultur

Die Probleme des Typs 5 erscheinen hier in ähnlicher Weise; die Gefahr der „kulturellen Krise" bei einem notwendig werdenden Wandel z. B. von Unternehmensstrategien ist allerdings geringer als bei Typ 2, da die Möglichkeiten für einen erforderlichen kulturellen Wandel in der Unternehmung aufgrund ihrer schwach ausgeprägten Kultur besser sind.

### Typ 7 und 8: Die „kulturlose" Unternehmung

Diese beiden Typen von Unternehmenskulturen können zusammengefaßt werden. Hier liegen schwache Unternehmenskulturen vor, die weder einen positiven noch einen negativen Beitrag zum Unternehmenserfolg beizutragen in der Lage sind.

Für die zweite Hauptklasse, die Unternehmenskulturen in Unternehmungen mit vergleichsweise ungeeigneten bzw. fehlenden formalen Instrumenten der Mitarbeiter- und Unternehmensführung, ergeben sich die folgenden Kulturtypen:

### Typ 9: Die starke, schwach systemgestützte Unternehmenskultur

Bei diesem Typus wird die Unternehmenskultur zum zentralen Koordinationsfaktor der betreffenden Unternehmung. Als Beispiel scheint hier die „clan"-Organisation von Ouchi geeignet zu sein. Ist die Vernachlässigung der formalen Steuerungsinstrumente ökonomisch zu rechtfertigen (z. B. durch ihre prinzipielle Ungeeignetheit aufgrund vieler schlecht-strukturierter Entscheidungen), so können solche Unternehmungen im Wettbewerb sehr erfolgreich sein (Beispiel: sog. „High-tech"-Betriebswirtschaften mit äußerst turbulenten Umwelten, die dauerhafte organisatorische Regelungen ineffizient werden lassen). Dennoch besteht eine prinzipielle Systemkompatibilität, d. h. die wenigen formalen Steuerungsinstrumente passen tendenziell in das unternehmensbezogene Wert- und Normgefüge der Unternehmensmitglieder.

### Typ 10: Die starke, schwach systemkonkurrierende Unternehmenskultur

Die Eigenschaften der Unternehmenskulturen vom Typ 9 und Typ 2 treffen bei Typ 10 aufeinander. Die Gefahr der kulturellen Krise ist hier nicht zu übersehen. Die nur schwach ausgeprägten Instrumente der Systemgestaltung werden aufgrund der starken Unternehmenskultur nicht akzeptiert. Gelingt es nicht, diese Instrumente dementsprechend zu modifizieren, ist ein Scheitern unvermeidlich. Die Überwindung der Krise scheint in diesem Fall jedoch tendenziell einfacher zu sein als z. B. bei Typ 2, da eine Änderung der Systeme im allgemeinen leichter zu verwirklichen ist als ein tiefgreifender kultureller Wandel.

Unternehmenskultur als Gegenstand der BWL   31

| Systembetrachtung | | systemunabhängige Unternehmens- kulturbetrachtung | | System- vereinbarkeit der Unternehmens- kultur | Unternehmenskultur- typen | |
|---|---|---|---|---|---|---|
| isoliert | | Verankerungsgrad (VAG) | Übereinstimmungs- ausmaß (ÜAM) | | | |
| In den Grenzen der Systemsteuerung funktionale Steuerungssysteme | hoher VAG | hohes ÜAM | ja | Starke, systemgestützte Unternehmenskultur | 1 |
| | | | | nein | Starke, systemkonkurrierende Unternehmenskultur | 2 |
| | | geringes ÜAM | ja | Starke, systemgestützte Subkulturen-Kultur | 3 |
| | | | | nein | Starke, systemkonkurrierende Subkulturen-Kultur | 4 |
| | niedriger VAG | hohes ÜAM | ja | Schwache, systemgestützte Einheitskultur | 5 |
| | | | | nein | Schwache, systemkonkurrierende Einheitskultur | 6 |
| | | geringes ÜAM | ja | „Kulturlose" Unternehmung | 7 |
| | | | | nein | „Kulturlose" Unternehmung | 8 |
| Ungeeignete oder fehlende Instrumente der formalen Systemsteuerung | hoher VAG | hohes ÜAM | ja | Starke, schwach systemgestützte Unternehmenskultur | 9 |
| | | | | nein | Starke, schwach systemkonkurrie- rende Unternehmenskultur | 10 |
| | | geringes ÜAM | ja | Starke, schwach systemgestützte Subkulturen-Kultur | 11 |
| | | | | nein | Starke, schwach systemkonkurrie- rende Subkultur-Kultur | 12 |
| | niedriger VAG | hohes ÜAM | ja | „Kultur- und führungslose" Unternehmung | 13 |
| | | | | nein | „Kultur- und führungslose" Unternehmung | 14 |
| | | geringes ÜAM | ja | „Kultur- und führungslose" Unternehmung | 15 |
| | | | | nein | „Kultur- und führungslose" Unternehmung | 16 |

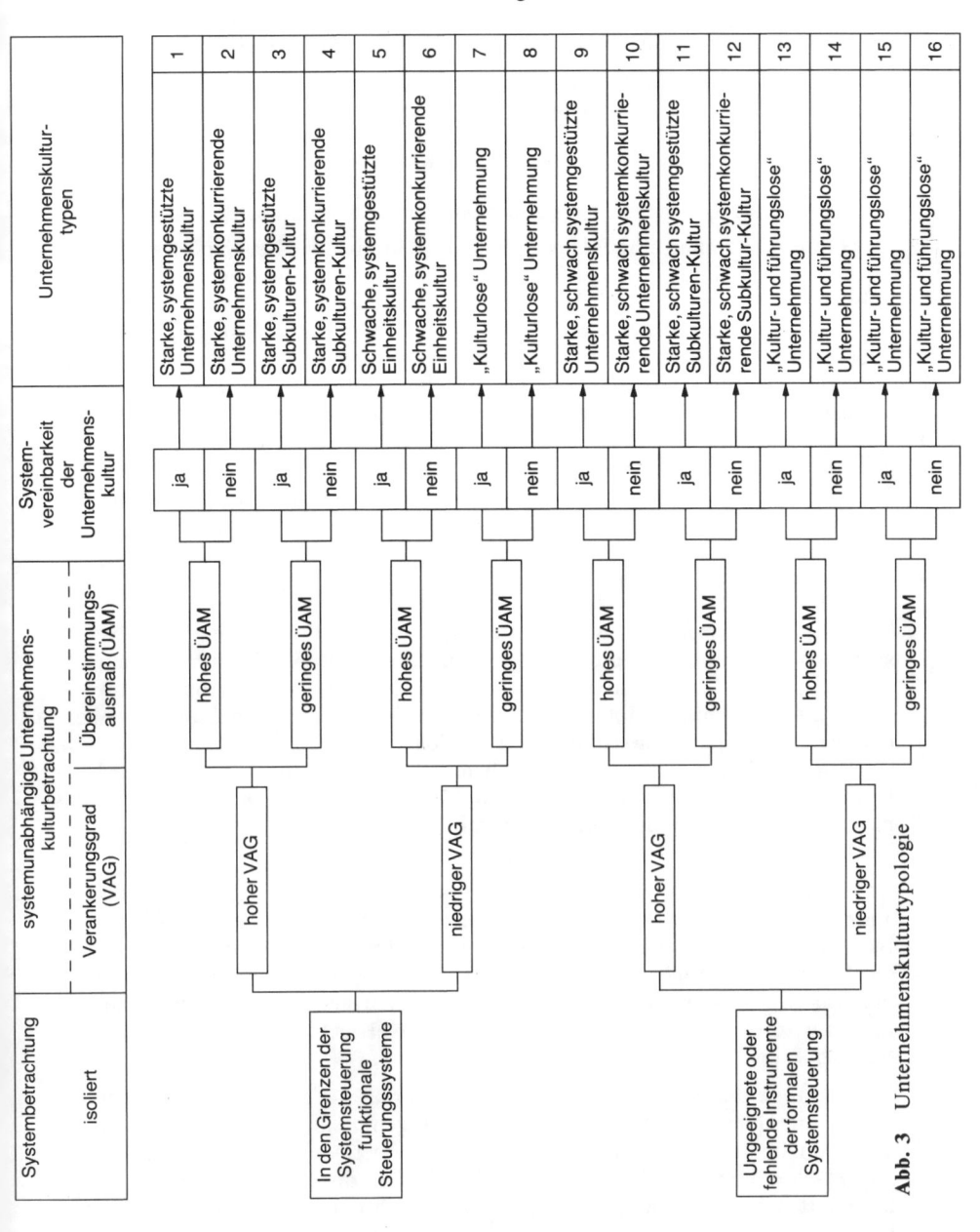

**Abb. 3** Unternehmenskulturtypologie

**Typ 11: Die starke, schwach systemgestützte Subkulturen-Kultur**
Hier verstärken sich die negativen Aspekte des Typs 3. Stark zentrifugale Tendenzen bewirken ein unternehmenskulturelles Auseinanderdriften und führen mangels geeigneter formaler Instrumente der Mitarbeiter- und Unternehmensführung zu ernsten Gefahren für das Unternehmen.

**Typ 12: Die starke, schwach systemkonkurrierende Subkulturen-Kultur**
Der Grad der Gefährdung ist bei diesem Typ ähnlich wie bei Typ 11 zu beurteilen. Er ist allerdings von der Ursache der Systeminkompatibilität der Unternehmenskultur abhängig. Liegen die stark zentrifugalen Tendenzen des Typs 11 vor, so ist ein Zerfall der Gesamtorganisation sehr wahrscheinlich. Es besteht aber auch die Möglichkeit, daß die Unverträglichkeiten durch ein von der Unternehmenskultur mitgetragenes Bemühen begründet ist, die ungeeigneten Instrumente der formalen Systemsteuerung durch geeignetere zu ersetzen.

**Typ 13 bis 16: Die „kultur- und führungslose" Unternehmung**
Bei diesen Unternehmenstypen spielt die Unternehmenskultur eine zu vernachlässigende Rolle, ihr dauerhafter Bestand im marktlichen Wettbewerb ist ohnehin zu bezweifeln.

Die obigen Ausführungen lassen sich wie folgt zusammenfassen:

1. Unternehmenskultur wird in der entscheidungsorientierten Betriebswirtschaftslehre definiert als die unternehmensbezogenen Werte und Normen der Mitglieder einer betriebswirtschaftlichen Organisation. Unternehmenskultur soll damit als das „ideelle Metasystem" des Sozialsystems Unternehmung verstanden werden. Unternehmenskultur äußert sich in unternehmensspezifischen kulturellen Artefakten, welche begrifflich mit der Unternehmenskultur allerdings nicht gleichgesetzt werden sollen. Kulturelle Artefakte sind zu interpretieren als menschliche Lebensäußerungen mit symbolischem Charakter.

2. Die Analyse spezifischer Unternehmenskulturen soll anhand dreier Dimensionen vorgenommen werden: Dem **Verankerungsgrad,** dem **Übereinstimmungsausmaß** und der **Systemvereinbarkeit** der unternehmensbezogenen Werte und Normen der Organisationsmitglieder. Auf der Basis dieser Dimensionalisierung eröffnet sich die Möglichkeit einer Typologisierung von Unternehmenskulturen, die von den konkreten Wert- und Norminhalten abstrahieren kann. Darüber hinaus wird eine spezifische Fassung einzelner bedeutsamer Unternehmenskulturtypen möglich.

Es muß an dieser Stelle angemerkt werden, daß die genannten Dimensionen einer Unternehmenskultur in ihren Ausprägungen nicht durchgängig als voneinander unabhängig betrachtet werden können. Dennoch gewinnt man aus der analytischen Betrachtungsweise einige Einsichten, die insbesondere den praxisorientierten Veröffentlichungen aus dem Bereich der amerikanischen Managementliteratur fehlen. Zum einen macht die oben entwickelte Systematisierung deutlich, daß Unternehmenskultur nicht immer gleichzusetzen ist mit einer „starken" Unternehmenskultur, sondern daß auch „schwache" Ausprägungen eines unternehmensbezogenen Wert- und Normsystems der Organisationsmitglieder als Unternehmenskultur bezeichnet werden können. Darüber hinaus wird deutlich, daß die „Stärke" einer Unternehmenskultur nicht von vornherein als Indikator für ihre Funktionalität dienen kann. Eine starke und gleichzeitig nicht systemkompatible Unternehmenskultur kann im Einzelfall sogar weitaus nachteiligere Auswirkungen bezüglich des Erfolges eines Unternehmens nach sich ziehen als eine schwache Form. Dies ist insbesondere in den Fällen einer starken Unternehmenskultur denkbar, die den Bestrebungen nach einer strategischen Neuorientierung des Unternehmens zuwiderläuft. Andererseits ist auch denkbar, daß für eine Unternehmung, die in wenig turbulenten Umwelten agiert und den Anforderungen mit den vorhandenen formalen Instrumenten der Mitarbeiter- und Unternehmensführung genügen kann, die Frage der Unternehmenskultur aus der Sicht des Gesamtsystems von untergeordneter Relevanz ist.

## 2.3 Grundmodelle und Unternehmenskultur

Im folgenden werden nunmehr die Ansatzpunkte einer theoretischen Berücksichtigung der unternehmensbezogenen Werte und Normen im Rahmen des Systemansatzes der entscheidungsorientierten Betriebswirtschaftslehre aufgezeigt. Angesprochen sind in diesem Abschnitt die Möglichkeiten, unternehmenskulturelle Phänomene in die Grundmodelle der Organisation, der Gruppe und des Individuums zu integrieren bzw. diese Grundmodelle zu verfeinern.

### 2.3.1 Werte und Normen im entscheidungsorientierten Grundmodell der Organisation

Eine zentrale Frage der entscheidungsorientierten Betriebswirtschaftslehre ist das Problem, an welchen Zielen sich individuelle Entscheidungen in der betriebswirtschaftlichen Organisation orientieren. Dabei haben sich für die Prozesse der Bildung genereller Oberziele einer Organisation und die Prozesse der Realisation dieser Zielvorstellungen bis hinunter zu denjenigen Stellen, in denen Willensbildung und Willensdurchsetzung von einer Person vollzogen werden, unterschiedliche Modelle als zweckdienlich erwiesen.

Die Beantwortung der Frage nach dem Zustandekommen betriebswirtschaftlicher Oberziele leistet der entscheidungsorientierte Ansatz unter Rückgriff auf das koalitionstheoretische Modell des Zielbildungsprozesses in politischen Systemen. Auf die Grundlagen des koalitionstheoretischen Modells soll hier im einzelnen nicht eingegangen werden.[63] Von Bedeutung für die hier zu erörternde Problematik der Unternehmenskultur ist die Frage, welche Rolle individuelle Werthaltungen und Normen der am Zielbildungsprozeß Beteiligten im Koalitionsmodell spielen. Ausgangspunkt des Koalitionsmodells ist die Erkenntnis, daß im Zielbildungsprozeß betriebswirtschaftlicher Organisationen Konflikt- und Machtprozesse im Vordergrund stehen. Die Individuen agieren aus ihren spezifischen Werthaltungen und Normen heraus. Ihre Handlungen sind Ausdruck eines persönlichen Willens, der nicht beliebig manipulierbar erscheint und auch nach der Aushandlung organisatorischer Ziele nichts von seiner potentiellen Handlungswirksamkeit und beschränkten Prognostizierbarkeit verliert. Dies äußert sich in der Vorstellung, daß die formulierten und von den Kerngruppen autorisierten Ziele der Organisation keine endgültigen Lösungen innerorganisationaler Interessengegensätze sein können. Ziele der Organisation sind vielmehr häufig als „Quasi-Lösungen" eines latent immer noch vorhandenen Wertkon-

---

[63] Vgl. hierzu bspw. Heinen (1984), S. 24 ff.

flikts insbesondere zwischen den Mitgliedern der organisationalen Kerngruppen und den aktiven Elementen der Organisation zu interpretieren.

Trotz dieser im Hinblick auf die Möglichkeit eines Wertkonsenses innerhalb des politischen Systems einer Organisation eher pessimistischen Sichtweise vermittelt das koalitionstheoretische Modell einen geeigneten Ansatzpunkt zur Konkretisierung der entscheidungsorientierten Position in der Frage des Wesens betriebswirtschaftlicher Organisationen.

Das Koalitionsmodell macht zum einen deutlich, daß individuelle Werthaltungen und Normen von Organisationsmitgliedern nicht nur als destabilisierende Gefahrenmomente für die Organisation zu interpretieren sind. Individuelle Werthaltungen wirken vielmehr in gleicher Weise als treibende, auslösende, kreative Elemente. Ohne sie sind Betriebswirtschaften als „sinnhaft konstituierte Gebilde"[64] nicht denkbar. Allein die Tatsache, daß eine Anzahl von Individuen es für sinnvoll erachtet, auf die Entfaltung des eigenen, grundsätzlich nicht determinierten Willens partiell zu verzichten, zugunsten der Institutionalisierung einer Art Schnittmenge individueller Werthaltungen und Normen in Form organisationaler Oberziele, verhilft dem Phänomen Betriebswirtschaft zu seiner Existenz. Organisationale Oberziele werden dabei zu einer Art „Idealnorm" für die erwünschten zukünftigen Zustände der betriebswirtschaftlichen Organisation. Sie sind damit in jedem Falle ein wesentlicher Bestandteil einer Unternehmenskultur.

Die koalitionstheoretische Betrachtungsweise des Zielbildungsprozesses in Organisationen läßt nun aber im Lichte der Unternehmenskulturdiskussion noch eine andere Überlegung an Bedeutung gewinnen. Es handelt sich um die Frage, ob die Möglichkeit der Existenz von starken Unternehmenskulturen die Anwendbarkeit dieses Modells auf organisationale Zielbildungsprozesse in seiner Allgemeinheit nicht partiell einschränkt, und zwar im Hinblick auf die Prämisse der Konfliktbestimmtheit von Zielbildungsprozessen in betriebswirtschaftlichen Organisationen. Damit wäre das Problem der Erklärung von unterschiedlichen Konfliktintensitäten in Zielbildungsprozessen unter der Perspektive einer nicht funktionalen Unternehmenskultur neu aufzuwerfen. Als erklärende Variablen könnten dabei Faktoren wie die Entstehungsgeschichte des Unternehmens oder auch Prozesse im gesamtgesellschaftlichen Umfeld einer Unternehmung fungieren. Letztendlich wäre dabei auch der Zusammenhang von Landeskultur, Unternehmenskultur und Zielbildungsprozessen in Unternehmungen zu beachten.

Die Erkenntnis, daß Betriebswirtschaften die Existenz eines Zielsystems und damit eines Unternehmenszwecks primär der Sinngebung durch die sie konstituierenden Individuen verdanken, gibt naturgemäß keine Hinweise darauf, wie die Prozesse innerhalb eines in der oben geschilderten Weise zustande kommenden und sich fortwährend erneuern müssenden Sozialverbandes auszusehen haben, damit organisationale Oberziele erreicht und damit letztendlich auch die individuellen Wertvorstellungen der Unternehmensmitglieder verwirklicht werden können. Zur Beschreibung der Strukturen und Prozesse, die zur Realisation der organisationalen Oberziele durch konkrete Entscheidungen und Handlungen auf allen hierarchischen Ebenen beitragen, wird in der entscheidungsorientierten Betriebswirtschaftslehre eine Analyse der organisationalen Oberziele in Ziel-

---

[64] Vgl. Heinen/Dietel (1976).

Mittel-Ketten vorgenommen. Gleichzeitig ergibt sich eine Dekomposition des Entscheidungssystems in Entscheidungsuntersysteme. Dieser Zusammenhang soll im folgenden erläutert werden.

Die Notwendigkeit einer Zielanalyse resultiert aus der Tatsache, daß die im Wege des politischen Zielbildungsprozesses formulierten generellen Oberziele einen hohen Grad der Allgemeingültigkeit aufweisen. Um als sinnvolle Entscheidungskriterien einer betriebswirtschaftlichen Organisation fungieren zu können, müssen zu den „generellen Oberzielen" Unterziele gefunden werden, die zu den Oberzielen in einem Mittel-Zweck-Verhältnis stehen. Unter der Voraussetzung, daß mit einer systematischen Entwicklung von Unterzielen gleichzeitig eine isomorphe Zuordnung von Entscheidungskompetenzen auf Entscheidungsträger realisiert wird, kann das Problem der Erreichung genereller Oberziele durch Entscheidungen dementsprechend in Teilentscheidungsprobleme zerlegt werden. Jede Formulierung eines Teilentscheidungsproblems innerhalb einer organisationalen Einheit beruht dabei auf einer Unterzielformulierung von begrenzter Reichweite. Die Summe aller Teilentscheidungsprozesse innerhalb einer betriebswirtschaftlichen Organisation konstituiert den „Gesamtentscheidungsprozeß" der Organisation. Verknüpft man diesen Gedankengang mit dem Phasenmodell des unipersonalen Entscheidungsprozesses, so ergibt sich das in Abb. 4 dargestellte Modell des „Organisationalen Gesamtentscheidungsprozesses".

Der Abb. 4 liegt die Überlegung zugrunde, daß zur modellmäßigen Durchdringung des komplexen „organisationalen Gesamtentscheidungsprozesses" eine Differenzierung aufgrund der eingehenden Wertprämissen in ein politisches, ein administratives und ein operatives Entscheidungssubsystem erfolgen kann. Die Prozesse im politischen Entscheidungssubsystem werden durch das oben angesprochene Koalitionsmodell beschrieben. Entscheidungsinput sind hier letztendlich die individuellen Werthaltungen der am Zielbildungsprozeß beteiligten Individuen, Entscheidungsoutput die generellen Oberziele der Organisation. Im Zuge der stufenweisen Konkretisierung und Umsetzung des „Willens der Organisation" werden die generellen Oberziele nicht unmittelbar zu Prämissen des ausführenden Handelns, sondern bilden zunächst einen wesentlichen Entscheidungsinput für das administrative System. Die Aufgaben der dort tätigen Entscheidungsträger erstrecken sich auf die Formulierung von strategischen Zielen und die Entwicklung entsprechender Unternehmensstrategien. Diese Tätigkeiten können als strategische Entscheidungsprozesse verstanden werden. Strategische Ziele und Strategien im Sinne von nicht detaillierten Maßnahmenbündeln bilden als erste Konkretisierung der generellen Oberziele den wesentlichen Entscheidungsinput für das nachgelagerte operative Entscheidungssubsystem. Die Aufgabe der im operativen Bereich wirkenden Entscheidungsträger besteht in der Transformation dieses Entscheidungsinputs in operative Ziele für das ausführende Handeln. Operative Ziele müssen so formuliert sein, daß sie sich für die Ermittlung und Auswahl einzelner Maßnahmen eignen, die für die tägliche Steuerung in den betrieblichen Teilbereichen nötig sind. Ist diese Bedingung erfüllt, so ist letztendlich eine Verwirklichung genereller Oberziele durch das ausführende Handeln sichergestellt.

Für das oben geschilderte Modell der stufenweisen Realisation genereller Oberziele ergeben sich aus der Unternehmenskulturdiskussion erneut Perspektiven, die eine Ergänzung dieses Modells naheliegend erscheinen lassen. Es stellt sich nämlich die Frage, ob das Zielsystem und die daraus abgeleiteten Ziel-Mit-

## Unternehmenskultur als Gegenstand der BWL

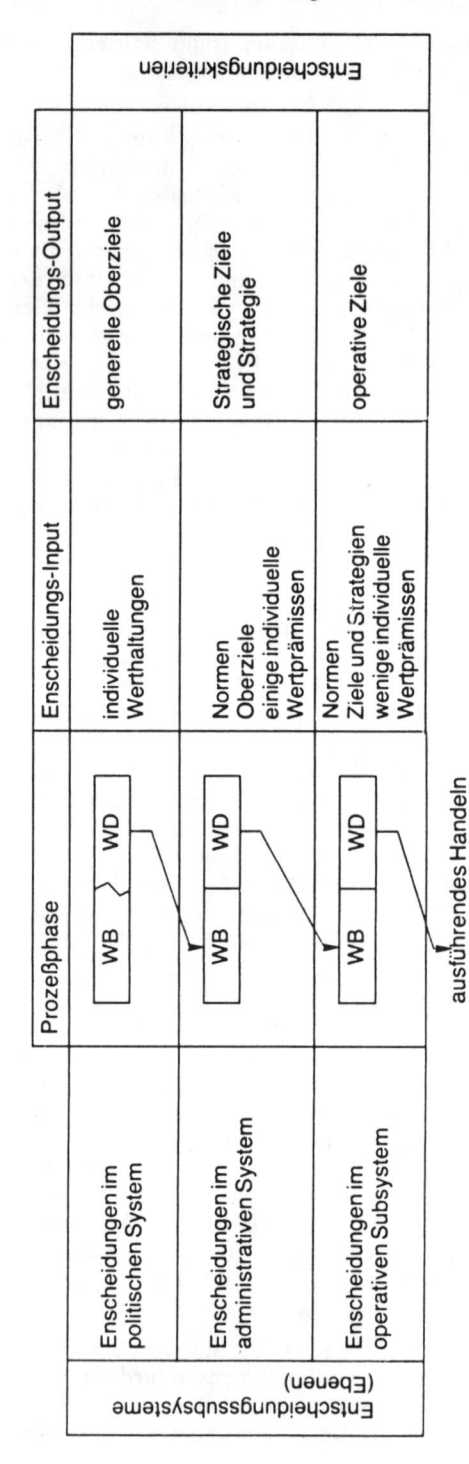

| Entscheidungssubsysteme (Ebenen) | Prozeßphase | Enscheidungs-Input | Enscheidungs-Output |
|---|---|---|---|
| | | | **Entscheidungskriterien** |
| Enscheidungen im politischen System | WB ~ WD | individuelle Werthaltungen | generelle Oberziele |
| Enscheidungen im administrativen System | WB / WD | Normen Oberziele einige individuelle Wertprämissen | Strategische Ziele und Strategie |
| Enscheidungen im operativen Subsystem | WB / WD | Normen Ziele und Strategien wenige individuelle Wertprämissen | operative Ziele |
| | ausführendes Handeln | | |

**Abb. 4** Organisationaler Gesamtentscheidungsprozeß

tel-Ketten einer Betriebswirtschaft tatsächlich die intentionale Struktur eines Sozialsystems vollumfänglich abzubilden in der Lage sind. Oder anders ausgedrückt: Sind die Ziele und Subziele tatsächlich die einzigen „normativen Bezugspunkte", an denen sich Entscheidungen und Handlungen der Organisationsmitglieder orientieren? Argumente dafür, daß Ziele allein nicht hinreichen, ein normatives Gerüst zu schaffen, an welchem sich Entscheidungsträger in allen ihren Entscheidungen ausrichten, ergeben sich auf mehreren Ebenen. Zum einen greift hier die seit March und Simon bekannte Überlegung, daß Ziele und Subziele mangels Operationalität in vielen Problemsituationen des organisationalen Alltags nach einer Ergänzung durch mehr oder weniger stark formalisierte und standardisierte Verhaltensprogramme verlangen, nicht zuletzt wegen der verhaltenswissenschaftlich gestützten These von der „beschränkten" Rationalität des Entscheidungsverhaltens von Entscheidungsträgern. Zum anderen stellt sich das Problem, daß insbesondere auf höheren Hierarchieebenen eine Zielambiguität und eine geringe Standardisierung und Formalisierung der Rollenerwartungen, die an das Organisationsmitglied herangetragen werden, schon aus Gründen der Flexibilität und Handlungsfähigkeit geradezu geboten erscheinen. Zum dritten ist das bereits erwähnte und mit dem zweiten zusammenhängende Problem angesprochen, daß mit dem Charakter der zu erfüllenden Aufgabe die Möglichkeiten der Kontrolle der Rollenkonformität einzelner Organisationsmitglieder stark variieren, und daß in einzelnen Fällen weder eine sinnvolle Ergebnis- noch eine Verhaltenskontrolle möglich sind.[65]

Es ist in diesem Zusammenhang eine naheliegende These, daß die unternehmensbezogenen Werte und Normen von Organisationsmitgliedern unter bestimmten Voraussetzungen die normativen Bezugspunkte, welche das Zielsystem anbietet, als ein äußerst hilfreiches Kriterienkomplement zu unterstützen in der Lage sind. Die Funktion der Unternehmenskultur könnte also in Bezug auf die Prozesse der Zielübersetzung in betriebswirtschaftlichen Organisationen als ein Reservoir zusätzlicher, im positiven Falle komplementärer normativer Bezugspunkte individuellen Entscheidungsverhaltens beschrieben werden. Im Kontext des von Wright'schen Schemas zur Bildung von Normtypen könnte man diesen Sachverhalt dahingehend ausdrücken, daß explizite Vorschriften (Stellenbeschreibungen, formale Organisationsstrukturen) und technische Normen allein nicht hinreichen, um eine Realisation genereller Oberziele sicherzustellen, und daß deshalb die Handlungswirksamkeit unternehmenskultureller Normen (Gebräuche, moralische Prinzipien, Ideal-Regeln, (Spiel-)Regeln) mitberücksichtigt werden muß.

### 2.3.2 Werte und Normen im Führungsprozeß

In der entscheidungsorientierten Betriebswirtschaftslehre ist Führung definiert als eine personenbezogene Handlung, bei der einzelne Personen oder Personenmehrheiten, die Führenden, auf andere Personen, die Geführten, einwirken, um diese zu einem zielentsprechenden Handeln zu veranlassen. In diesem Führungsbegriff ist die Vorstellung enthalten, daß Führung dann vorliegt, wenn es dem Führenden gelingt, den Geführten Ziele, Handlungsbeschränkungen oder Hand-

---

[65] Vgl. insb. zum letzteren Problem die Untersuchung von Ouchi (1975), in der ein Ansatz zu einer rudimentären Erklärung der ökonomischen Effizienz von Zielambiguität und nicht oder wenig formalisierten Organisationsstrukturen enthalten ist.

lungsanweisungen vorzugeben. Unerheblich ist im Rahmen dieses Führungsbegriffes insbesondere, ob diese Vorgaben den persönlichen Zielen und Vorstellungen des Führenden entspringen oder aus Vorgaben der formalen Organisationsstruktur, des Zielsystems der Unternehmung oder den Vorgaben übergeordneter Führungspersonen abgeleitet sind.[66]

Zur Erklärung real ablaufender Führungsprozesse bedient sich die entscheidungsorientierte Betriebswirtschaftslehre einer interdisziplinär, unter Zuhilfenahme sozialpsychologischer Führungsforschung entwickelten Führungstheorie, die spezifische Grundmodelle der Gruppe und des Individuums voraussetzt. Ausgangspunkt der sozialpsychologischen Führungsforschung ist das sozialwissenschaftliche Menschenbild, welches das Individuum als äußerst komplexes Verhaltenssystem begreift, dessen Wirkungsmechanismen insbesondere durch empirische Kleingruppenexperimente erforscht werden.

Führung wird in diesem Kontext zu einem gruppendynamischen Problem, in dem individuelle Bedürfnisse und Erkenntnisse der Geführten zum zentralen Ansatzpunkt einer intendierten Verhaltensbeeinflussung durch den Führenden werden. Durch Variationen im Verhalten des Führenden sollen unterschiedliche Reaktionen im Verhalten der Geführten erzeugt werden. Mit Hilfe von motivationstheoretisch geprägten Modellen der Bestimmungsgründe der Arbeitsmotivation von Individuen wie z. B. der Erwartungs-Valenz-Theorien sollen diese Prozesse einer theoretischen Erklärung zugänglich werden.

Aus der Perspektive der Unternehmenskultur ergeben sich auch in Bezug auf die Sichtweise der Führung in betriebswirtschaftlichen Organisationen neue und ergänzende Ansatzpunkte zu den bisher vorliegenden Führungstheorien und damit ebenso für die daraus ableitbaren Führungsmodelle.

Ein erster Ansatzpunkt besteht in der Erweiterung des sozialwissenschaftlichen Menschenbildes in Richtung auf ein Menschenbild, welches in gleicher Weise die Kulturbedingtheit menschlicher Lebensäußerungen zu berücksichtigen vermag. Die Bestimmungsgründe des menschlichen Verhaltens verlieren dabei den Charakter von naturgesetzlichen Größen, die es mittels empirischer Labor- oder Feldforschung zweifelsfrei zu ermitteln gilt. Statt eines komplexen Verhaltenssystems rückt nun der Mensch als nicht zuletzt von persönlichen und fremdgesetzten Werten und Normen geleitetes Individuum in den Mittelpunkt der betriebswirtschaftlichen Erkenntnissuche. Dabei ist der bislang kaum berücksichtigte Faktor der Sinnsuche des Menschen in seinem alltäglichen und damit auch in seinem beruflichen Tätigsein zu beachten.[67]

Ein weiterer Ansatzpunkt liegt in der mit den obigen Ausführungen eng zusammenhängenden Problematik der wesentlichen Aufgabe einer Führung von Menschen in betriebswirtschaftlichen Organisationen. Die Schwerpunktverschiebung von der instrumentalistischen Sichtweise traditioneller Führungspraxis hin zu einem Bewußtsein der ideellen Dimension der Führungsverantwortung und des Führungshandelns in Organisationen scheint unvermeidbar. Die denkbaren Implikationen einer derartigen Schwerpunktverlagerung sind im Rahmen der Ausführungen des Abschnitts 1.1 dieses Beitrags bereits angeklungen.

---

[66] Vgl. Heinen (1984), S. 38.
[67] Vgl. zum Sinnbegriff Beitrag D.

Darüber hinaus kann die Zusammenschau der Überlegungen des vorangegangenen Abschnittes mit dem Problem der Führung von Menschen in betriebswirtschaftlichen Organisationen eine zusätzliche Funktion der Führung verdeutlichen: über die zielorientierte Verhaltensbeeinflussung hinaus muß Führung in gleicher Weise die zu den Zielen der Organisation komplementär wirkenden normativen Bezugspunkte einer spezifischen Unternehmenskultur vermitteln. Führung ist damit nicht nur ein Prozeß der Durchsetzung eines individuellen Willens, sondern ebenso ein Prozeß der Realisation unternehmensbezogener Werte und Normen, die eine Unternehmenskultur kennzeichnen. Damit eröffnet aber die Unternehmenskulturdiskussion nicht zuletzt den Blick auf ein umfangreiches Reservoir an normativen Mechanismen der Verhaltensbeeinflussung, welches die Beschränkung auf Vorschriften und technische Normen (einschließlich der Aussagen der behavioristisch orientierten Führungs- und Motivationsforschung) als Führungsinstrumente überwindet.

## 2.4 Aufgaben der entscheidungsorientierten Betriebswirtschaftslehre in der betriebswirtschaftlichen Unternehmenskulturforschung

### 2.4.1 Erklärungsaufgabe

Die Erklärungsaufgabe der entscheidungsorientierten Betriebswirtschaftslehre beinhaltet allgemein die Explikation von betriebswirtschaftlichen Begriffen und die Explanation von betriebswirtschaftlichen Phänomenen. Durch die Explikation wird ein für wissenschaftliche Zwecke nicht hinreichend spezifizierter Ausdruck der Praxissprache im Hinblick auf eine wissenschaftliche Verwendung präzisiert und damit in seinem Verwendungsbereich in der Regel beschränkt. Die Explanation zielt auf die deskriptive Analyse der im Entscheidungsfeld eines Entscheidungsträgers enthaltenen Tatbestände und Wirkungszusammenhänge ab.[68]

Im Hinblick auf die Beschäftigung mit unternehmenskulturellen Phänomenen erstreckt sich die Erklärungsaufgabe der entscheidungsorientierten Betriebswirtschaftslehre dementsprechend einerseits auf die Explikation des Unternehmenskulturbegriffes und andererseits auf die Durchdringung der komplexen Wechselwirkungen zwischen Entscheidungen, Entscheidungsfeldern und unternehmensbezogenen Werten und Normen der Mitglieder einer betriebswirtschaftlichen Organisation. Die entscheidungsorientierte Betriebswirtschaftslehre hat sich bisher bei der Erfüllung ihrer Erklärungsaufgabe keine dogmatische methodische Selbstbeschränkung auferlegt. Ausschlaggebend für die Wahl der Methode wissenschaftlichen Erkennens ist die zu bearbeitende Fragestellung. Dieser Tradition soll auch im Rahmen der betriebswirtschaftlichen Unternehmenskulturforschung gefolgt werden.

Die Explikation des Unternehmenskulturbegriffes als erstem wesentlichen Bestandteil der Erklärungsaufgabe ist oben bereits erfolgt. Die Reichhaltigkeit der Ansätze – vor allem in der Kulturanthropologie –, den allgemeinen Kulturbegriff zu explizieren, legt jedoch eine interdisziplinäre Vertiefung in diese Richtung nahe. Ebenso muß eine Erklärung unternehmenskultureller Phänomene im Sinne der Explanation erfolgen. Im Mittelpunkt stehen hierbei die Prozesse der

---

[68] Vgl. zur Erklärungsaufgabe z. B. Heinen (1976), S. 369f, Heinen (1984), (1985a).

Entstehung, der Weitergabe und des Wirksamwerdens unternehmensbezogener Werte und Normen im Unternehmensalltag des Entscheidens und Handelns von Mitgliedern betriebswirtschaftlicher Organisationen. Die besondere Natur unternehmenskultureller Phänomene macht dabei oftmals eine eindeutige Entscheidung zwischen erfahrungswissenschaftlicher Theoriebildung und einer eher „verstehens"-orientierten Erkenntnisgewinnung unmöglich.[69]

Auf eine eingehende Abhandlung der in diesem Zusammenhang bedeutsamen wissenschaftstheoretischen Auseinandersetzung zwischen den Vertretern analytisch-empirischer Wissenschaftsmodelle und den von ihren Kritikern als „hermeneutisch" oder auch „dialektisch" bezeichneten Gegenmodellen des „Verstehens" soll an dieser Stelle jedoch verzichtet werden.[70] Dennoch muß festgehalten werden, daß Unternehmenskulturen mit den von der analytisch-empirischen Sozialforschung bereitgestellten Erkenntnismethoden in einem nur unzureichenden Maße erforscht werden können. Unternehmensbezogene Werte und Normen von Organisationsmitgliedern lassen sich im Rahmen dieses Wissenschaftsmodells prinzipiell nur durch Untersuchungsinstrumente wie Befragung, Beobachtung und Dokumentenanalyse ermitteln, und zwar indirekt über den Rückschluß von individuellem Verhalten auf individuelle Werthaltungen und Normen.[71] Die Erklärung individuellen Verhaltens mit Hilfe solchermaßen empirisch gewonnener Theorien der Verhaltenswirksamkeit von Werten und Normen gerät dabei naturgemäß in tautologische Strukturen. Es müssen also andere Wege gefunden werden, die Verhaltenswirksamkeit von unternehmenskulturellen Werten und Normen zu erklären. Einen Ansatz dazu bieten die in Beitrag D dieses Buches dargestellten Überlegungen des „Symbolischen Interaktionismus", in dessen Rahmen insbesondere Kommunikations- und damit zusammenhängende Legitimationsprozesse zu erklärenden Variablen eines wert- und normbezogenen Handelns von Individuen in sozialen Kontexten werden.

### 2.4.2 Gestaltungsaufgabe

Die Gestaltungsaufgabe der entscheidungsorientierten Betriebswirtschaftslehre besteht generell darin, daß sie den verantwortlichen Entscheidungsträgern in Betriebswirtschaften Hilfestellung beim Treffen von Entscheidungen zu geben versucht.

Im Falle der Unternehmenskultur stellt sich die Frage, auf welche Entscheidungen sich diese Hilfestellung bezieht. In einem ersten, naheliegenden Schritt könnte man davon ausgehen, daß es die zentrale Aufgabe der entscheidungsorientierten Betriebswirtschaftslehre sein muß, den Entscheidungsträgern Hinweise darauf zu geben, wie unter Zielerreichungsgesichtspunkten die optimale Planung

---

[69] Vgl. zur Rolle des „Verstehens" in der entscheidungsorientierten Betriebswirtschaftslehre Heinen/Dietel (1976).

[70] Zum sog. „Positivismusstreit" in der deutschen Soziologie, der zwischen den empirisch-analytisch orientierten „Positivisten" (vertreten von Popper und Albert) und den „Dialektikern" (Adorno, Habermas) ausgetragen worden und bis heute nicht entschieden ist, vgl. insb. Maus/Fürstenberg (1969); zur hermeneutischen Position, die nicht so sehr die dialektische Gesellschaftskritik, als vielmehr die geschichtliche Sinnrekonstruktion bzw. -konstitution zum Ziel hat, vgl. z. B. Apel (1978).

[71] Vgl. zu Versuchen empirischer betriebswirtschaftlicher Wertforschung und den dabei auftretenden Problemen Gabele/Kirsch/Treffert (1977), vgl. zur angesprochenen Problematik auch Kieser/Kubicek (1983), S. 355 ff.

und Realisation einer Unternehmenskultur auszusehen hat. Unter Berücksichtigung der spezifischen Problematik, welche mit einer betriebswirtschaftlichen Beschäftigung mit den unternehmensbezogenen Werten und Normen der Mitglieder einer betriebswirtschaftlichen Organisation verbunden ist, erscheint ein solches Verständnis der Gestaltungsaufgabe im Hinblick auf die Unternehmenskultur jedoch als verfehlt. Unternehmenskultur ist einer uneingeschränkten Machbarkeit im Sinne eines „Werte- und Normen-Drills" nicht ohne weiteres zugänglich. Es erscheint deshalb nicht sinnvoll, die Unternehmenskultur im Rahmen der entscheidungsorientierten Betriebswirtschaftslehre als einen Entscheidungstatbestand bzw. als unmittelbare Variable im Entscheidungsfeld eines Entscheidungsträgers zu sehen. Die Unternehmenskultur ist vielmehr neben den Zielen konstitutiv für die Definition des jeweiligen Entscheidungsfeldes: Unternehmenskultur ist ein Phänomen, welches Strukturen und Prozesse in Unternehmungen maßgeblich beeinflußt. Andererseits stellt sich deshalb um so mehr die Frage, welche sonstigen Möglichkeiten bestehen, den Entscheidungsträgern in Unternehmungen Hilfestellung bei der Handhabung unternehmenskultureller Probleme bzw. bei der Schaffung funktionaler Unternehmenskulturen zu geben, im Sinne des Funktionalitätsbegriffes, wie er in Abschnitt 2.1 entwickelt worden ist. Entsprechend der Differenzierung der Unternehmenskultur in drei zumindest weitgehend unabhängige Dimensionen sind dabei drei Teilprobleme zu unterscheiden:

1. Zum einen stellt sich das Problem, welche Faktoren den **Verankerungsgrad** eines unternehmensspezifischen Werte- und Normensystems im Bewußtsein der Unternehmensmitglieder beeinflussen und insbesondere erhöhen können. Als Basis diesbezüglicher Gestaltungshinweise können grundsätzlich die Erkenntnisse der Sozialpsychologie, insbesondere aber die Ergebnisse der Sozialisationsforschung herangezogen werden. Objekte der Gestaltung sind in diesem Zusammenhang dann Instrumente, Verfahren oder auch tradierte Gebräuche der Unternehmungen, die im Rahmen der betrieblichen Sekundärsozialisation Verwendung finden.

2. Ein weiteres Gestaltungsproblem ergibt sich aus der Frage nach den Faktoren, die den **Grad der Übereinstimmung** individueller bzw. subsystemischer Wertund Normgefüge innerhalb der Unternehmung beeinflussen. Damit ist ein Problemfeld angesprochen, welches zuallererst die **Medien** betrifft, mit deren Hilfe prinzipiell die spezifischen unternehmenskulturellen Wert- und Norminhalte kommuniziert werden können. Da Kommunikationsmedien im allgemeinen Zeichen bzw. Symbole sind, und gerade starke Unternehmenskulturen sich oft in sehr markanten Symbolen oder Symbolkomplexen manifestieren, ist die Gestaltung im Sinne einer Verbesserung des Übereinstimmungsausmaßes der unternehmensbezogenen Werte und Normen der Organisationsmitglieder primär eine Frage der Bedingungen, die eine Entstehung unternehmenskultureller Symbole begünstigen. Die theoretische Basis diesbezüglicher Gestaltungshinweise bietet hier im wesentlichen der symbolische Interaktionismus als Erklärungsansatz des Zustandekommens interindividuell identisch interpretierbarer Symbole bzw. Symbolkomplexe. Erst die Existenz solcher gemeinsam verstehbarer bzw. verstandener Symbole bietet die Voraussetzung dafür, daß spezifische Wert- und Norminhalte unternehmensweit vermittelt werden können.

3. Das dritte und aus betriebswirtschaftlicher Sicht wohl bedeutendste Problem im Rahmen der Gestaltungsaufgabe hinsichtlich der Handhabung unter-

nehmenskultureller Probleme ergibt sich aus der Frage nach den Beziehungen zwischen der Unternehmenskultur und der Unternehmung als einem sozio-ökonomischen System. Da die entscheidungsorientierte Betriebswirtschaftslehre, wie schon angesprochen, den Kulturbegriff nicht im Sinne einer „root metaphor" betriebswirtschaftlicher Erkenntnisgewinnung verwenden will, also insbesondere auch keine „kulturalistische" Betriebswirtschaftslehre[72] für sinnvoll erachtet (und demgemäß die Unternehmung nicht „als Kultur" begreift), muß sie sich der Frage stellen, inwieweit eine spezifische Unternehmenskultur zu einem spezifischen Unternehmen „paßt". Im Ansatz der entscheidungsorientierten Betriebswirtschaftslehre wird diese Frage unter dem Stichwort der „Systemkompatibilität" einer Unternehmenskultur erörtert.

An dieser Stelle erscheint es notwendig und sinnvoll, einer denkbaren Fehlinterpretation im Hinblick auf die Position der entscheidungsorientierten Betriebswirtschaftslehre in der Grundsatzdiskussion innerhalb der Organisationskulturforschung vorzubeugen. Auch wenn die Bezeichnung „Systemkompatibilität" den Anschein einer nahen Verwandtschaft zum Begriffsapparat der Vertreter einer „Variablen"-Sichtweise der Unternehmenskultur erweckt, so darf die Sichtweise der entscheidungsorientierten Betriebswirtschaftslehre dennoch damit keinesfalls verwechselt werden. Die Gemeinsamkeit zwischen den Vertretern der „Variablen"-Sichtweise der Unternehmenskultur und dem Ansatz der entscheidungsorientierten Betriebswirtschaftslehre besteht darin, daß auch von letzterer eine möglichst widerspruchsfreie Beziehung zwischen den formalen Instrumenten der Mitarbeiter- bzw. Unternehmensführung und den unternehmensbezogenen Werten und Normen der Organisationsmitglieder postuliert wird, als Voraussetzung dafür, daß die Unternehmung in ihrem sozio-ökonomischen Umfeld langfristig erfolgreich sein kann. Zu den formalen Instrumenten der Mitarbeiter- und Unternehmensführung werden hierbei insbesondere die verwendeten Führungsmodelle und die strategische Planung gerechnet, aber auch z. B. die Systeme der betrieblichen Informationswirtschaft im weitesten Sinne. Implizit unterstellt ist weiterhin, daß strategische Ziele und Strategien als wesentliche Ergebnisse strategischer Entscheidungen in Einklang stehen mit den Entwicklungen in der globalen und aufgabenspezifischen Umwelt der betrachteten Unternehmung.[73]

Die Unterschiede werden allerdings deutlich, wenn es darum geht, die Systemkompatibilität zu identifizieren bzw. Wege aufzuzeigen, eine mangelnde Systemkompatibilität (wieder) herzustellen.

Die Identifikation der Systemkompatibilität einer Unternehmenskultur erfordert prinzipiell dreierlei: Eine Beschreibung der Unternehmenskultur, eine Beschreibung der Systemspezifika und die Existenz von Kriterien zur Beurteilung der Vereinbarkeit von bzw. Widersprüchlichkeiten zwischen Unternehmenskultur und System. Der Unterschied des entscheidungsorientierten Ansat-

---

[72] Vgl. zur Idee der „kulturalistischen" Betriebswirtschaftslehre z. B. Steinmann (1978), Antoni (1983).

[73] Mit dieser Unterstellung soll keinesfalls zum Ausdruck gebracht werden, daß das Treffen strategischer Entscheidungen kein zentrales Problem erfolgreicher Unternehmensführung sei. In dem hier vorgestellten Ansatz ist dies jedoch kein primär unternehmenskulturelles Problem. Vgl. zu einer ausführlichen Diskussion des Zusammenhanges von Strategie und Unternehmenskultur Beitrag E.

zes zur „Variablensichtweise" bezieht sich insbesondere auf das Feld der Beschreibung einer Unternehmenskultur. Im Gegensatz zur „Variablensichtweise" ist die entscheidungsorientierte Betriebswirtschaftslehre der Ansicht, daß eine Beschreibung der Manifestationen der Unternehmenskultur, also der sichtbaren Verhaltensformen wie z. B. das Erzählen von „stories", des Ablaufs bestimmter unternehmensspezifischer Riten und Rituale und der mythologischen Überhöhung von Führungspersönlichkeiten im Zuge der Identifikation der unternehmensbezogenen Werte und Normen der Organisationsmitglieder nur eine Vorstufe darstellen kann. Eine den Kern einer Unternehmenskultur treffende Beschreibung muß an der ideellen Sphäre ansetzen. Demzufolge kann die Systemvereinbarkeit nicht durch die Suche nach Übereinstimmung der offiziell formulierten strategischen Ziele mit den Inhalten spezifischer Unternehmens-„stories" festgestellt werden, sondern es muß z. B. vielmehr gefragt werden, inwieweit sich eine unternehmenseinheitliche **Interpretation** dieser Inhalte mit den hinter den strategischen Zielen stehenden Werten und Normen vereinbaren läßt.

Noch deutlicher wird der Unterschied in der Einschätzung der Möglichkeiten, eine Unternehmenskultur zu gestalten bzw. im Sinne der (Wieder)herstellung einer Systemkompatibilität die Unternehmenskultur zu verändern. Der entscheidungsorientierte Unternehmenskulturbegriff verbietet es definitionsmäßig von vornherein, das unternehmensbezogene Wert- und Normsystem auf eine Stufe neben andere Subsysteme einer Organisation zu stellen. Führungssysteme, Informationssysteme, logistische Systeme und auch das strategische Subsystem beziehen sich auf eine andere Realitätskategorie als die Unternehmenskultur. Unternehmenskultur ist ein Element der ideellen Realität einer Unternehmung. Damit erwächst aus einer notwendig werdenden Abstimmung der Unternehmenskultur mit anderen Subsystemen der Unternehmung ein wesentlich komplexeres Problem als aus der Abstimmung sonstiger organisationaler Subsysteme. Die Unternehmenskultur wirkt **ganzheitlich** auf die übrigen Subsysteme der Organisation. Abb. 5 verdeutlicht diesen Zusammenhang.

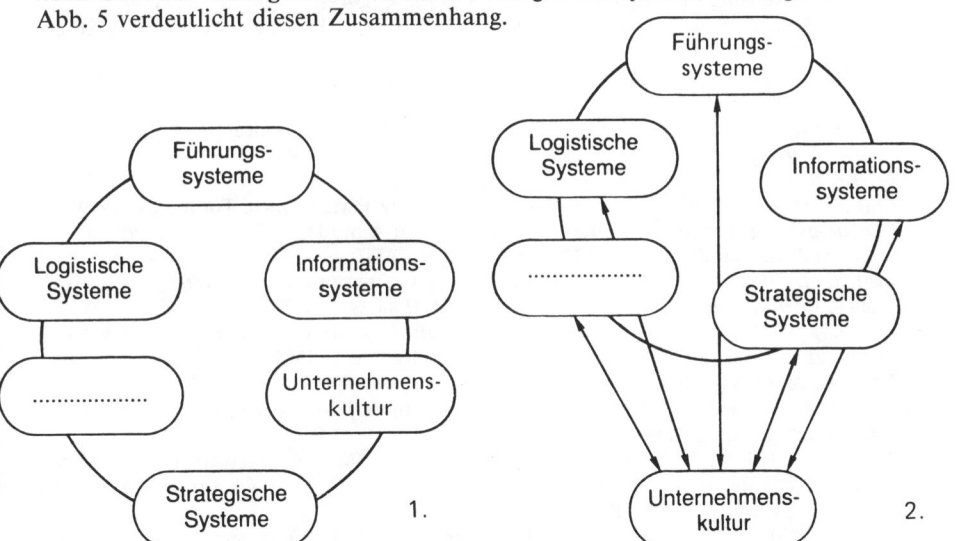

**Abb. 5** Systemvereinbarkeit in der „Variablensichtweise" der Unternehmenskultur (1.) und im entscheidungsorientierten Unternehmenskulturbegriff (2.)

Aus diesem Grund greift die alleinige Betonung der Beziehung zwischen Unternehmenskultur und Unternehmensstrategie, wie sie häufig in der Literatur vorzufinden ist, zu kurz. Die Forderung, daß eine Unternehmenskultur in relativ kurzen Zeiträumen an sich verändernde Unternehmensstrategien angepaßt werden soll, und die damit zusammenhängende Meinung, daß dies auch möglich sei, sind in dieser Form sicherlich nicht haltbar. Es scheint vielmehr so zu sein, daß ein strategisches Management, welches sich der Bedeutung und der beharrlichen Wirkung einer spezifischen Unternehmenskultur nicht bewußt ist, schon in den Phasen der Strategieformulierung und erst recht in den Phasen der Strategieimplementierung auf unvermutete Widerstände stößt. Die Unternehmensstrategie muß sich also einerseits an der bestehenden Unternehmenskultur orientieren und andererseits die von ihr ausgehenden Wirkungen auf die Unternehmenskultur berücksichtigen. Eine spezielle Behandlung werden diese Problemkreise in Beitrag E erfahren.

## Literaturverzeichnis

*Abravanel, H.* (1983): Mediatory Myths in the Service of Organizational Ideology, in: Pondy, L. R. et al. (Hrsg.), Organizational Symbolism, Greenwich, Conn. 1983
*Ajiferuke, M./Boddewyn, J.* (1970): Culture and other explanatory variables in comparative management studies, in: Academy of Management Journal, 13, 1970, S. 153 ff.
*Allaire, Y./Firsirotu, M. E.* (1984): Theories of Organizational Culture, in: Organization Studies 1984, S. 193 ff.
*Antoni, M.* (1983): Vor einem Paradigmawechsel: Betriebswirtschaftslehre als Kulturwissenschaft, in: Fischer-Winckelmann (Hrsg.), Paradigmawechsel in der Betriebswirtschaftslehre?, München 1983, S. 55 ff.
*Bate, P.* (1984): The Impact of Organizational Culture on Approaches to Organizational Problem Solving, in: Organization Studies 5/1984, S. 43 ff.
*Berg, L.* (1981): Bemerkungen zum Japan-Phänomen, in: Personal, Mensch und Arbeit, Heft 6, 1981, S. 226 ff.
*Bleicher, K.* (1983): Organisationskulturen und Führungsphilosophien im Wettbewerb, in: ZfbF 2/1983, S. 135 ff.
*Bleicher, K.* (1984): Unternehmungspolitik und Unternehmungskultur: Auf dem Wege zu einer Kulturpolitik der Unternehmung, in: ZfO 8/1984, S. 494 ff.
*Brown, R. H.* (1977): A poetic for Sociology, Cambridge 1977
*Clifford, D. K./Cavanagh, R. E.* (1985): The Winning Performance, Toronto, u. a. 1985
*Cummings, L. L./Schmidt, S. M.* (1972): Managerial Attitudes of Greeks: The role of culture and industrialization, in: ASQ, 17/1972, S. 265 ff.
*Daft, R. L./Weick, K. E.* (1984): Toward a model of organizations as interpretation systems, in: Academy of Management Review, 2/1984, S. 284 ff.
*Dandridge, T. C./Mitroff, J. J./Joyce, W. F.* (1980): Organizational symbolism: A topic to expand analysis, in: Academy of Management Review 1/1980, S. 77 ff.
*Davis, S. M.* (1984): Managing Corporate Culture, New York 1984
*Deal, T. E./Kennedy, A. A.* (1982): Corporate Cultures. The Rites and Rituals of Corporate Life, Reading, Mass. 1982
*Deal, T. E.* (1984): Unternehmenskultur, Grundstein für Spitzenleistungen, in: ATAG (Hrsg.): Die Bedeutung der Unternehmenskultur für den künftigen Erfolg ihres Unternehmens, Zürich 1984, S. 27 ff.
*Dill, P.* (1986): Unternehmenskultur: Grundlagen und Anknüpfungspunkte für ein Kulturmanagement, Bonn 1986
*Dürkheim, E.* (1951): Suicide, New York 1951
*Dürkheim, E.* (1977): Über die Teilung der sozialen Arbeit, Frankfurt a. M. 1977

*Ebers, M.* (1985): Organisationskultur: Ein neues Forschungsprogramm?, Wiesbaden 1985
*Ernst, A.* (1985): Japan: Das Ende eines Mythos, in: Die Zeit vom 27.9.1985
*French, W. L./Bell jr., C. H.* (1977): Organisationsentwicklung Bern/Stuttgart 1977
*Fürstenberg, F.* (1981): Erfolgskonzepte der japanischen Unternehmensführung – und was wir daraus lernen können, 2., neu bearbeitete Auflage, Zürich 1981
*Gabele, E./Kretschmer, H.* (1985): Unternehmensgrundsätze – Empirische Erhebung und praktische Erfahrungsberichte zur Konzeption, Einrichtung und Wirkungsweise eines modernen Führungsinstruments, Frankfurt a. M./Bern/New York 1985
*Gaugler, E./Zander, E.* (1981) (Hrsg.): Haben uns die Japaner überholt?, Heidelberg 1981
*Haire, M./Ghiselli, E./Porter, L.* (1966): Managerial Thinking: An International Study, New York 1966
*Harbison, F. H./Myers, C. A.* (1959): Management in the Industrial World: An International Analysis, New York 1959
*Hauser, E.* (1985): Unternehmenskultur – Analyse und Sichtbarmachung an einem praktischen Beispiel, Bern/Frankfurt/New York 1985
*Heinen, E./Picot, A.* (1974): Können in betriebswirtschaftlichen Kostenauffassungen soziale Kosten berücksichtigt werden? in: BFuP 1974, S. 345–366
*Heinen, E.* (1976): Grundlagen betriebswirtschaftlicher Entscheidungen. – Das Zielsystem der Unternehmung –, 3. Aufl., Wiesbaden 1976
*Heinen, E.* (1976): Grundfragen der entscheidungsorientierten Betriebswirtschaftslehre, München 1976
*Heinen, E./Dietel, B.* (1976): Zur „Wertfreiheit" in der Betriebswirtschaftslehre, in: ZfB, 1976, S. 1ff. und S. 101ff.
*Heinen, E.* (1981): Identität: Ein bisher vernachlässigtes Element des Zielsystems der Unternehmung, in: Mückl, W. J./Ott, A. E. (Hrsg.): Wirtschaftstheorie und Wirtschaftspolitik. Gedenkschrift für Erich Preiser zum 80. Geburtstag, Passau 1981, S. 125ff.
*Heinen, E.* (Hrsg.) (1984): Betriebswirtschaftliche Führungslehre, Grundlagen – Strategien – Modelle, Ein entscheidungsorientierter Ansatz, 2. verbesserte und erweiterte Auflage, Wiesbaden 1984
*Heinen, E.* (1985a): Einführung in die Betriebswirtschaftslehre, 9. Auflage, Wiesbaden 1985
*Heinen, E.* (1985b): Menschliche Arbeit aus betriebswirtschaftlicher Sicht, Beitrag zur Ringvorlesung WS 1984/85 an der Universität München, St. Ottilien 1985; und in: Universitas 8/1985, S. 853ff.
*Heinen, E.* (1985c): Wandlungen und Strömungen in der Betriebswirtschaftslehre, in: Probst, G. J. B./Siegwart, H. (Hrsg.): Integriertes Management, Bern, Stuttgart 1985, S. 37ff.
*Heinen, E.* (1985d): Entscheidungsorientierte Betriebswirtschaftslehre und Unternehmenskultur, in: ZfB 10/1985
*Heinen, E.* (1985e): Das Menschliche und sein Einfluß auf das Bestehen der Unternehmung im internationalen Wettbewerb, Handelsblatt Nr. 169, 4/9/1985
*Heinen, E.* (1986a): Unternehmenskultur – ein neues betriebswirtschaftliches Problem?, Universitas 1/1986
*Heinen, E.* (1986b): Unternehmenskultur, DBW 4/1986
*Heinen, E./Dill, P.* (1986): Unternehmenskultur – Überlegungen aus betriebswirtschaftlicher Sicht, in: ZfB, 3/1986, S. 202ff.
*Hinterhuber, H. H./Laske, S.* (1984): Zukunftsorientierte Unternehmenspolitik, Freiburg i.B. 1984
*Hochreutener, P.* (1984): Die Entwicklung von Unternehmenskultur-Leitbildern als Grundlage für ein zielorientiertes Management, St. Gallen 1984
*Hofstede, G.* (1978): Culture and Organization – A Literature Review Study, in: Journal of Enterprise Management, Vol. 1/1978, S. 127ff.
*Hofstede, G.* (1980): Kultur und Organisation, in: Grochla, E. (Hrsg.): Handwörterbuch der Organisation, 2. Auflage, Stuttgart 1980, Sp. 1168ff.
*Jelinek, M./Smircich, L./Hirsch, P.* (1983): Introduction: A code of many colors, in: ASQ 28 (1983), S. 331ff.

*Kappler, E.* (1987): Partizipation und Führung, in: HWFü, Stuttgart 1987
*Keller, E. von* (1982): Management in fremden Kulturen, Bern 1982
*Kieser, A.* (1985): Innovationsmanagement: Unternehmenskultur und Innovation, in: Blick durch die Wirtschaft, Innovationsmanagement IV, 1985
*Kirsch, W.* (1977): Die Betriebswirtschaftslehre als Führungslehre, München 1977
*Kobayashi, M. K./Burke, W. W.* (1976): Organizational Development in Japan, in: Columbia Journal of Business, Summer 1976, S. 6 ff.
*Kraus, W.* (1982): Die japanische Herausforderung: Fernöstliche Mentalität und Strategie, Berlin 1982
*Krulis-Randa, J. S.* (1984): Reflexionen über die Unternehmenskultur, in: Die Unternehmung 4/1984, S. 358 ff.
*Kubicek, H.* (1984): Führungsgrundsätze. Lösungen von gestern für Probleme von morgen?, in: ZfO, Teil 1, 2/1984, S. 81 ff., Teil 2, 3/1984, S. 182 ff.
*Kupsch, P.* (1979): Unternehmungsziele, Stuttgart 1979
*Lasch, C.* (1980): Das Zeitalter des Narzißmus, München 1980
*Laske, St.* (1987): Personalentwicklung als Führungsmittel, in: HWFü, Stuttgart 1987
*Louis, M. R.* (1980): Surprise and Sensemaking, in: Administrative Science Quarterly, 1980, S. 226 ff.
*Louis, M. R.* (1983): Organizations as Culture Bearing Milieux, in: Pondy, L. R. et al. (Hrsg.), Organizational Symbolism, Greenwich, Conn. 1983
*Marr, R.* (1979): Das Sozialpotential betriebswirtschaftlicher Organisationen, Berlin 1979
*Marzen, W.* (1986): Marketing der Handelsbetriebe, Wien 1986
*Matenaar, D.* (1983): Organisationskultur und organisatorische Gestaltung, Berlin 1983
*Meffert, H.* (1982): Marketing, 6. Aufl., Wiesbaden 1982
*Morgan, G.* (1980): Paradigms, Metaphors, and Puzzle Solving in Organization Theory, in: Administrative Science Quarterly 1980, S. 605 ff.
*Morgan, G./Frost, P. J./Pondy, L. R.* (1983): Organizational Symbolism, in: Pondy, L. R. et al. (Hrsg.): Organizational Symbolism 1983, S. 335 ff.
*Morishima* (1985): Warum Japan so erfolgreich ist: Westliche Technologie und japanisches Ethos, München 1985
*Newcomb, T. M.* (1959): Sozialpsychologie, Meisenheim A.G. 1959
*Oettle, K.* (1981): Grundfragen öffentlicher Betriebe, Bd. 1 Ausgewählte Aufsätze zur Zielsetzung, Führung und Organisation öffentlicher Betriebe, Baden-Baden 1981
*Ouchi, W. G.* (1980): Markets, Bureaucracies and Clans, in: Administrative Science Quarterly 25/1980, S. 129 ff.
*Ouchi, W. G.* (1981, 1982): Theory Z: How American Business can Meet the Japanese Challenge, Reading/Mass. 1981/Paperback: New York 1982
*Ouchi, W. G./Jaeger, A. M.* (1978): Type Z Organization: Stability in the Midst of Mobility, in: Academy of Management Review 4/1978, Vol. 3, S. 305 ff.
*Ouchi, W. G./Johnson, J. B.* (1978): Types of Organizational Control and Their Relationship to Emotional Well-Being, in: Administrative Science Quarterly, 1978, S. 293 ff.
*Ouchi, W. G./Price, R. L.* (1978): Hierarchies, Clans and Theory Z: A New Perspective on Organizational Development, in: Organizational Dynamics, Autumn 1978, S. 25 ff.
*Pack, L./Börner, D.* (Hrsg.) (1984): Betriebswirtschaftliche Entscheidungen bei Stagnation, Wiesbaden 1984
*Pack, L.* (1987): Planung und Führung, in: HWFü, Stuttgart 1987
*Pascale, R. T.* (1978): Zen and the Art of Management, in: Harvard Business Review, 1978, S. 153 ff.
*Pascale, R. T./Athos, A. G.* (1981): The Art of Japanese Management, New York 1981
*Peters, T. J.* (1978): Symbols, Patterns and Settings: An Optimistic Case for Getting Things Done, in: Organizational Dynamics, 7/1978, S. 3 ff.
*Peters, T. G./Waterman, R. M.* (1982): In Search of Excellence, New York 1982
*Pettigrew, A. M.* (1979): On Studying Organizational Cultures, in: Administrative Science Quarterly 1979, S. 570 ff.
*Pfeffer, J.* (1981): Management as Symbolic Action, in: Research of Organizational Behavoir, Vol. 3, 1981, S. 1 ff.

*Picot, A.* (1987): Ökonomische Theorien und Führung, in: HWFü, Stuttgart 1987
*Pondy, L. R.* et al., (Hrsg.), Organizational Symbolism, Greenwich 1983
*Pondy, L. R./Mitroff, J. J.* (1979): Beyond open System Models of Organization, in: Research in Organizational Behavior, Vol. 1, 1979, S. 3 ff.
*Pramann, G.* (1985): Unternehmenskultur und Unternehmensführung, in: Blick durch die Wirtschaft vom 15.11.1985
*Pümpin* (1984a): Unternehmenskultur, Unternehmensstrategie und Unternehmenserfolg, in: ATAG (Hrsg.): Die Bedeutung der Unternehmenskultur für den künftigen Erfolg ihres Unternehmens, Zürich 1984, S. 11 ff.
*Pümpin,* (1984b): Unternehmenskultur, Unternehmensstrategie und Unternehmenserfolg, in: gdi-Impuls 2 (1984), S. 19 ff.
*Reichwald, R.* (1977): Arbeit als Produktionsfaktor, München–Basel 1977
*Reinhard, W.* (1983): Die Identität von Organisationen, Bonn 1983
*Rühli, E.* (1973, 1978): Unternehmensführung und Unternehmenspolitik, Bd. 1 und 2, Bern–Stuttgart 1973 und 1978
*Rüttinger, R.* (1985): Trendreport: Passen Ihre Strategien zu Ihrer Firmenkultur?, München 1984
*Sackmann, S.* (1983): Organisationskultur. Die unsichtbare Einflußgröße, in: Gruppendynamik – Zeitschrift für angewandte Sozialwissenschaft 4/83, S. 393 ff.
*Sanday, P. R.* (1979): The Ethnographic Paradigm(s), in: Administrative Science Quarterly, 1979, S. 527 ff.
*Sathe, W.* (1983): Implications of Corporate Culture: A Manager's Guide to Action, in: Organizational Dynamics, Autumn 1983, S. 5 ff.
*Schein, E. H.* (1981): Does Japanese Management Style Have a Message for American Managers?, in: Sloan Management Review, 1981, S. 55 ff.
*Schein, E. H.* (1984a): Coming to a New Awareness of Organizational Culture, in: Sloan Management Review 25/1984, Nr. 2, S. 3 ff.
*Schein, E. H.* (1984b): Soll und kann man eine Organisationskultur verändern?, in: gdi-impuls 2/84, S. 31 ff.
*Schein, E. H.* (1985): Organizational Culture and Leadership, San Francisco/Washington/London 1985
*Scheuten, W. K.* (1985): Wertewandel und Unternehmenskultur, in: Der Arbeitgeber 17/37 1985, S. 608 ff.
*Schulze, G. C.* (1984): Der japanische Erfolg, in: Fortschrittliche Betriebsführung/Industrial Engineering, Heft 6, 1984, S. 308 ff.
*Schuster, L./Widmer, A. W.* (1984): Theorie und Praxis der Unternehmenskultur: Zur Diskussion der kulturellen Dimension als erfolgsentscheidendem Faktor, in: ZfO 8/84, AS. 489 ff.
*Schwartz, H./Davis, S. M.* (1981): Matching Corporate Culture and Business Strategy, in: Organizational Dynamics, Summer 1981, S. 30 ff.
*Smircich, L.* (1983): Concepts of Culture and Organizational Analysis, in: Administrative Science Quarterly, Sept. 1983, S. 339 ff.
*Smircich, L./Morgan, G.* (1982): Leadership: The Management of Meaning, in: The Journal for Applied Behavioral Science, Vol. 18, 3/1982, S. 257 ff.
*Staerkle, R.* (1985): Wechselwirkungen zwischen Organisationskultur und Organisationsstruktur, in: Probst, G. J. B./Siegwart, H. (Hrsg.): Integriertes Management, Bern–Stuttgart 1985, S. 529 ff.
*Steinmann, H.* (Hrsg.) (1978): Betriebswirtschaftslehre als normative Handlungswissenschaft – Zur Bedeutung der Konstruktiven Wissenschaftstheorie für die Betriebswirtschaftslehre, 1978
*Takeo Doi* (1974): Some Psychological Themes in Japanese Human Relationships, in: Condon, J. C./Saito, M., Hrsg., Intercultural Encounters with Japan, Tokio, 1974, S. 24 f.
*Tichy, N. M.* (1982): Managing Change Strategically: The Technical, Political and Cultural Keys, in: Organizational Dynamics, Autumn 1982, S. 59 ff.
*Thompson, J. D.* (1967): Organizations in Action – social science basis of administrative theory, New York 1967

*Trice, H. M./Beyer, J. M.* (1983): Studying Organizational Cultures Through Rites and Ceremonials, in: Academy of Management Review, 4/1984, S. 653 ff.
*Ulrich, H.* (Hrsg.) (1981): Management-Philosophie für die Zukunft, Gesellschaftlicher Wertewandel als Herausforderung an das Management, Bern–Stuttgart 1981
*Ulrich, P.* (1984): Systemsteuerung und Kulturentwicklung, in: Die Unternehmung 4/1984, S. 303 ff.
*Vogel, E.* (1979): Japan as Number One: Lessons for America, Cambridge u. a. 1979
*Walter, G. A.* (1983): Psyche and Symbol, in: Pondy, L. R. u.a. (Hrsg.), Organizational Symbolism, Greenwich, Conn., 1983, S. 257 ff.
*Wever, U. A.* (1983): Firmenimage und Unternehmungskultur, in: ZfO 7/1983, S. 337 ff.
*Wolff, R.* (1984): Kultur und geplanter Wandel von Organisationen – Anmerkungen zu einem ungeklärten Verhältnis, in: Hinterhuber, H. H./Laske, S. (Hrsg.): Zukunftsorientierte Unternehmenspolitik, Freiburg 1984, S. 261 ff.
*Wright, G. H. von* (1979): Norm und Handlung – eine logische Untersuchung, Königstein/Ts., 1979
*Zürn, P.* (1985): Vom Geist und Stil des Hauses – Unternehmenskultur in Deutschland, Landsberg 1985

# Beitrag B.

# Kulturkonzepte in der allgemeinen Kulturforschung

# Grundlage konzeptioneller Überlegungen zur Unternehmenskultur

von

H.-Jürgen Dormayer/Thomas Kettern

| | | |
|---|---|---|
| **1.** | **Der allgemeine Kulturbegriff** . . . . . . . . . . . . . . . . . . . . . . | 50 |
| **2.** | **Ansätze zur Systematisierung unterschiedlicher Kulturkonzepte** . . . | 53 |
| 2.1 | Anthropologisch orientierte Klassifikationen . . . . . . . . . . . . . | 54 |
| 2.2 | Systematisierung nach Allaire/Firsirotu . . . . . . . . . . . . . . . | 57 |
| 2.2.1 | Ansätze der „Sociocultural-System"-Schulen . . . . . . . . . . . | 59 |
| | (1) Die funktionalistische Konzeption . . . . . . . . . . . . . . . | 59 |
| | (2) Der struktur-funktionalistische Ansatz . . . . . . . . . . . . . | 60 |
| | (3) Der ökologisch-adaptionistische Ansatz . . . . . . . . . . . . | 60 |
| | (4) Der historisch-diffusionistische Ansatz . . . . . . . . . . . . | 61 |
| 2.2.2 | Kultur als Ideensystem . . . . . . . . . . . . . . . . . . . . . . . | 61 |
| | (1) Der kognitive Ansatz . . . . . . . . . . . . . . . . . . . . . . | 62 |
| | (2) Der strukturalistische Ansatz . . . . . . . . . . . . . . . . . . | 62 |
| | (3) Der Äquivalenzansatz . . . . . . . . . . . . . . . . . . . . . . | 62 |
| | (4) Der symbolische Ansatz . . . . . . . . . . . . . . . . . . . . | 63 |

Die im ersten Beitrag gewählte Charakterisierung einer Unternehmenskultur als Gesamtheit der unternehmensbezogenen Werte und Normen ist an einem spezifischen Kulturverständnis ausgerichtet. Dieses Verständnis entspricht vereinfacht denjenigen Ansätzen der Kulturanthropologie, die Kultur als kognitives Phänomen, als Ideensystem interpretieren. Durch alleinige Beobachtung kultureller Artefakte erschließt sich Kultur in diesem Sinne nicht, vielmehr ist die Kenntnis der hinter diesen kulturellen Artefakten stehenden ideellen Sphäre erforderlich. Vor diesem Hintergrund ist es Gegenstand und Aufgabe der nachfolgenden Ausführungen, dieses spezifische Kulturverständnis vertiefend darzulegen und es gegenüber anderen Begriffsdeutungen abzugrenzen. Dabei soll aufgezeigt werden, wie sich der Begriff der Kultur entwickelt hat und welche unterschiedlichen Ansätze zum Phänomen der Kultur existieren. Schließlich wird ein Ansatz zur Systematisierung unterschiedlicher Schulen der Kulturforschung dargestellt und versucht, die Eignung der für die entscheidungsorientierte Sichtweise von Unternehmenskultur gewählten Kulturinterpretation aufzuzeigen.

Die Untersuchung kultureller Phänomene auf Unternehmens- bzw. Organisationsebene aus betriebswirtschaftlicher Sicht ist notwendigerweise interdisziplinär. Diese Interdisziplinarität ist Kennzeichen des Wissenschaftsprogramms der entscheidungsorientierten Betriebswirtschaftslehre.[1] Als diejenigen Disziplinen, die sich traditionellerweise mit Fragen der Kultur bzw. von Kulturen befassen, gelten die Anthropologie, die Ethnographie, die Psychologie und die Soziologie. Die Erkenntnisse dieser Wissenschaftsdisziplinen sollen im folgenden Berücksichtigung finden, um das Spektrum der dort entwickelten vielfältigen Denkansätze der betriebswirtschaftlichen Diskussion der Unternehmenskultur zugänglich zu machen.

# 1. Der allgemeine Kulturbegriff

Der Begriff der Kultur zeichnet sich im heutigen Wortverständnis durch eine Fülle von Bedeutungsinhalten aus. So ist bereits für den deutschen Sprachgebrauch eine beinahe verwirrend große Zahl von Verwendungen festzustellen.[2] Dies zeigt sich insbesondere in den vielfältigen Möglichkeiten seiner Verknüpfung mit anderen Begriffen. Es gibt eine „Kulturtechnik" in der Landwirtschaft und den „Kulturkampf" von Bismarck, die „Kulturhäuser" in Gärtnereien sowie die „Kulturstile" in der Kunstgeschichte. Man spricht von der „Wohnkultur", der „Kulturabgabe" an das Finanzamt und dem „kulturellen Angebot" einer Stadt; es gibt „Kulturpolitik", „Kulturgeographie" und ein „Kultusministerium" usw.. Solche Wortkombinationen lassen sich nahezu beliebig bilden, und in jeder Verwendung hat der Begriff der Kultur einen anderen Sinn. Diese Vielseitigkeit ist aber das grundlegende Charakteristikum. Sie bringt immer wieder, je nach weltanschaulicher Sichtweise und auch wissenschaftlicher Grundorientierung neue Begriffssynthesen, neue Konnotationsmöglichkeiten und damit oft neue Erkenntnisperspektiven hervor.

---

[1] Zum Wissenschaftsprogramm der entscheidungsorientierten Betriebswirtschaftslehre vgl. Heinen (1971), (1985a), (1985b).
[2] Vgl. hierzu Kopp (1974), S. 1 ff; vgl. auch Greverus (1978); Perpeet (1984).

Das heute bestehende Nebeneinander unterschiedlichster Bedeutungen kann als Ergebnis eines historischen Prozesses betrachtet werden, der zu einer Anhäufung von lebenden Relikten einer wechselvollen Wortgeschichte geführt hat.[3] Etymologisch läßt sich der Begriff der Kultur, dem lateinischen „cultura" entlehnt, aus dem lateinischen Verb „colere" und dem Substantiv „cultus" herleiten.[4] Das Wort „cultura" beinhaltet dabei zunächst nur agrarische Tätigkeiten, d. h. das Bestellen von Land, sowie das Ackerland als Voraussetzung. Der ursprüngliche Sinn dieses Wortes liegt somit nicht im Schöpferischen schlechthin, sondern im Begriff des Pflegens, der Grundbedeutung des Wortes „colere". Die heute anzutreffenden landwirtschaftlich ausgerichteten Verwendungen des Kulturbegriffes erinnern an diese etymologische Wurzel.

Seine Bedeutung im übertragenen Sinn erhält der Begriff der Kultur dann bei den Römern, deren klassische Metaphern meist dem Umfeld der Worte „Krieg" und „Ackerbau" entstammen.[5] In dieser Zeit wird „cultura" zum einen als Anbau und Pflege im agrikulturellen Sinne verstanden, zum anderen aber auch als tätige Verehrung, Bildung, Fürsorge interpretiert. So spricht Cicero von „cultura animi", d. h. von der Pflege des Geistes. Das Wort Kultur wird als Synonym für ethisch-moralisch gute Sitten angesehen. Eine lasterhafte Kultur erscheint im Rahmen dieser Interpretation nicht vorstellbar. „Weisheitliche Bildung ... ist nicht Selbstzweck, sondern ein Weg der Verfeinerung des Menschenlebens und zur Gewinnung der Menschenwürde. Kurz: Kultur bedeutet Menschenpflege durch Weisheit".[6]

In frühchristlich-mittelalterlicher Zeit wird diesem ciceronischen Wortverständnis, bei dem Kultur (im übertragenen Sinn) grundsätzlich mit einem Genitivattribut verbunden ist, eine weitere Interpretation hinzugefügt. „Cultura" wird zwar nach wie vor auch in althergebrachter Weise im rein agrarischen Verständnis verwendet, darüber hinaus aber ebenso metaphorisch derart, daß (dem) Gott als Schöpfer aller Dinge die Aufgabe des Ackermanns zukommt, der das Innere des Menschen im Sinne eines Ackerlandes zu bestellen hat.[7]

Später erhält der Begriff „cultura" durch die Humanisten seine ursprüngliche ciceronische Wortbedeutung wieder zurück. Erasmus (1466–1536) und Thomas Morus (1478–1535) erwähnen die „cultura ingenii".[8] Die Zeit der Aufklärung bringt dann ein zusätzliches Moment in das Wortverständnis von „cultura" mit ein. „Cultura" ist nicht mehr a priori mit einem Genitivattribut „animi", „ingenii" verbunden, sondern findet auch für sich alleinstehend Verwendung. Das Wort „Kultur" wird zur Unterscheidung von Mensch und Tier herangezogen, der barbarische Naturzustand wird dem der Kultur gegenübergestellt. Damit geht einher, daß an die Stelle der früheren Idee einer einheitlichen „Mensch-

---

[3] Vgl. Kopp (1974), S. 1.
[4] „colere" bedeutet: drehen, wenden, bebauen bzw. schmücken, veredeln, ausbilden im übertragenen Sinn. Die Wortfamilie von colere ist umfassend: excolere = veredeln, verfeinern; percolere = ausarbeiten; praecolere = vorarbeiten; recolere = wiederherstellen. „cultus" hat auch als Adjektiv einständige Bedeutung; cultus = angebaut; culta bzw. agriculti = bestellte Äcker. Vgl. hierzu Perpeet (1984).
[5] Vgl. hierzu die Ausführungen bei Dill (1986), S. 19 ff.
[6] Perpeet (1984), S. 22.
[7] Man spricht in diesem Zusammenhang von „Cultura Christ" bzw. „Cultura Christianae Religionis". Vgl. hierzu Niedermann (1941), S. 20 ff.; Perpeet (1984), S. 22 f.
[8] Vgl. Niedermann (1941), S. 63 f.

heitskultur" ein pluralistisches Kulturverständnis tritt. In diesem Zusammenhang kommt vor allem Herder (1744–1803) Bedeutung zu, der als Vorläufer moderner Kulturanthropologie gesehen wird und insbesondere dem geschichtlichen Aspekt bei der Betrachtung von Kulturen Beachtung schenkt. Unter Kultur wird jetzt eine sich wandelnde, regende, ausformende und sich weiterentwickelnde Form von Gesellschaften, Gemeinschaften, Völkern und Nationen verstanden. Herder weist darauf hin, daß die Kulturfähigkeit des Menschen sein natürliches Potential ist, welches ihn von einem instinktgeleiteten Naturwesen unterscheidet. „Kultur" wird nunmehr zunehmens als Synonym für „Zivilisation" und „Bildung" verwendet.[9] Dies verdeutlicht Herders Zeitgenosse Adelung, dem das Verdienst zugesprochen wird, den Begriff der Kultur im ideellen Sinne in den Mittelpunkt der (historischen) Perspektive gerückt zu haben.[10]

„Cultur – die Veredelung oder Verfeinerung der gesamten Geistes- und Leibeskräfte eines Menschen oder eines Volkes, so daß dieses Wort sowohl die Aufklärung, die Veredelung des Verstandes durch Befreyung von Vorurtheilen, aber auch die Politur, die Veredelung und Verfeinerung der Sitten unter sich begreift."[11]

Der heutige Sprachgebrauch in Öffentlichkeit, Politik und nicht zuletzt im Zeitungs- und Pressewesen ist in nicht unerheblichem Maße von dieser Sichtweise beeinflußt, in der Kultur vornehmlich (durchaus im ciceronischen Sinne) als Geistesbildung, Kunst und auch als Wissenschaft verstanden wird.[12] Ebenfalls in dieser Tradition steht Tylor, durch den der Begriff „Kultur" seine kulturanthropologisch-soziologische Bedeutung gewinnt.

„Kultur oder Zivilisation im weitesten ethnographischen Sinn ist jener Inbegriff von Wissen, Glauben, Kunst, Moral, Gesetz, Sitte und allen übrigen Fähigkeiten und Gewohnheiten, welche der Mensch als Glied der Gesellschaft sich angeeignet hat."[13]

In der nachfolgenden Zeit ist der Kulturbegriff dann erneuten inhaltlichen Wandlungen unterworfen, wird umgedeutet und in unterschiedlicher Weise mit verschiedensten Schwerpunkten neu interpretiert, welche in starkem Maße auch die jeweils herrschenden politischen Verhältnisse repräsentieren. Daneben liefern die Wissenschaftsdisziplinen sowohl der Kulturanthropologie als auch der Kultursoziologie sowie der Kulturethnographie und nicht zuletzt der kulturvergleichenden Psychologie ein breites Spektrum an (sich teilweise ergänzenden und auch widersprechenden) Begriffsbestimmungen,[14] deren unterschiedliche Akzentuierungen die wissenschaftsdisziplinäre Herkunft des jeweiligen Forschers sowie seine theoretischen „Vorurteile" und die Ziele seiner Forschungsbemühungen widerspiegeln.[15]

---

[9] Vgl. Greverus (1978), S. 59.
[10] Vgl. Kopp (1974), S. 13.
[11] Adelung (1793) zitiert nach Kroeber/Kluckhohn (1952), S. 21.
[12] So erscheint das Schlagwort „Kulturpolitik" erstmals im Titel einer Zeitschrift bei Nagers (Pädagogische Revue 1840). Vgl. Kopp (1974), S. 1.
[13] Tylor (1873), zitiert nach Keller (1982), S. 113.
[14] Vgl. hierzu die umfassenden Darstellungen unterschiedlicher Definitionsversuche bei Kroeber/Kluckhohn (1952), die nahezu 170 Begriffsbestimmungen zusammengetragen haben.
[15] Vgl. Keller (1982), S. 114.

Einige Autoren unternehmen den Versuch, diese unterschiedlichen Auffassungen durch die Beschreibung charakteristischer Kennzeichen von Kultur wieder zusammenzuführen, um dadurch eine allgemeingültige Begriffsfassung zu kreieren. So wird „Kultur" als „der umfassende Zusammenhang des menschlichen Verhaltens"[16] von Kluckhohn durch die Aufzählung folgender Eigenschaften präzisiert:

"(1) Culture is learned
(2) Culture is structured
(3) Culture derives from the biological, environmental, psychological and historical components of human existence
(4) Culture is divided into aspects
(5) Culture is dynamic
(6) Culture is variable
(7) Culture exhibits regularities that permit its analysis by the methods of science
(8) Culture is the instrument, whereby the individual adjusts to his total setting, and gains the means for creative expression."[17]

Aber auch einer solchen Umschreibung des Kulturbegriffs kann es trotz der Vielzahl der angesprochenen Aspekte nicht gelingen, die divergierenden Schulen der Anthropologie, Ethnographie, Soziologie und Psychologie auf ein gemeinsames Kulturverständnis festzulegen. Dazu sind deren Ansätze und Zugangsweisen zum Phänomen der Kultur zu unterschiedlich. Die offenkundige Unmöglichkeit einer verbindlichen Definition des Kulturbegriffs wirft die Frage nach einer möglichen Systematisierung der verschiedenen Interpretationen auf. Eine solche Systematisierung könnte zweifelsohne zu einem tieferen Einblick in die einzelnen „Kultur-Schulen" führen und damit zu einem besseren Verständnis kultureller Phänomene auf Unternehmensebene beitragen.

## 2. Ansätze zur Systematisierung unterschiedlicher Kulturkonzepte

Sucht man in der Literatur nach Beiträgen, die sich mit der Frage einer möglichen Systematisierung von Kulturbegriffen und Kulturkonzepten auseinandersetzen, so ist die Ausbeute eher gering. Die wenigsten Untersuchungen befassen sich in extenso mit dieser Frage, vielmehr widmen sie sich ihr nur am Rande. Deshalb sind in den nachfolgenden Ausführungen auch Beiträge verarbeitet, die diese Thematik nicht als zentralen Gegenstand erörtern, aber dennoch Hinweise und Einblicke anbieten, die im vorliegenden Zusammenhang von Interesse sind.

---

[16] Malinowski (1975), S. 47.
[17] Kluckhohn (1951), S. 87; in ähnlicher Weise verfährt auch von Keller (1982) bei seiner Studie über die kulturvergleichende Managementforschung. Vgl. hierzu auch Murdock (1940).

## 2.1 Anthropologisch orientierte Klassifikationen

Aufbauend auf einer umfassenden Literaturanalyse[18] haben Kroeber/Kluckhohn nahezu 170 Begriffsbestimmungen des Wortes „Kultur" zusammengetragen, wobei sich die Autoren vorrangig auf Konzepte und Ansätze der angloamerikanischen Kulturanthropologie beziehen. Von dieser Zusammenstellung ausgehend, versuchen sie eine Klassifikation unterschiedlicher Ansätze bzw. Wortverständnisse unter besonderer Berücksichtigung der bei den jeweiligen Begriffsbestimmungsversuchen gesetzten Schwerpunkte. Das sich daraus ergebende Klassifikationsschema umfaßt folgende Begriffsgruppen:

1. Deskriptive Definitionen, bei denen es sich um die am breitesten angelegten Begriffsbestimmungsversuche handelt. Kultur wird als eine „comprehensive totality"[19] verstanden, deren charakteristische Inhalte beschrieben und aufgezählt werden.
2. Historische Konzepte, die Kultur als soziales „Erbgut" auffassen, welches in Gesellschaften von Generation zu Generation überliefert wird. Von Bedeutung sind dabei sowohl das „Produkt", d.h. die materiellen Kulturartefakte, als auch die Prozesse der Überlieferung.
3. Konzeptionen, deren Betrachtungsschwerpunkte auf der Untersuchung des normativen, handlungsregulierenden Charakters einer Kultur liegen. Es werden die Verhaltensweisen und Handlungsweisen von Individuen prägende Werte und Normen einer Gesellschaft in den Mittelpunkt gerückt.
4. Psychologische Ansätze, die Kultur als ein Muster von spezifischen Regelungen für Problemlösungen begreifen. Diese Ansätze betonen darüber hinaus den Aspekt des Lernens bestimmter kultureller Gewohnheiten.
5. Strukturalistische Definitionen, deren Argumente „on the patterning or organization of culture" gerichtet sind. Die dieser Gruppe zugehörigen Definitionen zeichnen sich dadurch aus, daß sie das Phänomen der Kultur auf ein höheres Abstraktionsniveau stellen und dadurch umfassendere Deutungsversuche erlauben.
6. Genetische Betrachtungen, in denen versucht wird, Antworten auf die Fragen zu finden, auf welche Weise sich eine Kultur entwickelt hat und welche Faktoren und Elemente dabei eine entscheidende Rolle innegehabt haben. Im Rahmen dieser Betrachtungen, welche eine große Affinität zu den historisch orientierten Konzepten aufweisen, wird auch der Bedeutung kultureller Symbole Rechnung getragen.

Kroeber/Kluckhohn räumen ein, daß bei dieser von ihnen vorgenommenen Klassifikation Überschneidungen unvermeidlich sind. Darüber hinaus betonen sie, daß die hinter den einzelnen Wortverständnissen stehenden wissenschaftlichen Grundannahmen bzw. Forschungskontexte von den betreffenden Forschern häufig nicht exakt expliziert worden seien, so daß deren Zuordnung zu bestimmten Begriffsgruppen sicherlich nicht unstrittig ist. Dennoch stehen sie auf dem Standpunkt, daß eine solche Klassifikation notwendig und nützlich sei, weil durch sie nicht zuletzt Verbindungen, Gemeinsamkeiten sowie Divergenzen

---

[18] Vgl. Kroeber/Kluckhohn (1952).
[19] Vgl. hierzu auch die bereits dargestellte, aufzählende Begriffsbestimmung von Kultur anhand ihrer Eigenschaften von Kluckhohn (1951), S. 87.

zwischen einzelnen Begriffsbestimmungsversuchen aufgezeigt würden. Für die Erfassung des Phänomens der Unternehmenskultur ist die Arbeit von Kroeber/ Kluckhohn insoweit hilfreich, als sie die Vielfalt und Komplexität des Begriffes „Kultur" veranschaulicht.

Eine gänzlich andere und sehr fruchtbare Vorgehensweise wählt Kluckhohn in seiner Arbeit, die er mit Kelly zusammen veröffentlicht hat.[20] Die beiden Autoren unterscheiden zwischen deskriptiven und explikativen Kulturkonzeptionen. Als **deskriptives** Konzept verstanden ist es für den Kulturbegriff charakteristisch, daß er eine Sammlung der „angehäuften Schätze menschlicher Schöpfung ... Bücher, Gemälde, Gebäude und ähnliches, ... Sprache, Sitten, Systeme und Anstandsregeln, Ethik, Religion und Moral, all das, was über die Jahrhunderte aufgebaut ..."[21] worden ist, bezeichnet. Im Mittelpunkt dieses deskriptiv orientierten Kulturverständnisses steht somit eine Aufzählung materieller und immaterieller kultureller Artefakte, gleichsam das direkt Sicht-, Fühl- und Erfahrbare einer Kultur. Demgegenüber setzt sich das **explikative** Kulturverständnis mit dem diese kulturellen Artefakte bedingenden geistigen und normativen Überbau auseinander, d. h. Untersuchungsgegenstand sind die weltanschaulichen und religiösen Grundüberzeugungen, Werte, Motiv- und Einstellungsmuster sowie internalisierte Verhaltensnormen, welche das menschliche Handeln in einer Gesellschaft beeinflussen.

Fast in gleicher Weise verfährt Osgood[22], der zwischen „Perceptas" und „Konceptas" einer Kultur differenziert. „Perceptas" sind wahrnehmbare, **empirisch** konkret beobachtbare (materielle) kulturelle Artefakte und soziale Verhaltensweisen, Sitten, Gewohnheiten und Rituale.[23] Unter der zweiten Kategorie, den kulturellen „Konceptas", versteht er hingegen jene kollektiv geteilten Werte, Normen und Einstellungen, die in einer Gesellschaft aus einem historischen Prozeß heraus entstanden sind. Diese ideellen „Konceptas" entsprechen der „mental culture". „Mental culture consists ... of the ideas of the aggregate of human beings, which have been communicated to one's mind and of which one is conscious."[24] Bei den kulturellen „Konceptas" handelt es sich somit um jenes äußerst komplexe System von kollektiven Werten und Normen der Gesellschaft, welches aus den tatsächlich beobachtbaren Gegebenheiten, d. h. aus der „material" und „social culture" heraus zurückerschlossen werden muß. Damit ist aber gleichzeitig auch die These verbunden, daß kulturelle Artefakte wie etwa architektonische Schöpfungen oder Produkte der bildenden Kunst sowie nicht zuletzt bestimmte Verhaltensweisen, Traditionen etc. per se keinen Sinn vermitteln können und in ihrer Bedeutung für den sie erforschenden Wissenschaftler a priori nicht zugänglich sind. Unabdingbare Voraussetzung für ein **Verstehen** kultureller Phänomene ist vielmehr die Kenntnis der dahinter stehenden Werte und Normensysteme.

---

[20] Vgl. Kluckhohn/Kelly (1972), S. 68.
[21] Kluckhohn/Kelly (1972), S. 85.
[22] Vgl. Osgood (1951), S. 202 ff.
[23] Die Perceptas der Kultur unterteilt Osgood in die „material and social culture". „Material culture consists of all ideas of the manufactures of the aggregate of human beings which have been directly observed and of which one is conscious. Social culture consists of all ideas of the behavior of the aggregate of human beings which have been directly observed and of which one is conscious." Osgood (1951), S. 211.
[24] Osgood (1951), S. 213.

Der Unterschied zwischen deskriptivem und explikativem Kulturverständnis bzw. zwischen den kulturellen „Perceptas" zum einen und den kulturellen „Konceptas" zum anderen läßt sich bezüglich ihrer Bedeutung für **unternehmenskulturelle** Fragestellungen mit Hilfe einer exemplarischen Argumentation leicht illustrieren: Das in der Gestalt eines Vierzylinders konstruierte BMW-Verwaltungsgebäude in München, seine Architektur und seine Ausstattung etc. können unter das deskriptive Kulturverständnis subsumiert werden, stellen also „Perceptas" der BMW-Unternehmenskultur dar. Ebenso fallen das Verhalten eines BMW-Mitarbeiters im Gespräch mit einem Ranghöheren, die Art der Diskussion zwischen beiden, die verwendeten Gesten sowie ganz allgemein der Umgang untereinander, der im aktuellen Bestsellerjargon mit der prägnanten Formulierung „The way, we do the things around here"[25] umschrieben wird, unter diese Kategorie. Verständlich aber werden BMW-typische unternehmenskulturelle Artefakte sowie die sozialen Umgangsformen und Verhaltensweisen letztendlich nur aus den hinter diesen beobachtbaren Gegebenheiten stehenden Werten, Überzeugungen, Einstellungen und Normen, d.h. den für BMW charakteristischen kulturellen Konceptas.

Versucht man, diese Gedanken vor dem Hintergrund der vorangegangenen Ausführungen zu verallgemeinern, so können zwei grundsätzlich unterschiedliche Zugänge zum Kulturbegriff und damit auch zur Erforschung von Kultur unterschieden werden: Im Rahmen des einen Zugangs werden kulturelle Phänomene durch Beschreibung materieller Kulturgegenstände sowie sozialer Umgangsformen und Verhaltensweisen erklärbar. Im Rahmen des anderen Zugangs aber sind bestimmte kulturelle Phänomene erst durch die hinter den beobachtbaren Tatbeständen wirkenden Überzeugungen, Werte, Normen und Einstellungen verständlich. Diese Zusammenhänge verdeutlicht Abb. 1.

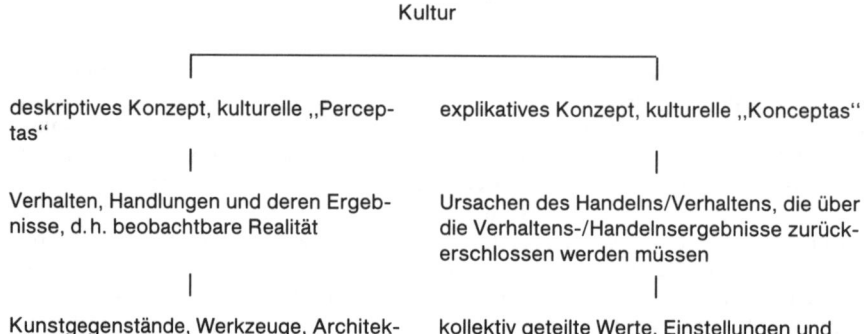

Kultur

| deskriptives Konzept, kulturelle „Perceptas" | explikatives Konzept, kulturelle „Konceptas" |
|---|---|
| Verhalten, Handlungen und deren Ergebnisse, d.h. beobachtbare Realität | Ursachen des Handelns/Verhaltens, die über die Verhaltens-/Handlungsergebnisse zurückerschlossen werden müssen |
| Kunstgegenstände, Werkzeuge, Architektur, etc. aber auch Sitten, Gebräuche, (Organisations-) Strukturen, Institutionen, Sprache usw. | kollektiv geteilte Werte, Einstellungen und Normen, wie etwa internalisierte Autoritätsnormen, religiöse und weltanschauliche Überzeugungen, Motivmuster etc. |

**Abb. 1** Kultur als deskriptives und explikatives Konzept[26]

---

[25] Vgl. hierzu stellvertretend für viele populärwissenschaftlich orientierte Unternehmenskulturforscher Deal/Kennedy (1982); Peters/Waterman (1983).

[26] Vgl. zu dieser Systematisierung Greverus (1978); von Keller (1982); Kluckhohn/Kelly (1972); Osgood (1951); vgl. insb. Dill (1986), S. 27 f.

Betrachtet man den in Beitrag A zugrundegelegten Kulturbegriff im Lichte des aus Abb. 1 erkennbaren Dualismus, so ist augenscheinlich, daß die dort vorgenommene Interpretation einer Unternehmenskultur als System gemeinsamer Werte und Normen der Interpretation von Kultur als explikativem Konzept bzw. den kulturellen „Konceptas" nahekommt.[27]

Die obige Klassifikation läßt allerdings mehrere Fragen unbeantwortet. Als sicherlich wichtigster Aspekt wird die Frage der Interdependenzen zwischen beiden Forschungsrichtungen vernachlässigt. Diese Interdependenzen und damit verbunden das Problem der Vermittlung und Weitergabe von Kulturen aber setzen nach den Erkenntnissen der Kulturanthropologie das Wissen um die symbolische Dimension kultureller Artefakte und menschlicher Lebensäußerungen voraus. Schließlich wird auch nicht näher auf das Verhältnis von Kultur und Gesellschaft eingegangen, d. h. der Versuch einer Abgrenzung der kulturellen Sphäre einer Gesellschaft von dem Sozialsystem „Gesellschaft" unterbleibt. Dies ist jedoch insbesondere im Zusammenhang mit den im Beitrag A aufgeworfenen Problemen, ob Unternehmenskultur letztendlich als Kontingenzfaktor bzw. als Variable oder aber als erkenntnisleitender Grundbegriff zu verstehen ist, von Bedeutung. Erste Antworten hierzu können vor dem Hintergrund einer umfassenden Systematisierung unterschiedlich ausgerichteter Kulturschulen von Allaire/Firsirotu gefunden werden.

## 2.2 Systematisierung nach Allaire/Firsirotu

Einen umfassenden Systematisierungsversuch, der neben anthropologischen Forschungserkenntnissen auch soziologische Perspektiven berücksichtigt, präsentieren Allaire/Firsirotu[28] in Anlehnung an eine Typologie von Keesing.[29] Im Zentrum ihrer Überlegungen stehen die Fragen, welche unterschiedlichen Schulen und Kulturverständnisse existieren und ob es sinnvoll erscheint, zwischen Kultur und Sozialsystem zu unterscheiden. Parsons versucht, einen solchen Unterschied zu konstruieren:

"The social-system focus is in the conditions involved in the interaction of actual human individuals who constitute concrete collectivities with determinate membership. The cultural-system focus, on the other hand, is on 'patterns' of meaning, e.g., of values, of norms, of organized knowledge and beliefs of expressive form."[30]

Nach diesen beiden Forschern liegt der Schwerpunkt der auf den **Systemcharakter** sozialer Verbände abstellenden soziologischen Sichtweise somit in der Untersuchung von Interaktionsprozessen und deren Ergebnissen, während die Kulturanthropologie sich dem sozialen menschlichen Handeln zugrundeliegenden Bedeutungs- und Sinnmustern zuwendet, d. h. den gemeinsam geteilten Werten und Normen und damit dem „organisierten" und institutionalisierten Wissen der Mitglieder einer Kultur.

Aus der konzeptionellen Trennung von Kultur(system) und Sozialsystem ergibt sich die nicht unbedeutende Überlegung, daß Kultur und Sozialsystem nicht

---
[27] Vgl. auch Heinen (1986).
[28] Vgl. hierzu Allaire/Firsirotu (1984).
[29] Vgl. Keesing (1974).
[30] Parsons (1961), S. 34; vgl. auch Kroeber/Parsons (1958).

zwangsläufig harmonisch, isomorph und konsonant in ein gesamtheitlich anzusehendes sozio-kulturelles System eingebettet sind, sondern auch in einem Spannungsverhältnis zueinander stehen können. Es kann somit auch zu kulturellen Vor- und Nachläufen kommen. Dies gilt insbesondere dann, wenn das Sozialsystem in Anpassung an sich ändernde Umweltbedingungen raschen Wandlungen und Entwicklungen unterworfen ist.

Vor diesem Hintergrund sind zwei grundsätzliche Möglichkeiten der Konzeptualisierung des Phänomens „Kultur" zu unterscheiden. Zum einen kann Kultur als Ideensystem bzw. „as inferred ideational codes lying behind the realm of observable events"[31] verstanden werden. Dabei wird Kultur als ein grundsätzlich eigenständiges „ideational system" (System von Bedeutungen) aufgefaßt. Zum anderen stellt die Kultur einen integrierten Bestandteil eines harmonisierten soziokulturellen Systems dar, welches sich in bestimmten sozialen Verhaltensweisen und materiellen Kulturprodukten manifestiert. Ausgehend von dieser grundsätzlichen Zweiteilung lassen sich wiederum diverse Untergruppierungen unterscheiden, die bestimmte Forschungsrichtungen repräsentieren.[32] Die sich daraus ergebende Typologisierung wird durch Abb. 2 verdeutlicht.

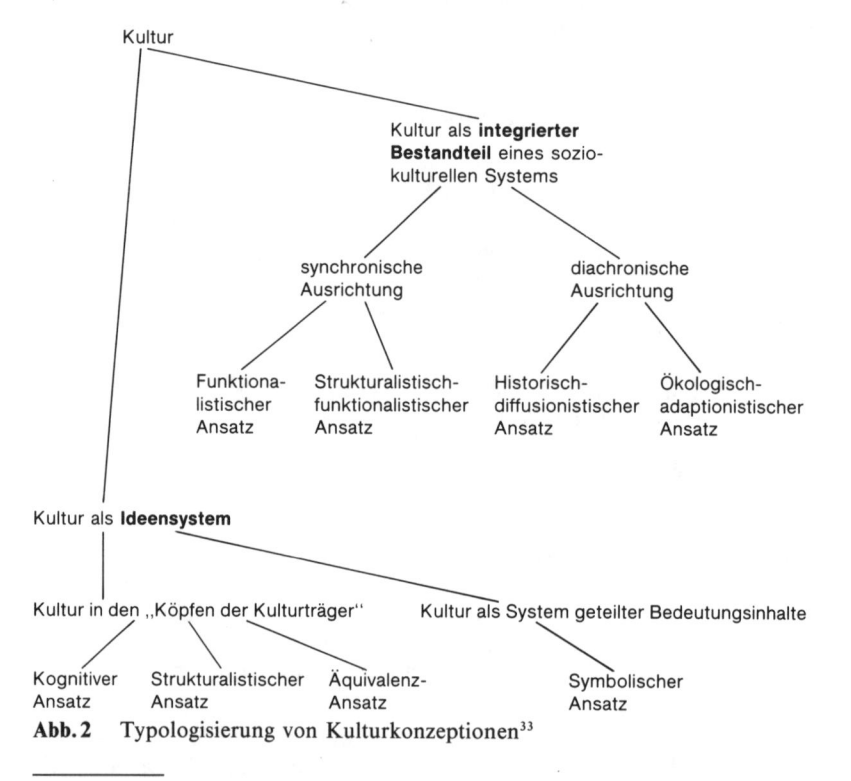

**Abb. 2** Typologisierung von Kulturkonzeptionen[33]

---

[31] Allaire/Firsirotu (1984), S. 197.
[32] Die Einteilung beruht auf den Ausführungen von Allaire/Firsirotu (1984), die darauf hinweisen, daß diese Untergruppierungen und die damit verbundenen Zuordnungen mit „beträchtlicher Unverfrorenheit" vorgenommen worden sind.
[33] Abb. 2 entnommen aus Dill (1986), S. 31.

Im folgenden soll nun zuerst auf die Kulturinterpretationen der älteren „soziokulturellen" Schule eingegangen werden, um anschließend die Ansätze darzustellen, die unter dem Schlagwort „Kultur als Ideensystem" subsumiert werden können.

### 2.2.1 Ansätze der „Sociocultural-System"-Schulen

Bei den Ansätzen der „Sociocultural-System"-Schulen handelt es sich um diejenigen älteren kulturanthropologischen Auffassungen, die davon ausgehen, daß Kultur und Sozialsystem einen integrierten untrennbaren Gesamtkomplex bilden. Diese Ansätze lassen sich wiederum in vier grundsätzlich unterschiedlich ausgerichtete Schulen einteilen. Die funktionalistische und die strukturfunktionalistische Konzeption abstrahieren dabei als zeitpunktbetrachtende („synchronische") Forschungsrichtungen vom Zeitaspekt, d.h. sie erfassen Kulturen zu einem bestimmten Zeitpunkt und für einen abgegrenzten geographischen Raum, während der ökologisch-adaptionistische und der historisch-diffusionistische Ansatz entwicklungsgeschichtliche („diachronische") Perspektiven aufzeigen und somit darauf abzielen, auch die zeitliche Dimension und die prozessuale Dynamik in einzelnen Kulturen mit zu berücksichtigen.

(1) Die funktionalistische Konzeption

In der funktionalistischen Konzeption (z.B. Malinowski[34]) werden kulturelle Phänomene primär aus ihrer Instrumentalität heraus interpretiert. Kultur ist hier ein funktionaler Apparat, der das Individuum in eine bessere Ausgangsposition zur Bewältigung seiner Daseinsprobleme und zur Befriedigung seiner persönlichen Bedürfnisse versetzt. Dementsprechend werden bestimmte Institutionen einer Gesellschaft wie etwa die Ehe und das Eigentum sowie andere Manifestationen kultureller Phänomene durch ihre Eignung zur menschlichen Daseinsbewältigung und Bedürfnisbefriedigung erklärt. Diesen instrumentellen Charakter betont auch Greverus:

„Die Menschen entwickelten Geräte und Verfahrensweisen, um sich Nahrung zu beschaffen und sie zuzubereiten, um sich zu kleiden ..., das heißt, um die primärsten Bedürfnisse der Selbsterhaltung ... zu befriedigen. Mit diesen Werkzeugen aber eigneten sie sich aktiv die Umwelt an, machten sie sich ihren Bedürfnissen verfügbar."[35]

Das funktionalistische Kulturverständnis beinhaltet jedoch mehr als die Entdeckung, Herstellung und Benutzung von materiellen und immateriellen Werkzeugen durch den Menschen zur Kompensation seiner eigenen begrenzten Möglichkeiten. Kultur schließt in funktionalistischer Betrachtungsweise auch das Streben nach Ästhetik[36] mit ein und trägt somit nicht nur zur Erfüllung rein physiologischer und sozialer Grundbedürfnisse bei, sondern auch zur Befriedigung „höher eingeschätzter" Bedürfnisse, wie etwa nach Wertschätzung und Selbstverwirklichung.

Bei einem solchen Verständnis kultureller Phänomene ist die enge Beziehung zur funktionalistischen Organisationssoziologie unübersehbar und dementsprechend auch die Verbindung zu den systemtheoretisch orientierten Ansätzen in

---
[34] Vgl. Malinowski (1944), (1975).
[35] Greverus (1978), S.61.
[36] Zum Verhältnis von Kultur und Ästhetik vgl. Greverus (1978), S.61 ff.

der Betriebswirtschaftslehre. Es wird deutlich, daß die Verwendung eines derartigen Kulturverständnisses für die Analyse des Phänomens „Unternehmenskultur" mangels Abgrenzung zum sozialen System „Unternehmung" problematisch ist.

(2) Der struktur-funktionalistische Ansatz

In ähnlicher Weise wie der funktionalistische Ansatz betrachtet die struktur-funktionalistische Schule Kultur als einen Ordnungsmechanismus, der insbesondere dazu beiträgt, daß menschliche Individuen dazu befähigt werden, ein soziales Leben in einer geordneten Gemeinschaft zu führen. Kulturelle Phänomene werden als Komponenten eines integrierten Sozialsystems begriffen, welches neben kulturellen Komponenten auch sogenannte Struktur- und Gleichgewichtsmechanismen enthält. Diesen Mechanismen kommt dabei vor allem die Aufgabe zu, einen Gleichgewichtszustand mit der physisch-materiellen Lebensumwelt aufrechtzuerhalten.

(3) Der ökologisch-adaptionistische Ansatz

Der ökologisch-adaptionistische Ansatz[37] interpretiert Kultur als ein System sozial vermittelter Verhaltensmuster, die dazu beitragen sollen, menschliche Gemeinschaften in ihrer spezifischen Lebensumwelt (über-)lebensfähig zu machen.

"Culture is adaptive. Culture changes; and the process of change appears to be an adaptive one, comparable to evolution in the organic realm but of a different order. Cultures tend, through periods of time, to become adjusted to the geographic environment, as the anthropologists have shown, although environmental influences are no longer conceived as determinative of cultural development. Cultures also adapt, through borrowing and organization, to the social environment of neighboring peoples. Finally, cultures questionably tend to become adjusted to the biological and psychological demands of the human organism. As life conditions change, traditional forms cease to provide a margin of satisfaction and are eliminated: new needs arise or are perceived, and new cultural adjustments are made to them."[38]

Bei diesem Konzept sind also das soziokulturelle System und die Umwelt einer Gesellschaft nicht als jeweils für sich „gegeben" und unabhängig voneinander zu sehen, sondern in wechselseitiger Kausalabhängigkeit. Die Umwelt spielt bei der Kulturrevolution eine aktive Rolle im Kulturentwicklungsprozeß und ist mehr als lediglich ein beschränkender Faktor: Kultur kann erst in der aktiven Auseinandersetzung mit der natürlichen Umwelt entstehen. Diese Sichtweise ist nicht unbedingt selbstverständlich; denn es ist ebenso denkbar, daß Natur und Kultur als sich diametral gegenüberstehende Begriffskategorien interpretiert werden. Insbesondere in hochentwickelten modernen Industriegesellschaften wird aber auch die umgekehrte Wirkungsrichtung immer mehr sichtbar: Kultur im Sinne von sozial vermittelten Verhaltensstereotypen beeinflußt die natürlichen Grundlagen menschlicher Existenz. Ein Großteil der aktuellen ökologisch-ökonomischen Spannungen resultiert nicht zuletzt aus dieser Wirkungsrichtung.

---

[37] Vgl. z. B. Harris (1979); White (1973).
[38] Murdock (1940), S. 368.

## (4) Der historisch-diffusionistische Ansatz

Der historisch-diffusionistische Ansatz[39] versteht Kultur als ein Gefüge interaktiver, superorganischer und relativ autonomer Konfigurationsmuster und Formen des menschlichen Zusammenlebens, welche als Momentaufnahmen eines in der Zeit ablaufenden Prozesses nur aus historischen Bedingungen heraus erklär- und interpretierbar sind. Dementsprechend befassen sich Vertreter dieses Ansatzes mit der „Wanderung" kultureller Eigenschaften von einem Sozialsystem zum anderen bzw. von einem geographischen Ort zum anderen. Diese „Diffusionsprozesse" werden unter den Aspekten der Akkulturation und Assimilation erörtert, d. h. der Anpassung des Sozialsystems an die Kultur et vice versa.

### 2.2.2 Kultur als Ideensystem

Die Vorstellung, daß Kultur als ein System gemeinsamer Ideen zu begreifen ist, als ein Kontext, der funktionale Kognitionen[40] zur Verfügung stellt, welche den Kulturmitgliedern eine Orientierung in der sozialen Welt ermöglichen, und der durch unbewußt bleibende Denkstrukturen[41] geprägt ist, findet insbesondere in den jüngeren organisationstheoretischen Ansätzen Berücksichtigung, welche in die Richtung tendieren, Kultur als „root metaphor" zu interpretieren.[42] Eine solche Kulturvorstellung basiert im wesentlichen auf den im folgenden darzustellenden Schulen, die Kultur als ein System von Ideen näher zu beschreiben versuchen. Diese Schulen gehen von der Überlegung aus, daß die Begriffe Kultur und Sozialsystem unterschiedliche Bedeutungsinhalte vermitteln. Dementsprechend wird behauptet, daß der kulturelle Phänomene erforschende Wissenschaftler sich spezifischen Erkenntnisobjekten zuwendet: den menschlichen Kognitionen. Die Vorteile einer solchen Sichtweise und der damit verbundenen Separation von Kultur und Sozialsystem betont Geertz:

> "Though separable only conceptually, culture and social structure will then be seen to be capable of a wide range of modes of integration with one another, of which the simple isomorphic mode is but a limiting case – a case common only in societies which have been stable over such an extended time as to make possible a close adjustment between social and cultural aspects. In most societies, where change is characteristic rather than an abnormal occurrence, we shall expect to find more or less radical discontinuities between the two."[43]

Auch innerhalb dieser Betrachtungsperspektive lassen sich in Anlehnung an Allaire/Firsirotu unterschiedliche Ansätze identifizieren. Dabei ist Kultur beim kognitiven Ansatz, beim strukturalistischen Ansatz und beim Äquivalenzansatz eine „Größe", die als Wissensstruktur bzw. geistiges Konstrukt „in den Köpfen der Kulturmitglieder"[44] zu lokalisieren ist. Beim symbolischen Ansatz hingegen wird Kultur auf semiotischer Ebene als die Summe der „mentalen Produkte" aufgefaßt, welche sich in signifikanten Symbolen repräsentieren.

---

[39] In diesen Ansatz ordnen Allaire/Firsirotu z. B. Kroeber/Kluckohn ein.
[40] Vgl. Goodenough (1971); Wallace (1970).
[41] Vgl. Lévi-Strauss (1973).
[42] Vgl. hierzu die Ausführungen im Beitrag A.
[43] Geertz (1973), S. 144.
[44] „For three of those schools of thought, culture is located in the minds of culture-bearers." Allaire/Firsirotu (1984), S. 198.

### (1) Der kognitive Ansatz

Beim kognitiven Ansatz, der zuweilen auch als „Ethnographische Schule" bezeichnet wird, beinhaltet der Begriff Kultur die Systeme sozialen Wissens, die im Wege von Sozialisationsprozessen erlernten Grundmuster persönlicher Realitätswahrnehmung, die Glaubenssätze einer Kulturgemeinschaft, die Regeln zur Bewertung bestimmter Realitätszustände sowie im ganz allgemeinen Sinn die Handlungsvorschriften einer Gesellschaft.[45] Damit ist Kultur **kein** Konglomerat konkreter sozialer Verhaltensweisen. Es geht vielmehr um die **kognitiven** Gemeinsamkeiten menschlicher Individuen, d. h. um kollektive Kognitionen.

> "A society's culture consists of whatever it is one has to know or believe in order to operate in a manner acceptable to its members."[46] "Cultures then are not material phenomena; they are cognitive organizations of material phenomena."[47]

### (2) Der strukturalistische Ansatz

Der strukturalistische Ansatz[48] faßt Kultur als ein System gemeinsamer Symbole bzw. als gesellschaftlich kumulierte Produkte des menschlichen Geistes auf. Kulturforschung ist eine Reflexion unbewußter Prozesse, welche den kulturellen Konkretionen und Artefakten zugrundeliegen. Kulturelle Phänomene werden als symbolhaft bewußt gewordene Prozesse des menschlichen Unterbewußtseins betrachtet.

Diese bei allen Menschen prinzipiell in gleicher Weise vorfindbaren Strukturen und Prozesse des Unterbewußtseins werden im Prozeß der Kulturentwicklung in höchst unterschiedliche kulturelle Konkretionen und Manifestationen transformiert. Dementsprechend sind unterschiedliche kulturelle Phänomene auf universell gültige Charakteristika des menschlichen Geistes zurückzuführen, was dazu führt, daß die Forschungsbemühungen dieses Ansatzes schwerpunktartig auf der Untersuchung universeller Regelmäßigkeiten der unbewußten **Struktur** des menschlichen Geistes liegen. Derartige „Strukturen" verbergen sich hinter real vorfindbaren kulturellen Erscheinungen und Artefakten.

### (3) Der Äquivalenzansatz

In der Version des Äquivalenzansatzes[49] wird Kultur als eine Ansammlung standardisierter kognitiver Prozesse aufgefaßt, die bestimmte Definitionen und Wahrnehmungsweisen der Realität zum Ausdruck bringen. Die Funktion der Kultur wird insbesondere in der Schaffung eines allgemeinen Bezugsrahmens

---

[45] Vgl. hierzu insb. diejenigen Ansätze der Organisationstheorie, zum Organisationsklima und zum organisationalen Lernen, die Organisation als „social artefacts of shared cognitive maps" begreifen. Allaire/Firsirotu (1984), S. 204.

[46] Goodenough (1957), S. 167; vgl. auch Goodenough (1971).

[47] Tyler (1969), S. 3.

[48] Vgl. insb. Lévi-Strauss (1973). Der diesem Ansatz naheliegende Gedanke, zu versuchen, kulturell verschiedene Managementmethoden und Führungsarten so zu rekonstruieren, daß man universal gültige und unbewußte Denkstrukturen „nachweisen" könnte, ist bislang ansatzweise in der kulturvergleichenden Managementforschung und dabei im sogenannten „kulturfreien Ansatz" verfolgt worden. Vgl. hierzu Park (1982) sowie die umfassende Würdigung der kulturvergleichenden Managementforschung in der Arbeit von Kellers (1982).

[49] Vgl. hierzu insb. Wallace (1970).

zur wechselseitigen Vorhersage des individuellen Verhaltens im Prozeß sozialer Interaktionen gesehen. Die Standardisierung sozialer Interaktionen ermöglicht hier kollektives Handeln, ohne daß dazu eine tiefgehende Übereinstimmung individueller Interessen und Motive zwingend notwendig wäre. Dementsprechend können divergente Interessengruppen in einer Kultur vorhanden sein und pluralistisch ausgeprägte Kulturen existieren.

(4) Der symbolische Ansatz

Der symbolische Ansatz[50] interpretiert Kultur ebenfalls als ein System gemeinsamer sozialer Bedeutungen. Der Schwerpunkt bei deren Erforschung liegt jedoch weniger auf der Untersuchung der kognitiven Prozesse, die diese Bedeutungen entstehen lassen, sondern auf der semiotischen Ebene der Symbole und Bedeutungsinhalte selbst. Symbolcharakter erhalten die Ergebnisse der Wahrnehmung dabei über die kulturbedingten Wahrnehmungsmuster realer Phänomene. Vor diesem Hintergrund eines geteilten Bedeutungsvorrates lassen sich soziale Welt erst deuten und soziale Interaktionen organisieren.[51]

"Man is an animal suspended in webs of significance he himself has spun; I take culture to be those webs."[52]

Von Bedeutung ist dabei, daß in der Sichtweise des symbolischen Ansatzes nicht der gesamte Vorrat an Sinnsystemen individuellen Bewußtseins, sondern lediglich der „mengentheoretische Durchschnitt" individueller Bewußtseinsinhalte der Akteure innerhalb eines abgrenzbaren Sozialsystems Kultur konstituiert. Dieser „Durchschnitt" kann dann als Gesamtheit signifikanter Symbole begriffen werden, die als Medien der Sinnvermittlung einer Mehrheit von Individuen Bedeutungsinhalte vermitteln. Derartige Symbole werden in Interaktionsprozessen ausgehandelt und sind daher auch Veränderungsprozessen unterworfen.[53]

In der Sichtweise des symbolischen Ansatzes erfolgt die Weitergabe und Übermittlung kultureller Phänomene über Symbole.[54] Die Fähigkeit zur Symbolisierung wird als eine der herausragenden Eigenschaften der menschlichen Individuen im Zusammenhang mit der Kulturgestaltung angesehen. Symbolcharakter besitzen dabei materielle Kulturgegenstände, Sprache, Gesten, Rituale und Zeremonien sowie andere Sachverhalte, denen ein Sinngehalt zugeordnet wird, der nicht in der physischen Natur ihrer Eigenschaften allein begründet liegt.[55]

"The cultural category, or order of phenomena is made up of events that are dependent upon a faculty peculiar to the human species, namely the ability to use symbols. These events are the ideas, beliefs, languages, tools, utensils, customs, sentiments, and institutions that make up the civilisation – or culture, to use the anthropological term – ..."[56]

Dementsprechend verleiht der Mensch den wahrgenommenen Wirklichkeiten „da draußen etwas aus ‚sich selbst', etwas, was die Dinge an sich nicht besit-

---

[50] Vgl. Geertz (1973).
[51] Vgl. Hinder (1986), S. 541.
[52] Geertz (1973), S. 5.
[53] Vgl. hierzu auch die Ausführungen in Beitrag D.
[54] Vgl. hierzu Dill (1986), S. 38 ff.
[55] Vgl. Greverus (1978), S. 64.
[56] White (1949), S. 15.

zen".[57] Als ein signifikantes Beispiel für derartige Symbolisierungen bezeichnet White[58] heiliges Wasser, welches physikalisch zwar „gewöhnliches" Wasser ist, in der symbolischen Bedeutung dieses aber „übersteigt". Dem heiligen Wasser wird ein Wert zugeschrieben, der für Menschen bedeutungsvoll und sinngebend ist. Ein solcher symbolgebender Prozeß besteht aus Denken, Fühlen und Handeln und kann nur in einem bestimmten kulturellen Kontext verstanden werden. Die kulturellen Phänomene bei derartigen Symbolisierungen sind hierbei die den Gegenständen zugeordneten Sinngehalte. Das menschliche Individuum besitzt danach die Fähigkeit, einzelnen Dingen Bedeutung zu verleihen, welche weder durch die physische Realität, noch durch das artspezifische Verhalten der biologischen Gattung Mensch hervorgerufen werden, „sondern durch seine spezifische symbolische Gestaltung der Dinge".[59]

Auf dieser durch die symbolische Schule entwickelten Vorstellung eines in einzelnen Sozialsystemen vorhandenen geteilten Bedeutungssystems fußt die im Beitrag A vorgestellte Auffassung einer Unternehmenskultur als System gemeinsamer Werte und Normen, welches über Symbole weitergegeben wird. Seine Eignung als theoretische Basis zur Erfassung und Untersuchung von (Unternehmens-)Kulturen erweist dieser Ansatz insbesondere dadurch, daß er entwicklungsdynamische Aspekte berücksichtigt und die Vorstellung mit einschließt, daß es zwischen Kultur und (dazugehörigem) Sozialsystem zu Divergenzen kommen kann, d.h. daß z. B. kulturelle Vorläufe denkbar sind, in denen bestimmte Ideen „laut" wurden, welche sich in der Sozialstruktur des Systems noch nicht niedergeschlagen haben. Somit können auch das Vorauseilen bzw. das Nachlaufen einzelner Elemente und dadurch bedingte Spannungen in entwicklungsdynamischer Perspektive adäquat berücksichtigt werden, was nicht zuletzt für Fragen des kulturellen Wandels (in und von Organisationen) von Bedeutung ist. Dementsprechend ist es auch möglich, die Kultur von Unternehmen nicht nur im Sinne festgefügter Einheitskulturen, sondern auch als pluralistische und in recht unterschiedliche Subkulturen ausdifferenzierte Phänomene zu begreifen, welche u. U. nur noch lose untereinander zusammenhängen.

Schließlich ist noch darauf hinzuweisen, daß der hier in Anlehnung an die Konzeption von Allaire/Firsirotu vorgestellte Typologisierungsversuch unterschiedlicher Kulturkonzeptionen in groben Zügen auch Parallelen zur vorher dargelegten Unterscheidung von Kultur als deskriptivem und explikativem Konzept bzw. zu den kulturellen Perceptas und Konceptas aufweist.[60] Faßt man Kultur als integrierten Bestandteil eines insgesamt harmonisierten sozio-kulturellen Systems auf, so werden kulturelle Phänomene vor allem über die Wahrnehmung von Verhaltensweisen und Verhaltensergebnissen zu erklären versucht. Der „beobachtbaren Realität" gilt das grundlegende Interesse. Die Ansätze hingegen, die Kultur als prinzipiell vom Sozialsystem unabhängig zu sehendes Ideensystem betrachten, weisen eine große Affinität zum „mentalen Kulturverständnis" im Sinne von Osgood auf. Wenngleich die Identifikation dieser zwei grundsätzlichen Richtungen, in denen die unterschiedlichen Schulen der Kulturforschung

---

[57] Mühlmann (1966), S.32.
[58] Vgl. White (1973); weitere Beispiele führt Grevenus an, vgl. hierzu Grevenus (1978), S.64ff.; Kriß-Rettenbeck (1972), S.8.
[59] Vgl. Greverus (1978), S.64.
[60] Vgl. Dill (1986), S.39.

je nach ihren Schwerpunktsetzungen konvergieren, für deren Vertreter sicherlich sehr simplifizierend wirken muß, so eröffnet sie dennoch – und dies nicht zuletzt aufgrund eben dieser Vereinfachung – für die betriebswirtschaftlich ausgerichtete Untersuchung kultureller Phänomene wertvolle Anregungen und trägt dazu bei, das Verständnis für das Phänomen der Unternehmenskultur zu verbessern.

## Literaturverzeichnis

*Allaire, Y./Firsirotu, M. E.* (1984), Theories of Organizational Culture, in: Organization Studies, 1984, S. 193–226
*Deal, T. E./Kennedy, A. A.* (1982), Corporate Cultures – The Rites and Rituals of Corporate Life –, Addison–Wesley 1982
*Dill, P.* (1986), Unternehmenskultur: Grundlagen und Anknüpfungspunkte für ein Kulturmanagement, Bonn 1986
*Geertz, C.* (1973), The Interpretation of Cultures, New York 1973
*Goodenough, W. H.* (1957), Cultural Anthropology and Linguistics, in: Garvin, P. (Hrsg.), Report of the seventh annual round table meeting on linguistics and language study, Washington, D.C. 1957
*Goodenough, W. H.* (1971), Culture, Language and Society – McCaleb Module in Anthropology, Reading, Mass. 1971
*Greverus, M.* (1978), Kultur und Alltagswelt – Eine Einführung in Fragen der Kulturanthropologie, München 1978
*Harris, M.* (1979), Cultural Materialism: the Struggle for a Science of Culture, New York 1979
*Heinen, E.* (1976), Grundfragen der entscheidungsorientierten Betriebswirtschaftslehre, München 1976
*Heinen, E.* (1971), Der entscheidungstheoretische Ansatz der Betriebswirtschaftslehre, in: Kortzfleisch, G. von (Hrsg.), Wissenschaftsprogramm und Ausbildungsziele der Betriebswirtschaftslehre, Berlin 1971, S. 21 ff.
*Heinen, E.* (1985a), Einführung in die Betriebswirtschaftslehre, 9. Aufl., Wiesbaden 1985
*Heinen, E.* (1985b), Industriebetriebslehre als Entscheidungslehre, in: Heinen, E. (Hrsg.), Industriebetriebslehre, 8. Aufl., Wiesbaden 1985, S. 1–70
*Heinen, E.* (1976), Grundlagen betriebswirtschaftlicher Entscheidungen – Das Zielsystem der Unternehmung, 3. Aufl., Wiesbaden 1976
*Heinen, E.* (1986): Unternehmenskultur, in: DBW 4/1986
*Hinder, W.* (1986), Strategische Unternehmensführung in der Stagnation – Strategische Programme, unternehmenspolitischer Rahmen und kulturelle Transformation, München 1986
*Keesing, R.* (1974), Theories of Culture, in: Annual Review of Anthropology, 3/1974, S. 73–97
*Keller, E. von* (1982), Management in fremden Kulturen, Bern 1982
*Kluckhohn, C.* (1951), The study of culture, in: Lerner, V. D./Larswell, H. D. (Hrsg.), The Policy Studies, Stanford 1951, S. 86 ff.
*Kluckhohn, D./Kelly, W.* (1972), Das Konzept der Kultur, in: König, R./Schmalfuss, A. (Hrsg.), Kulturanthropologie, Düsseldorf 1972, S. 68–90
*Kopp, B.* (1974), Beiträge zur Kulturphilosophie der deutschen Klassik – Eine Untersuchung im Zusammenhang mit dem Bedeutungswandel des Wortes „Kultur", Meisenheim/Glan 1974
*Kriß-Rettenbeck, L.* (1972), Ex Voto. Zeichen, Bild und Abbild im christlichen Votivbrauchtum, Zürich/Freiburg 1972
*Kroeber, A. L./Kluckhohn, L.* (1952), Culture, A Critical Review of Concepts and Definitions, Cambridge, Mass. 1952

*Kroeber, A./Parsons, T.* (1958), The Concept of Culture and of Social Systems, in: American Sociological Review, Vol. 23/1958, S. 582–583
*Lévi-Strauss, C.* (1973), Anthropologie structurale deux, Paris 1973
*Malinowski, B.* (1944), A scientific theory of Culture and other essays, New York 1944
*Malinowski, B.* (1975), Eine wissenschaftliche Theorie der Kultur und andere Aufsätze, Frankfurt/Main 1975
*Mühlmann, W. E.* (1966), Umrisse und Probleme einer Kulturanthropologie, in: Mühlmann, W. E./Müller, E., Kulturanthropologie, Köln/Berlin 1966, S. 15–49
*Murdock, G.* (1940), The cross-cultural survey, in: American Sociological Review, 5 (3)/1940, S. 361–370
*Niedermann, J.* (1941), Kultur: Werden und Wandlungen des Begriffs und seiner Ersatzbegriffe von Cicero bis Herder, Florenz 1941
*Osgood, C.* (1951), Culture, its empirical and non-empirical character, in: Southwestern Journal of Anthropology, 7/1951, S. 202–214
*Pack, L./Börner, D.* (Hrsg.), (1984), Betriebswirtschaftliche Entscheidungen bei Stagnation, Wiesbaden 1984
*Park, K.-K.* (1983), Führungsverhalten in unterschiedlichen Kulturen, Mannheim 1983
*Parsons, T.* (1961), An Outline of the Social System, in: Parsons, T./Shils, E./Naegele, K./Pitts, J. R. (Hrsg.), Theories of Society, Bd. 1, Glencoe 1961
*Perpeet, W.* (1984), Zur Wortbedeutung von „Kultur", in: Brackert, H./Wefelmeyer, F. (Hrsg.), Naturplan und Verfallskritik – Zu Begriff und Geschichte der Kultur, München 1984, S. 21–28.
*Peters, T. J./Waterman, R. M.* (1983), Auf der Suche nach Spitzenleistungen, Landsberg/Lech 1983
*Radcliffe-Brown, A. R.* (1952), Structure and Function in Primitive Society, London 1952
*Wallace, A. F. C.* (1970), Culture and Personality, New York 1970
*White, L. A.* (1973), The Concept of Culture, Minneapolis, Minnesota 1973

# Beitrag C.

# Überlegungen zur paradigmatischen Dimension der aktuellen Unternehmenskulturdiskussion in der Betriebswirtschaftslehre

von

Christian Ochsenbauer/Bernhard Klofat

| | | |
|---|---|---|
| 1. | Ein Orientierungsrahmen zur paradigmatischen Analyse alternativer Ansätze der Organisationsforschung . . . . . . . . . . . . . . . . . . | 73 |
| 2. | Die aktuelle Grundlagendiskussion in der Organisationstheorie und deren grundsätzliche Beziehung zur Organisationskulturforschung . | 79 |
| 3. | Alternativen der Organisationskulturforschung – Eine paradigmatische Analyse . . . . . . . . . . . . . . . . . . . . . . . . . . . . . . . | 87 |
| 3.1 | Funktionalistisch-systemorientierte Ansätze der Organisationskulturforschung . . . . . . . . . . . . . . . . . . . . . . . . . . . . . . . . | 87 |
| 3.2 | Interpretative Ansätze der Organisationskulturforschung . . . . . . | 89 |
| 3.3 | Radikal-humanistische Ansätze der Organisationskulturforschung | 92 |
| 3.4 | Radikal-strukturalistische Ansätze der Organisationskulturforschung . . . . . . . . . . . . . . . . . . . . . . . . . . . . . . . . . . . . . | 94 |
| 4. | Ansatzpunkte einer reflektiert funktionalistischen Unternehmenskulturforschung . . . . . . . . . . . . . . . . . . . . . . . . . . . . . . . | 96 |
| 5. | Ergebnis . . . . . . . . . . . . . . . . . . . . . . . . . . . . . . . . . | 101 |

In Beitrag A ist dargelegt worden, aus welchen Quellen die aktuelle Diskussion der Unternehmenskultur in der deutschen Betriebswirtschaftslehre gespeist wird. Heinen sieht im wesentlichen zwei Ursachenkomplexe als verantwortlich für diese Diskussion: Zum einen den weltwirtschaftlichen Zusammenhang in Gestalt der Herausforderung der westlichen Industrienationen – insbesondere des Wirtschaftsgiganten USA – durch die Japaner. Diese „japanische Herausforderung" hat zu einem Umdenken innerhalb der amerikanischen Management-Elite und zu entsprechenden Beiträgen in der Fachliteratur geführt – zur „Corporate Culture"-Diskussion in den USA. Zum anderen aber ist auch eine Bewegung auf dem Felde der Organisationstheorie festzustellen, die sich, in vielfältigen Beziehungen zur „Corporate Culture"-Diskussion der praxisorientierten Management-Forscher und Unternehmensberater stehend, zu einer neuen Teildisziplin der Organisationstheorie etabliert hat – die „Organisationskulturforschung".

Wie schon in Beitrag A in knapper Weise angesprochen, bilden die „Organisationskulturforscher" keinesfalls eine einheitliche, neue „Schule", die durch völlige oder auch nur annähernde Einigkeit bezüglich des Forschungsgegenstandes, der Forschungsziele oder der Forschungsmethoden gekennzeichnet wäre. Eine genauere Analyse zeigt vielmehr, daß zumindest zwei grundsätzlich differierende Positionen unterschieden werden können: die „individualistische" und die „objektivistische" Position. Die Vertreter der letzteren Position sehen „Organisationskultur" als einen von mehreren Gestaltungsparametern des realen, greifbaren soziotechnischen Systems „Organisation"; sie kann insbesondere in einer „starken", konsensualen und damit – aus der Sicht des Systems – problemlosen Ausprägung diese Organisation im Sinne eines sozialen „Klebstoffs" „zusammenschweißen", den Koordinationsbedarf reduzieren und Motivationsfunktionen erfüllen. Eine solche Interpretation wird dagegen nach Meinung der „Individualisten" unter den Organisationskulturforschern dem wesentlichen Charakter der Organisationskultur nicht gerecht. Die „Individualisten" begreifen Organisationskultur nicht als einen von mehreren Gestaltungsparametern der Organisationsführung, sondern als das, womit sich die Organisationstheorie überhaupt und ausschließlich beschäftigen sollte. „Kultur" dient den „Individualisten" als neuer erkenntnisleitender Grundbegriff organisationstheoretischer Überlegungen.[1]

Die erheblichen Unterschiede in den Auffassungen der „Objektivisten" und der „Individualisten" innerhalb der Organisationskulturforschung haben in den zum großen Teil eher populärwissenschaftlichen Beiträgen zur Unternehmenskultur bisher kaum Beachtung gefunden.[2] Wie in Beitrag A belegt worden ist, müssen diese Unterschiede aber eingehend untersucht werden, wenn man die angebotenen Alternativen organisationskultureller Ansätze hinsichtlich ihrer möglichen Beiträge, Auswirkungen und Probleme in Bezug auf die Erklärung und Gestaltung betriebswirtschaftlicher Strukturen und Prozesse einer fundierten Analyse unterziehen will.

---

[1] Vgl. Beitrag A; vgl. auch Smircich (1983a); Allaire/Firsirotu (1984).
[2] Vgl. hierzu die Angaben in Beitrag A; eine der wenigen Ausnahmen hinsichtlich der ungenügenden Differenzierung denkbarer Formen der Berücksichtigung organisationskultureller Überlegungen bildet Ebers mit seinem Beitrag „Organisationskultur – ein neues Forschungsprogramm?", vgl. Ebers (1985); vgl. auch Dill (1986).

Eine solche Analyse ist das Globalziel der folgenden Überlegungen. Auf dem dabei zu beschreitenden Weg muß sich der an unternehmens- bzw. organisationskulturellen Fragestellungen interessierte Forscher als erstes darüber klar werden, daß die Erforschung des Objektes seines Interesses den Aufgabenbereich der Organisationstheorie berührt. Es muß deshalb berücksichtigt werden, daß das aktuelle Interesse an Organisations- und damit auch an Unternehmenskulturen nicht zuletzt aus der zunehmenden Kritik an den herrschenden Lehrmeinungen der etablierten Organisationstheorie während der letzten Dekade heraus zu verstehen ist. Diese Kritik, die in ihren Anfängen eher methodischen Charakter aufweist, hat sich spätestens seit dem Ende der 70er Jahre zu einer Fundamentalkritik am Wissenschaftsverständnis insbesondere der die Organisationstheorie bis heute dominierenden „situativen" oder auch „kontingenztheoretischen" Ansätze entwickelt. Die mit dieser Kritik einhergehende Grundlagendiskussion innerhalb der Organisationstheorie ist deshalb für die an unternehmenskulturellen Fragestellungen interessierte Betriebswirtschaftslehre in erheblichem Maße relevant. Erst die Kenntnis der Konzepte und Argumentationsmuster, die in dieser Grundlagendiskussion Verwendung finden, läßt die Auseinandersetzung zwischen „individualistischer" und objektivistischer" und auch anderen, weniger intensiv diskutierten Varianten der Organisationskulturforschung verständlich werden.

Die Komplexität der angedeuteten und im Verlauf dieses Beitrags vertieft behandelten Grundlagendiskussion in der Organisationstheorie liegt vor allem in dem Umstand begründet, daß die Organisationstheorie eine vergleichsweise junge Interdisziplin ist, die äußerst unterschiedliche Ansätze umfaßt. Dies kommt nicht zuletzt in den Vorgehensweisen zum Ausdruck, derer sich organisationstheoretisch orientierte Betriebswirte bzw. – im angelsächsischen Bereich – Managementforscher bedienen, wenn sie Kriterien für die Systematisierung organisationstheoretischer Ansätze aus der Sicht der Betriebswirtschafts- bzw. Managementlehre formulieren. Es lassen sich in diesem Zusammenhang insbesondere in älteren Ordnungsversuchen sehr häufig Nachzeichnungen der Entwicklungsgeschichte organisationstheoretischen Denkens finden, in denen – mit individuellen Unterschieden – nach dem Grobraster einer Stufenfolge von „Klassikern", „Neoklassikern" und „Modernen" vorgegangen wird.[3] Da das Zeitkriterium insbesondere bei der überproportionierten und vor allem sich stetig erweiternden Klasse „Moderne" kaum eine Differenzierungsleistung erbringen kann, wird in neueren Systematisierungen nach vielfältigen weiteren Kriterien differenziert. Beispielhaft steht der Ansatz von Grochla, der aufbauend auf einem methodologisch orientierten Grundraster pragmatische, entscheidungstheoretische, verhaltenstheoretische und informationstechnologische Ansätze unterscheidet.[4] Zur pragmatischen Organisationstheorie zählt Grochla dabei insbesondere die traditionelle betriebswirtschaftliche Organisationslehre, die von einem funktionalen Organisationsbegriff ausgehend das Organisationsproblem in einer aufgabenorientierten Konstruktion formaler Strukturen der Aufbau- und Ablauforganisation sieht.[5] Unter die entscheidungstheoretischen Ansätze werden die Beiträge der präskriptiven Entscheidungstheorie subsumiert. Die

---

[3] Vgl. stellvertretend für viele Scott (1961), Hoffmann (1976), S. 70 ff., Sexton (1970).
[4] Vgl. Grochla (1969).
[5] Vgl. hierzu insb. das Grundlagenwerk von Kosiol (1962).

Klasse der verhaltenswissenschaftlichen Aussagensysteme umfaßt dagegen die deskriptiven Theorien des menschlichen Arbeits- und Entscheidungsverhaltens, wie sie durch Soziologie, Sozialpsychologie und Individualpsychologie bereitgestellt werden. Die informationstechnologischen Ansätze beschäftigen sich schließlich mit den Problemen der Organisation, der Konzeption und Implementierung von Informationssystemen.

Kirsch/Meffert kommen auf Basis der Beschreibungsdimensionen „Organisationsbegriff" und „Pragmatik" zu einer Einteilung in „verhaltenswissenschaftliche Organisationstheorien" (deskriptiv-systemorientiert), „Theorien des geplanten organisatorischen Wandels" (normativ-systemorientiert) und „Theorien des Organisierens" (normativ-strukturorientiert).[6] In neueren Ordnungsansätzen ist der Trend zur Einteilung nach Denkschulen, methodologischen Grundüberzeugungen und/oder zentralen und strittigen diesbezüglichen Diskussionspunkten vorherrschend.[7]

Hinsichtlich ihrer prinzipiellen Verwendbarkeit zur Diskussion der hier interessierenden organisationstheoretischen Grundsatzfragen weisen allerdings alle betriebswirtschaftlichen bzw. managementorientierten Ordnungsversuche organisationstheoretischer Ansätze ein gemeinsames Problem auf: Sie sind nicht in der Lage, die aktuellen Auseinandersetzungen in der Organisationstheorie – und damit auch in der Organisationskulturforschung – hinsichtlich ihrer „paradigmatischen" Dimension zu erfassen oder gar zu beurteilen. Es fehlen die begrifflichen Grundlagen, die dazu nötig wären, eine fundierte Beurteilung der These zu leisten, daß die plötzliche Bedeutung der Organisationskulturforschung im Rahmen der Organisationstheorie als Indikator für einen „Paradigmawechsel" in der für die moderne Betriebswirtschaftslehre äußerst bedeutsamen interdisziplinären „Hilfs"wissenschaft „Organisationstheorie" zu begreifen sein könnte.[8]

Es soll hier also mit der gebührenden Vorsicht behauptet werden, daß eine problemadäquate Beurteilung einzelner Beiträge zur Organisationskulturforschung mit den konzeptionellen Hilfsmitteln, wie sie von der Literatur zur betriebswirtschaftlichen Organisationstheorie bereitgestellt werden, nicht umfassend möglich ist.[9] Es gibt nun andererseits Systematisierungen, die explizit zur

---

[6] Vgl. Kirsch/Meffert (1970), S. 20 ff.
[7] Vgl. hierzu z. B. den Ordnungsversuch von Astley/Van de Ven (1983); vgl. auch Kieser/Kubicek (1978), die sich über die chronologische Systematisierung hinaus sehr eingehend mit den soziologischen Grundlagen moderner organisationstheoretischer Ansätze auseinandersetzen.
[8] Vgl. z. B. Smircich (1983 b), Morgan (1980). Der Begriff „Paradigmawechsel" ist hier zu verstehen im Sinne von Thomas Kuhn als ein Wechsel in den für eine Forschungsdisziplin charakteristischen Merkmalen „symbolische Generalisierungen", „ontologische Modelle", „methodische und sonstige Werte" und „Musterbeispiele", d. h. diejenigen Merkmale, die Kuhn zur näheren Charakterisierung seines Paradigma-Begriffs als einer „disziplinären Matrix" verwendet hat. Vgl. zu einem Überblick über den allgemeinen Paradigma-Begriff Dahms/Majer (1978), zur genaueren Fassung des Paradigma-Begriffs im Sinne Kuhns das Postskriptum zu seinem Buch, abgedruckt in Kuhn (1976); zur Kritik der Gedanken Kuhns Lakatos/Musgrave (1970).
[9] Dies gilt auch für die wissenschaftstheoretische Diskussion innerhalb der Betriebswirtschaftslehre: In deren Zusammenhang werden traditionellerweise Fragen der Pragmatik betriebswirtschaftlicher Theorien, Werturteilsfreiheitsfragen und Methodenprobleme angesprochen. Die (vorhandenen) Zusammenhänge gehen aber oft verloren. So enthält der

Diskussion alternativer Ansätze innerhalb der Organisationskulturforschung entwickelt worden sind, und zwar in jüngster Zeit von den Organisationskulturforschern selbst.[10] Diese wenigen Ansätze gehen von Systematisierungen der Kulturanthropologie aus, um Alternativen organisationskultureller Forschungsbemühungen herauszuarbeiten, wobei sie naturgemäß ins begriffliche Fahrwasser der Kulturanthropologie geraten. Diese Vorgehensweise ist legitim und hat sich als äußerst fruchtbar für die Explikation des Organisationskulturbegriffes erwiesen, als einer zentralen Voraussetzung für die betriebswirtschaftlich-wissenschaftliche Auseinandersetzung mit kulturellen Phänomenen auf Organisations- bzw. Unternehmensebene. Auch im vorliegenden Buch wird der Kulturanthropologie ein eigener Beitrag gewidmet.[11] Dennoch darf die Gefahr nicht verkannt werden, daß eine Untersuchung von Ansätzen der Organisationskulturforschung mit Hilfe eines kulturanthropologischen Begriffsinstrumentariums die Überbetonung einiger kulturanthropologischer Differenzierungen nach sich ziehen kann. Diese sind mehr wissenschaftshistorisch als forschungslogisch zu erklären und führen u. U. eher zur Vernebelung organisationstheoretischer Grundsatzprobleme der Organisationskulturforschung als zu deren Klärung.

Insgesamt kann deshalb festgehalten werden: Es scheint nützlich zu sein, kulturanthropologisch fundierte Systematisierungen des allgemeinen Kulturbegriffs zur Explikation des Organisations- bzw. Unternehmenskulturbegriffs heranzuziehen. Organisationskulturforschung muß aber letztendlich mehr **Organisations-** als **Kultur**forschung sein. Die Analyse der Bezüge der Organisationskulturforschung zur Organisationstheorie und letztendlich zur Betriebswirtschaftslehre bedürfen deshalb eines Bezugsrahmens, der über die Erklärungskraft herkömmlicher Systematisierungen hinausreicht.

Als wesentliche Anforderung an einen solchen Bezugsrahmen zur Analyse einzelner Beiträge zur Organisationskulturforschung ist dabei im Hinblick auf die oben erwähnte Behauptung der „Individualisten" die Fähigkeit einer paradigma-übergreifenden Reichweite zu stellen. Darüber hinaus ist es sinnvoll, einen Bezugsrahmen zu verwenden, der die wesentliche gemeinsame Quelle sowohl der modernen kulturanthropologischen Ansätze als auch der modernen Organisationstheorie berücksichtigen kann, nämlich die Soziologie. Die Soziologie erscheint aus der Sicht eines an Organisationskulturforschung interessierten Betriebswirtschaftlers als Bindeglied zwischen Kulturanthropologie und Organisationstheorie.[12]

---

Methodenstreit zwischen „Kritischen Rationalisten" und „Konstruktivisten" bzw. „Kulturalisten" auch eine epistemologische und ontologische Komponente, die in der entsprechenden Literatur nicht genügend expliziert ist, vgl. z. B. Raffée/Abel (1979), Steinmann (1978), Kryst (1983); ein ähnliches Defizit ist hinsichtlich der Rezeption des sog. „Neueren Positivismusstreit" in der deutschen Soziologie festzustellen, der sehr ähnliche Problemkomplexe enthält, vgl. z. B. den Beitrag Adornos zur Kritik der empirischen Sozialforschung, Adorno (1969) in Maus/Fürstenberg (Hrsg., 1969), S. 81 ff.

[10] Vgl. z. B. Allaire/Firsirotu (1984), Smircich (1983a).
[11] Vgl. die Darstellung unterschiedlicher Kulturkonzepte in Beitrag B.
[12] Man denke an die enge Beziehung zwischen den Überlegungen der sogenannten „Strukturfunktionalisten" innerhalb der Kulturanthropologie, vgl. dazu Beitrag B dieses Buches, und des „Open System"-Gedankens innerhalb der management-orientierten Organisationstheorie, z. B. Thompson (1967), Katz/Kahn (1966), welche wiederum auf den „Strukturfunktionalismus" Parsons zurückgeführt werden können, mit dem gemeinsamen Vordenker der Soziologie, Dürkheim.

Die Anlegung oben genannter Kriterien an einen geeigneten Bezugsrahmen zur Analyse und kritischen Diskussion einzelner Ansätze innerhalb der Organisationskulturforschung hat die Autoren dieses Beitrages zu der Arbeit von Burrell/Morgan geführt, einem englisch-amerikanischen Organisationssoziologenteam, das einen für die Zwecke dieses Beitrages fruchtbaren Orientierungsrahmen entwickelt hat. Dieser Orientierungsrahmen scheint prinzipiell zur wissenschaftstheoretischen Analyse jeder sozialwissenschaftlichen Theorie geeignet. Burrell/Morgan haben ihn auf die Organisationstheorie angewandt. Darüber hinaus ist dieser Orientierungsrahmen zum bevorzugten Analyse- und Systematisierungsinstrument innerhalb des sich gerade neu etablierenden „Organizational-Symbolism"-Ansatzes geworden.[13] Insbesondere diese letztere Tatsache legt es nahe, ihn auch zum Ausgangspunkt der Auseinandersetzung mit den Alternativen des „Individualismus" und des „Objektivismus" im Rahmen der Unternehmenskulturforschung zu machen. Dieses Globalproblem muß entsprechend der spezifischen Abhängigkeit der Organisationskulturforschung von der Grundlagendiskussion in der Organisationstheorie schrittweise abgehandelt werden. Deshalb sollen in diesem Beitrag die folgenden vier Fragenkomplexe erörtert werden:

1. Welche „paradigmatischen" Sachverhalte, Elemente und Prämissen stehen in der aktuellen Auseinandersetzung innerhalb der Organisationstheorie überhaupt zur Diskussion?

2. Welches sind wesentliche Argumente, die im Hinblick auf die in Punkt 1 zu klärenden Sachverhalte, Elemente und Prämissen gegen die herrschenden Ansätze innerhalb der Organisationstheorie vorgebracht werden?

3. Inwieweit und in welcher Form stehen vorgeschlagene Ansätze innerhalb der Organisationskulturforschung in einer Beziehung zu der unter den Punkten 1 und 2 zu skizzierenden organisationstheoretischen Grundlagendiskussion? Oder konkreter: Welchen Paradigmata organisationstheoretischen Arbeitens sind einzelne Ansätze zur Organisationskulturforschung zuzuordnen? Welche denkbaren Paradigmata erscheinen bisher vernachlässigt? Wo liegen die Chancen und Probleme der einzelnen Paradigmata?

4. Welche Konsequenzen ergeben sich unter Berücksichtigung der dargestellten Problemkreise für die Betriebswirtschaftslehre als angewandter Disziplin? Ist eine „paradigmatische" Umorientierung oder Schwerpunktverlagerung nötig, wenn die Betriebswirtschaftslehre die Erkenntnisse der Organisationskulturforschung in ihr Aussagengebäude integrieren will?

Gegenstand des folgenden ersten Kapitels ist zunächst eine paradigmatische Analyse der aktuellen Diskussion innerhalb der Organisationsforschung als einem zentralen theoretischen Ausgangspunkt der Organisationskulturforschung. Wie angedeutet, soll als Basis hierfür der Orientierungsrahmen zur Analyse sozialwissenschaftlichen Arbeitens von Burrell/Morgan dienen.

---

[13] Vgl. Morgan/Frost/Pondy (1983), S. 15 ff.

## 1. Ein Orientierungsrahmen zur paradigmatischen Analyse alternativer Ansätze der Organisationsforschung[14]

Die zentrale, dem Orientierungsrahmen von Burrell/Morgan zugrunde liegende Überzeugung läßt sich in einem Satz ausdrücken: Die Unterschiedlichkeit der verschiedenen Organisationstheorien beruht weniger auf einem unterschiedlichen Wissensstand hinsichtlich des untersuchten Erfahrungsobjektes, sondern vielmehr auf dem jeweils zugrundeliegenden Wissenschaftsverständnis und auf der jeweiligen Sichtweise der Natur sozialer Gebilde. Diese Überzeugung erwächst aus der kritischen Nachzeichnung zweier zentraler Diskussionsfelder der modernen Soziologie. Diese können schlagwortartig mit den Bezeichnungen „Ordnung-Konflikt" und „Interpretative Soziologie – Soziologischer Positivismus" belegt werden. Während der Höhepunkt der „Ordnung-Konflikt"-Diskussion (maßgeblich beeinflußt von Dahrendorf) zeitlich in den frühen 60er Jahren anzusiedeln ist, hat die Neubelebung der Diskussion zwischen Vertretern der interpretativen (hermeneutischen, phänomenologischen) Ansätze – in der Tradition des deutschen Idealismus stehend (Hegel, Fichte) – und denjenigen Soziologen, die sich in der Tradition des vor allem von französischen Klassikern der Soziologie geprägten „Soziologischen Positivismus" (Comte, Dürkheim) sehen, hauptsächlich in den 70er Jahren stattgefunden.

Im Rahmen dieses Beitrages muß auf die Nachzeichnung von Einzelfragen innerhalb dieser soziologischen Grundlagendiskussionen verzichtet werden.[15] Stattdessen sollen im folgenden die Bedeutungsinhalte der beiden von Burrell/ Morgan vorgeschlagenen Dimensionen zur Kennzeichnung grundsätzlicher Alternativen sozialwissenschaftlichen Arbeitens in den einzelnen Kriterien und denkbaren Kriterienausprägungen kurz expliziert werden, um darauf aufbauend die aus bestimmten Kombinationen von Kriterienausprägungen ableitbaren Idealtypen (Paradigmata) abzuleiten. Sie bieten das begriffliche Handwerkszeug, um in Abschnitt 2 die oben formulierten Fragen 1 und 2 zu diskutieren. Die beiden Dimensionen, die Burrell/Morgan zur Konstruktion ihres Orientierungsrahmens verwenden, sind das „Wissenschaftsverständnis" und die Annahmen hinsichtlich des „Wesens der Gesellschaft", welche auf die konkrete Forschungsarbeit des Sozialwissenschaftlers ihrer Meinung nach maßgeblich Einfluß nehmen.

Zur näheren Kennzeichnung der Dimension „Grundannahmen hinsichtlich der Natur der Sozialwissenschaften" (Wissenschaftsverständnis) verwenden Burrell und Morgan dabei vier traditionelle Kategorien wissenschaftstheoretischer bzw. -philosophischer Überlegungen: Ontologie, Epistemologie, Menschenbild und Methodologie.

Die Grundfrage der **Ontologie** im allgemeinsten Sinne ist die Frage nach der Existenz: „Was existiert?" Typische ontologische Einzelfragen im klassischen Sinne sind etwa: „Gibt es bewußtseinsunabhängige Materie?", oder umgekehrt:

---

[14] Vgl. insb. Burrell/Morgan (1979), Kap. I, Kap. V.
[15] Vgl. hierzu z. B. Burrell/Morgan (1979), Kap. 1 (S. 1–20), Kap. 4, 6, 8, 10; genauer Cohen (1968) für die kritische Revision der „Ordnungs-Konflikt"-Debatte; Giddens (1984) für die Versuche der Neubelebung der interpretativen Soziologie; nicht zu vergessen der sog. „Neuere Positivismusstreit" in der deutschen Soziologie, siehe Maus/Fürstenberg (1969).

„Gibt es so etwas wie ‚Geist', der von Materie unabhängig existiert?", oder auch: „Gibt es abstrakte Entitäten wie Klassen, Relationen oder Eigenschaften?"[16] Schon früh in der Geschichte des philosophischen Denkens hat man bemerkt, daß eine Beantwortung solcher Fragen entweder im Bereich des Alltagsverständnisses bleiben muß, oder aber nur mit Denkstrukturen geleistet werden kann, die von der modernen Wissenschaftstheorie und Philosophie heute in den Zuständigkeitsbereich der Metaphysik verwiesen werden, und damit in die Sphäre dessen, was nicht allgemeingültig beantwortet werden kann.

Durch die Ausklammerung der eigentlichen ontologischen Grundfragen nach Existenz oder Nicht-Existenz von Ideen und materialer Realität hat sich für die moderne Wissenschaftstheorie das ontologische Problem jedoch nicht gelöst, sondern nur verschoben. Im Vordergrund steht jetzt insbesondere die Frage, wie man die Annahmen erkennt, die in wissenschaftlichen Theorien und Modellen bezüglich des ontologischen Status der untersuchten Forschungsgegenstände enthalten sind.[17] Die Kenntnis solcher Annahmen ist insbesondere deshalb von Bedeutung, weil sich aus ihnen charakteristische Konsequenzen für die (im Hinblick auf die Forschungslogik) zulässige Form der Erkenntnisgewinnung (Methodologie) und die Einschätzung der Möglichkeit objektiver Erkenntnis überhaupt (Epistemologie) ergeben.

Im Sinne der oben skizzierten Problemstellung kann eine Einteilung denkbarer ontologischer Positionen erfolgen. Burrell/Morgan unterscheiden die Position des Nominalismus und die des Realismus.[18]

Im Zusammenhang sozialwissenschaftlicher Forschung ist die **nominalistische** Position dadurch gekennzeichnet, daß soziale Phänomene nicht unabhängig von den sie konstituierenden Individuen gesehen werden können. Es sind letztendlich individuelle Bewußtseinsakte, welche über die Schaffung von Ideen, Begriffen und ein darauf aufbauendes sinnhaftes Handeln soziale Strukturen und Prozesse ermöglichen. Die „soziale Realität" ist ohne diese individuellen geistigen und materiellen Aktivitäten nicht existent. Die **realistische** oder auch **platonistische** Position schreibt demgegenüber dem Sozialen eine eigenständige ontologische Qualität zu. Soziale Mechanismen und Strukturen sind dem individuellen Bewußtsein quasi „vorgelagert". Das Soziale ist hier in seinem Wesen einem natürlichen, materiellen Phänomen vergleichbar, dem sich das Individuum anpaßt.

---

[16] Vgl. zur Ontologiediskussion z. B. Trapp (1976), (1978), Grewendorf (1978).
[17] Die Frage nach den ontologischen Annahmen einer wissenschaftlichen Theorie, die im Sinne der modernen sprachanalytisch-orientierten Wissenschaftstheorie als System sprachlicher Aussagen zu begreifen ist, wird z. B. von Quine mit der Angabe des sog. „Quinekriteriums" zu beantworten versucht, welches besagt, daß eine Theorie diejenigen Entitäten als existent voraussetzt, „... über die sich die in ihr gebundenen Variablen erstrecken müssen, wenn die Sätze der Theorie wahr sein sollen", Trapp (1978), Sp. 183.
[18] „Realismus" (oder auch „Platonismus") und „Nominalismus" sind die wesentlichen Kategorien des mittelalterlichen sog. „Universalienstreits". Neben dem „Realismus" (auch abstrakte, ideale Gegenstände „gibt" es wirklich, auch diese sind „reale Entitäten") und dem „Nominalismus" (es „gibt" nur konkrete **Einzel**dinge der realen Welt; das Gemeinsame der Dinge, die unter ein generelles Prädikat gefaßt werden, besteht ausschließlich in dem gemeinsamen Namen) wird auch der „Konzeptualismus", als einer Abart des „Realismus" unterschieden. Für den Konzeptualisten sind Universalien Abstraktionsergebnisse des menschlichen Geistes; vgl. zu einem kurzen Überblick Grewendorf (1978), vgl. auch Stegmüller (1965), S. 48–118.

Die **Epistemologie** als zweite Kategorie innerhalb der Dimension „Grundannahmen hinsichtlich der Natur der Sozialwissenschaften" stellt im weitesten Sinne auf die Frage nach der Möglichkeit wissenschaftlicher bzw. menschlicher Erkenntnis im allgemeinen ab. Grundfragen der Epistemologie lauten: Können wissenschaftliche Forschungsbemühungen Wissen erzeugen, das „wahr" ist? Wie müssen „Erkenntnisse" strukturell und inhaltlich beschaffen sein, damit man sie „glauben" oder „wissen" kann? Wie läuft der Prozeß der Erfahrung als einer zentralen Voraussetzung der Erkenntnisgewinnung ab? Welchen Bezug haben Sinneseindrücke zu dem Bereich materialer Welt, in dessen Kontext im weitesten Sinne sie zustande kommen?[19]

Im hier vorgestellten Bezugsrahmen wird hinsichtlich der denkbaren epistemologischen Grundannahmen, die dem Sozialwissenschaftler in seiner Arbeit offenstehen, zwischen den Gegenpolen des „Positivismus" und des „Anti-Positivismus" unterschieden. Ein **positivistisch** orientierter Sozialwissenschaftler nimmt den Standpunkt eines Beobachters ein, der nach Regelmäßigkeiten und Kausalgesetzen in der sozialen Realität forscht. Er steht außerhalb der von ihm beobachteten sozialen Welt und ist der Überzeugung, daß wissenschaftliche Erkenntnis über diese objektive, reale soziale Welt auch in objektiver Weise interindividuell kommunizier- und verwertbar ist. Demgegenüber ist auch eine **antipositivistische** Position möglich. Für den „Anti-Positivisten" ist jede menschliche „Erkenntnis" geprägt durch die spezifische Identität und persönliche Situation des erkennenden Individuums. Die Beobachterposition des Positivismus' wird als nicht sinnvoll betrachtet, ein verstehendes Teilnehmen an den sozialen Phänomenen wird als unabdingbare Voraussetzung einer erfolgreichen „wissenschaftlichen" Untersuchung sozialer Prozesse gesehen. Allerdings muß schon an dieser Stelle angemerkt werden, daß ein striktes Zurückweisen positivistischer Grundannahmen hinsichtlich der Möglichkeit, durch Forschung und Wissenschaft objektive Erkenntnisse über soziale Phänomene zu gewinnen, die Idee der „Sozialwissenschaft" als solche in Frage stellt. Auf diese Problematik wird weiter unten im Rahmen der Diskussion eher „anti-positivistischer" Ansätze innerhalb der Organisationskulturforschung noch näher einzugehen sein.

Die dritte Kategorie der „Grundannahmen hinsichtlich der Natur der Sozialwissenschaften", das **„Menschenbild"**, läßt sich durch das Gegensatzpaar „Voluntarismus" und „Determinismus" beschreiben. Ähnlich der oben kurz angerissenen ontologischen und epistemologischen Diskussion ist die hinter der Kategorie „Menschenbild" stehende Frage nach der Freiheit des menschlichen Willens ein Standardthema der Philosophie. Im Rahmen dieses Beitrags genügt eine Kurzcharakterisierung der angesprochenen idealtypischen Positionen, die ein Sozialwissenschaftler (und letztendlich damit auch ein Organisationskulturforscher) in seiner Arbeit hinsichtlich dieser Kategorie einnehmen kann.

Die **deterministische** Position unterstellt, daß das Individuum in seinem individuellen und sozialen Verhalten von seiner Situation im weitesten Sinne festgelegt ist. Das Individuum ist gewissermaßen ein Verhaltenssystem, welches auf spezielle Stimuli reagiert, die in seiner persönlichen Physis angelegt sind oder sich aus seiner Lebensumwelt ergeben. Seine Handlungen sind dementsprechend erklär- und prognostizierbar, sofern man die Kausalzusammenhänge nur hin-

---

[19] Vgl. zu einer näheren Charakterisierung epistemologischer Fragestellungen und zum eng verwandten Begriff der Erkenntnistheorie z. B. Essler (1978), Wuchterl (1978).

reichend kennt. Nicht zuletzt ist das Individuum damit auch prinzipiell über eine Veränderung der Situation steuerbar. Ein klassisches Beispiel für eine solche Sichtweise und deren Konsequenzen ist die behavioristische Psychologie.[20] Ein **voluntaristisch** orientierter Sozialwissenschaftler gesteht demgegenüber dem Menschen zumindest prinzipiell eine weitgehende Handlungsautonomie zu. Das menschliche Individuum ist hier maßgeblich gekennzeichnet durch einen freien Willen. Seine Lebensäußerungen und Handlungen werden damit zu Ereignissen, die letztendlich nicht im Wege der Ableitung auf Ursache-Wirkungs-Zusammenhänge im naturwissenschaftlichen Sinne zurückgeführt werden können.

In der letzten Kategorie der Dimension „Grundannahmen hinsichtlich der Natur der Sozialwissenschaften" geht es um Fragen der **methodologischen Orientierung**. Eine **nomothetische** Position ist gekennzeichnet durch das Bemühen, soziale Phänomene mit Forschungsinstrumenten zu erfassen, welche denen der Naturwissenschaften gleichen. Operationalisierung, experimentielles Vorgehen oder standardisierte Beobachtung und Befragung im Feld sowie intersubjektiv nachprüfbare Hypothesentests sind charakteristisch für diese Art des wissenschaftlichen Arbeitens. Die **idiographische** Position läßt dagegen vorzugsweise Methoden der Introspektion und Einfühlung in den Forschungsgegenstand zu. Ausführliche Einzelfallstudien und eine aktive Beteiligung an den untersuchten sozialen Prozessen sind charakteristisch für diese methodische Grundhaltung.

Zur Vereinfachung der Verständigung über Sachverhalte, die sich auf Grundannahmen über die Natur der Sozialwissenschaften beziehen, haben Burrell/Morgan die Zusammenfassung zweier charakteristischer Ausprägungskombinationen der vier oben erläuterten Kategorien zur Beschreibung des Wissenschaftsverständnisses eines Sozialforschers vorgeschlagen, die sie „objektiv" und „subjektiv" nennen.

Ein **objektives** Wissenschaftsverständnis ist dabei gekennzeichnet durch realistische, positivistische, deterministische und nomothetische Grundannahmen über die Natur der Sozialwissenschaften. Der idealtypische Gegenpol ist das **subjektive** Wissenschaftsverständnis, welches durch nominalistische, antipositivistische, voluntaristische und idiographische Grundhaltungen charakterisiert werden kann.

Die zweite Dimension des Orientierungsrahmens von Burrell/Morgan bezieht sich auf die Grundannahmen hinsichtlich des Wesens der Gesellschaft (bzw. sozialer Verbände im allgemeinen), welche ein Sozialwissenschaftler in seiner Arbeit implizit oder explizit voraussetzt. Burrell und Morgan entwickeln zur Charakterisierung dieser Dimension ein System von sieben polaren Begriffspaaren, die in ähnlicher Weise wie die oben beschriebenen vier Kategorien des „Wissenschaftsverständnisses" in zwei idealtypischen Ausprägungskombinationen zwei Idealtypen bilden: Einerseits die Grundannahmen einer „**Soziologie der Rege-**

---

[20] Als Wegbereiter des behavioristischen Gedankens in den Sozialwissenschaften kann das Werk Skinners gesehen werden. In „Beyond Freedom and Dignity" kommen die Grundgedanken des Behaviorismus besonders deutlich zum Ausdruck: Der Begriff der menschlichen Freiheit, oder wie Skinner sagt, des „autonomous man", dient nur zur Erklärung der „... things we are not yet able to explain in other ways. His existence depends on our ignorance, and he naturally looses status as we come to know more about behavior". Skinner (1971), S. 14; „Man is a machine in the sense that he is a complex system behaving in lawful ways, but the complexity is extraordinary", ebd., S. 202.

**lung"**, andererseits die Annahmen, die einer **„Soziologie des radikalen Wandels"** zugrundeliegen.

Die „Soziologie der Regelung" befaßt sich in erster Linie mit dem Bedürfnis nach Regelung und Ordnung im menschlichen Zusammenleben. Das ihr zugrundeliegende Forschungsinteresse bezieht sich auf die Beantwortung der Frage, warum soziale Entitäten aufrechterhalten werden, warum Gesellschaften eher „überdauern" als auseinanderfallen. Eng damit verbunden ist die Suche nach den gesellschaftlichen Kräften, die verhindern, daß die Hobbes'sche Vorstellung des „Krieges aller gegen alle" Wirklichkeit wird. Demgegenüber werden in der „Soziologie des radikalen Wandels" verankerte strukturelle Konflikte und Gegensätze (Klassenkonflikte) sowie Macht- und Herrschaftsausübung als charakteristische Merkmale moderner Gesellschaften angesehen.

Wie oben angedeutet, ist die „Ordnungs-Konflikt"-Diskussion der frühen 60er Jahre der Ausgangspunkt für die Formulierung der „Regelung – Radikaler Wandel" Dimension durch Burrell/Morgan. Auf die kritische Diskussion der „Ordnung-Konflikt"-Debatte in der Soziologie soll hier nicht näher eingegangen werden. Für die Zwecke dieses Beitrages genügt die schlagwortartige Charakterisierung der Extrempunkte dieser Dimension:[21]

Die „Soziologie der Regelung" befaßt sich mit:

1. dem Status Quo (Gesellschaft als Gleichgewichtssystem)
2. der sozialen Ordnung
3. Konsens (als einem natürlichen, spontanen Übereinkommen)
4. sozialer Integration und Kohäsion
5. Solidarität
6. Bedürfnisbefriedigung
7. den realisierten Möglichkeiten sozialer Ordnung

Die „Soziologie des radikalen Wandels" stellt dagegen ab auf:

1. Veränderungen des Status Quo (Gesellschaft als dynamisches Phänomen)
2. strukturelle Konflikte
3. Formen der Herrschaft
4. gesellschaftliche Widersprüche und Gegensätze
5. Emanzipation
6. Verlust an Autonomie (Deprivation)
7. die nicht realisierten Möglichkeiten sozialer Ordnung[22]

Damit sind die begrifflichen Grundlagen gelegt, mit denen eine „paradigmatische" Analyse sozialwissenschaftlicher Theorien vorgenommen werden kann. Zusammenfassend sollen die beiden Dimensionen und deren Ausprägungen nochmals festgehalten werden:

Die Dimension „Grundannahmen hinsichtlich der Natur der Sozialwissenschaften (Wissenschaftsverständnis)" hat die Ausprägungen „subjektiv" und „objektiv". Die Grundannahmen des „Subjektivisten" lassen sich als nominali-

---

[21] Vgl. Burrell/Morgan (1979), S. 10ff., insb. Kap. 8 und Kap. 10; desweiteren Dawe (1970); auch Shaw (1975), der die mit dieser Dimension in enger Beziehung stehende „Nicht-Diskussion" zwischen „orthodoxer" Soziologie (als einer Soziologie der Regelung) und marxistischer Gesellschaftstheorie problematisiert.
[22] Vgl. zu dieser Gegenüberstellung Burrell/Morgan (1979), S. 16ff.

stisch, antipositivistisch, voluntaristisch und idiographisch charakterisieren, die des „Objektivisten" dagegen als realistisch, positivistisch, deterministisch und nomothetisch. Die Dimension „Grundannahmen hinsichtlich des Wesens der Gesellschaft" läßt sich beschreiben durch die Gegenüberstellung zweier Sichtweisen, die sich schlagwortartig mit den Bezeichnungen „Regelung" und „Radikaler Wandel" belegen lassen; deren Bedeutung ist oben in zugegebenerweise stark verkürzter Form zu vermitteln versucht worden. Die Kombination der Ausprägungen der im vorangegangenen Abschnitt skizzierten Dimensionen zur Beschreibung denkbarer Formen sozialwissenschaftlichen Arbeitens ergibt vier Paradigmata.

Burrell/Morgan unterscheiden zwischen Ansätzen der „Funktionalistischen Soziologie", der „Interpretativen Soziologie", des „Radikalen Humanismus" und des „Radikalen Strukturalismus".[23]

|  |  | Wissenschaftsverständnis | |
|---|---|---|---|
|  |  | Subjektiv | Objektiv |
| Wesen der Gesellschaft | Radikaler Wandel | Radikaler Humanismus | Radikaler Strukturalismus |
|  | Regelung | Interpretative Soziologie | Funktionalistische Soziologie |

**Abb. 1** Vier Paradigmata soziologischen Denkens[24]

Soziologische Schulen, die sich dem funktionalistischen Zweig zurechnen lassen, sind unabhängig von den Inhalten ihrer Aussagensysteme charakterisierbar durch ihr objektivistisches Wissenschaftsverständnis und ihre spezifische Sichtweise der Gesellschaft, die sie als Phänomen der Regelung (des Status Quo, der sozialen Ordnung usw.) begreifen. Die „Interpretative Soziologie" unterscheidet sich von der „Funktionalistischen Soziologie" durch ihr subjektives Wissenschaftsverständnis. Der von Burrell/Morgan so genannte „Radikale Strukturalismus", dessen Gedanken in der Organisationstheorie und insbesondere in der Betriebswirtschaftslehre kaum eine Rolle spielen, unterscheidet sich dagegen von der „Funktionalistischen Soziologie" durch sein abweichendes Verständnis des grundsätzlichen Wesens der Gesellschaft, welche er durch radikalen Wandel gekennzeichnet sieht (durch Veränderung des Status Quo, durch strukturelle Konflikte usw.). Den idealtypischen Gegenpol zur „Funktionalistischen Soziologie" bilden die Ansätze des „Radikalen Humanismus". Hier wird ein subjektivistisches Wissenschaftsverständnis kombiniert mit der Grundannahme des „Radikalen Wandels" als dem wesentlichen Strukturmerkmal menschlicher Sozialverbände bzw. Gesellschaften.

---

[23] Vgl. Abb. 1.
[24] Vgl. Burrell/Morgan (1979), S. 22.

An dieser Stelle muß angemerkt werden, daß die Dimensionen des dargestellten Orientierungsrahmens als Kontinua zu begreifen sind: Einzelne soziologische Schulen nehmen im allgemeinen eine Mittelstellung bezüglich ihres wissenschaftstheoretischen Vorverständnisses und ihrer Annahmen bezüglich des Wesens der Gesellschaft ein. Damit wird es möglich, die in Abb. 1 gezeigte Matrix als Grundmuster jeweils entsprechend spezifizierter „Landkarten" zur Lokalisation und Diskussion alternativer Ansätze einer jeden sozialwissenschaftlichen Disziplin zu verwenden.

Wie schon angedeutet, haben Burrell/Morgan die Ordnungs- und Erklärungskraft ihres Orientierungsrahmens benutzt, um Klarheit in die Vielfalt der vorfindbaren organisationstheoretischen Ansätze bezüglich der ihnen zugrundeliegenden metatheoretischen Annahmen bzw. (damit eng verbunden) bezüglich des ihnen zugrundeliegenden soziologischen Gedankenguts zu bringen.

Im folgenden Abschnitt 2 soll dieser Orientierungsrahmen dazu dienen, die Kritik an den herrschenden Schulen innerhalb der Organisationstheorie begrifflich genauer zu fassen, in ihrer „paradigmatischen" Dimension zu skizzieren und die Beziehung dieser Kritik zu den „Organisationskulturforschern" aufzuzeigen.

## 2. Die aktuelle Grundlagendiskussion in der Organisationstheorie und deren grundsätzliche Beziehung zur Organisationskulturforschung

Eine der wesentlichen Erkenntnisse, die mit Hilfe des oben skizzierten Orientierungsrahmens zur Analyse sozialwissenschaftlicher Theorien gewonnen werden kann, ist die Tatsache, daß praktisch alle organisationstheoretischen Ansätze, die in mehr oder weniger deutlicher Form einen Einfluß auf die moderne Betriebswirtschaftslehre ausüben, in ihren Wurzeln auf funktionalistische Ansätze in den Sozialwissenschaften zurückgeführt werden können. Es gibt also so etwas wie eine „funktionalistische" Organisationstheorie. Der paradigmatische Zusammenhalt dieser Ansätze ergibt sich daraus, daß in ihnen hinsichtlich des Wissenschaftsverständnisses objektive Grundüberzeugungen explizit vertreten werden oder zumindest implizit zum Ausdruck kommen, und daß in ihnen durchgängig implizit unterstellt wird, daß jede soziale Organisation letztendlich ein Phänomen der Regelung, der Ordnung oder gar der Harmonie ist.

Die Konstruktion einer paradigmatischen Klammer um die im einzelnen unterschiedlichen Ansätze innerhalb der funktionalistischen Organisationstheorie darf natürlich nicht dahingehend mißverstanden werden, daß die bestehenden tatsächlichen Unterschiede einfach ignoriert oder hinweggeleugnet werden. Das Prädikat „funktionalistisch" für eine bestimmte Gruppe von Ansätzen innerhalb der Organisationstheorie erhält seine Berechtigung aus seiner klärenden und analysierenden Kraft. Es ermöglicht die Unterscheidung von Scheingefechten bzw. Diskussionen von Detailproblemen einerseits und grundsätzlichen Angriffen, die sich auf die „funktionalistische", d. h. objektivistische und regelungsorientierte Sichtweise sozialer Organisationen beziehen, andererseits.[25]

Daß eine solche Unterscheidung nötig erscheint, wird bei näherer Betrachtung des großen Komplexes funktionalistischer Organisationstheorien deutlich. Funktionalistische Organisationstheorien differieren graduell sowohl hinsichtlich der ihnen zugrundeliegenden wissenschaftstheoretischen Annahmen als auch in Bezug auf die in ihnen enthaltenen Vorstellungen vom Wesen der menschlichen Gesellschaft bzw. menschlicher Sozialverbände wie z. B. Organisationen. Dabei werden zum Teil Positionen eingenommen, die nicht mehr als unbestreitbar funktionalistisch bezeichnet werden können. Insbesondere diejenigen Organisationstheoretiker, welche als theoretischen Ausgangspunkt zur Analyse von Organisationen einen „Handlungsbezugsrahmen" vorschlagen, sehen in ihrer Arbeit eine deutliche Abkehr von den weiter unten diskutierten, die funktionalistische Organisationstheorie beherrschenden systemtheoretisch orientierten Ansätzen. Im Gegensatz zu letzteren wollen die handlungsorientierten Organisationsforscher wie vor allem Silverman[26] Zugang zu ihrem Erfahrungsobjekt vom Standpunkt des Organisationsmitgliedes aus gewinnen. Subjektive Perzeptionen werden bei Silverman zum Ausgangspunkt der Erklärung von charakteristischen Handlungsmustern von Individuen in Organisationen. Funktionalistisch bleiben die dabei angestellten Überlegungen dennoch, da letztendlich die verschiedenen empirisch vorfindbaren individuellen Handlungsmuster und auch die dahinter liegenden Bewußtseinszustände doch wieder mit Bezug zu deren Beitrag zur Stabilität, zum Funktionieren einer sozialen Organisation diskutiert werden.

Auch die pluralistischen Ansätze innerhalb der Organisationstheorie können wegen ihrer partiellen Berücksichtigung sozialer Konflikte dem funktionalistischen Paradigma nur bedingt zugeordnet werden. Ein typisches Beispiel ist die Koalitionstheorie der Zielbildungsprozesse in den politischen Entscheidungssubsystemen der betriebswirtschaftlichen Organisation. Dort werden die sozialen Erscheinungen des Konfliktes und der Macht herangezogen, um bestimmte Prozesse und Strukturen zu erklären. „Organisation" wird hier begriffen als eine „Arena" unterschiedlicher Interessengruppen, die ihre Ansprüche an die Orga-

---

[25] Hier erscheint eine kurze Klärung des oft verwendeten, aber selten genau definierten Begriffes des „Funktionalismus" bzw. der „funktionalistischen" Erklärung eines Phänomens angebracht. Ein „Funktionalist" versucht – vereinfacht – das Auftreten eines Ereignisses damit zu erklären, daß er die Rolle bzw. den Beitrag dieses Ereignisses zum Gelingen der Reproduktion eines Gesamtzusammenhangs von regelmäßig auftretenden Ereignissen, die sich in ihrer Existenz wechselseitig bedingen, rekonstruiert. Diese Rolle bzw. dieser Beitrag des untersuchten Ereignisses ist dann dessen Funktion, vgl. z. B. Giegel (1978). In einem funktionalistischen Erklärungsmuster können damit Phänomene, die keinerlei Beitrag zur Reproduktion eines Gesamtzusammenhangs leisten, nicht „erklärt" werden; beispielhaft sind hier die Probleme von funktionalistischen Gesellschaftstheoretikern mit abweichendem, kriminellem, d. h. mit „dysfunktionalem" Verhalten von Individuen oder Gruppen innerhalb einer Gesellschaft zu nennen; symptomatisch auch der Versuch, „Dysfunktionen" innerhalb von Organisationen als „pathologisch" zu deklarieren, um sie mit Hilfe einer Negativdefinition doch noch im funktionalistischen Paradigma unterzubringen, vgl. Türk (1976) für einen Versuch, funktionalistisch nur schwer erklärbare organisationale Phänomene durch den Hilfsbegriff der „Pathologie" zu erfassen, vgl. auch z. B. Wilenskys (1967) „Informationspathologien", die er zur Erklärung von Dysfunktionen in politischen Systemen heranzieht.
[26] Vgl. Silverman (1970).

nisation mit unterschiedlichen Machtmitteln durchzusetzen versuchen.[27] Konflikte werden in dem Sinne als funktional für den organisationalen Status-Quo angesehen, als sie durch die Herbeiführung eines Konsenses zwischen den Interessengruppen zu einer Integration der Organisation beitragen. Der in diesem pluralistischen Ansatz verwendete Konfliktbegriff unterscheidet sich damit allerdings in erheblichem Maße vom Begriff makro-struktureller Konflikte in der Soziologie des radikalen Wandels. Das Verhältnis zwischen den einzelnen gesellschaftlichen Gruppen ist dort von unüberbrückbaren Interessengegensätzen gekennzeichnet.

Hauptsächlich mit einer „funktionalistischen" Organisationstheorie assoziiert werden jedoch die systemorientierten Ansätze. Wie schon in Beitrag A angesprochen worden ist, hat es sich in den modernen, organisationstheoretisch fundierten Schulen der Betriebswirtschaftslehre weitgehend durchgesetzt, das Erfahrungsobjekt Betriebswirtschaft aus systemtheoretischer Perspektive zu untersuchen. Da diese systemtheoretische Perspektive auch für die allgemeine Organisationstheorie zumindest in ihren funktionalistischen Ausprägungen die zentrale Ausgangsbasis darstellt, und da gerade die Systemperspektive am meisten Kritik erfahren hat, sollen deren Entwicklungslinien und Grundaussagen hier kurz skizziert werden.[28]

Die Systemtheorie ist eine Formaltheorie. Mit ihrer Hilfe können die Elemente und Beziehungen von so unterschiedlichen Phänomenen wie biologischen Organismen, mechanischen Apparaten und nicht zuletzt sozialen Strukturen und Prozessen mit einem einheitlichen begrifflichen Bezugsrahmen beschrieben werden. Durch die Abstraktion von den Inhalten wird die Untersuchung allgemeiner Prinzipien möglich – z.B. Steuerung und Regelung –, die für jedes System gültig sind.[29]

Die Systemtheorie wird aus den unterschiedlichsten Quellen gespeist und hat in ihren verschiedenen Anwendungsbereichen zum Teil sehr spezielle Erscheinungsformen angenommen. In frühen systemtheoretischen Ansätzen in der Anthropologie, Soziologie und Biologie ist die Modellvorstellung des Organismus charakteristisch. Der Biologe von Bertalanffy arbeitet diese frühen Ansätze zu einer sog. „Allgemeinen Systemtheorie" aus. Von Bertalanffy's zentrale Idee ist es hierbei, den fortschreitenden Prozeß des Auseinanderdriftens wissenschaftlicher Einzeldisziplinen durch die Schaffung eines einheitlichen systemtheoretischen Begriffsapparates zu verlangsamen bzw. aufzuhalten.[30] Die gleichzeitig entstehenden kybernetischen Theorien der Steuerungs- und Regelungsvorgänge[31] und

---

[27] Vgl. zu dieser für die entscheidungsorientierte Betriebswirtschaftslehre zentralen Sichtweise die ausführliche Diskussion in Beitrag D.
[28] Vgl. zur Entwicklung systemtheoretischer bzw. funktionalistischer Ansätze beispielhaft aus der Fülle der Literatur: für die Organisationstheorie Kieser/Kubicek (1978), S. 77ff; für die Soziologie Buckley (1967); vgl. auch Jehle (Hrsg. 1975).
[29] Vgl. hierzu die Sichtweise der entscheidungsorientierten Betriebswirtschaftslehre, die Betriebswirtschaften ebenfalls als Systeme interpretiert, Heinen (1985), S. 53ff.
[30] Vgl. zur „Allgemeinen Systemtheorie" bspw. von Bertalanffy (1956).
[31] Vgl. zur Kybernetik das grundlegende Werk von Wiener (1948); vgl. z.B. auch Frank (1964), als Beispiel für die kybernetisch-systemorientierte Denkweise in ihrer Anwendung auf Maschinentechnik, Soziotechnik und humanwissenschaftliche Anwendungen, Frank (1964), S. 249ff.; vgl. auch Beer (1959), als ein früher Versuch der Inbeziehungssetzung von Kybernetik und Managementproblemen.

die als Basis der modernen Kommunikationswissenschaften dienenden Formaltheorien der Information[32] legen zusammen mit der „Allgemeinen Systemtheorie" von Bertalanffy's den Grundstein für die Idee des „Offenen Systems" als Grundlage systemorientierter organisationstheoretischer Überlegungen.[33]

Die Perspektive des „Offenen Systems" zieht charakteristische Schwerpunkte organisationstheoretischer Forschungsbemühungen nach sich. Im Zentrum steht die Frage nach den Bedingungen der Systemerhaltung. Diese wird potentiell gestört durch die Austauschbeziehungen des Systems mit einem systemspezifischen Umsystem. Das Überleben eines „Offenen Systems" hängt deshalb davon ab, inwieweit durch Systemdifferenzierung in Subsysteme und deren Integration und Koordination über vermaschte Regel- und Steuerkreise eine Anpassung an die Anforderungen der organisationalen Umsysteme erreicht werden kann.[34]

Die soziologischen Inhalte für den Begriffsapparat der Perspektive des „Offenen Systems" bietet der struktur-funktionalistische Ansatz von Parsons, der in seiner formalen Struktur mit dem Modell des „Offenen Systems" weitgehend übereinstimmt. Im Strukturfunktionalismus Parsons' geht es vor allem um die explizite Benennung eines umfassenden Systems von Faktoren, welche individuelles Handeln innerhalb sozialer Beziehungsstrukturen beeinflussen. In dieses System eingeschlossen sind neben objektiven Gegebenheiten der materiellen Umwelt auch kulturelle Phänomene. Das individuelle Handeln wird im strukturfunktionalistischen Ansatz von Parsons geprägt von sinnbezogenen Orientierungssystemen. Diese Orientierungssysteme werden primär unter dem Gesichtspunkt ihrer Funktionalität erörtert.[35]

In einer notwendigerweise etwas groben Zusammenfassung kann festgehalten werden, daß die Idee des „Offenen Systems" zusammen mit dem Strukturfunktionalismus Parsons' die Grundlage der modernen systemtheoretisch orientierten Makroansätze in der herrschenden systemorientierten Organisationstheorie bilden.[36] Von herausragender Bedeutung ist innerhalb dieser Makroansätze die Kontingenztheorie der Organisation.[37] Seit Ende der 70er Jahre ist dieser bis dato die Organisationstheorie dominierende Forschungsansatz einer vehementen Kritik unterworfen. Es zeigt sich, daß die Problemkreise, die in dieser Kritik angesprochen werden, ganz allgemein mit systemorientierten Ansätzen in den Sozialwissenschaften verbunden sind. Von nicht zu unterschätzender Bedeutung ist hier zum einen das pragmatische Problem der Kontingenztheorie. Dieses liegt in dem Umstand begründet, daß deren bisherige Befunde die Bandbreite real vorfindbarer organisatorischer Strukturen nicht signifikant auf spezifische Kon-

---

[32] Vgl. zur technischen Kommunikationstheorie Shannon/Weaver (1949).
[33] Einen Überblick zur Entwicklung der Idee des „Offenen Systems" geben z. B. auch Burrell/Morgan (1979), S. 154ff.
[34] Vgl. hierzu für die deutsche Betriebswirtschaftslehre Bleicher (1972).
[35] Vgl. Parsons/Shils (1951).
[36] Vgl. zu frühen Anwendungen der Idee des „Offenen Systems" Trist/Bamforth (1951), Burns/Stalker (1961), Lawrence/Lorsch (1967), Thompson (1967).
[37] Vgl. zur Entwicklung und zum Forschungsprogramm der Kontingenztheorie bzw. der „situativen Ansätze" insb. Kieser/Kubicek (1983), S. 46ff.; zu einer Zusammenfassung wichtiger Ergebnisse und Probleme Pugh (1981), als einem Hauptvertreter der „Aston-Group", welche die Entwicklung der situativen Denkweise besonders vorangetrieben hat.

stellationen relevanter Situationsfaktoren zurückführen können. In der Sprache der Kontingenztheorie ausgedrückt: Die Kontextfaktoren erklären die Varianz in den Strukturvariablen nur unzureichend, es bleibt eine erhebliche nichterklärte Restvarianz zurück. Über dieses pragmatische Argument hinaus, welches auf die mangelnde Forschungseffizienz der Kontingenzforscher abstellt, werden jedoch weitaus schwerwiegendere Einwände vorgebracht, die sich auf die mechanistisch-systemorientierte Sichtweise der Organisation beziehen, d. h. auf die objektivistische Sichtweise des Phänomens „Soziale Organisation" durch die Kontingenztheorie.[38]

Nach der Meinung der letzteren Gruppe von Kritikern wird in den kontingenztheoretischen Ansätzen nicht nach dem „organisatorisch Wesentlichen" geforscht: Arbeitsteilung, Spezialisierung, Formalisierung und die formale Gestaltung hierarchischer Beziehungen in Organisationen seien Oberflächenerscheinungen, deren konkrete Ausformung in der Realität nicht durch spezifische Kontextbedingungen determiniert seien, sondern durch individuelles Handeln der Organisationsmitglieder. Typisch für die diesbezüglichen Überlegungen ist die kritische Argumentation Starbucks, eines ehemaligen Mitgliedes der Aston-Group, die in folgendes Ergebnis mündet:

„... the lack of interesting, strong relations suggests that organizational structures may be only superficial facades in front of behavioral processes ...".[39]

Starbucks Überlegungen münden in der Forderung nach einer reduktionistischen, auf den Bestimmungsgrößen des individuellen Agierens basierenden Makrotheorie der Organisation. Untersucht man diese Forderung in den Kategorien des hier vorgestellten Orientierungsrahmens, wird jedoch deutlich, daß die Kritik, wie sie von Starbuck an der Kontingenztheorie geäußert wird, und wie sie in ähnlicher Weise z. B. in dem Sammelband von Van de Ven/Joyce (1981)[40] von verschiedensten Seiten gegen die herrschenden organisationstheoretischen Ansätze vorgebracht wird, letztendlich eine Debatte innerhalb der funktionalistischen Organisationstheorie bleibt. Insbesondere bei Starbuck tritt offen zutage, daß eine Kritik an der Kontingenztheorie ohne Einbeziehung einer paradigmatischen Perspektive bzw. Alternative vergleichsweise kraftlos bleibt.

Dennoch kann man die oben angedeutete kritische Diskussion als Reflex auf ein vielleicht oft unbewußt bleibendes Unbehagen etablierter Organisationsforscher interpretieren, ein Unbehagen über die ihrer Forschungsarbeit zugrundeliegenden Annahmen bezüglich des einer Organisationstheorie angemessenen Wissenschaftsverständnisses und unter Umständen auch bezüglich des Wesens sozialer Organisationen. Die Essenz der oben skizzierten Kritik kann letztendlich in dem Versuch eines paradigmatischen Umdenkens der Organisationsforschung in Richtung auf ein subjektivistischeres Wissenschaftsverständnis gesehen werden. Am frühesten haben Pondy/Mitroff (1979) mit ihrem Aufsatz „Beyond Open System Models of Organization" diese Tendenz artikuliert und

---

[38] Vgl. Kieser/Kubicek (1983), die die Kritik an den Kontingenzansätzen zusammenfassen, S. 349 ff.; vgl. weitere Beiträge zur Kritik an kontingenztheoretischen Ansätzen: Moberg/Koch (1975), Bruns (1977), Wood (1976), Schreyögg (1980), Starbuck (1981), (1982).
[39] Starbuck (1981), S. 193, vgl. ähnlich Starbuck (1982), S. 8.
[40] Vgl. Van de Ven/Joyce (1981).

zu einer möglichen programmatischen Perspektive für die Organisationsforschung der 80er Jahre kondensiert.[41]

Ausgangspunkt von Pondy/Mitroff ist eine Kritik an den systemorientierten Makromodellen der herrschenden Organisations- und Managementforschung, illustriert am Beispiel Thompson (1967). Die zu diesem Zweck herangezogene „Hierarchie denkbarer Komplexitätsstufen" von natürlichen bzw. begrifflichen Systemen, welche auf den Überlegungen Bouldings (1968)[42] aufbaut, nutzen Pondy/Mitroff zur argumentativen Stützung ihrer These, daß Organisationen Charakteristika aufweisen, die für die Stufen 7 (Symbol Processing Systems) und 8 (Multi-Cephalous Systems) denkbarer Systemkomplexität kennzeichnend sind. Die Modelle der Organisationstheorie hätten sich dagegen nur bis zur Stufe 4 (Open Systems) emporgearbeitet und die mit diesem Bezugsrahmen operierende empirische Forschung innerhalb der Organisationstheorie bleibt nach Überzeugung von Pondy/Mitroff im Aufbau ihrer Forschungsdesigns gar auf der untersten Stufe denkbarer Komplexität (Frameworks).

Zur Erklärung der Diskrepanz zwischen der Komplexität ihres Erfahrungsobjektes einerseits und der relativ geringen Ansprüche an die Komplexität theoretischer Konzepte und empirischer Forschungsdesigns durch die Organisationsforschung andererseits ziehen Pondy/Mitroff insbesondere die operationellen, den Methoden der modernen, quantitativen empirischen Sozialforschung immanenten Beschränkungen heran. Statische, strukturale Eigenschaften des Systems „Organisation" wie z. B. Zahl und Anordnung seiner Elemente (Hierarchieebenen, Leitungsspanne, Rollenstrukturen u. ä.) erfreuen sich ihnen zufolge vor allem deshalb so großer Beliebtheit bei den Organisationsforschern, weil nur diese Größen einer Messung mit Hilfe der charakteristischen Instrumente empirischer Sozialforschung (Befragung, Beobachtung, Dokumentenanalyse) zugänglich erscheinen. Die Meßbarkeit sozialer Phänomene ist aber im Rahmen eines positivistischen Wissenschaftsverständnisses die erste Voraussetzung für ihre Erfassung in sozialwissenschaftlichen Gesetzeshypothesen. Dies hängt damit zusammen, daß sozialwissenschaftliche Gesetzeshypothesen innerhalb des objektivistischen, dem kritischen Rationalismus verbundenen Paradigma der Organisationstheorie prinzipiell nur dann vorläufige Gültigkeit für sich in Anspruch nehmen können, wenn sie einer gewissen Anzahl von Falsifikationsversuchen im Rahmen empirischer Forschung standgehalten haben.[43] Aus diesem Zusammenhang ergibt sich für die moderne empirische Organisationsforschung die oft als „Theorielosigkeit" umschriebene Tatsache, daß sie sich in ihren Untersuchungen tendenziell auf offensichtliche, greif- und meßbare Randaspekte des Systems Unternehmung konzentriert, auf Oberflächenerscheinungen, die in der Komplexitätshierarchie Bouldings einer unteren Stufe zuzuordnen sind und nur

---

[41] Der diesbezügliche Enthusiasmus zeigt sich in der Formulierung, daß eine „Zukunft der Organisationstheorie" entworfen werden soll, vgl. Pondy/Mitroff (1979), S. 6.

[42] Boulding unterscheidet neun Komplexitätsstufen: 1. Frameworks, 2. Clockworks, 3. Control Systems, 4. Open Systems, 5. Blueprinted Growth Systems, 6. Internal Image Systems, 7. Symbol Processing Systems, 8. Multi-Cephalous Systems, 9. Systems of unspecified Complexity, vgl. Boulding (1968), vgl. auch Pondy/Mitroff (1979), S. 6ff.; ähnliche Gedanken haben schon Ackoff/Emery (1972) formuliert.

[43] Vgl. zum grundsätzlichen Vorgehen der empirischen Sozialforschung z.B. Friedrichs (1973), zu den wissenschaftstheoretischen Voraussetzungen empirischer Sozialforschung insb. S. 50ff.

wenig an Erklärungskraft für das tatsächliche Verhalten von Organisationen bieten.

Aus dieser Situation heraus stellt sich für Pondy/Mitroff die Frage, welche Merkmale zukünftige Systemmodelle der Organisation berücksichtigen müssen, damit sie die Realität in angemessener Weise abbilden und damit u. U. auch erklären können. Zuerst, so fordern Pondy/Mitroff, müsse man die konzeptionelle und theoretische Reichhaltigkeit des „Open-System"-Modells voll ausschöpfen, d. h. insbesondere die Varietät systemischer Umwelten nicht wie z. B. Thompson als drohende Gefahr für das Systemgleichgewicht, sondern vielmehr als Chance oder sogar als Lebensgrundlage offener Systeme begreifen. Doch die wesentliche Aufgabe der zukünftigen Organisationsforschung bestünde darin, in ihren Theorien „Beyond Open Systems" zu gelangen, d. h. Modelle höherer Komplexitätsgrade zur Abbildung organisationaler Strukturen und Prozesse zu verwenden als sie die „Offene System"-Perspektive bereitzustellen vermag.

Pondy/Mitroffs knappe Hinweise hinsichtlich des Weges, der zu diesem Zweck ihrer Ansicht nach beschritten werden muß, können als Forschungsprogrammatik des sich, wie oben angesprochen, seit Veröffentlichung ihres Aufsatzes im Jahre 1979 recht erstaunlich entwickelnden „Organizational Symbolism"-Ansatzes bzw. der Organisationskulturforschung gesehen werden. Zuerst müsse man sich mit der **Sprache** beschäftigen, mit ihren zentralen Funktionen der Steuerung individueller Perzeptionen der realen Welt, der Sinnschaffung, der Kommunikation und der sozialen Einflußnahme. Die Sprache als zukünftiges zentrales Forschungsobjekt der Organisationstheorie dürfe aber nicht in verkürzter Weise nur als die explizite, u. U. formalisierte offizielle Sprache einer Organisation untersucht werden, es müßten vielmehr auch und gerade organisationale Mythen, Stories und Metaphern berücksichtigt werden. Pondy/Mitroff glauben versprechen zu können, daß die „... attention to the less conscious, less rational aspects of organizational language and communication provides one of the most exciting avenues for exploration open to us."[44]

Es ist also die Sprache, die nicht nur als Vehikel der Verständigung über Sachverhalte und als Medium der Befehlsübermittlung, sondern in ihrer symbolischen Dimension zukünftig als Merkmal von Organisationen im Mittelpunkt des Interesses stehen soll. Wird dieses symbolisch-expressive Potential der Sprache durch die Organisationsforschung in hinlänglichem Maße berücksichtigt, so wird die Organisation als Erkenntnisobjekt in der Folge „... much more than just an instrumental device; it can become a **culture** with a meaningful past and a meaningful future ... In short, language is a key element in moving toward a **cultural metaphor of organization**" (Hervorh. durch die Verfasser).[45]

„Symbole" heißt somit der neue Schlachtruf, der die alten „Strukturen" ablösen soll, und „Kultur" der neue erkenntnisleitende Grundbegriff, welcher den des „Systems" als ebensolchen ersetzt.

Ist dieser Positionswechsel gleichbedeutend mit dem Aufruf zu einem „Paradigmawechsel" im Sinne des in Abschnitt 1 vorgestellten Orientierungsrahmens? Pondy/Mitroffs Implikationen der von ihnen dargestellten Programmpunkte „Symbole" und „Kultur" für die neue Organisationsforschung stellen in jedem

---

[44] Pondy/Mitroff (1979), S. 27.
[45] Pondy/Mitroff (1979), S. 28.

Fall auf „paradigmatische" Problemkreise ab. Zum ersten ergeben sich für Pondy/Mitroff **ontologische** Konsequenzen: „Conceptually, the status of an organization shift's from that of an objective reality to one which is a socially constructed reality."[46] Mit Hilfe des oben entwickelten Begriffsinstrumentariums läßt sich diese als eine Forderung nach dem Wechsel von realistischen Grundannahmen hinsichtlich des Wesens der Organisation hin zu einer nominalistischen Position interpretieren.

Zum zweiten muß nach Pondy/Mitroff die Organisationstheorie zu den „generativen Mechanismen" vordringen, welche die organisationalen Oberflächenerscheinungen formen und beeinflussen. Statt der großzahligen Untersuchung dieser Oberflächenphänomene geht es nun darum, die zugrundeliegenden Theorien oder Sichtweisen der Realität derjenigen Individuen zu untersuchen, welche die sichtbaren Aspekte der Organisation letztendlich verursachen. Interpretiert man die „generativen Mechanismen" von Pondy/Mitroff als intentionale Strukturen der Organisationsmitglieder, so könnte dieser zweite Programmpunkt mit entsprechender Vorsicht als Verschiebung des **Menschenbildes** von einer deterministischen zu einer mehr voluntaristischen Position charakterisiert werden.

Zum dritten ergeben sich aus den Forderungen eins und zwei für die zukünftige Organisationsforschung Konsequenzen hinsichtlich geeigneter **Methoden.** Pondy/Mitroff geben zu bedenken, „... that questionnaire design, large sample surveys, and multivariate analysis will need to recede in importance in favour of more abstract modelbuilding and ethnographic techniques more suitable for documenting individual cases of meaning and belief systems."[47] In den Begriffen der Wissenschaftstheorie fordern Pondy/Mitroff also einen Wechsel methodologischer Grundannahmen weg von der nomothetischen und hin zur idiographischen Position.

Welche Konsequenzen ergeben sich nun aus diesen ontologischen, methodologischen und – mit Einschränkungen – individuenbezogenen Verschiebungen in der von Pondy/Mitroff projektierten Organisationstheorie hinsichtlich der Ausbildung des Managementnachwuchses bzw. der Funktionen der Führung in Organisationen? Hier setzt sich bei Pondy/Mitroff ganz deutlich die positivistische Tradition der funktionalistischen Organisationstheorie durch, der sie entstammen:

„A key function of management according to level 8 thinking is that of helping the organization to make sense of its experiences so that it has a confident basis for future action. That is, the administrator must have a skill in creating and using metaphors. A manager's need to use metaphor skillfully suggests the conclusion that we should be teaching our institutional leaders (and organization theorists!) not only statistical analysis, but also poetry."[48]

Eine eindeutige Einordnung dieser Keimzelle des „Organizational Symbolism"-Ansatzes innerhalb der Organisationstheorie hinsichtlich ihrer „paradigmatischen" Dimension ist schwierig. Mit der Kritik an der Systemtheorie sind offensichtlich „paradigmatische" Problemkreise angesprochen, insbesondere die On-

---
[46] Pondy/Mitroff (1979), S. 28.
[47] Pondy/Mitroff (1979), S. 29.
[48] Pondy/Mitroff (1979), S. 30.

tologie und die Epistemologie organisationstheoretischer Ansätze. Andererseits ist die Affinität zu einer funktionalistischen Argumentation nicht zu übersehen.

Das „Forschungsprogramm", welches in den Ausführungen von Pondy/Mitroff artikuliert wird, läßt der Zukunft der Organisationstheorie in Gestalt einer symbolistischen Organisationstheorie nicht nur eine Alternative offen. Diejenigen Organisationsforscher, die die Schlachtrufe „Symbole" und „Kultur" von Pondy/Mitroff vernommen und aufgegriffen haben, betreiben symbolorientierte Organisationstheorie dementsprechend in höchst unterschiedlicher Weise. Diese Alternativen einer symbolorientierten Organisationsforschung bzw. Alternativen der Organisationskulturforschung sind Gegenstand des nachfolgenden Abschnittes.

## 3. Alternativen der Organisationskulturforschung – Eine paradigmatische Analyse

Auf Basis der in Abschnitt zwei dieses Beitrages geleisteten Vorarbeit ist die Systematisierung alternativer Ansätze innerhalb der symbolorientierten Organisationsforschung bzw. der Organisationskulturforschung ein vergleichsweise unproblematisches Unterfangen. In Anlehnung an den Orientierungsrahmen von Burrell und Morgan sollen im folgenden Ansätze einer funktionalistisch-systemorientierten, einer interpretativen, einer radikal-humanistischen und einer radikal-strukturalistischen Organisationskulturforschung unterschieden werden.[49] Dabei werden die zentralen Aussagen der jeweiligen zurechenbaren Organisationskulturforscher hinsichtlich ihrer potentiellen Chancen und Probleme in der Erklärung organisationaler Strukturen und Prozesse kritisch hinterfragt. Damit ergibt sich gleichzeitig eine Beantwortung des oben formulierten Fragenkomplexes drei innerhalb der in diesem Beitrag diskutierten Problemkreise.

### 3.1 Funktionalistisch-systemorientierte Ansätze der Organisationskulturforschung

Die unter den Oberbegriff der funktionalistisch-systemorientierten Ansätze zu subsumierenden Beiträge zur Oganisationskulturforschung sind innerhalb dieses Buches bereits unter der Bezeichnung „objektivistische" Organisationskulturforschung in Beitrag A angesprochen worden. Ihre Entsprechung innerhalb der Kulturanthropologie findet diese Variante der Organisationskulturforschung in den Arbeiten der sogenannten „soziokulturellen" Ansätze mit den Klassikern Malinowski und Radcliff-Brown.[50]

Das erste und wohl wesentliche Charakteristikum der zur funktionalistisch-systemorientierten Organisationskulturforschung zurechenbaren Arbeiten bezieht sich auf deren Sichtweise der Organisation. Organisationen werden hier nach wie vor begriffen als offene Systeme. Erkenntnisobjekt sind insbesondere bei

---

[49] Dies ist auch die Vorgehensweise, die Morgan et al. wählen, vgl. Morgan et al. (1983).
[50] Vgl. hierzu Beitrag B.

den betriebswirtschaftlich orientierten Ansätzen diejenigen Aspekte des empirischen Phänomens „Organisation", die sich auf die Beschaffung von Einsatzgütern, die Produktion von Dienstleistungen und Gütern und, falls erwerbswirtschaftliche Organisationen zur Diskussion stehen, deren Verwertung auf entsprechenden Absatzmärkten beziehen. Ihre „kulturelle" Dimension gewinnen die objektivistischen Ansätze der Organisationskulturforschung dadurch, daß die Organisation darüber hinaus auch als „culture-bearing milieux"[51], als „kulturproduzierendes" Phänomen begriffen wird. Die solchermaßen postulierte „Kultur der Organisation" ist dabei als ein Konglomerat von spezifischen, unverwechselbaren Verhaltensdispositionen und -mustern der Organisationsmitglieder zu verstehen. Diese finden ihren sichtbaren Ausdruck in einem „cultural network"[52], welches als Inbegriff der unternehmensspezifischen Symbole gelten soll. Solche Symbole sind z. B. die spezifische Sprache, der „Jargon" der Unternehmung, typische Verhaltensweisen im Umgang der Mitarbeiter untereinander, der konkrete Vollzug hierarchischer Formalstrukturen, das Verhalten gegenüber den Kunden und Lieferanten der Unternehmung u. ä.[53] Die konkreten Ausprägungsformen einzelner symbolischer Elemente einer spezifischen empirischen Organisationskultur werden dabei mit Hilfe ihrer Funktionalität hinsichtlich der Aufrechterhaltung des Gleichgewichts des Systems „Organisation" erklärt. Im einzelnen bestehen die Funktionen spezifischer organisationskultureller Symbole und Symbolstrukturen nach Meinung funktionalistisch-systemorientierter Organisationskulturforscher:

– in ihrem Beitrag zur Reduktion des organisationalen Koordinationsbedarfes,

– in der motivationsfördernden Eigenschaft des durch sie bei den Organisationsmitgliedern hervorgerufenen Identitätsgefühls,

– in den strategischen Potentialen der speziellen organisationalen Umwelterfordernissen entsprechenden kulturgeprägten Verhaltensmuster,

– und nicht zuletzt auch in ihrem Beitrag zur „Sinn"schaffung für die Organisationsmitglieder.[54]

Hinsichtlich der ontologischen Grundannahmen, also der Annahmen bezüglich dessen, was das „Wesen" einer Organisation ausmacht, ist eine realistische Position bei den funktionalistisch-systemorientierten Ansätzen der Organisationskulturforschung festzustellen. Organisationskulturell bedingte Verhaltensmuster der Organisationsmitglieder bilden hier modelltheoretisch ein funktionales Subsystem des sozialen Verhaltenssystems der Organisation. Organisations-

---

[51] Vgl. zu diesem Begriff Louis (1983).
[52] Vgl. Sackman (1983), S. 396.
[53] Vgl. zu dieser Sichtweise Albert/Silverman (1984), Bate (1984), Dandridge (1983), Davis (1984), Deal/Kennedy (1982), Mitroff/Kilman (1985), Ouchi (1981), Peters/Waterman (1982), Pfeffer (1981), Schwartz/Davis (1981), Tunstall (1983) u.a.m., die im deutschsprachigen Raum veröffentlichten Beiträge zur Organisations- bzw. Unternehmenskultur können praktisch alle zur funktionalistisch-systemorientierten Richtung gerechnet werden, vgl. Bleicher (1983, 1984), Kruppa (1984), Matenaar (1983), Pramann (1985), Pümpin (1984), Rüttinger (1984), Schuster/Widmer (1984), Stärkle (1985), Wever (1983). Es ist allerdings zu bemerken, daß eine Vielzahl der genannten Beiträge sich an der Oberfläche der Problematik bewegen.
[54] Vgl. zu den Funktionen starker Unternehmenskulturen insb. Beitrag E dieses Buches.

kulturelle Symbole werden gewissermaßen als eine dritte Gruppe von Verhaltensdeterminanten begriffen, welche neben den in den bisherigen Systemmodellen berücksichtigten Motivationsfaktoren und formalen Regelungen der Aufbau- und Ablauforganisation stehen. Darüber hinaus wird ganz im Sinne eines objektivistischen Wissenschaftsverständnisses davon ausgegangen, daß Wissen über die Schaffung und Verwendung von Symbolen erworben und eingesetzt werden kann. Diese positivistische Sichtweise setzt hinsichtlich des Menschenbildes eine deterministische Position voraus.

Insgesamt sieht die funktionalistisch orientierte Organisationskulturforschung ihr Aufgabengebiet im wesentlichen darin, Symboltypen zu identifizieren und zu kategorisieren, deren Funktionen innerhalb der Organisation zu identifizieren und nicht zuletzt Handlungsempfehlungen dafür herauszuarbeiten, wie mit Hilfe der Steuerung und Manipulation von Symbolen die Organisationsmitglieder zu einem rollenkonformen und zielorientierten Verhalten veranlaßt werden können. Obgleich eine solche Sichtweise die traditionellen verhaltensorientierten Ansätze innerhalb der Organisationstheorie durchaus zu bereichern vermag, ist damit jedoch der Schritt „Beyond open systems" in den Modellen der Organisationstheorie letztendlich nicht vollzogen. Dies versuchen erst die interpretativen Ansätze der symbolorientierten Organisationskulturforschung zu leisten. Deren zentrale Aussagen und deren tiefgreifende Probleme sind Gegenstand des nächsten Unterabschnittes.

## 3.2 Interpretative Ansätze der Organisationskulturforschung

Die interpretativen Ansätze innerhalb der symbolorientierten Organisationsforschung gewinnen ihren eigenständigen Charakter vor allem dadurch, daß sie Symbole bzw. symbolisches Handeln von Individuen als zentrales Mittel der Sinnschaffung begreifen. Hier geht es nicht um die funktionalen Merkmale der Symbole im Hinblick auf ein übergeordnetes, reales System „Organisation", sondern um ein Verständnis der Prozesse, die zu einer gemeinsamen Interpretation von Situationen, zur Schaffung einer gemeinsamen sozialen Realität führen.[55] Entsprechend der hier verwendeten Terminologie ist mit dieser Perspektive der Organisationsforschung ein Umdenken bezüglich des Wissenschaftsverständnisses verbunden – weg vom Objektivismus und hin zum Subjektivismus.

In ontologischer Hinsicht wird der oben erläuterte Vorschlag von Pondy/Mitroff aufgegriffen: Organisationen werden als symbolisch-ideelle Phänomene gesehen, als eine Realität, die nur in den Kognitionen der Organisationsmitglieder anzusiedeln ist. Das Symbol als Begriff erfährt selbst einen Bedeutungswandel. Man gibt zu bedenken, daß kein Objekt der materiellen Welt aus sich heraus ein Symbol ist, daß vielmehr bestimmte Objekte (Handlungen, Zustände usw.) durch die subjektive Interpretation des Sinns dieser Objekte – durch eines oder mehrere Individuen – zu Symbolen werden. Diese Anschauung korrespondiert mit den ideenorientierten Ansätzen innerhalb der Kulturanthropologie.[56] Wie schon in Beitrag A in den Ausführungen zum Begriff „individualistische Organisationskulturforschung" angesprochen worden ist, impliziert eine solche Sicht-

---

[55] Dieser Gedanke wird im Rahmen des Beitrages D ausführlich erläutert.
[56] Vgl. dazu den Beitrag B dieses Buches.

weise organisationaler Symbole, daß die Kultur im Sinne eines kognitiven Systems geteilter Interpretationen der objektiven Realität zum erkenntnisleitenden Grundbegriff der Organisationsforschung wird. Es geht darum, die Organisation als **Sinnsystem** zu erforschen.

In methodologischer Hinsicht hat dieser Paradigmenwechsel die Konsequenz einer Hinwendung zur idiographischen Position. Statt der Beobachterposition des traditionellen Organisationsforschers muß sich der subjektivistische Organisationskulturforscher Zugang zu seinem Erkenntnisobjekt mit Hilfe der Methoden aus der Ethnographie bzw. der Hermeneutik verschaffen. Ein verstehendes Einfühlen in die Situation und das Realitätsverständnis der Mitglieder einer untersuchten Organisation wird erforderlich.[57] Darüber hinaus kann ein subjektivistischer Organisationskulturforscher die Idee des determinierten Individuums nicht akzeptieren. Ein Sinnsystem kann nicht durch Manipulation spezifischer Verhaltensdeterminanten erzeugt, es muß durch kreative Willens-, Bewußtseins- und Interpretationsleistungen der beteiligten Individuen konstituiert werden.

Welche Erkenntnisse hinsichtlich des Erfahrungsobjektes „Organisation" kann eine derartige subjektivistische Organisationskulturforschung potentiell liefern? Sie kann z. B. im konkreten Einzelfall rekonstruieren, wie in problematischen, mehrdeutigen, unbefriedigenden oder widersprüchlichen Situationen des organisationalen Alltags den darin auftretenden Ereignissen durch die beteiligten Organisationsmitglieder „Sinn" verliehen wird. Als Objekte solcher Rekonstruktionsversuche scheinen sich insbesondere schlecht-strukturierte mehrpersonale Entscheidungsprozesse in Organisationen anzubieten.[58] Letztendlich erbringen solche Einzelfallstudien aber keine wissenschaftlichen Erkenntnisse im Sinne von Aussagen über Regelmäßigkeiten im Bereich der untersuchten Phänomene. Hier liegt wohl das zentrale Problem der interpretativen Ansätze innerhalb der symbolorientierten Organisationsforschung, ein Problem, welches als ein epistemologisches identifiziert werden kann.

Der Ausgangspunkt einer epistemologischen Kritik der interpretativen Organisationskulturforschung ist die Überlegung, daß die Interpretation von Handlungen oder Entscheidungen der Mitglieder einer Organisation, im Sinne einer Rekonstruktion des damit intendierten Sinnzusammenhangs, eines wie auch immer gearteten Bezugssystems an Sinnstrukturen bedarf, damit so etwas wie die „Beurteilung" der Ergebnisse einer interpretativen Organisationskulturforschung möglich werden kann. So wird es zumindest jeder „Wissenschaftler" im Sinne des allgemeinen Verständnisses fordern, da ohne ein Bezugssystem an Sinnstrukturen oder auch einer intentionalen Struktur (bei einem teleologischen Sinnverständnis) die „Richtigkeit" einer bestimmten Interpretation nicht hinterfragt werden kann. Wenn aber die „Wahrheit" der Interpretation des Sinns eines Handlungszusammenhangs nur durch Anlegung der Kriterien eines überge-

---

[57] Vgl. zu einer Skizze des dazu notwendigen Vorgehens die Ausführungen in Abschnitt 4 dieses Beitrags; mittlerweile liegen eine Anzahl methodologischer Beiträge aus diesem Bereich der Organisationskulturforschung vor; vgl. z. B. Sanday (1979). Morgan (1983), Fine (1984).

[58] Als Beispiel für eine solche Rekonstruktion erläutern Frost/Morgan die Prozesse, die im Verlauf einer Konferenz zum „Organizational Symbolism" in Bezug auf die Konzeptualisierung wesentlicher Problemkreise der Sitzungen abgelaufen sind; vgl. Frost/Morgan (1983).

ordneten Bezugssystems ermittelbar ist, wird man ohne weiteres auf die naheliegende Frage stoßen, wie die „Wahrheit" dieses übergeordneten Bezugssystems beurteilt werden könnte. Es gibt hier prinzipiell zwei Möglichkeiten: Entweder man versucht stufenweise zur „letzten" Wahrheit, zum „übergeordneten" Sinn vorzudringen, der dann allerdings ex definitione unhinterfragbar bleibt, oder man begnügt sich mit der Konstatierung der selbst geschaffenen Realität, indem man die eigene Interpretationsleistung zur letzten, unhinterfragbaren Wahrheit erhebt (eine beliebte Vorgehensweise der „kongenialen" Hermeneutiker innerhalb der Literaturkritik). Grob vereinfacht kann man sagen: Interpretative Erkenntnisse bleiben letztendlich unhinterfragbar und damit unwissenschaftlich.

Man könnte hier einwenden, daß es doch noch andere Möglichkeiten der „Wahrheitsfindung" gibt: Beobachtung und Befragung mit entsprechenden Forschungsdesigns, welche zu mehr oder weniger gut gesicherten Hypothesen bezüglich der Bestimmungsgründe des menschlichen Handelns führen, wodurch sich vage Interpretationen erübrigen würden. In einem konsequent zu Ende gedachten interpretativen Paradigma sozial„wissenschaftlichen" Arbeitens ist eine solche Vorgehensweise jedoch insbesondere aus ontologischen Gründen nicht erlaubt, wie bei der Erörterung idealtypischer wissenschaftstheoretischer Positionen in Kapitel 1 deutlich geworden sein sollte.

Der interpretativen Organisationskulturforschung bleibt damit ein Problem nicht erspart, welches in der geisteswissenschaftlich orientierten Wissenschaftsphilosophie unter dem Schlagwort des „Zirkels des Verstehens" erörtert wird. Nach Heidegger, der sich in seinem Grundlagenwerk „Sein und Zeit" sehr ausführlich mit den Spezifika geisteswissenschaftlichen Arbeitens auseinandersetzt, ist der „Zirkel des Verstehens" allerdings kein tautologischer Zirkel im Sinne einer Aussagenstruktur ohne empirischen Gehalt, sondern die grundlegende Methode interpretativer Wissenschaft:

> „Dieser Zirkel des Verstehens ist nicht ein Kreis, in dem sich eine beliebige Erkenntnisart bewegt, sondern es ist der Ausdruck der existentialen Vor-Struktur des Daseins selbst. Der Zirkel darf nicht zu einem vitiosum und sei es auch zu einem geduldeten herabgezogen werden. In ihm verbirgt sich eine positive Möglichkeit ursprünglichsten Erkennens, die freilich in echter Weise nur dann ergriffen ist, wenn die Auslegung verstanden hat, daß ihre erste, ständige und letzte Aufgabe bleibt, sich jeweils Vorhabe, Vorsicht und Vorgriff nicht durch Einfälle und Volksbegriffe vorgeben zu lassen, sondern in deren Ausarbeitung aus den Sachen selbst heraus das wissenschaftliche Thema zu sichern."[59]

Trotz dieses hinter der typisch orakelnden Rede des Hermeneutikers verborgenen Optimismus' hinsichtlich der Chance, durch verstehende Interpretationen Erkenntnisse über Sinnzusammenhänge gewinnen zu können, kommt Heidegger nicht umhin zu konzedieren, daß „... alle Auslegung, die Verständnis bereitstellen soll, schon das Auszulegende verstanden haben (muß)."[60]

Dieser „Zirkel des Verstehens" ist also ein zentrales Problem der subjektivistischen Organisationskulturforschung. Ebers hat sehr überzeugend gezeigt, daß die mit diesem Zirkel des Verstehens zusammenhängenden Probleme dazu führen, daß eine Organisationskulturforschung, die sinnvoll, d.h. hinterfrag- und

---
[59] Heidegger (1967), S. 153.
[60] Heidegger (1967), S. 153.

kritisierbar bleiben will, sich die konzeptionellen Impulse der „Kulturmetapher" nur partiell zunutze machen darf: Eine interpretative Organisationskulturforschung muß hinsichtlich ihres Wissenschaftsverständnisses immer inkonsistent bleiben, wenn sie den Anspruch der Wissenschaftlichkeit erheben will. Ohne den positivistischen Anspruch, im Bereich der Erforschung des sinnorientierten Handelns von Organisationsmitgliedern auf unabhängige Erklärungsvariablen nicht verzichten zu wollen, führt sich auch eine subjektivistische Organisationskultur**forschung** selbst ad absurdum.[61] Was letztendlich bleibt, ist die Konstruktion einer Art „Sinnfunktionalismus", eine Notlösung, deren aus metatheoretischer Sicht unbefriedigender Charakter ins Auge sticht.

### 3.3 Radikal-humanistische Ansätze der Organisationskulturforschung

Nachdem bisher einige grundsätzliche wissenschaftstheoretisch begründete Auseinandersetzungen zwischen den objektivistischen Organisationsforschern, die Kultur als weitere Systemvariable in ihre Erklärungsmodelle integrieren wollen, und den Subjektivisten, die Kultur in Ausarbeitung der „root-metaphor" als Sinnsystem zu begreifen suchen, erörtert worden sind, soll im folgenden die Analysekraft des hier zugrundeliegenden Orientierungsrahmens von Burrell/ Morgan auch in seiner zweiten Dimension erprobt werden.

Die bisher diskutierten Ansätze einer symbol-orientierten Organisations(kultur)forschung haben trotz ihrer Verschiedenheit eine Gemeinsamkeit aufzuweisen: Sie entspringen in ihren Grundannahmen hinsichtlich des Wesens der Gesellschaft und sonstiger sozialer Verbände einer Soziologie bzw. Sozialwissenschaft der Regelung. Im folgenden sollen die Argumente derjenigen Erforscher organisatorischer Symbolstrukturen kritisch gewürdigt werden, die dem Bereich der Soziologie des „Radikalen Wandels" zuzuordnen sind. Als erstes werden die radikal-humanistischen Ansätze vorgestellt.

Der soziologische Ausgangspunkt dieser bisher kaum entwickelten Variante der Organisationskulturforschung ist in der sog. „Kritischen Theorie" der Frankfurter Schule anzusiedeln. Die „Kritische Theorie" ist auf Basis einer Neubelebung der Gedanken des jungen Marx von Philosophen und Soziologen wie Fromm, Marcuse und Habermas geprägt worden, als ein mit psychoanalytischen Denkmustern versehenes Erklärungsmodell spezifischer gesellschaftlicher „Dysfunktionen" wie Entfremdung, Manipulation und Sinnkrisen in den modernen, spätkapitalistischen Industriegesellschaften.[62]

Die zentralen Aussagen der „Kritischen Theorie" lauten: Mit der Welt der Symbole, die sich die Menschen in den modernen Industriegesellschaften selbst geschaffen haben, konstituieren sie sich ein „psychisches Gefängnis", aus dem sie aus eigener Kraft nicht ausbrechen können. Die Rollenerwartungen, die an die Menschen in machtvoller Weise herangetragen werden, die Zwänge der Produktion und auch des Konsums sind für die Vertreter der „Kritischen Theorie" nichts anderes als die – nur vermeintlich gegenständlichen – Projektionen ihres eigenen „falschen" Bewußtseins, also Phänomene, die aus systemischen Sach-

---

[61] Vgl. Ebers (1985), S. 111–140.
[62] Vgl. zur „Frankfurter Schule" die grundlegende Arbeit von Fromm (1970) „Die Furcht vor der Freiheit", desweiteren bspw. Habermas (1968).

zwängen heraus nicht ursächlich zu erklären sind. In der psychoanalytischen Variante wird dieses „falsche" Bewußtsein wiederum erklärt aus unbewußt vorhandenen Relikten einer gestörten Persönlichkeits- bzw. Gesellschaftsentwicklung; eine solche Vorgehensweise führt dann z. B. zum Begriff einer „Gesellschaft des Narzißmus", wie ihn der Sozialwissenschaftler Lasch in einer Analyse der amerikanischen Gesellschaft für diese geprägt hat.[63]

Die Interpretation organisationskultureller Symbole fällt innerhalb eines solchen Paradigmas naturgemäß anders aus als in den Ansätzen der interpretativen Organisationskulturforschung. Zwar steht sowohl bei den interpretativen als auch bei den radikal-humanistischen Ansätzen der Organisationskulturforschung die einigende Kraft der Symbole, der Konsens, der durch gemeinsam verfügbare Werte herstellbar ist, im Mittelpunkt des Interesses. Während aber dieser Konsens in den interpretativen Ansätzen grundsätzlich als positiv im Hinblick auf Ordnung, Regelung und Erhaltung der Organisation beurteilt wird, werden in den radikal-humanistischen Ansätzen dieselben Symbole, und insbesondere die Symbole des Erfolgs, die in den modernen spätkapitalistischen Industriegesellschaften in erster Linie in deren zentralen Institutionen, den Unternehmungen, bereitgestellt werden, als Ursache für ein „falsches Bewußtsein" der beteiligten Individuen angesehen und deshalb grundsätzlich negativ bewertet.

Eines der wenigen Beispiele für die explizite Bezugnahme auf dieses Paradigma innerhalb des „Organizational Symbolism" findet sich bei Walter.[64] Walter sieht die Arbeitswelt des modernen Menschen geprägt von Symbolen, die in vielfältigen Formen (Bürogebäude, Innenausstattung der Büros, Kleidung und Fahrzeuge von Führungskräften) einen zentralen, die spätkapitalistisch-narzißtische Gesellschaft dominierenden Mythos zum Ausdruck bringen: daß Erfolg ein Naturphänomen sei, ein zentrales Wesensmerkmal menschlicher Existenz, und daß derjenige, der diesen Erfolg nicht persönlich zur Schau trägt (oder tragen kann), seine Rolle in der Gesellschaft nicht vollumfänglich erfüllt. Walter sieht damit gesellschaftliche und organisationskulturelle Symbole als Abbilder des Bewußtseinszustandes der in den Organisationen arbeitenden Individuen. Diese eignen sich, angetrieben von unrealistischen Vorstellungen bezüglich persönlicher und organisationaler Perfektionierungsmöglichkeiten, theatralisch-großartige Verhaltensmuster und Statussymbole an, um andere beeindrucken zu können.[65]

Da die Kosten dieser aufwendigen Verhaltensweisen – die rein materiellen einerseits, die persönlichen in Form von vager Unzufriedenheit, unspezifischen Angstzuständen, Langeweile und Depressionen andererseits – nicht unerheblich sind, ist es naheliegend zu fragen, ob diese spezifische Form der symbolischen Konstitution sozialer Realität nicht einer Veränderung zugänglich ist. Der dazu nötige radikale Wandel des persönlichen Bewußtseins wird nach Auffassung von Walter jedoch gerade behindert durch die Macht der Symbole, welche eben dieses persönliche Bewußtsein mit konstituieren. Die Preisgabe des Glaubens an den überragenden Stellenwert der Erfolgssymbole in der persönlichen und organisationalen Wertehierarchie und deren Substitution durch realistischere

---

[63] Vgl. Lasch (1980).
[64] Vgl. Walter (1983), auch Abravanel (1983).
[65] Vgl. hierzu auch die Ausführungen Laschs zur „Kultur des Narzißmus", Lasch (1980), S. 87.

Werte wie die Erfüllung von Aufgaben werden nicht zuletzt entscheidend behindert durch starke, machtvolle Organisationskulturen:

> "To allow change the narcissist needs experiences which are optimally disillusioning, but it is just here that modern corporate paternalism, societal affluence, and the welfare state insulate the individual. The individual may fear punishment from the restrained hierarchy but this confirms rather than disconfirms a fixation on 'looking out for No. 1'."[66]

Zentrale Einwendungen ergeben sich gegen diese Art der Organisationskulturforschung insbesondere in bezug auf zweierlei Problemkreise. Einerseits sind hier die aus ihrer Zugehörigkeit zu den subjektivistischen Paradigmata sozialwissenschaftlichen Arbeitens erwachsenden Schwierigkeiten der radikal-humanistischen Organisationskulturforschung zu nennen, die denen der interpretativen Variante naturgemäß sehr ähnlich sind. Wenn es nicht ohne weiteres möglich ist, das richtige Bewußtsein der Organisationsmitglieder zu erforschen, d. h. diejenigen Werte und Normen, die ihr persönliches und auch organisationsbezogenes Sinnsystem konstituieren, kann es sich dann bei der Erforschung des „falschen" Bewußtseins und der damit zusammenhängenden symbolisch vermittelten (Un)sinnstrukturen anders verhalten? Die Ausführungen Walters sind, wie aus der obigen Skizzierung ersichtlich, dementsprechend sicherlich weniger als objektive Erkenntnisse, sondern vielmehr als subjektive Interpretationen des Sinns bestimmter realer Tatbestände (z. B. Bürogebäude) zu verstehen. Als solche können sie keinen Wahrheitsanspruch geltend machen. Andererseits kann die Annahme der radikal-humanistischen Organisationsforschung, die Gesellschaft sei ihrem Wesen nach ein in sich widersprüchliches Phänomen, welches eine individuelle Selbstentfaltung eher behindert als ermöglicht, ebenso in Frage gestellt werden wie etwaige gegenteilige diesbezügliche Grundannahmen. Die mit letzterem Problembereich einhergehenden Argumente bezüglich der Erklärungskraft radikaler Ansätze der Organisationskulturforschung sollen jedoch im Zusammenhang des nächsten Unterabschnittes erörtert werden, in dem die Grundzüge einer denkbaren radikal-strukturalistischen Organisationskulturforschung nachgezeichnet werden.

### 3.4 Radikal-strukturalistische Ansätze der Organisationskulturforschung

Der wissenschaftshistorische Ausgangspunkt der ähnlich wie die radikal-humanistischen kaum entwickelten radikal-strukturalistischen Ansätze der Organisationskulturforschung ist im wesentlichen in der klassischen marxistischen Gesellschaftstheorie und in der radikalen Neu-Interpretation der Gedanken Max Webers anzusiedeln.[67]

Die inhaltliche Gemeinsamkeit zwischen den beiden Varianten radikaler Organisationskulturforschung liegt in der Überzeugung, daß die Menschen in modernen Industriegesellschaften durch soziale Organisationen unterdrückt werden. Der wesentliche Unterschied der objektivistischen Variante zur subjektivistischen besteht darin, daß die Ursache dieser Unterdrückung für den radikalen

---
[66] Walter (1983), S. 269.
[67] Vgl. hierzu die Ausführungen von Burrell/Morgan (1979), Kap. 10 und 11.

Strukturalisten nicht in den Kognitionen der Organisationsmitglieder, sondern in der objektiven sozialen Realität zu suchen ist.

Organisationskulturelle Symbole dienen in einer solchen Sichtweise als Instrumente, die von einer herrschenden Klasse oder Schicht dazu eingesetzt werden, Einstellungen und Verhaltensweisen der beherrschten Klasse zu manipulieren und zu formen. Statt von Organisationskultur sprechen die Vertreter einer radikal-strukturalistischen Sichtweise dann von „Organisationsideologie".

Integration in eine Organisationsideologie heißt für das einzelne Organisationsmitglied, daß es durch Machtbeziehungen dazu gezwungen wird, die Werte und Normen der herrschenden Ideologie entweder zumindest im Rollenverhalten zu akzeptieren (compliance), oder aber diese Ideologie ganz und gar zu internalisieren. Es ist nicht überraschend, daß in einer derartigen Sichtweise der Kultur (bzw. Ideologie) einer Organisation bestimmte Symbole ähnlich wie in den funktionalistisch-systemorientierten Ansätzen als Instrumente der Systemerhaltung interpretiert werden – hier nicht hinsichtlich der Erhaltung eines harmonischen Systems nahtlos ineinandergreifender Elemente in Gestalt von Menschen und Maschinen, sondern hinsichtlich der Aufrechterhaltung eines spannungsgeladenen Zustandes intraorganisationaler Widersprüche.

Ein Beispiel für die Implikationen einer solchen Sichtweise bietet der Beitrag von Abravanel, in dem die Funktionen organisationaler Mythen bei der Aufrechterhaltung der herrschenden Ideologie beschrieben werden. Abravanel unterscheidet in Anlehnung an Barthes Mechanismen wie etwa:[68]

1. Die „Schutzimpfung": Hier wird durch einen Mythos das Negative einer Ideologie deutlich gemacht: Ungerechtigkeiten, Verdrehungen, Schwächen usw.. Im „letzten Moment" erfolgt dann doch noch eine Rettung der herrschenden Ideologie: Es wird herausgestellt, daß sie die Verwirklichung eines Gutes ermöglicht, welches von wesentlich größerer Bedeutung ist als die vorher aufgezählten Schwächen.

2. Der „Entzug der Geschichte": Durch einen Mythos werden Dinge und Personen so präpariert und dargestellt, daß ihre spezifische Geschichte über die Bewunderung des Objektes vergessen wird.

3. „Tautologisierung": Wenn für bestimmte Ereignisse oder Zustände keine Erklärung möglich erscheint, werden sie autoritativ durch sich selbst erklärt. Es ist eben so, wie es ist!

Der Hauptkritikpunkt an dieser Art der objektivistischen Organisations„kultur"forschung ist wohl darin zu sehen, daß im Gegensatz zu den Thesen der funktionalistisch-systemorientierten Schulen eine empirische Absicherung der radikalen Thesen noch nicht einmal versucht wird. Dies kann wohl auch darauf zurückgeführt werden, daß die entsprechenden Fachvertreter aufgrund ideologischer Vorurteile eine Widerlegung ihrer Thesen nicht riskieren wollen.

---

[68] Vgl. Abravanel (1983), S. 286, Barthes (1973).

## 4. Ansatzpunkte einer reflektiert funktionalistischen Unternehmenskulturforschung

Es dürfte aus den obigen Ausführungen deutlich hervorgegangen sein, daß Organisations- oder Unternehmenskulturforschung grundsätzlich auf äußerst unterschiedliche Arten betrieben werden kann. Welche Erkenntnisse welcher Art von Organisationskulturforschung sich die Betriebswirtschaftslehre zunutze machen soll, muß danach entschieden werden, inwieweit dadurch ein Beitrag zur Erreichung der Ziele ihres wissenschaftlichen Forschens geleistet werden kann. Hier muß festgehalten werden, daß die Betriebswirtschaftslehre ihr Selbstverständnis nicht zuletzt aus dem Anspruch gewinnt, eine angewandte oder zumindest anwendungsorientierte Wissenschaft zu sein. Die theoretische Basis der in diesem Zusammenhang formulierten Gestaltungsempfehlungen bilden dabei Erklärungsmodelle der Strukturen und Prozesse in betriebswirtschaftlichen Organisationen. Der Anspruch, theoretisch gestützte Gestaltungsempfehlungen zu geben, verträgt sich nun, wie aus den Ausführungen dieses Beitrags deutlich geworden sein sollte, nicht mit einem extrem subjektivistischen Wissenschaftsverständnis. Wie sollten Strukturen und Prozesse in betriebswirtschaftlichen Organisationen gestaltet werden können, wenn deren realer ontologischer Status in Frage gestellt wird? Wie sollen vor allem Gestaltungsempfehlungen begründet werden, wenn die Wahrheit der zugrundeliegenden Theorie nicht überprüft werden kann?

Solche und ähnliche Fragen tauchen auf, wenn man die Alternative der Berücksichtigung extrem subjektivistischer Überlegungen aus dem Bereich der Organisationskulturforschung in der Betriebswirtschaftslehre kritisch hinterfragt. Andererseits scheinen viele Anzeichen dafür zu sprechen, daß es in den Unternehmungen tatsächlich so etwas wie kulturelle Phänomene gibt, die deren wirtschaftlichen Erfolg maßgeblich beeinflussen können. Solche Phänomene werden aber in den Erklärungsmodellen der funktionalistisch-systemorientierten Organisationskulturforschung u. U. nicht in ihrer gesamten Reichhaltigkeit berücksichtigt.

Es muß also ein Mittelweg gefunden werden, der in einer reflektierten Interdisziplinarität diejenigen Ansätze innerhalb der Organisationskulturforschung berücksichtigen kann, die eine Rezeption subjektivistischen Gedankenguts zu leisten in der Lage sind, ohne die funktionalistische Komponente aufzugeben. Wie dies für das äußerst praktische Problem einer kulturorientierten Organisationsanalyse aussehen könnte, zeigen die Ansätze derjenigen Organisationskulturforscher, die dem Umkreis der Organisationsentwicklungsidee zuzurechnen sind. Von Bedeutung sind dabei insbesondere die Beiträge Schein's, in denen er seine jahrzehntelange Arbeit auf dem Felde praktischer Organisationsentwicklungsarbeit im Lichte des Organisationskulturgedankens einer Neubewertung unterzieht. Aus der anfänglich sehr skeptischen Reaktion auf die Ideen, welche die in Beitrag A skizzierte „Corporate Culture"-Diskussion mit sich bringt, entwickelt Schein ein Konzept, welches die Erkenntnisse der Forschung zu den Prozessen organisationalen Lernens mit den Überlegungen der Organisationskulturforschung zu verknüpfen versucht.[69]

---

[69] Vgl. zur kritischen Auseinandersetzung mit der „Corporate-Culture"-Euphorie der

Ausgehend von den Erkenntnissen der sozialpsychologischen Kleingruppenforschung und der Sozialisationsforschung macht Schein deutlich, daß die traditionelle OE-Arbeit zwar in der Übung und Vermittlung allgemeiner Methoden individuellen und organisatorischen Lernens gute Fortschritte gezeigt habe, daß aber dabei von den **Lerninhalten** weitgehend abstrahiert werde.[70] Diesen Inhalten könne man sich nun in hervorragender Weise aus einer Perspektive nähern, die mit einem kulturorientierten Begriffsapparat arbeitet. Kultur im allgemeinen Sinne begreift Schein dabei als „learned product of group experience"[71], wobei er diese Definition in ausdifferenzierter Form auf die Organisationskultur überträgt.[72]

Von zentraler Bedeutung für Schein's Begriff der Organisationskultur ist die Tatsache, daß er ihr den Charakter eines Systems von Annahmen zuschreibt, welche Individuen im sozialen Kontext bezüglich einer Reihe von Problemfeldern entwickeln, die für ihr persönliches Sein und Handeln wichtig sind. Diese Annahmen entwickeln sich aus konkreten Erfahrungen in Gruppenprozessen und können mit ihren Ausprägungen auf einzelnen Dimensionen zur Beschreibung spezifischer Kulturtypen dienen, die Schein „Cultural Paradigms" nennt.[73]

---

1. *Humanity's Relationship to Nature.* At the organizational level, do the key members view the relationship of the organization to its environment as one of dominance, submission, harmonizing, finding an appropriate niche, or what?
2. *The Nature of Reality and Truth.* The linguistic and behavioral rules that define what is real and what is not, what is a "fact", how truth is ultimately to be determined, and whether truth is "revealed" or "discovered"; basic concepts of time and space.
3. *The Nature of Human Nature.* What does it mean to be "human" and what attributes are considered intrinsic or ultimate? Is human nature good, evil, or neutral? Are human beings perfectible or not?
4. *The Nature of Human Activity.* What is the "right" thing for human beings to do, on the basis of the above assumptions about reality, the environment, and human nature: to be active, passive, self-developmental, fatalistic, or what? What is work and what is play?
5. *The Nature of Human Relationships.* What is considered to be the "right" way for people to relate to each other, to distribute power and love? Is life cooperative or competitive; individualistic, group collaborative, or communal; based on traditional lineal authority, law, charisma, or what?

---

**Abb. 2** Basic Underlying Assumptions Around which Cultural Paradigms Form[74]

---

frühen 80er Jahre in den USA: Schein (1981), „Does Japanese Management have message ...?"; eine erste Auseinandersetzung mit der Organisationskulturforschung erfolgt bei Schein (1980), insb. 1983 im Beitrag: „The Role of the Founder in Creating Organizational Culture", Schein (1983); es folgen Schein (1984a, 1984b), in denen der Rahmen für das ausführliche Werk von 1985 abgesteckt wird: „Organizational Culture and Leadership", Schein (1985).

[70] Vgl. Schein (1984a), S. 31.
[71] Schein (1985), S. 7.
[72] Vgl. Schein (1984b).
[73] Vgl. Schein (1985), S. 85 ff.
[74] Schein (1985), S. 86.

Aus diesen Überlegungen heraus definiert Schein „Kultur" folgendermaßen:

> "... the term 'culture' should be reserved for the deeper level of **basic assumptions** and **beliefs** that are shared by the members of an organization, that operate unconsciously, and that define in a basic 'taken-for-granted' fashion an organization's view of itself and its environment.
> These assumptions and beliefs are **learned** responses to a group's problems of **survival** in its external environment and its problems of **internal integration**." [75]

Die Lokalisierung von Organisationskulturen im Bereich vorbewußter bzw. unbewußter Annahmen der Organisationsmitglieder bezüglich der Dimensionen der Abb. 2 zeichnet die Art vor, die in einer solchen Sichtweise den Umgang mit kulturellen Phänomenen auf Organisationsebene prägen muß. Falls es für notwendig erachtet wird, Organisationskulturen zu entwickeln oder zu verändern, stellt sich zu allererst das Problem der **Kulturanalyse.** Im Rahmen einer Kulturanalyse muß der Analysierende in einem Prozeß des langsamen Hineinwachsens in eine gegebene Kultur stufenweise, ausgehend von der bloßen Wahrnehmung kulturspezifischer Oberflächenphänomene, über ein Erkennen zugrunde liegender Werthaltungen letztendlich bis zu den oben angesprochenen grundlegenden Annahmen vordringen. Ausgangspunkt für diese Überlegung ist das Modell der **Kulturebenen** und deren Beziehungen. Diese Kulturebenen sind in Abb. 3 erläutert.

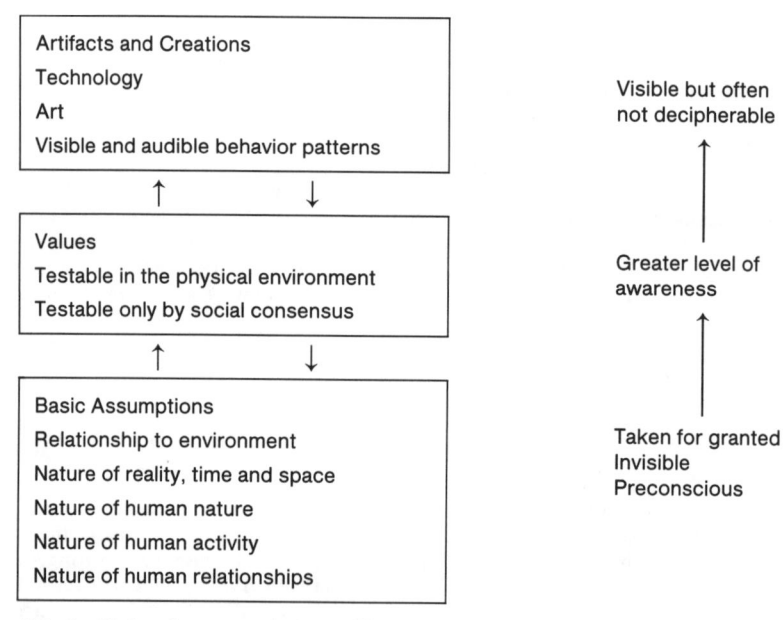

|  |  |
|---|---|
| Artifacts and Creations<br>Technology<br>Art<br>Visible and audible behavior patterns | Visible but often not decipherable |
| Values<br>Testable in the physical environment<br>Testable only by social consensus | Greater level of awareness |
| Basic Assumptions<br>Relationship to environment<br>Nature of reality, time and space<br>Nature of human nature<br>Nature of human activity<br>Nature of human relationships | Taken for granted<br>Invisible<br>Preconscious |

**Abb. 3** Kulturebenen nach Schein[76]

---

[75] Schein (1985), S. 6.
[76] Vgl. zur Abb. 3 Schein (1985), S. 14, Schein (1980), S. 4.

Die reflektiert interpretative Position Schein's wird jedoch nicht nur durch sein spezifisches Verständnis der Organisationskultur deutlich, sondern vor allem durch seine Erkenntnis, daß die Kulturanalyse mit Instrumenten oder Methoden arbeiten muß, die auf das Entschlüsseln grundlegender Annahmen speziell zugeschnitten sind. Unter dem Schlagwort „Joint Exploration Through Iterative Interviewing" stellt Schein ein zehnstufiges Phasenschema der Kulturanalyse vor, in dem eine Berücksichtigung dieser methodologischen Erkenntnis versucht wird.[77]

Schein macht in diesem Zusammenhang deutlich, daß grundlegende Annahmen und deren Interdependenzen nur dann entschlüsselt und dem Bereich vorbewußter „Selbstverständlichkeiten" entrissen werden können, wenn die Kulturanalyse eine **gemeinsame** Aktion von Analysierenden (Forscher, Berater, Kulturprojektmitglied) und Analysierten (Führungskräfte, Mitarbeiter eines Unternehmens) darstellt. Dabei ist nicht nur die Datenerhebung in Form von Befragungen, Beobachtungen, Dokumentenanalysen usw. gemeint, die auch in der herkömmlichen empirischen Sozialforschung im Regelfall in Zusammenarbeit mit den untersuchten Individuen erfolgen muß. Der Charakter der gemeinsamen Aktion bezieht sich vielmehr auch und insbesondere auf die Datenauswertung und damit auf das Kernstück empirischer Sozialforschung, welches traditionellerweise dem Forscher überlassen bleibt. Zur Begründung dieser im Sinne der Methodologie als tendenziell idiographisch zu sehenden Vorgehensweise führt Schein zwei grundlegende Probleme der Kulturanalyse an:

1. Das Problem der subjektiven Voreingenommenheit des Kulturanalysten

2. Das Problem der „Unsichtbarkeit" grundlegender Annahmen im oben erläuterten Sinne

Zu 1) Der Außenstehende hat zu Beginn einer Kulturanalyse keinen unmittelbaren Zugang zu einer gegebenen Kultur. Dies äußert sich insbesondere in der Unkenntnis der Bedeutungen, die einzelnen sprachlichen und nichtsprachlichen Symbolen kulturspezifisch zugeordnet werden müssen. Neben diesem semantischen Problem ergibt sich für den Außenstehenden naturgemäß eine Unkenntnis der Art und Weise, wie diese Bedeutungen in konkretes Verhalten umgesetzt werden, und welche Situationsbedingungen dabei wie wirken. Der Außenstehende wird in einer solchen Situation beinahe unvermeidlich seine eigene Interpretationspragmatik auf die beobachteten Verhaltensweisen übertragen. Die Folge ist im allgemeinen deren Fehlinterpretation. Solche Fehlinterpretationen können nur im Rahmen einer wiederholten Diskussion des Standes der Kulturanalyse zwischen Analysierenden und Analysierten ausgeräumt werden.

Zu 2) Die Natur der grundlegenden, vorbewußten Annahmen bringt nicht nur das Problem mit sich, daß der Außenstehende keinen unmittelbaren Zugang zu ihnen hat. Darüber hinaus entziehen sie sich auch dem unmittelbaren Zugriff durch diejenigen, die die untersuchte Kultur selber leben. Grundlegende Annahmen sind aus dem Bewußtsein abgesunken in den Bereich der Selbstverständlichkeiten, des Nicht-Mehr-Hinterfragten, sie sind „unsichtbar". Damit ist im Rahmen einer Kulturanalyse nicht nur der Außenstehende auf die Kommunikation mit den Mitgliedern der untersuchten Organisation angewiesen. Auch die „Insider" können ohne Hilfe ihre eigene Kultur nicht entschlüsseln. Erst durch

---
[77] Vgl. Schein (1985), S. 113 ff.

die Hinterfragung von Ereignissen und Gegebenheiten, die der Außenstehende im Rahmen der Kulturanalyse beobachtet und innerhalb seines Vorverständnisses interpretiert, werden die „Insider" gezwungen, ihre eigene Sichtweise zu artikulieren und damit gleichzeitig aus dem Vorbewußten ins Bewußtsein zurückzuholen.

Trotz dieser prinzipiellen Probleme ist Schein der Überzeugung, daß durch den Einsatz geeigneter Instrumente die grundlegenden Annahmen der Organisationsmitglieder hinsichtlich der in Abb. 2 angeführten Dimensionen an die Oberfläche geholt werden können. Damit ist für Schein aber auch die Voraussetzung geschaffen, diese grundlegenden Annahmen zu verändern. Die Kriterien, welche die Richtung der Veränderung vorzeichnen, sind die Funktionen von Kulturen in Organisationen. Hier wird der Bezug zur funktionalistischen Organisationssoziologie deutlich. In Anlehnung an Parsons und Merton stellt Schein das Überlebenskriterium in der Vordergrund. Die Existenz einer spezifischen Kultur wird erklärt aus ihrer Fähigkeit zur Lösung der beiden zusammenhängenden Probleme des „... (1) survival in and adaption to the external environment and (2) integration of its internal processes to ensure the capacity to continue to survive and adapt."[78] Die Prozesse der Entstehung, Entwicklung und Veränderung von Kulturen in sozialen Gebilden beschreibt und erklärt Schein auf der Basis sozialpsychologischer Gruppen- und Führungstheorien, welche auch seinen Arbeiten zur Organisationsentwicklung zugrundeliegen.[79] Die Erklärung spezifischer Inhalte von Organisationskulturen sucht Schein in den Wechselbeziehungen zwischen individuellen Intentionen von Organisationsgründern, dominierenden Führungspersönlichkeiten und Organisationsmitgliedern. Aus diesen erwächst ein geteiltes System an grundlegenden Annahmen bezüglich der „richtigen" Sichtweise organisationaler Realität. Für die Entstehung von Gruppen und Kulturen gleichermaßen ausschlaggebend sind dabei Führungsaktivitäten: „... group growth and culture formation can be seen as two sides of the same coin, and both are the result of leadership activities".[80] Im Rahmen dieser Sichtweise ist folgerichtig die Rolle von Führungspersönlichkeiten im weitesten Sinne der Ansatzpunkt, der im Hinblick auf die Entstehung und den Wandel von Organisationskulturen im Zentrum des Interesses stehen muß.[81] Als Nebenbedingung dieser Prozesse ist die Entwicklungsphase zu beachten, in der sich eine Organisation zum Zeitpunkt des Eingriffs in die Organisationskultur gerade befindet.[82]

Ein weiteres Beispiel für die Versuche, unternehmenskulturelle Phänomene in der Praxis zu berücksichtigen, bietet ein Beitrag von Mitroff/Kilman mit dem Titel „Stories Manager's Tell: A New Tool for Organizational Problem Solving".[83] Im Mittelpunkt der Ausführungen von Mitroff/Kilman steht das komplexe Symbol „story". Dieses Symbol wird bei Mitroff/Kilman als vielfältig einsetzbares Instrument zur Lösung von Konflikten und Problemen in Organisationen betrachtet. Die Hinweise zur Realisation der entsprechenden Potentiale weisen dabei wiederum eine nicht zu übersehende Beziehung zu den Methoden der

---

[78] Schein (1985), S. 50.
[79] Vgl. z. B. Schein/Bennis (1965), Schein (1969), (1980), (1983).
[80] Schein (1985), S. 50.
[81] Vgl. Schein (1985), S. 209 ff.; auch Schein (1983), wo insb. der Einfluß von Organisationsgründern auf die Organisationskultur diskutiert wird.
[82] Vgl. Schein (1985), S. 244 ff.
[83] Vgl. Mitroff/Kilman (1975).

Organisationsentwicklung auf. Ausgangspunkt ist ein Konflikt oder Problem in der Organisation. Der erste Schritt einer „geschichtenorientierten Problemlösung" besteht nach Mitroff/Kilman darin, daß alle Betroffenen bzw. deren Repräsentanten ihre Sichtweise in Form einer Geschichte über die Entstehung, die Entwicklung und die zentralen Fragen des entsprechenden Problemfeldes niederlegen. Im zweiten Schritt sollen die individuellen „Geschichten" bzw. deren Verfasser zu vier Gruppen zusammengefaßt werden, wobei die Einteilung nach einem Persönlichkeitsraster vorgenommen wird, das von Mitroff/Kilman in Anlehnung an die Archetypen Jung's entwickelt worden ist. Diese vier Gruppen arbeiten in der Folge vier Idealtypen denkbarer Sichtweisen des zur Diskussion stehenden Problems oder Konflikts aus. Da diese Sichtweisen des Problems oder des Konflikts naturgemäß unterschiedlich sein werden, ist ein weiterer Schritt in Richtung auf die Problemlösung hin erforderlich. Es muß eine Gruppe gebildet werden, die sich aus zwei oder mehr Vertretern der einzelnen Sichtweisen zusammensetzt. Diese Gruppe soll das Problem letztendlich lösen bzw. den Konflikt austragen. Mitroff/Kilman behaupten, daß im allgemeinen ein Konsens zu erreichen ist, wenn dabei ihre „geschichtenorientierte" Methode der Problem- bzw. Konfliktlösung zur Anwendung gelangt:

"A lively debate usually develops in which the different perspectives are exaggerated, challenged, examined, denied, projected, an so forth. During this process, each individual is encouraged and pushed as much as possible to critically question and address the strengths and weaknesses of his own perspective. Once each individual in the integrated group has achieved this objective, the process moves toward a synthesis stage. The atmosphere changes, and each member of the group attempts to provide innovative solution, capitalizing on the strengths of each position while minimizing or subdueing the weaknesses. Finally, this group proposes some integrated solution that addresses the issues developed by the different perspectives."[84]

Insbesondere das letzte Beispiel zur praktischen Umsetzung der Überlegungen zur Organisationskultur im Rahmen von Organisationsentwicklungsmaßnahmen macht deutlich, daß dort sehr ausgeprägte Grundannahmen hinsichtlich der Regelhaftigkeit und des Konsenswillens der Mitglieder einer Organisation unterstellt werden. Daß der Glaube an die Wirksamkeit der Problem- und Konfliktlösungsmethoden aus dem Bereich der symbolorientierten Organisationsforschung in jüngster Zeit schon wieder ins Wanken gerät, erscheint angesichts solcher instrumentalistischer Verwertungen des Gedankens der Organisationskultur nicht verwunderlich, besonders dann, wenn derartige gruppendynamische Aktionen von teuer bezahlten Unternehmensberatern veranstaltet werden. Dennoch ist dies wohl im Ansatz der richtige Weg, wenngleich die Methoden und Instrumente verfeinerungsbedürftig erscheinen.[85]

## 5. Ergebnis

Die Ausführungen dieses Beitrages zeigen, daß die Beschäftigung mit Unternehmenskultur für die Betriebswirtschaftslehre die Notwendigkeit einer kriti-

---

[84] Mitroff/Kilman (1975), S. 26/27.
[85] Vgl. zu diesem Problemkreis den etwas polemischen Beitrag „The Corporate Culture Vultures" von Uttal (1983).

schen Rezeption der aktuellen Grundlagendiskussion in der Organisationstheorie nach sich zieht. Es wird aber auch deutlich, daß die alternativen Forschungswege, die in dieser Diskussion entwickelt werden und damit zumindest prinzipiell auch der Unternehmenskulturforschung offen stehen, mit den Forschungszielen der sich als angewandt begreifenden Betriebswirtschaftslehre nicht in jedem Fall uneingeschränkt übereinstimmen. Dies gilt insbesondere für die extrem subjektivistischen Ansätze der Organisationskulturforschung, welche in letzter Konsequenz die Möglichkeit einer „wissenschaftlichen" Erkenntnis und Handhabung von Sachverhalten und Beziehungen in der „kulturellen" Dimension sozialer oder soziotechnischer Systeme bestreiten und sogar die Fruchtbarkeit der Metapher des „Systems" als Ausgangspunkt organisationstheoretischer Überlegungen bezweifeln.

Die entscheidungsorientierte Betriebswirtschaftslehre sieht sich angesichts dieser Situation der Gefahr gegenüber, durch die unreflektierte Übernahme von Erkenntnissen anderer sozialwissenschaftlicher Disziplinen Inkonsistenzen hinsichtlich ihrer Forschungsprogrammatik zu entwickeln. Die angemessene Strategie, dieser Gefahr zu begegnen, kann nun allerdings nicht darin bestehen, „unpassende" Erkenntnisse im Sinne des „Vogels Strauß" einfach zu ignorieren und sich auf einen rein „ökonomischen" Standpunkt zurückzuziehen. Vielmehr geht es hier um die Frage nach geeigneten Kriterien für die Auswahl von problemrelevanten Erkenntnissen anderer Forschungsansätze, in diesem Fall der Organisationskulturforschung. Der vorliegende Beitrag könnte erste Hinweise für die Entwicklung eines Kriterienkataloges bereitstellen, der dem häufig an die verhaltensorientierten, interdisziplinären Ansätze innerhalb der Betriebswirtschaftslehre herangetragenen Vorwurf der fehlenden Konzeption für die Übernahme von Forschungsergebnissen in weiten Bereichen den Boden entziehen würde.[86]

So wäre es naheliegend, Erkenntnisse benachbarter Sozialwissenschaften daraufhin zu überprüfen, ob sie hinsichtlich ihrer implizit oder explizit vorausgesetzten wissenschaftstheoretischen Grundannahmen mit den Intentionen einer angewandten praktisch-normativen Betriebswirtschaftslehre vereinbar sind. Ein solcher Übergang von einer „naiven" Interdisziplinarität zu einer „reflektierten" Interdisziplinarität würde z. B. die Forderung nach der Verwendung „gesicherter" Erkenntnisse anderer Disziplinen relativieren zu dem Bewußtsein, daß die „Sicherheit" sozialwissenschaftlicher Erkenntnisse nicht zuletzt eine Frage metatheoretischer Grundüberzeugungen ist.

Aus den Überlegungen heraus ist auch die Vorgehensweise in den nachfolgenden Beiträgen dieses Buches zu verstehen. Im folgenden Beitrag D wird der Versuch unternommen, die Implikationen der Forderung „individualistischer" Organisationskulturforschung nach einer Abkehr von rein systemorientierten Ansätzen der Erklärung kultureller Prozesse in Organisationen in reflektierter, d.h. nicht extremer Weise Rechnung zu tragen. Der theoretische Ansatz, der hierzu herangezogen wird, ist der „Symbolische Interaktionismus". Die Erklärungsmuster, die in diesem Zusammenhang zur prozeßorientierten Beschreibung der Genese und der Weitergabe des kulturellen Systems einer betriebswirtschaftlichen Organisation zur Anwendung gelangen, sind sicherlich nicht unhinterfragbar im Sinne einer empirisch verifizierbaren Faktizität. Dennoch erweist sich eine Perspektive, die betriebswirtschaftliche Organisationen als „sozial-konstruierte"

---

[86] Dieser Vorwurf wird bspw. von Elschen (1983) vorgebracht.

Realität begreift, als besonders geeignet, die symbolische Dimension betriebswirtschaftlicher Phänomene zu erfassen. Die Aufgabe der Unterstützung gestalterischer Aktivitäten in der Praxis läßt sich dagegen in fruchtbarer Weise nur aus einer „objektivistischen" Perspektive erfüllen. Dieser Weg wird deshalb im Beitrag E eingeschlagen. Die Klammer um diese unterschiedlichen Perspektiven bildet das Wissenschaftsprogramm der entscheidungsorientierten Betriebswirtschaftslehre, wodurch ein funktionalistischer und damit dem Prinzip der Wissenschaftlichkeit und der Wertfreiheit entsprechender Grundtenor gewährleistet ist.

## Literaturverzeichnis

*Abravanel, H.* (1983): Mediatory Myths in the Service of Organizational Ideology, in: Pondy et al. (Hrsg.), Organizational Symbolism, Greenwich, Conn., S. 273 ff.
*Ackoff, R. L./Emery, F. E.* (1972): On Purposeful Systems, Chicago 1972
*Albert, U./Silverman, M.* (1984): Making Management Philosophy a Cultural Reality; Part 1: Get started, in: Personnel, Vol. 61, Jan./Febr. 1984, Nr. 1, S. 12–21, Part 2: Design Human Ressources Programs Accordingly, in: Personnel, Nr. 2, March/April 1984, S. 28 ff.
*Allaire, Y./Firsirotu, M. E.* (1984): Theories of Organizational Culture, in: Organization Studies, 3/1984, S. 193 ff.
*Astley, W. G./Van de Ven, A. H.* (1983): Central Perspectives and Debates in Organization Theory, in: Administrative Science Quarterly, June 1983, S. 245 ff.
*Barthes, R.* (1973): Mythologies, St. Albans 1973
*Bate, P.* (1984): The Impact of Organizational Culture on Approaches to Organizational Problem Solving, in: Organization Studies, 5/1984, S. 43 ff.
*Beer, S.* (1959): Kybernetik und Management, Frankfurt a. M. 1959
*Bertalanffy, L. von* (1956): General System Theory, in: General System, Vol. 1, S. 1 ff.
*Bleicher, K.* (Hrsg.) (1972): Organisation als System, Wiesbaden 1972
*Bleicher, K.* (1983): Organisationskulturen und Führungsphilosophien im Wettbewerb, in: ZfbF, 2/1983, S. 135
*Bleicher, K.* (1984): Unternehmungspolitik und Unternehmungskultur: Auf dem Wege zu einer Kulturpolitik der Unternehmung, in: ZfO, 8/1984, S. 494 ff.
*Boulding, K.* (1968): General Systems Theory – the Skeleton of Science: in: Buckley, W. (Hrsg.), Modern Systems Research for the Behavioral Scientist, Chicago 1968
*Buckley, W.* (1967): Sociology and Modern Systems Theory, Englewood Cliffs, N.Y., 1967
*Burns, I.* (1977): Kritische Analyse des Kontingenz-Ansatzes in der Organisationstheorie, in: Der Betriebswirt 1977, S. 61 ff., 100 ff., 139 ff.
*Burns, T./Stalker, G. M.* (1961): The Management of Innovation, London 1961
*Burrell, G./Morgan, G.* (1979): Sociological Paradigms and Organizational Analysis, London 1979
*Cohen, P. S.* (1968): Modern Social Theory, London 1968
*Dahms, H. I./Majer, U.* (1978): Paradigma, in: Braun, E., Radermacher, H. (Hrsg.), Wissenschaftstheoretisches Lexikon, Graz, Wien, Köln 1978, Sp. 410 ff.
*Dandridge, Th. C.* (1983): Symbol's Function and Use, in: Pondy, L. R. et al. (Hrsg.), Organizational Symbolism, Greenwich, Conn., 1983, S. 69 ff.
*Davis, S. M.* (1984): Managing Corporate Culture, Cambridge, Mass. 1984
*Dawe, A.* (1970): The Two Sociologies, in: British Journal of Sociology, Vol. 21, S. 207 ff.
*Deal, T. E./Kennedy, A. A.* (1982): Corporate Cultures, Reading, Mass., 1982
*Dietel, B./Müller-Bader, P.* (1984): Elemente einer Theorie der Führung. in: Heinen, E. (Hrsg.), Betriebswirtschaftliche Führungslehre, 2. Aufl., Wiesbaden 1984, S. 143 ff.

*Dill, P.* (1986): Unternehmenskultur: Grundlagen und Anknüpfungspunkte für ein Kulturmanagement, Bonn 1986
*Ebers, M.* (1985): Organisationskultur: Ein neues Forschungsprogramm?, Wiesbaden 1985
*Essler, W. K.* (1978): Epistemologie, in: Braun, E., Radermacher, H. (Hrsg.), Wissenschaftstheoretisches Lexikon, Graz, Wien, Köln 1978, Sp. 133 ff.
*Fine, G. A.* (1984): Negotiated orders and organizational cultures, in: Annual Review of Sociology, Vol. 10, S. 239 ff.
*Frank, H.* (Hrsg.) (1964): Kybernetische Maschinen, Frankfurt a.M. 1964
*Friedrichs, I.* (1973): Methoden empirischer Sozialforschung, Reinbeck b. Hamburg 1973
*Fromm, E.* (1970): Die Furcht vor der Freiheit, Frankfurt a.M. 1970
*Frost, P. J./Morgan, G.* (1983): Symbols and Sensemaking: The Realization of a Framework, in: Pondy, L. R. et al. (Hrsg.), Organizational Symbolism, Greenwich, Conn. 1983
*Giddens, A.* (1984): Interpretative Soziologie – Eine kritische Einführung, Frankfurt a.M. 1984
*Giegel, H. J.* (1978): Funktionalismus, in: Braun, E., Radermacher, H. (Hrsg.), Wissenschaftstheoretisches Lexikon, Graz, Wien, Köln 1978, Sp. 199 ff.
*Grewendorf, G.* (1978): Universalien, in: Braun, E., Radermacher, H. (Hrsg.), Wissenschaftstheoretisches Lexikon, Graz, Wien, Kön 1978, Sp. 619 ff.
*Grochla, E.* (1969): Erkenntnisstand und Entwicklungstendenzen der Organisationstheorie, in: ZfbF, 1969, S. 1 ff.
*Habermas, J.* (1968): Erkenntnis und Interesse, Frankfurt a. M. 1968
*Heidegger, M.* (1967): Sein und Zeit, 11. Auflage, Tübingen 1967
*Heinen, E.* (1985): Einführung in die Betriebswirtschaftslehre, 9. Aufl., Wiesbaden 1985
*Heinen, E.* (1985c): „Wandlungen und Strömungen in der Betriebswirtschaftslehre", in: Probst, G. J. B./Siegwart, H. (Hrsg.): Integriertes Management, Bern, Stuttgart 1985, S. 37 ff.
*Heinen, E.* (1976): Grundlagen betriebswirtschaftlicher Entscheidungen – Das Zielsystem der Unternehmung, 3. Aufl., Wiesbaden 1976
*Heinen, E.* (1976b): Grundfragen der entscheidungsorientierten Betriebswirtschaftslehre, München 1976
*Hoffmann, F.* (1976): Entwicklung der Organisationsforschung, 3., durchgesehene Auflage, Wiesbaden 1976
*Jehle, E.* (Hrsg.) (1975): Systemforschung in der Betriebswirtschaftslehre – Tagungsbericht des Arbeitskreises für Wissenschaftstheorie im Verband der Hochschullehrer für Betriebswirtschaft e.V., Stuttgart 1975
*Katz, D./Kahn, R. L.* (1966): The Social Psychology of Organization, New York 1966
*Kieser, A./Kubicek, H.* (1978): Organisationstheorien II, Stuttgart/Mainz 1978
*Kieser, A./Kubicek, H.* (1983): Organisation, 2. Aufl., Berlin, New York 1983
*Kirsch, W.* (1977): Einführung in die Theorie der Entscheidungsprozesse, 2. Aufl., Bd. I bis III, Wiesbaden 1977
*Kirsch, W./Meffert, H.* (1970): Organisationstheorie und Betriebswirtschaftslehre, Wiesbaden 1970
*Kosiol, E.* (1962): Organisation der Unternehmung, Wiesbaden 1962
*Kruppa, R.* (1984): Firmenkultur und Management, in: Schimmelpfeng-Review, 1984, S. 41 ff.
*Kryst, P.* (1983): Zum Wissenschaftsverständnis der entscheidungsorientierten Betriebswirtschaftslehre, München 1983
*Kuhn, T. S.* (1976): Die Struktur wissenschaftlicher Revolutionen, 2. Aufl., Frankfurt a. M. 1976
*Lakatos, I./Musgrave, A.* (Hrsg.) (1970): Criticism and the Growth of Knowledge, Cambridge 1970
*Lasch, C.* (1980): Das Zeitalter des Narzißmus, München 1980
*Lawrence, P. R./Lorsch, J. W.* (1967): Organization and Environment, Cambridge, Mass. 1967
*Louis, M. R.* (1983): Organizations as Culture-Bearing Milieux, in: Pondy, L. R. et al. (Hrsg.), Organizational Symbolism, Greenwich, Conn. 1983, S. 39 ff.

*Matenaar, D.* (1983): Organisationskultur und organisatorische Gestaltung, Berlin, München 1983
*Maus, H./Fürstenberg, F.* (1969) Der Positivismusstreit in der deutschen Soziologie, Neuwied, Berlin 1969
*Mitroff, J. J./Kilman, R. H.* (1975): Stories Managers Tell: A New Tool for Organizational Problem Solving, in: Management Review, 7/1975, S. 18 ff.
*Moberg, D./Koch, J. L.* (1975): A Critical Appraisal of Integrated Treatments of Contingency Findings, in: Academy of Management Journal, 1975, S. 109 ff.
*Morgan, G.* (1980): Paradigms, Metaphors, and Puzzle Solving in Organization Theory, in: Administrative Science Quarterly 1980, S. 605 ff.
*Morgan, G.* (1983) Beyond Method Strategies for Social Research, Beverly Hills, Cal., u. a. 1983
*Morgan, G. et al.* (1983): Organizational Symbolism, in: Pondy, L. R. et al. (Hrsg.), Organizational Symbolism, Greenwich (Conn.) 1983, S. 3 ff.
*Ouchi, G. W.* (1981): Theory Z – How American Business can meet the Japanese Challenge, London u. a. 1981
*Pack, L./Börner, D.* (Hrsg.) (1984): Betriebswirtschaftliche Entscheidungen bei Stagnation, Wiesbaden 1984
*Parsons, T./Shils, E. A.* (Hrsg.) (1951): Towards a General Theory of Action, Cambridge, Mass., 1951
*Peters, Th./Waterman, R. jr.* (1982): In Search of Excellence, New York u. a. 1982
*Pfeffer, J.* (1981): Management as Symbolic Action: The Creation and Maintenance of Organizational Paradigms, in: Cummings, L. L., Staw, B. M. (Hrsg.), Research in Organizational Behavior, Vol. 3, Greenwich, Conn., S. 1 ff.
*Pondy, L. R./Mitroff, I. I.* (1979): Beyond Open System Models of Organization, in: Cummings, L. L., Staw, B. M. (Hrsg.), Research in Organizational Behavior, Vol. 1, Greenwich, Conn., S. 3 ff.
*Pondy, L. R. et al.* (Hrsg.) (1983), Organizational Symbolism, Greenwich, Conn., London 1983
*Pramann, G.* (1985): Unternehmenskultur und Unternehmensführung, in: Blick durch die Wirtschaft, 15.11.1985
*Pümpin, C.* (1984): Unternehmenskultur, Unternehmensstrategie und Unternehmenserfolg, in: gdi-impuls, 2/1984, S. 19 ff.
*Pugh, D. S.* (1981): The Aston Program of Research: Retrospect and Prospect, in: Van de Ven, A. H., Joyce, W. F., Perspectives on Organization Design and Behavior, New York u. a. 1981, S. 135 ff.
*Raffee, H./Abel, B.* (1979): Wissenschaftstheoretische Grundfragen der Wirtschaftswissenschaften, München 1979
*Rühli, E.* (1973, 1978): Unternehmensführung und Unternehmenspolitik, Bd. 1 und 2, Bern/Stuttgart 1973 und 1978
*Rüttinger, R.* (1984): Trendreport: Passen Ihre Strategien zu Ihrer Firmenkultur?, München 1984
*Sackman, S.* (1983): Organisationskultur: Die unsichtbare Einflußgröße, in: Gruppendynamik 14, 4/1983, S. 393 ff.
*Sanday, P. R.* (1979): The Ethnographic Paradigm(s), in: Administrative Science Quarterly, Dec. 1979, S. 527 ff.
*Schein, E. H.* (1980): Organizational Psychology, 3. Aufl., Englewood Cliffs, N. Y., 1980
*Schein, E. H.* (1981): Does Japanese Management Style Have a Message for American Managers?, in : Sloan Management Review, 1981, S. 55 ff.
*Schein, E. H.* (1983): The Role of the Founder in Creating Organizational Culture, in: Organizational Dynamics, Summer 1983, S. 13 ff.
*Schein, E. H.* (1984a): Coming to a New Awareness of Organizational Culture: in: Sloan Management Review, 1984, S. 3 ff.
*Schein, E. H.* (1984b): Soll und kann man eine Organisationskultur verändern?, in: gdi-impuls, 2/1984, S. 31 ff.
*Schein, E. H.* (1985): Organizational Culture and Leadership, San Francisco, Washington, London 1985

*Schreyögg, G.* (1980): Contingency and Choice in Organization Theory, in: Organization Studies, Vol. 1, S. 315 ff.
*Schuster, L./Widmer, A. W.* (1984): Theorie und Praxis der Unternehmenskultur, in: ZfO, 8/1984, S. 489 ff.
*Schwartz, M./Davis, S. M.* (1981): Matching Corporate Culture and Business Strategy, in: Organizational Dynamics, Summer 1981, S. 30 ff.
*Scott, W. G.* (1961): Organization Theory: An Overview and an Appraisal, in: Academy of Management Journal, Vol. 4, 1961, S. 7 ff.
*Sexton, W. P.* (1970): Organization Theories, Columbus, Ohio 1970
*Shannon, C. E./Weaver, W.* (1949): A Mathematical Theory of Communication, Urbana, III. 1949
*Shaw, M.* (1975): Marxism and Social Science, London 1975
*Silverman, D.* (1970): The Theory of Organizations, London 1970
*Skinner, B. F.* (1971): Beyond Freedom and Dignity, New York 1971
*Smircich, L.* (1983a): Concepts of Culture and Organizational Analysis, in: Administrative Science Quarterly, 3/1983, S. 339 ff.
*Smircich, L.* (1983b): Studying Organizations as Cultures, in: Morgan, G. (Hrsg.), Beyond Method. Strategies for Social Research, Beverly Hills, Cal., u. a. 1983 S. 160 ff.
*Smircich, L.* (1983c): Organizations as shared meaning, in: Pondy, L. R., et al. (Hrsg.), Organizational Symbolism, Greenwich (Conn.) 1983, S. 55 ff.
*Staerkle, R.* (1985): Wechselwirkungen zwischen Organisationskultur und Organisationsstruktur, in: Probst, G. I. B., u. a. (Hrsg.), Integriertes Management, Bonn, Stuttgart 1985, S. 529 ff.
*Starbuck, W. H.* (1981): A Trip to View the Elephants and Rattlesnakes in the Garden of Aston, in: Van de Ven, A. H., Joyce, W. F. (Hrsg.), Perspectives on Organization Design and Behavior, New York et al. 1981, S. 167 ff.
*Starbuck, W. H.* (1982): Congealing Oil: Inventing Ideologies to Justify Acting Ideologies Out, in: Journal of Management, 1/1982, S. 3 ff.
*Stegmüller, W.* (1965): Das Universalienproblem einst und jetzt, Darmstadt 1965
*Steinmann, H.* (Hrsg.) (1978): Betriebswirtschaftslehre als normative Handlungswissenschaft – Zur Bedeutung der Konstruktiven Wissenschaftstheorie für die Betriebswirtschaftslehre, Wiesbaden 1978
*Thompson, I. D.* (1967) Organizations in Action, Maidenhead 1967
*Trapp, R.* (1976) Analytische Ontologie, Frankfurt 1976
*Trapp, R.* (1978): Existenz, in: Braun, E., Radermacher, H. (Hrsg.), Wissenschaftstheoretisches Lexikon, Graz, Wien, Köln, 1978, Sp. 182 ff.
*Trist, E. L./Bamforth, K. W.* (1951): Some Social and Psychological Consequences of the Longwall Method of Coal Getting, in: Human Relations, 1/1951, S. 3 ff.
*Türk, K.* (1976): Grundlagen einer Pathologie der Organisation, Stuttgart 1976
*Tunstall, W. B.* (1983): Cultural Transition at AT/T, in: Sloan Management Review, Fall 1983, S. 15 ff.
*Van de Ven, A. H./Joyce, W. F.* (Hrsg.) (1981): Perspectives on Organization Design and Behavior, New York et al. 1981
*Walter, G. A.* (1983): Psyche and Symbol, in: Pondy, L. R. u. a., Organizational Symbolism, Greenwich, Conn. 1983, S. 257 ff.
*Wever, M. A.* (1983): Firmenimage und Unternehmungskultur, in: ZfO, 7/1981, S. 337 ff.
*Wiener, N.* (1948): Cybernetics, New York 1948
*Wilensky, H. L.* (1967): Organizational Intelligence – Knowledge and Policy in Government and Industry, New York, London 1967
*Wood, S.* (1976): The Radicalisation of Industrial Relations Theory, in: Personnel Review, 5 (3), S. 52 ff.
*Wuchterl, K.* (1978): Erkenntnistheorie, in: Braun, E., Radermacher, H. (Hrsg.), Wissenschaftstheoretisches Lexikon, Graz, Wien, Köln 1978, Sp. 159 ff.

# Beitrag D.

# Ansatzpunkte für eine Theorie der Unternehmenskultur

von

## Bernd Gussmann/Claus Breit

| | | |
|---|---|---|
| **1.** | **Symbole als Medien der Unternehmenskultur** | 109 |
| 1.1 | Die Bedeutung der Sprache | 111 |
| 1.1.1 | Die symbolische Dimension der Sprache | 111 |
| 1.1.2 | Geschichten, Erzählungen und Stories | 113 |
| 1.1.3 | Mythen | 115 |
| 1.2 | Symbolische Handlungsartefakte | 116 |
| 1.3 | Zur Entstehung und Verwendung von gemeinsamen Symbolen: Der symbolische Interaktionismus | 118 |
| **2.** | **Ansätze zur Erklärung unterschiedlicher Ausprägungen der Unternehmenskultur** | 121 |
| 2.1 | Einflußfaktoren der Ausbildung unterschiedlicher Verankerungsgrade der Unternehmenskultur | 122 |
| 2.1.1 | Ausgewählte Ansätze der betriebswirtschaftlichen Organisationstheorie zu den Begriffen der Identifikation und Internalisierung | 123 |
| 2.1.2 | Ein Vorschlag zur Systematisierung unterschiedlicher Verankerungsgrade der unternehmensbezogenen Werte und Normen der Organisationsmitglieder | 125 |
| 2.1.3 | Die Bedeutung der Führung für die Entwicklung eines hohen Verankerungsgrades der Unternehmenskultur bei den Organisationsmitgliedern | 127 |
| 2.2 | Bestimmungsgründe des Übereinstimmungsausmaßes der unternehmenskulturellen Werte und Normen einer betriebswirtschaftlichen Organisation | 128 |
| 2.2.1 | Bestimmungsgründe unterschiedlicher Ausprägungen unternehmensspezifischer Subkulturen | 129 |
| 2.2.2 | Die Bedeutung des Zielsystems der betriebswirtschaftlichen Organisation für das Übereinstimmungsausmaß der Unternehmenskultur | 130 |
| 2.3 | Gesamtgesellschaftlicher Wertewandel und Systemkompatibilität von Unternehmenskulturen | 133 |

Die Ausführungen in Beitrag A haben deutlich werden lassen, daß die grundlegende Idee des Konzeptes der Unternehmenskultur darin besteht, Unternehmungen als eine Art Miniaturgesellschaften zu begreifen, die ihre eigene charakteristische Kultur entwickeln.[1] Mit einem derartigen Postulat einer Unternehmenskultur wird Unternehmen etwas zugeschrieben, was bislang, vor allem anthropologisch und soziologisch erforscht, als Eigenschaft einzelner Völkerstämme, ethnischer Gruppen, Nationen, Religionsgemeinschaften und von Teilen der Erdbevölkerung gilt. Diese neuere Sichtweise überwindet die Vorstellung, das betriebswirtschaftliche Interesse an kulturellen Fragestellungen sei lediglich dadurch getragen, daß die Kultur einer Gesellschaft die Unternehmen beeinflußt und vice versa die Unternehmen durch die Art ihrer wirtschaftlichen Betätigung das kulturelle System der Gesellschaft mitprägen. Der Untersuchungsschwerpunkt wird nun auf jenes System von Ideen gerichtet, welches dem Sozialsystem Unternehmung ein unverwechselbares Gepräge verleiht.[2]

Vor diesem Hintergrund ist in Beitrag A ein Unternehmenskulturkonzept entworfen und präsentiert worden, welches Unternehmenskultur als Gesamtheit der unternehmensbezogenen Werte und Normen interpretiert. In Analogie zur Entstehung und Entwicklung menschlicher Kulturen im allgemeinen wird die Kultur einer Unternehmung dabei als Ergebnis eines historischen Prozesses interpretiert, dessen Verlauf und dessen Ergebnis sehr wesentlich von menschlichen Entscheidungen und Handlungen geprägt sind. Im Rückgriff auf diese Sichtweise und unter Bezugnahme auf die in Beitrag B getroffene Unterscheidung in kulturelle Konceptas einerseits und kulturelle Perceptas andererseits (bzw. in Kultur als System von Ideen und materiell-kulturellen Artefakten) sowie die dabei hervorgehobene Bedeutung symbolischer Aspekte bei der Betrachtung von Kulturen können zwei Ebenen bei der Betrachtung unternehmenskultureller Phänomene identifiziert werden. Zum einen handelt es sich dabei um die bereits in Beitrag A ausführlich erörterten unternehmensbezogenen Werte und Normen der Organisationsmitglieder. Zum anderen aber sind Symbole, symbolische Handlungen und symbolische Artefakte angesprochen, denen als Bestandteile der beobachtbaren Realität entscheidende Funktionen im Prozeß der Entstehung und Weitergabe von Kulturen zukommen. Derartige kulturelle Konkretionen spiegeln auch die dahinter liegenden Sinnstrukturen wider, d.h. die Kultur als Ideensystem wird durch bestimmte Symbole verkörpert. Demzufolge bedarf es bei der Betrachtung von Unternehmenskulturen gleichsam einer „Zwei-Schichten-Betrachtung".[3] Diese Dichotomie kultureller Phänomene verdeutlicht Abb. 1.

Der in Abb. 1 aufgezeigten zentralen Bedeutung von Symbolen im Rahmen unternehmenskultureller Fragestellungen wird im folgenden dadurch Rechnung getragen, daß die unterschiedlichen in einer Organisation anzutreffenden Symbole beschrieben und analysiert werden. Anschließend wird ihre Bedeutung im Prozeß der Entwicklung und Weitergabe von Unternehmenskulturen aufgezeigt, um dadurch die Möglichkeit zu eröffnen, dann diejenigen Rahmenbedingungen zu diskutieren, die zur Schaffung und Bewahrung einer starken und systemkompatiblen Unternehmenskultur als relevant anzusehen sind. Insbesondere sollen unter Bezugnahme auf die in Beitrag A präsentierte Typologisierung unter-

---

[1] Vgl. Heinen/Dill (1986), S. 206; Dill (1986), S. 58 ff.
[2] Vgl. auch Bleicher (1984), S. 494.
[3] Vgl. Dill (1986), S. 67.

```
┌─────────────────────────────────────────────────────────────────┐
│                           Unternehmenskultur                    │
│                                 /\                              │
│                                /  \                             │
│                               /    \                            │
│  Kultur als System von Ideen →  Werte    und    Normen          │
│                               \    /                            │
│                                \  /                             │
│                                 \/                              │
│                                                                 │
│                          Symbole und symbolische                │
│  Medien der Unternehmenskultur →  Handlungen, symbolische Artefakte │
│                                    ↓                            │
│                          Riten, Rituale, Zeremonien,            │
│                          Gebräuche, Gewohnheiten,               │
│                          Sprache, Sprachspiele,                 │
│                          Mythen, Geschichten, Stories,          │
│                          Legenden, Sagen,                       │
│                          kulturelle Artefakte                   │
└─────────────────────────────────────────────────────────────────┘
```

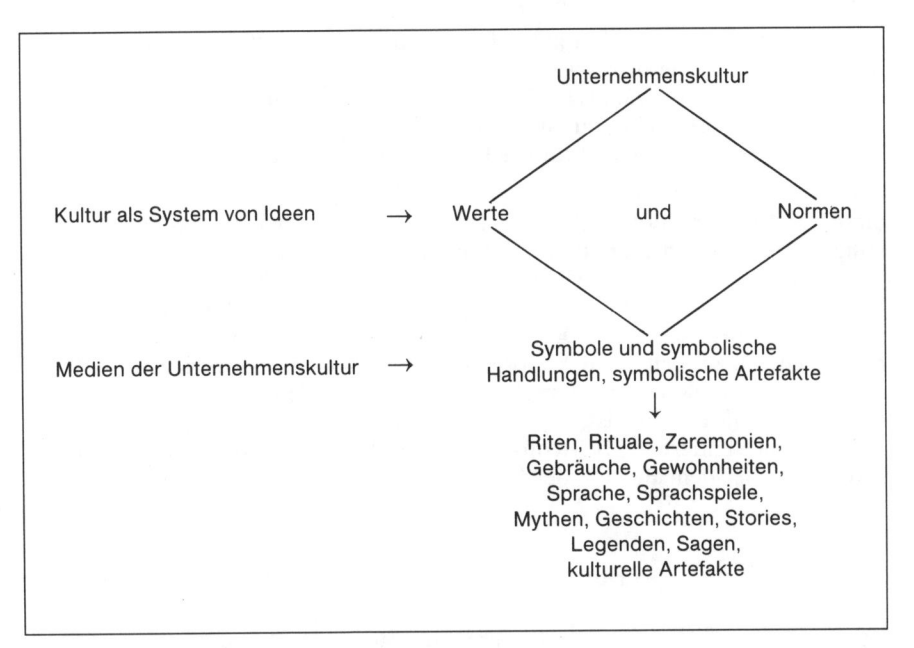

**Abb. 1** Das Spektrum einer Unternehmenskultur[4]

schiedlicher Unternehmenskulturen Ansatzpunkte zu einer „Theorie der Unternehmenskultur" aufgezeigt werden, in der die einzelnen Dimensionen der Stärke einer Unternehmenskultur – der individuenbezogene Verankerungsgrad der unternehmensbezogenen Werte und Normen zum einen und ihr Übereinstimmungsausmaß zum anderen – sowie die mit dem Begriff der Systemkompatibilität angesprochene Frage der Funktionalität als Eckpfeiler des vorzustellenden Bezugsrahmens dienen. Dabei wird auch auf die Zusammenhänge zwischen gesamtgesellschaftlicher und unternehmensspezifischer Kultur eingegangen und die Rolle des aktuellen Wertewandels untersucht, welcher nicht zuletzt als einer der Bestimmungsgründe für das aufgekommene Interesse am Phänomen der Unternehmenskultur angesehen werden kann.[5]

## 1. Symbole als Medien der Unternehmenskultur

Im allgemeinen werden in einem Symbol Zeichen mit Bedeutungsinhalten in Verbindung gebracht, welche über ein bloßes denotatives Verständnis hinaus komplexere Kommunikationsinhalte vermitteln können.[6] Symbole stellen zentrale Elemente jeder subtileren Kommunikation dar, die ohne ein gemeinsames Verständnis von Symbolen unmöglich ist.[7] Unternehmenskultureller Symbolcha-

---

[4] Zur Abb. 1 vgl. Dill (1986), S. 69.
[5] Vgl. Dill (1986), S. 1; Heinen/Dill (1986), S. 202.
[6] Vgl. Pondy/Forst/Morgan (1983), S. 4f.
[7] Vgl. Newcomb (1959), S. 201; vgl. zur Bedeutung von Symbolen im Prozeß der Entstehung und Weitergabe einer Unternehmenskultur auch Heinen/Dill (1986), S. 209 ff.

rakter kommt dabei sowohl unternehmenskulturellen Artefakten bzw. der materiellen Kultur zu, wie sie bspw. in bestimmten Formen der Architektur oder auch des Designs zu finden ist, als auch symbolischen Handlungen, weil in diesen kulturellen „Outcomes" über ihre unternehmensbezogene Funktionalität hinaus immer auch Bedeutungsinhalte für die Organisationsmitglieder vermittelt werden.[8]

Die in einer Unternehmung gebräuchlichen Symbole können dabei nach ihrem Abstraktionsgrad, nach ihrem Inhalt und nach der Zielrichtung ihrer Wirkungsrichtung in ein Kontinuum möglicher Symbole eingeordnet werden, welches von primär instrumentellen Symbolen (materielle Vergütungen, Produkte, Logo etc.) bis hin zu nahezu ausschließlich expressiven Symbolen (Mythen, Legenden, Slogans etc.) reicht. Der Inhalt instrumenteller Symbole ist dabei auf die rationalen, „logischen" Aspekte organisationalen Handelns gerichtet, während expressive Symbole primär darauf abzielen, die „underlying feelings and emotional needs of individuals"[9] anzusprechen. In der Terminologie des in Beitrag A bereits präsentierten „7-S-Konzeptes" sind instrumentelle Symbole dementsprechend eher dem Bereich der harten organisationalen Elemente zuzuordnen

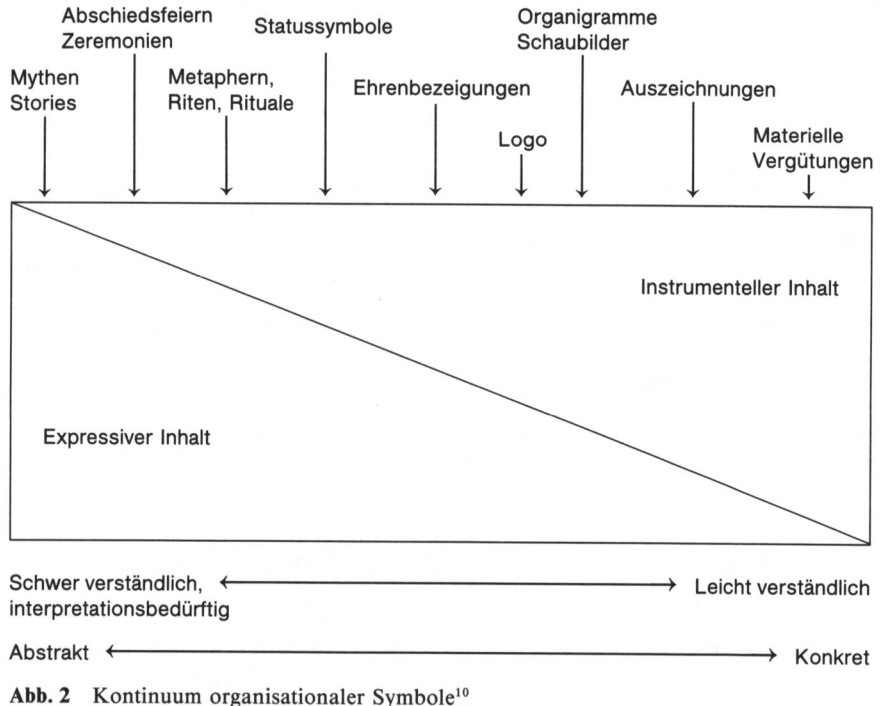

**Abb. 2** Kontinuum organisationaler Symbole[10]

---

[8] Vgl. hierzu Dill (1986), S. 70ff.
[9] Daft (1983), S. 202.
[10] Vgl. zur Abb. 2 Daft (1983), S. 203.

und expressive Symbole den weichen Aspekten organisationaler Realität.[11] Art und mögliche Ausprägungen der in einer Unternehmung zum Tragen kommenden Symbole verdeutlicht Abb. 2.

Es muß an dieser Stelle freilich angemerkt werden, daß die konkreten Zuordnungen von Symbolen sicherlich nicht durchgängig in eindeutiger Weise möglich sind: Die in Abb. 2 aufgezeigte Abgrenzung unternehmensspezifischer Symbole ist idealtypisch und eine rein gedankliche Systematisierung. Unternehmensspezifische Symbole sind meist von sehr komplexer Natur. So ist etwa eine Weihnachtsfeier eine Zeremonie und stellt gemäß vorstehender Systematisierung gleichzeitig ausdrucksvolles Handeln dar, in dem neben sprachlichen Symbolen (Ansprache der Geschäftsleitung bzw. des Vorstandes) auch symbolische Ehrungen in Form von Ritualen (Auszeichnung langjähriger Mitarbeiter) zum Tragen kommen.

Vor diesem Hintergrund und insbesondere auch vor der in Beitrag B angesprochenen Bedeutung von Symbolen im Rahmen der Entwicklung und Weitergabe von Kulturen können organisationsspezifische Symbole als für die Unternehmenskultur relevante Medien begriffen werden, die zur Ausbildung eines gemeinsamen Grundkonsenses innerhalb einer betriebswirtschaftlichen Organisation bezüglich unternehmensbezogener Werte und Normen beitragen. Die möglichen Ausprägungen von Symbolen sollen im folgenden erörtert werden. Dabei wird sowohl die Bedeutung rein sprachlicher Symbole als auch symbolischer Handlungsartefakte aufgezeigt.

## 1.1 Die Bedeutung der Sprache

Die Bedeutung der Sprache in Unternehmen wird in der Literatur immer wieder hervorgehoben.[12] Dabei sind sowohl die „Alltagssprache" von Bedeutung als auch bestimmte unternehmensspezifische Konkretisierungen, wie sie etwa in Form von Erzählungen, Geschichten, Stories und auch Mythen in betriebswirtschaftlichen Organisationen anzutreffen sind. Dementsprechend wird im folgenden zuerst auf die symbolische Dimension der (Alltags-)Sprache eingegangen, um anschließend ausgewählte komplexe sprachliche Symbole näher zu charakterisieren.

### 1.1.1 Die symbolische Dimension der Sprache

Zentrales und bedeutendstes Symbolsystem zur Vermittlung unternehmenskultureller Werte und Normen ist die Sprache.[13] Sprache und Kultur sind untrenn-

---

[11] Mit dieser Einordnung geht auch die von Pascale/Athos, den Mitbegründern des 7 S-Konzeptes, formulierte These einher, daß das Bewußtsein der symbolischen Dimension eigenen Handelns bei vielen Führungskräften nicht ausreichend entwickelt ist und daß die symbolische Dimension der Führung immer mehr an Bedeutung gewinnt. Vgl. hierzu Pascale/Athos (1981) sowie auch die Ausführungen in Beitrag A.
[12] Vgl. hierzu insb. Pondy (1978), Pondy/Mitroff (1979); vgl. auch Pfeffer (1981) und die dort angegebenen Literaturhinweise.
[13] „Jede sprachliche ‚Verweisung', kraft derer voneinander abgesonderte Wirklichkeitssphären überspannt werden, kann als Symbol bezeichnet werden." Berger/Luckmann (1980), S. 42.

bar miteinander verbunden. Die Sprache eröffnet durch die Möglichkeit, in ihr signifikante Symbole zu schaffen, eine Transformation von schwer faßbaren Bedeutungsinhalten in gemeinsames Wissen.[14] Sie stellt einen semantischen Sinnbereich zur Verfügung, ermöglicht dadurch die Eingliederung von Erfahrungen als allgemeinen Wissensvorrat in einen größeren Vorrat an Tradition und trägt somit dazu bei, Erfahrung und Wissen einerseits „festzuhalten" und andererseits in ein sinnvolles Ganzes zu integrieren. Sprache kann dementsprechend als Träger von Kultur identifiziert werden: Sie bewirkt, daß sich zwischen den einzelnen einer Kultur zugehörigen Individuen konsistente Beziehungen entwickeln und stabilisieren.[15] Diesen Gedanken greift auch Pfeffer auf und verdeutlicht:

"Indeed, it is possible to argue that one of the ways in which shared beliefs, paradigms, and cultures are manifest and created is through shared language. It is possible to think of organizations as entities in which language is shared, and through this shared language a common set of beliefs and understandings."[16]

Diese gleichsam innerorganisational wirkende Kohäsionskraft der Sprache bewirkt aber auch, daß einer unternehmensspezifischen Sprache bezüglich des Verhältnisses Unternehmen – Umwelt eine trennende Funktion zukommt; denn die gemeinsamen unternehmensbezogenen Werte und Normen entstehen, wie es das obige Zitat verdeutlicht, vor allem dadurch, daß unternehmensintern eine spezifische und somit andere Sprache benutzt wird als im externen Umfeld. Dies ist nicht zuletzt darauf zurückzuführen, daß sich in Unternehmen in Analogie zur Entwicklung von Fachsprachen bestimmte „Vokabularien" herausbilden, deren konkrete Ausprägungen von dem unternehmensbezogenen Werte- und Normensystem abhängen, gleichzeitig aber auch auf dieses zurückwirken. Derartige Vorgänge werden in der Literatur gleichsam als eine Art „Immunisierungsstrategie" interpretiert, durch die insbesondere bei neu in Unternehmungen eintretenden Mitarbeitern durch „erschütternde Erfahrungen"[17], d.h. in diesem Fall Unverständnis gegenüber der herrschenden Terminologie Überforderung und Verunsicherung hervorgerufen werden sollen.

Gerade der letzte Aspekt verdeutlicht, daß der Sprache bei der Weitergabe unternehmenskultureller Werte und Normen eine zentrale Bedeutung zukommt, da die Unternehmenskultur den neuen Organisationsmitgliedern primär sprachlich vermittelt wird. Ist die aufgezeigte „Immunisierungshürde" überwunden, so muß davon ausgegangen werden, daß die gemeinsame Sprache – wie bereits auf-

---

[14] Vgl. hierzu Berger/Luckmann (1980), S. 42 f.; Heinen/Dill (1986), S. 15; Pettigrew verdeutlicht dies: „Language can typify and stabilize experience and integrate these experiences into a meaningful whole." Pettigrew (1979), S. 575.
[15] Vgl. Hofstede (1980), Sp. 1176; Pettigrew (1979), S. 575; Reinhard (1983), S. 59; Pondy/Mitroff unterscheiden vier verschiedene Funktionen der Sprache:
   1) Sie steuert die Wahrnehmung, da durch ihre Begriffe die Realität und durch entsprechende Attribute die Werte der Gesellschaft erfaßt werden.
   2) Sie erleichtert die Kommunikation.
   3) Sie trägt durch ihren semantischen Sinnbereich dazu bei, Erfahrungen und deren Sinn festzuhalten.
   4) Sie stellt eine Möglichkeit zur sozialen Einflußnahme zur Verfügung.
   Vgl. hierzu Pondy/Mitroff (1979), S. 24.
[16] Pfeffer (1981), S. 24.
[17] Gebert/Rosenstiel (1981), S. 88; vgl. auch Pascale (1985).

gezeigt – die Verständigungsbereitschaft und das Zusammengehörigkeitsgefühl zwischen den Angehörigen dieser Sprachgemeinschaft erhöht. Diesen Gedanken greift auch Pfeffer auf und bringt ihn mit den Fragen der Kommunikationseffizienz und Kommunikationsfrequenz in Verbindung.[18] Er führt aus, daß eine starke Unternehmenskultur einerseits einen gewissen Kommunikations- und Sprachgeiz bewirkt, der um so ausgeprägter ist, je mehr unternehmensspezifische Fachtermini vorhanden sind, unter die viele bereits als selbstverständlich geltende Sachverhalte subsumiert worden sind. Dies kann andererseits gleichzeitig durch (eine dadurch möglich werdende) erhöhte Kommunikationsfrequenz zur effizienteren Verständigung innerhalb der Organisation führen.

Die Kapazität der Sprache wird genutzt in Form bestimmter unternehmensbezogener Konkretisierungen. Insbesondere Geschichten, Erzählungen und Stories sowie Mythen über unternehmensspezifisches Erfahrungswissen sind als derartige Konkretionen anzusehen. Sie bilden komplexe sprachliche Gebilde und sind zentrale Elemente organisationaler Kommunikation und damit auch Medien der Unternehmenskultur.

### 1.1.2 Geschichten, Erzählungen und Stories

Geschichten, Erzählungen und Stories[19] sind ausgeschmückte Berichte über unternehmensspezifische Geschehnisse, die sich in der Vergangenheit zugetragen haben und denen für die Unternehmung besondere Bedeutung zukommt.[20] Dementsprechend stellen solche Erzählungen Verbindungspunkte zwischen der Firmengeschichte und den aktuellen Anliegen der Unternehmung her. Sie sind grundlegende Transkriptionen, die unternehmensspezifische Traditionen verdeutlichen und verfestigen.[21]

Die besondere Eignung von Geschichten als symbolbeladene Weise der Kulturübertragung wird vor allem dadurch begründet, daß ihnen als eine Art der „impliziten Kommunikation" eine vergleichsweise größere Überzeugungskraft zukommt als expliziten Verständigungsformen.[22]

"Given their nature, explicit communications about beliefs and values ... are likely to fall on deaf ears, or to be received as corporate propaganda, unless they are made credible by consistent action. Interestingly, research shows that communications are not only more memorable but also more believable – that is credible – if more implicit forms are used, such as the telling of stories and anecdotes ..."[23]

---

[18] Vgl. hierzu Pfeffer (1981).
[19] Eine ganze Reihe derartiger Geschichten, Erzählungen und Stories finden sich in den Bestsellern von Peters/Waterman (1983), Pascale/Athos (1981) sowie Deal/Kennedy (1982), deren Verkaufserfolg nicht zuletzt auf die anekdotenähnliche Schilderung von unternehmerischen Erfolgsstories zurückgeführt werden kann. Zum deutschsprachigen Raum vgl. hierzu insb. Zürn (1985).
[20] Vgl. Martin et al. (1983).
[21] „Stories are the medium for communicating an organization's central myth to insiders and outsiders. They establish and perpetuate organizational tradition. ... Stories and fairy tales help to address problems of morale, security, socialization, legitimacy, and communication." Bolman/Deal (1984), S. 157f; vgl. hierzu auch Mitroff/Kilman (1979), S. 18.
[22] Vgl. Dill (1986), S. 75f.
[23] Sathe (1983), S. 19.

Die größere Überzeugungskraft derartiger anekdotenähnlicher Erzählungen ist vor allem auf zwei Ursachen zurückzuführen:[24] Einerseits beziehen sich die Erzählungen auf konkrete Ereignisse, und andererseits wird die ihnen immanente „Moral" nicht explizit ausgesprochen. Dies eröffnet dem Zuhörer die Möglichkeit, eigene Schlußfolgerungen zu ziehen, was nicht zuletzt auch zur Glaubwürdigkeit der „Stories" beiträgt, allerdings auch die Gefahr der Mißinterpretation in sich birgt.

Unternehmensspezifische Geschichten stellen für die Orangisationsmitglieder Orientierungshilfen dar. Sie verdeutlichen traditionelle Wege der Problemlösung[25] und zeigen den angesprochenen Mitarbeitern auf, welche Handlungsweisen von ihnen in bestimmten Situationen erwartet werden. Insbesondere neu in eine Unternehmung eintretenden Individuen erleichtern sie das „Sich-Zurechtfinden", indem sie als intersubjektiv geteilte Bilder und Ideen die der Unternehmung zugrundeliegende Kultur ausdrücken und legitimieren.[26] Darüber hinaus vereinfachen Geschichten die Interpretation unternehmensbezogener Werte und Normen, da in ihnen eine Konkretisierung vergleichsweise abstrakter kultureller Standards enthalten ist.[27]

Ein Beispiel für eine inhaltliche Untersuchung derartiger Erzählungen findet sich bei Martin et al.[28], die in dem Aufsatz „The Uniqueness Paradox in Organizational Stories" eine Reihe von Geschichten auf die ihnen immanenten Aussagen hin untersucht haben. Sie haben sieben Themenkreise ausfindig gemacht, die in nahezu allen „Stories" angesprochen werden. Diese ordnen sie drei größeren Bereichen zu, welche sich aus den durch Dualismen gekennzeichneten Problemkomplexen „Chancengleichheit, Sicherheit versus Unsicherheit sowie Arten der Kontrolle" zusammensetzen. Abb. 3 verdeutlicht die von Martin et al. identifizierten Fragestellungen.

| Dualities | Concerns |
| --- | --- |
| Equality vs. Inequality | What do I do when a higher status person breaks a rule? |
|  | Is the big boss human? |
|  | Can the little person rise to the top? |
| Security vs. Insecurity | Will I be fired? |
|  | Will the organization help me if I have to move? |
|  | How will the boss react to mistakes? |
| Control vs. Lack of Control | How will the organization deal with obstacles? |

**Abb. 3** Dualistische Problemkomplexe in organisationalen Erzählungen[29]

---

[24] Vgl. hierzu Sathe (1983), S. 20.
[25] Der Begriff der Tradition ist extensiv zu interpretieren, denn auch innovative Problemlösungen können, wenn sie in der betreffenden Unternehmung „Tradition" besitzen, als traditionelle Wege der Problemlösung angesehen werden.
[26] Vgl. hierzu Wolff (1982), S. 173; vgl. auch Allaire/Firsirotu (1984); Wilkins (1984).
[27] Vgl. insb. Wilkins (1984), S. 44f; vgl. zur Bedeutung unternehmensspezifischer Geschichten auch Martin/Siehl (1983); Trice/Beyer (1984).
[28] Vgl. hierzu Martin et al. (1983), S. 438 ff.
[29] Vgl. zur Abb. 3 Martin et al. (1983), S. 449.

Ausgehend von dieser Klassifikation entwickeln die Autoren ihr Paradoxon der Einzigartigkeit unternehmensbezogener Erzählungen. Dieses Paradoxon besteht vereinfacht darin, daß bestimmte Geschichten einerseits charakteristische unternehmensbezogene Werte und Normen und damit die Einzigartigkeit einzelner Unternehmungen verdeutlichen, andererseits aber gerade diese Geschichten mit nur geringfügig modifiziertem Inhalt auch in anderen Unternehmungen zu hören sind. Lediglich der dualistische Aspekt, der sich im unterschiedlichen Ende der Erzählungen manifestiert, läßt Differenzen erkennen. Dementsprechend werden in den positiven Versionen der „Stories" Chancengleichheit und Sicherheit herausgestellt, während in den „negativen" Versionen die im allgemeinen für schlechter befundene Lösung präferiert wird. Es sind insbesondere drei Gründe, die von Martin et al. für die Popularität solcher Anekdoten angeführt werden:

"First the common stories express discomfort with dualities caused by conflicts between organizational exigencies and individual values.

Second they offer self-enhancing attributions for organizational successes and failures.

Finally, these attributions endow the institution with uniqueness, enabling employees to identify with a benevolent organization or to distance themselves from a less desirable institution."[30]

Diese Ausführungen verdeutlichen, daß unternehmensspezifische Geschichten und Erzählungen als Symbole anzusehen sind, denen als Medien der Kulturentwicklung und -weitergabe eine wichtige Rolle zukommt und die Bestätigungscharakter für die unternehmensbezogenen Werte und Normen haben.[31]

### 1.1.3 Mythen

Neben Geschichten, Erzählungen und Anekdoten treten Mythen als weitere sprachliche Symbole und Medien zur Verdeutlichung unternehmenskultureller Werte und Normen. Mythen stellen idealisierte, nahezu dem Bereich der Dichtung zugehörige, gleichsam überhöhte Darstellungen einzelner unternehmensspezifischer Geschehnisse dar. Ein Mythos kann somit verstanden werden als ein „... dramatic narrative of imagined events, usually used to explain origins or transformations of something. Also, an unquestioned belief about the practical benefits of certain techniques and behaviors that is not supported by demonstrated facts."[32] Die Verwendung des Begriffs „Mythos" verdeutlicht, daß derartige Legenden in aller Regel keine streng rationale Basis besitzen, sondern gewissermaßen auf „Laientheorien"[33] beruhen, deren Inhalte stark subjektiv geprägt sind. Die einem Mythos zugrundeliegenden Laientheorien sind dementspre-

---

[30] Martin et al. (1983), S. 452.
[31] Vgl. hierzu auch Heinen/Dill (1986), S. 211.
[32] Trice/Beyer (1984), S. 655; zur Bedeutung von Mythen zur Erklärung organisationaler Phänomene vgl. insb. Jönsson/Lundin (1977); Koprowski (1983); Murray (1960); Smith/Simmons (1983); Westerlund/Sjöstrand (1981).
[33] Laientheorien können auch als „persönliche Theorien" bezeichnet werden. Diese Bezeichnung impliziert keinerlei Bewertung intellektueller Qualifikationen, sondern stellt lediglich auf den Unterschied zu wissenschaftlichen Theorien ab. Vgl. hierzu Kutschker (1982), S. 11; Reinhard (1983), S. 104; Westerlund/Sjöstrand (1981) weisen darauf hin, daß Laientheorien auch den Denkweisen von Wissenschaftlern zugrundeliegen und deren wissenschaftliche Theorienbildung beeinflussen.

chend meist eher eine Frage des Glaubens als des Wissens, was dazu führt, daß die Inhalte derartiger Theorien nur schwer zu erfassen und durch rationale Argumentation kaum veränderbar sowie einer empirischen Überprüfung nur ansatzweise zugänglich sind.[34] Wird dieser Glaube an die Inhalte organisationaler Mythen von den Organisationsmitgliedern geteilt, so bestimmen diese Inhalte nicht zuletzt, welche Handlungsweisen in Organisationen als legitim erachtet und welche als Verstoß gegen grundsätzliche Regeln bewertet werden. In diesem Sinne stellen Mythen, ähnlich wie Geschichten und Erzählungen, Rechtfertigungen für bestimmte Handlungsweisen zu Verfügung, indem sie als „Berichte" mit tendenziell sakralem Charakter bewährte Ursache-Wirkungs-Hypothesen und Laientheorien aufzeigen, deren Anwendung in aller Regel keiner Rechtfertigung bedarf. Mythen können demzufolge als kulturelle Deutungsmuster interpretiert werden, welche – im Falle einer unternehmensbezogenen Betrachtung – die für eine Unternehmung relevanten Werte und Normen widerspiegeln.[35] Sie beinhalten Botschaften und damit auch Handlungsweisen, deren Wiederholung in aller Regel erwünscht wird. Legitimation erhalten die Inhalte von Mythen durch ihre bisherige „Anwendung" und den damit verbundenen Erfolg. Die ihnen zugrundeliegenden Werte und Normen werden – ohne weiter hinterfragt zu werden – als normative Bezugspunkte für derzeitige und zukünftige Probleme angesehen. Erst wenn durch neue unternehmensinterne und/oder -externe Rahmenbedingungen neuartige Handlungsweisen zwingend notwendig werden, treten Zweifel an der Gültigkeit von bisherigen Mythen auf.[36]

Zusammenfassend ist festzuhalten, daß Mythen als Medien der Unternehmenskultur zu begreifen sind, die zur Entstehung eines einheitlichen Systems an Werten und Normen in einer Unternehmung beitragen und damit eine enge stabilisierende Verknüpfung von Einzelhandlungen zu Systemen bewirken. Sie können als symbolisierende Perzeptionsmuster aufgefaßt werden, die dem Individuum helfen, sich in einer prinzipiell mehrdeutigen Welt zurechtzufinden.[37]

## 1.2 Symbolische Handlungsartefakte

Neben das Symbolsystem der Sprache und sprachlich-symbolischen Handlungen treten als weitere Medien habitualisierte Symbole in Form von Riten, Ritualen und Zeremonien. Ihnen kommt ebenfalls Bestätigungscharakter für unternehmensbezogene Werte und Normen zu. Riten, Rituale und Zeremonien stellen ausdrucksvolle Handlungen dar und sind den kulturellen Perceptas bzw. der „material culture" im Sinne der in Beitrag B entworfenen Systematisierung kultureller Phänomene zuzurechnen. Sie „verkörpern" die Unternehmenskultur und tragen dazu bei, die in einer Unternehmung anzutreffenden „generativen Mechanismen" an die Oberfläche zu bringen.

---

[34] Vgl. hierzu Dill (1986), S. 78 ff.
[35] Vgl. Schreyögg (1985), S. 157, der in Anlehnung an Gulian (1981) erzieherisch-lehrhafte Mythen, die praktische Kenntnisse vermitteln, ethische, die bestimmte Handlungsweisen (Werte, Normen) vorschreiben, sowie rituell-begleitende, die ritualen Sinn verleihen, unterscheidet.
[36] Die Skizzierung eines idealtypischen Veränderungsprozesses unternehmensspezifischer Mythen findet sich bei Jönsson/Lundin (1977).
[37] Vgl. Boje et al. (1982), S. 18; Dandridge/Mitroff/Joyce (1980); Schreyögg (1985). S. 156.

Ähnlich den bereits angesprochenen Mythen werden Riten, Rituale und Zeremonien nicht als bloßes Kulturgut begriffen. Auch von ihnen wird angenommen, daß sie „praktische" Funktionen erfüllen.

"Rituals and ceremonies are as important to organizations and societies as they are to individuals. They serve four major functions: to socialize, to stabilize, to reduce anxieties and to convey message to external constituencies."[38]

Nicht unproblematisch ist es allerdings, die Begriffe Riten, Rituale und Zeremonien trennscharf voneinander abzugrenzen. Riten können als Bräuche und Gewohnheiten, d. h. als eine Art Kult umschrieben werden, der zu einer bestimmten Zeit an einem bestimmten Ort mit einer bestimmten Rollenbesetzung stattfindet.[39] Werden Riten in größerem Maße formalisiert und institutionalisiert, so handelt es sich um Rituale, die als sich ständig wiederholende soziale Aktivitäten zu charakterisieren sind und bei denen durch die Benutzung von Symbolen bestimmte soziale Beziehungen ausgedrückt und definiert werden.[40] Derartige Riten und Rituale bestätigen und verfestigen in aller Regel die vorherrschenden Machtstrukturen und tragen zur Stabilisierung der grundlegenden unternehmensbezogenen Werte und Normen bei. Gleiches gilt auch für Zeremonien, welche insbesondere zur Freisetzung von Emotionen dienen. Zeremonien sind in Unternehmungen Konvention und drücken unternehmensspezifische Bräuche aus. Auch sie werden zu bestimmten Anlässen „veranstaltet" und führen ähnlich wie Riten und Rituale dazu, daß organisationale Prozesse stabilisiert und allgemein akzeptiert werden.[41] Beispiele für gängige Zeremonien sind Weihnachts- und Gründungsfeiern, „retirement-luncheons" u. ä.. Typische Riten und Rituale stellen Einführungsseminare, spezifische Auszeichnungen wie etwa die des besten Verkäufers oder auch die Entlastung bzw. Entlassung des Vorstandes (oder des Trainers bei Fußballmannschaften), besonderere Arten von Entscheidungsprozessen (konsensuale Entscheidungsfindung, Management-by-Objectives) etc. dar.[42]

Die Betonung der symbolischen Dimension derartiger originär betriebswirtschaftlich ausgerichteter Handlungen darf freilich nicht bedeuten, daß diese „altbekannten" Verfahrensweisen nun plötzlich in ihrer ökonomischen Dimension als überflüssig zu betrachten sind und an die Stelle wirtschaftlicher Prinzipien anthropologische und ethnologische Ansätze treten. Mit dieser Betonung ist keinesfalls die Forderung verbunden, Unternehmungen mit mythischen Weltbildstrukturen archaischer Art zu versehen. Zweck derartigen Denkens ist es vielmehr, die (insbesondere für unternehmenskulturelle Fragestellungen hervorzuhebende) Relevanz symbolischer Handlungen zu erkennen, welche in alltäglichen Verfahrensweisen genauso enthalten sind, wie in speziell symbolisch orien-

---

[38] Bolman/Deal (1984), S. 154.
[39] Vgl. hierzu Sackmann (1983); Trice (1984); Trice/Beyer (1984); zur Bedeutung von Riten, Ritualen, Zeremonien vgl. auch Deal (1984); Deal/Kennedy (1982); Martin/Siehl (1983); Pacanowski/Trujillo (1982).
[40] Vgl. hierzu Sackmann (1983), S. 402.
[41] Vgl. Dill (1986), S. 85.
[42] Vgl. hierzu auch die Ausführungen von Trice/Beyer (1984), S. 657 ff, die verschiedene Arten von Riten unterscheiden: „Rites of Passage, Rites of Degradation, Rites of Enhancement, Rites of Renewal, Rites of Conflict Reduction, Rites of Integration".

tierten Handlungen.⁴³ Das Ziel einer solchen Betonung symbolischer Aspekte ist dementsprechend nicht die Ablösung traditioneller betriebswirtschaftlicher Denkstrukturen, sondern deren Erweiterung, um die Realität betriebswirtschaftlicher Organisationen besser erfassen zu können.⁴⁴

## 1.3 Zur Entstehung und Verwendung von gemeinsamen Symbolen: Der symbolische Interaktionismus

In den vorangegangenen Ausführungen ist deutlich geworden, daß Symbole bei der Untersuchung kultureller Phänomene als deren Medium eine entscheidende Rolle spielen. Symbole im Sinne dieses Verständnisses können materielle Gegenstände, sprachliche Ausdrücke und Gebilde, Gesten, Riten, Verhaltensweisen, Handlungen etc. sein, denen ein Sinngehalt zugeordnet wird, der nicht aus ihren physischen Eigenschaften direkt abgeleitet oder verstanden werden kann. Die Verbindung von sinnlich wahrnehmbaren Phänomenen und den ihnen zugeordneten spezifischen Sinngehalten erwächst dabei aus zwischenmenschlichen Handlungen und Beziehungen. Sie ist nur im Zusammenhang mit einem solchen Beziehungssystem zu verstehen. Symbole sind dementsprechend als **soziale Schöpfungen** zu interpretieren, ihre Geltung ist sowohl räumlich als auch zeitlich begrenzt.⁴⁵ Diese Grundüberzeugung korrespondiert mit der in Beitrag A und Beitrag C vorgestellten „individualistischen Organisationskulturforschung", die ihren eigenständigen Charakter vor allem dadurch gewinnt, daß sie Symbole bzw. symbolisches Handeln von Individuen in den Mittelpunkt der Betrachtung stellt. Dabei geht es nicht nur um die bislang im Vordergrund dieses Beitrags stehenden funktionalen Merkmale von Symbolen in Organisationen (bzw. sozialen Systemen), sondern darüber hinaus auch um ein Verständnis derjenigen Prozesse, die zu einer gemeinsamen Interpretation von Situationen und damit zu einer gemeinsamen Konstruktion der Wirklichkeit⁴⁶ führen. Versucht man, derartige Prozesse näher zu kennzeichnen, so bietet sich die Theorie des symbolischen Interaktionismus als Bezugsrahmen an.

Der Ansatz des symbolischen Interaktionismus ist vor allem von dem amerikanischen Soziologen Mead und seinen Nachfolgern in der sogenannten „Symbolic-Interactionist-School" geprägt. Er kann der subjektivistischen Wissenschaftsposition zugeordnet werden. Seine grundlegenden Positionen sind insbesondere durch folgende Hypothesen gekennzeichnet: ⁴⁷

---

⁴³ „Some organizational events are clearly ceremonial, such as retirement dinners or welcoming speeches for new employees. But many significant rituals are rarely viewed as such, because they are typically assumed to be rational and instrumental." Bolman/Deal (1984), S. 162.
⁴⁴ Vgl. hierzu auch Morgan/Frost/Pondy (1983), S. 30.
⁴⁵ Vgl. Willems (1969), S. 1138.
⁴⁶ Diese Formulierung ist an Berger/Luckmann (1980) angelehnt, die sich in ihrem Buch „Die gesellschaftliche Konstruktion der Wirklichkeit" explizit auf die Theorie des symbolischen Interaktionismus' beziehen. Vgl. Berger/Luckmann (1980), S. 18.
⁴⁷ Vgl. hierzu Wiswede (1985), S. 97. Als Hauptvertreter (allerdings durchaus unterschiedlicher Richtungen) des symbolischen Interaktionismus' gelten Mead (1968), Krappmann (1972), McCall/Simmons (1974).

- Ein Individuum wird als „Selbst" begriffen, das aktiv in soziale Prozesse eingreift.
- Individuen werden durch Intentionen (Handlungsabsichten, gerichteter innerer Antrieb) gesteuert.
- Individuen handeln nicht unmittelbar, gewissermaßen reaktiv in Bezug auf faktische Gegebenheiten, sondern aufgrund ihrer subjektiven Interpretation dieser Sachverhalte. Damit geht auch die These einher, daß soziale Sachverhalte (bspw. soziale Strukturen) nicht so auf den Menschen wirken, wie sie tatsächlich sind, sondern so, wie die Menschen annehmen, daß sie wären.
- Zur Beschreibung der Handlungsorientierungen von Individuen werden die Konzepte Ziele, Werte, Normen, Kognitionen und Emotionen verwendet.
- Handeln geschieht im Rahmen bestimmter Deutungssysteme, die aus spezifischen (für ein Sozialsystem gültigen) Regeln abgeleitet werden und **symbolisch** vermittelt sind. Handeln meint dabei immer soziales Handeln in Interaktionen. Basis derartiger Interaktionen ist die Rollenübernahme („role taking", „taking the role of another").[48]
- Interaktionen werden vom Alltagswissen (z. B. gemeinsame Situationsdefinitionen und Deutungen des Sinnes bestimmter Symbole) geleitet, das man mit dem Interaktionspartner teilt (geteiltes Wissen).

Die Vertreter des symbolischen Interaktionismus' gehen somit davon aus, daß „Soziale Wirklichkeit" nicht als etwas Vorgegebenes, auf „höherer Ebene" bereits Angesiedeltes anzusehen ist, sondern als in konkreten Interaktionsbezügen erst Hervorgebrachtes und als Sinnübertragung zwischen Interagierenden zu interpretieren ist. Auf diese Weise unterliegen die Mikro- und auch die Makrostrukturen der Gesellschaft einem ständigen Prozeß der Neukonstruktion der Wirklichkeit. Soziale Systeme sind dementsprechend nicht allein „von außen" begreifbar, sondern in ihrem Wesen letztendlich erst durch die Deutungsschemata der Handelnden.

Eine solche Sichtweise weist zweifelsohne eine große Affinität zu dem im Rahmen dieses Buches präsentierten Verständnis von Unternehmenskultur als einem System gemeinsamer unternehmensbezogener Werte und Normen auf, welches über Symbole weitergegeben wird. Über diese Symbole werden den Organisationsmitgliedern die für die Unternehmung relevanten Werte und Normen vermittelt. Dabei konstruieren die Organisationsmitglieder eigene Situationsdefinitionen, als deren zentrale Einflußgrößen die im Rahmen primärer Sozialisationsprozesse[49] gewonnenen individuellen Wertehierarchien der Beteiligten anzusehen sind. Daneben gewinnen auch die Werte und Normen der Unternehmung zunehmend an Bedeutung, die über Symbolinterpretationen anderer Individuen an die Betroffenen herangetragen werden. Zentral in derartigen Prozessen sind die Interpretationsleistungen der Interaktionsteilnehmer, die jedoch nur über Symbole als die kommunikativen Medien möglich sind. Symbole sind demzufolge die Medien zwischen den Inhalten der Wert- und Normenebene und den sinnlich wahrnehmbaren Phänomenen bzw. dem Objektbereich. Sie ermöglichen eine Verständigung über gemeinsame Situationsdefinitionen in Interaktio-

---

[48] Vgl. zum „role taking" Mead (1968); Krappmann (1972).
[49] Zum Begriff der primären Sozialisation, in der der Mensch seine grundlegende Weltorientierung gewinnt, vgl. Berger/Luckmann (1980), S. 139 ff.

nen und damit auch Kommunikation. Spezifische gemeinsame Handlungsmuster innerhalb eines Sozialsystems entstehen demzufolge aus symbolischen Interaktionen.

Zusammenfassend ist somit festzuhalten, daß bestimmte Werte und Normen das Fundament der Interpretation von Situationen durch Individuen bilden. Eine Übereinkunft bezüglich der Situationsdefinition wird dabei über die Symbole hergestellt, die dem jeweils Anderen ein Verständnis der Inhalte der subjektiven Interpretation vermitteln und also letztendlich auch die zugrundeliegenden Werte und Normen verdeutlichen. Das Individuum ist in diesem Prozeß bestrebt, seine Werte und Normen zu verwirklichen bzw. zu erfüllen. Ein übereinstimmendes Verständnis von Symbolen und eine gemeinsame Situationsdefinition in Interaktionen bedeuten dementsprechend auch eine interindividuelle Aktualisierung von gemeinsamen Werten und Normen.

Vor diesem Hintergrund kann das „Hineinwachsen" eines Individuums in eine Organisation (und damit letztendlich auch in die, die betreffende Organisation dominierende Kultur) als eine Art sekundäre Sozialisation aufgefaßt werden, die als die Internalisierung institutionaler oder in Institutionalisierung gründender „Subwelten" zu verstehen ist. Derartige „Subwelten", die mit der sekundären Sozialisation internalisiert werden, sind im allgemeinen „partielle Wirklichkeiten", die in Kontrast stehen zur „allgemeinen Grundwelt", welche Individuen in der primären Sozialisation erfahren. Aber auch bei diesen Subwelten handelt es sich, wie etwa bei betriebswirtschaftlichen Organisationen, um mehr oder weniger kohärente Wirklichkeiten mit normativen, kognitiven und affektiven Komponenten.[50] Der Prozeß der sekundären Sozialisation „erfordert dabei ‚das Sich-zu-eigen-Machen' eines jeweils rollenspezifischen Vokabulars. Das wäre einmal die Internalisierung semantischer Felder, die Routineauffassung und -verhalten auf einem institutionalen Gebiet regulieren. Zugleich werden die ‚stillen Voraussetzungen', Wertbestimmungen und Affektnuancen dieser semantischen Felder miterworben."[51]

Die Situation, der sich das Individuum im Zuge einer sekundären Sozialisation gegenübersieht, unterscheidet sich jedoch von der in der primären Sozialisation.[52] Da sekundäre Sozialisation immer einen vorhergegangenen Prozeß der Primärsozialisation voraussetzt, muß sie mit einem bereits geprägten Selbst und einer schon internalisierten Welt rechnen, d. h. das Individuum verfügt bereits über ein eigenes Wert- und Normengefüge. Das Individuum ist daher nicht nur passiver Empfänger, sondern es besteht in aller Regel eine gewisse (interpretationsbedürftige) Distanz zwischen seiner eigenen Werte- und Normenhierarchie und den unternehmensbezogenen Werten und Normen. Diese Distanz ist um so geringer, je mehr die individuellen Werte und Normen denen der unternehmensspezifischen Kultur entsprechen und/oder je länger das Individuum Mitglied in

---

[50] Vgl. Berger/Luckmann (1980), S. 148f; vgl. auch Wiswede (1985), S. 111ff, der allerdings zusätzlich zur primären und sekundären Sozialisation noch die Prozesse der tertiären Sozialisation unterscheidet. Letztere, die Wiswede auch als „Erwachsenensozialisation" bezeichnet, ist in der Terminologie von Berger/Luckmann in den sekundären Sozialisationsvorgängen enthalten.
[51] Berger/Luckmann (1980), S. 149.
[52] Vgl. hierzu und zum folgenden Heinen/Dill (1986), S. 210f sowie Berger/Luckmann (1980), S. 149ff.

der Unternehmung ist und mit anderen Organisationsmitgliedern im gleichen sozialen Kontext interagiert. Auf diese Weise entstehen in Organisationen subjektive Wirklichkeiten. Dies bedeutet nichts anderes, als daß sich in Unternehmungen die „volle" Bedeutung von Objekten, Strukturen und Prozessen nicht a priori durch diese selbst erschließt, sondern erst durch die Interpretation dieser Phänomene durch die Individuen.[53] Medien der Erschließung sind dabei nicht zuletzt Symbole. Diese helfen – vereinfacht – den Organisationsmitgliedern (und -teilnehmern), „die Organisation" zu interpretieren und geben somit durch die Vermittlung und Konkretisierung unternehmensspezifischer Werte und Normen Orientierungshilfen für derartige Interpretationsprozesse an die Hand. Solche Orientierungshilfen stellen bspw. eindeutige Handlungsanweisungen von Vorgesetzten, Organisationshandbücher, Stellenbeschreibungen dar; denn auch diesen Artefakten kommt gewissermaßen Symbolcharakter zu. Sie stellen die Medien einer gewünschten Ordnung dar, welche durch sie vermittelt und legitimiert werden soll. Dabei determinieren sie eine organisationale Rolle nicht in dem Maße, daß das Individuum gleichsam nur in die vorgegebene Hülle zu schlüpfen hätte, sondern selbständig die Rollenidentität ausbilden muß.

## 2. Ansätze zur Erklärung unterschiedlicher Ausprägungen der Unternehmenskultur

Im vorangegangenen Abschnitt sind die Symbole als Medien der Unternehmenskultur einer systematischen Deskription unterzogen worden. Es hat sich gezeigt, daß Symbole die zentralen Kommunikations- und Artikulationskanäle bei der Schaffung und Erhaltung interindividuell relevanter „sozialer Wirklichkeiten" darstellen, mithin auch der spezifischen sozialen Realität „Unternehmenskultur". Davon ausgehend sollen im folgenden Ansätze zur Erklärung unterschiedlicher Ausprägungen dieser sozialen Realität „Unternehmenskultur" zur Darstellung gelangen. Hierzu wird die in Beitrag A entwickelte Typologie von Unternehmenskulturen aufgegriffen. Mit ihrer Hilfe wird es möglich, eine analytisch differenzierende Diskussion der einzelnen Faktoren vorzunehmen, die zur Erklärung denkbarer konkreter Ausprägungen der Werte- und Normensysteme betriebswirtschaftlicher Organisationen dienen können. Die Grundstruktur der hier zugrunde gelegten Typologie von Unternehmenskulturen ergibt sich aus einer idealtypisch vorgenommenen Dimensionalisierung des Phänomens „Unternehmenskultur". Im einzelnen werden die Dimensionen „Verankerungsgrad", „Übereinstimmungsausmaß" und „Systemkompatibilität" abgegrenzt.[54]

Mit dem Begriff „Verankerungsgrad" wird eine individuenorientierte Differenzierung unterschiedlicher unternehmensbezogener Werte- und Normensysteme betriebswirtschaftlicher Organisationen möglich. Es geht hierbei um die

---

[53] Vgl. hierzu auch die Ausführungen von Louis (1983), die Organisationen als „culture bearing milieux" bezeichnet. In enger Anlehnung an die Theorie des symbolischen Interaktionismus' erläutert sie die Notwendigkeit eigenständiger Situationsdefinitionen in Organisationen, in denen das spezifische Set unternehmensbezogener Ideen und Handlungsmuster erschlossen werden muß.
[54] Vgl. hierzu Beitrag A.

Frage, inwieweit die Unternehmenskultur Eingang gefunden hat in die Werte- und Normensysteme, welche dem organisationalen Handeln der einzelnen Organisationsmitglieder zugrundeliegen. Der Begriff „Übereinstimmungsausmaß" stellt dagegen auf die interindividuelle Einheitlichkeit bzw. Disparatheit der individuell handlungswirksamen Wert- und Normvorstellungen der Organisationsmitglieder ab. Damit wird ein Problem angesprochen, welches die Struktur des organisationalen Ideensystems betrifft.

Der Verankerungsgrad und das Übereinstimmungsausmaß unternehmensbezogener Werte- und Normensysteme bestimmen in ihren denkbaren Ausprägungskombinationen die Stärke einer Unternehmenskultur. Von einer starken Unternehmenskultur kann tendenziell dann gesprochen werden, wenn sowohl ein hoher Verankerungsgrad in Form einer individuellen Internalisation unternehmensbezogener Werte und Normen als auch deren unternehmensweite Einheitlichkeit feststellbar sind. Die Stärke einer Unternehmenskultur bezieht sich in ihrer Begriffsextension somit auf die individuellen und organisationsbezogenen Aspekte des ideellen, im Sinne der hier vertretenen Begriffsauffassung originär unternehmenskulturellen Wirklichkeitsbereiches einer betriebswirtschaftlichen Organisation.

Über den Begriff der Stärke einer Unternehmenskultur hinaus geht der in Beitrag A entwickelte Begriff der „Funktionalität" einer Unternehmenskultur. Die Funktionalität ist definiert unter Bezugnahme auf den relationalen Begriff der Systemkompatibilität der unternehmensbezogenen Wert- und Normgefüge der Mitglieder einer betriebswirtschaftlichen Organisation. Mit einer solchen Vorgehensweise soll zum Ausdruck gebracht werden, daß die Frage nach der Erfolgswirkung einer Unternehmenskultur nicht unabhängig von ihren Beziehungen zu den formalen Instrumenten der Mitarbeiterführung und Unternehmenssteuerung einerseits und den Ansprüchen der Umwelt andererseits beantwortet werden kann.

Im folgenden soll versucht werden, diejenigen Faktoren, die die Stärke und die Funktionalität spezifischer Unternehmenskulturen beeinflussen können, einer systematischen, an der skizzierten Dimensionalisierung orientierten Analyse zu unterziehen. Dabei erfolgt zuerst eine Diskussion verschiedener Rahmenbedingungen, welche unterschiedliche Verankerungsgrade der Unternehmenskultur zur Folge haben können.

## 2.1 Einflußfaktoren der Ausbildung unterschiedlicher Verankerungsgrade der Unternehmenskultur

Die Überlegung, daß soziale Organisationen und damit nicht zuletzt auch Betriebswirtschaften für ihr Überleben ein Mindestmaß an sozio-emotionaler Einbindung ihrer Mitglieder benötigen, ist in der Organisationstheorie nicht neu. Bezüglich dessen, was als qualitativ und quantitativ ausreichende Einbindung des Organisationsmitgliedes in die Organisation angesehen werden kann, bestehen jedoch nicht unerhebliche Meinungsunterschiede. In der Diskussion werden dabei Begriffe wie „Identifikation", „Internalisierung" oder auch „Indoktrination" verwendet, um gegensätzliche Positionen abzugrenzen. Bevor einzelne Mechanismen der Ausbildung unterschiedlicher Verankerungsgrade der unternehmensbezogenen Werte- und Normensysteme der Organisationsmitglieder angesprochen werden können, ist deshalb eine nähere Bestimmung der einzelnen Alternativen des Verankerungsgrades nötig. Zu deren Charakterisierung sollen ausgewählte Ansätze aus dem Bereich der sozialpsychologisch orientierten Organisationstheorie herangezogen werden.

### 2.1.1 Ausgewählte Ansätze der betriebswirtschaftlichen Organisationstheorie zu den Begriffen der Identifikation und Internalisierung

In seinem Grundlagenwerk widmet der Sozialpsychologe und Vater der modernen Organisationstheorie, Simon, dem Problem der Identifikation des Organisationsmitgliedes mit der Organisation ein Kapitel, in dem er die Organisationsziele als primären Anhaltspunkt individueller Identifikationsprozesse in den Mittelpunkt seiner Überlegungen stellt.[55] Identifikation ist für Simon „... der Prozeß, durch den das Individuum Organisationsziele (Leistungs- oder Erhaltungsziele) an die Stelle seiner eigenen Ziele als die Wertindikatoren setzt, die seine Entscheidungen in der Organisation bestimmen ...".[56] Die Wirkung der Identifikation äußert sich dabei als Bindung an die oder Loyalität zur Organisation, die „... automatisch – d.h. ohne Notwendigkeit externer Stimuli – garantiert, daß seine Entscheidungen mit den Organisationszielen konsistent sein werden."[57] Der psychische Prozeß, der zu einer solchen Identifikation führt, wird von Simon nur kurz diskutiert. Als „psychologische" Grundlagen der Identifikation nennt Simon dazu verschiedene Elemente, wie z. B.

– ein persönliches Interesse am Organisationserfolg, dessen Ursachen in der Vielzahl von Anreizen zu suchen sind, die dem Individuum von der Organisation angeboten werden, wenn es seine organisationalen Entscheidungen im Sinne der organisationalen und nicht seiner eigenen Werte und Normen fällt;

– die Konzentration der Aufmerksamkeit des Organisationsmitgliedes auf jene Gegenstandsbereiche, die von den Aktivitäten seiner Organisation oder auch seiner Abteilung primär betroffen sind. So erscheint es z. B. denkbar, daß ein Mitarbeiter in einem Unternehmen, in dem Sportwagen produziert werden, sich der negativen Auswirkungen einer generellen Geschwindigkeitsbeschränkung auf Autobahnen auf die Situation seiner Unternehmung wesentlich bewußter ist als der positiven Auswirkungen auf die Zahl der Verkehrsunfälle. Dieser besondere Aufmerksamkeitsschwerpunkt kann für Simon als Ursache einer Identifikation mit den Organisationszielen gesehen werden.[58]

Dieser kurze Abriß der Überlegungen Simons zum Phänomen der Identifikation der Organisationsmitglieder mit den Zielen bzw. allgemeiner den Werten der Organisation macht deutlich, daß dort einige wichtige Fragen unbeantwortet bleiben. So ist zu bezweifeln, daß die Beitrittsentscheidung des Individuums die umfassende Übernahme der organisationalen Werteskala gleichsam programmiert, daß also das Individuum in diesem Moment vom Verhandlungspartner zu einem passiven Empfänger organisationaler Werte „degradiert" wird. Des weiteren erscheint es unwahrscheinlich, daß hinsichtlich der Identifikation des Organisationsmitgliedes mit den Organisationszielen bzw. der organisationalen Werteskala nur zwei Ausprägungen möglich sein sollten: nämlich „Identifikation"

---
[55] Vgl. Simon (1981), S. 219 ff.
[56] Simon (1981), S. 235.
[57] Simon (1981), S. 219.
[58] Vgl. Simon (1981), S. 228 f.

oder „keine Identifikation". Hier sind insbesondere die Überlegungen von Mintzberg weiterführend.

Mintzberg verwendet den Begriff der Identifikation, um damit unterschiedliche Grade der Selbstbindung (commitment) des Organisationsmitgliedes an das von ihm so bezeichnete „Ideologiesystem" der Organisation zu kennzeichnen. Ein Ideologiesystem definiert er als ein System von Überzeugungen bezüglich der Organisation, das von den Mitgliedern geteilt wird und die Organisation von anderen unterscheidet. Das Ideologiesystem besteht neben dem formalen Sanktions- und Autoritätssystem der Organisation und dient wie dieses der Steuerung und Kontrolle des Verhaltens von und in Organisationen. Die Bedeutung, die diesen Überzeugungen, diesem „sense of mission", in Organisationen zukommt, variiert und ist abhängig davon, wie stark sich die Organisationsmitglieder mit ihm identifizieren.

Mintzberg unterscheidet vier Ausprägungen der Identifikation:[59]

a) Natürliche Identifikation: Ein neues Mitglied stimmt mit der Ideologie vollkommen überein. Es hat die zugrunde liegenden Werte bereits vor seinem Eintritt in die Organisation internalisiert bzw. ist von diesen begeistert.

b) Selektive Identifikation: Die Organisation wählt von vornherein nur Mitarbeiter aus, die zu der betreffenden Ideologie passen; umgekehrt erfolgt eine Selektion auch dadurch, daß Bewerber die Ideologie einer Organisation bei ihrer Beitrittsentscheidung berücksichtigen. Beispielhaft für die Punkte a) und b) sind insbesondere religiöse oder politische Organisationen.

c) Hervorgerufene (evoked) Identifikation: Es wird versucht, durch Indoktrination und Sozialisation eine Konformität mit der Ideologie zu schaffen.

d) Kalkulierte Identifikation: Das Mitglied unterwirft sich der Ideologie, ohne diese jedoch zu übernehmen. Die Nachteile aus einem Konflikt mit der Ideologie werden höher eingeschätzt als die Vorteile der Konformität.

Ein Vergleich der Überlegungen von Simon und Mintzberg macht deutlich, daß der Identifikationsbegriff von Mintzberg umfassender ist. Mintzbergs selektive und kalkulierte Identifikation können mit der Identifikation im Sinne von Simon gleichgesetzt werden. Bei ersterer ist die Bedeutung der Beitrittsentscheidung angesprochen, während letztere darauf abstellt, daß die Anreize der Organisation für ein konformes Verhalten gegen die Belastungen durch die Konformität (z.B. eventuelle Wertkonflikte) abgewogen werden. Die natürliche und auch die hervorgerufene Identifikation im Sinne Mintzbergs beinhalten dagegen eine Internalisierung der Schlüsselwerte der Organisation. Der Begriff der Internalisierung problematisiert also die Frage, inwieweit die Schlüsselwerte der Organisation zu einem Teil der individuellen Wertehierarchie der Organisationsmitglieder geworden sind – eine Frage, die in den auf das Verhalten (und nicht auf die zugrundeliegenden individuellen Werte) der Organisationsmitglieder abstellenden Überlegungen von Simon von untergeordneter Bedeutung sind.

Ein weiterer Unterschied zwischen Simon und Mintzberg ergibt sich aus den unterschiedlichen Bezugsgrößen, hinsichtlich derer das Phänomen Identifikation definiert wird. Simons Bezugsgrößen sind die Erhaltungs- und Wachstumsziele der Organisation. Mintzberg bezieht seinen Begriff der Identifikation dage-

---

[59] Vgl. Mintzberg (1983), S. 155–161.

gen auf das Ideologiesystem der Organisation, wobei eine enge Beziehung des Ideologiebegriffs zum Problem der Legitimation festzustellen ist. Ideologien dienen bei Mintzberg primär der Legitimation bestehender sozialer Strukturen und Prozesse. Dieser besondere Aspekt des Identifikationsbegriffs von Mintzberg kann deutlicher gemacht werden, wenn man die Überlegungen Etzionis zum Problem der sozio-emotionalen Einbindung der Mitglieder einer Organisation einer näheren Betrachtung unterzieht, die er unter dem Begriff der „community of assumption" diskutiert.

Etzionis „Gemeinsamkeiten von für selbstverständlich gehaltenen Grundannahmen (communities of assumption)" können im Sinne Mintzbergs als Ideologiesysteme aufgefaßt werden.[60] Er kennzeichnet sie als symbolisches System (Kontext), das von einem sozialen System internalisiert und institutionalisiert worden ist. Diese gemeinsamen Annahmen bilden für die Mitglieder des sozialen Systems die Grundlage für die Interpretation der Welt und ihrer selbst. Zumindest die „Eliten" und die aktiven Mitglieder einer sozialen Einheit sind Träger dieser geteilten Selbstverständlichkeiten. Sie sind ein „stock of taken for granted meanings"[61], der sich aus dem Erfahrungswissen der Organisationsmitglieder herauskristallisiert.

## 2.1.2 Ein Vorschlag zur Systematisierung unterschiedlicher Verankerungsgrade der unternehmensbezogenen Werte und Normen der Organisationsmitglieder

Die Ausführungen des vorangegangenen Abschnittes haben gezeigt, daß in der betriebswirtschaftlichen Organisationstheorie die Probleme der Einbindung von Organisationsmitgliedern in das organisationale Werte- und Normensystem bislang durchaus nicht undiskutiert geblieben sind. Insbesondere der Identifika-

| Internali-<br>sierung | | | | | Ablehnung |
|---|---|---|---|---|---|
| ← | | | | | → |
| natürliche<br>Identifika-<br>tion | Sozialisa-<br>tion | Indoktrina-<br>tion | selektive<br>Identi-<br>fikation<br>– Personal-<br>auswahl – | kalkulierte<br>Identifika-<br>tion | Autoritäts-<br>system<br>– Sanktionen – |
| Organisations-<br>spezifische Werte<br>als konstitutive<br>Elemente der indi-<br>viduellen Werte-<br>hierarchie | | | | | Individuelle<br>Wertehierarchie |

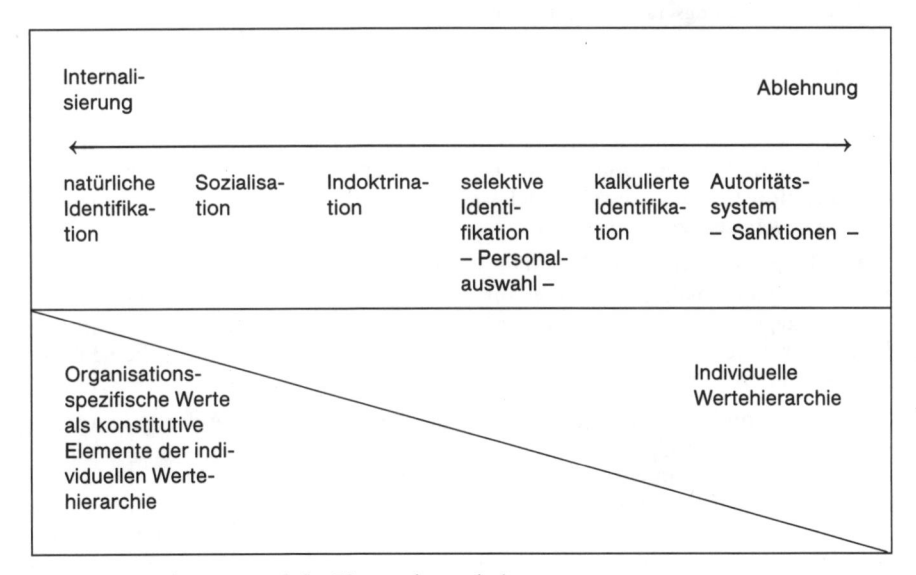

**Abb. 4** Verankerungsgrad der Unternehmenskultur

---
[60] Vgl. Etzioni (1975), S. 202.
[61] Vgl. Smircich/Morgan (1982), S. 259.

tionsbegriff Mintzbergs spricht Phänomene an, die dem Phänomen des Verankerungsgrades einer Unternehmenskultur in hohem Maße entsprechen. In Anlehnung an Mintzbergs Kontinuum der Integration von individuellen und organisationalen Zielen soll deshalb eine Einteilung unterschiedlicher Verankerungsgrade von unternehmenskulturellen Werten und Normen vorgenommen werden, die in der Abbildung 4 dargestellt ist.

Legt man der Systematisierung unterschiedlicher Verankerungsgrade in Anlehnung an die Überlegungen Etzionis zusätzlich eine Unterscheidung bezüglich der Arten der Legitimationsprozesse zugrunde, wird eine Differenzierung der Dichotomie „Ablehnung – Internalisierung" möglich. Es kann dann unterschieden werden zwischen der Unternehmenskultur, die aus einem historischen Prozeß in der Unternehmung heraus entsteht und gemeinsames Erfahrungswissen voraussetzt, und Ideologien in Unternehmungen, welche ein bestimmtes Set von Inhalten beinhalten, das von einer Gruppe von Organisationsteilnehmern präferiert und artikuliert wird, wobei die Legitimation der Werte über Interventionsstrategien erfolgt. Diese Differenzierung verdeutlicht die folgende Abbildung.

|  |  | Verankerung | |
|---|---|---|---|
|  |  | rationales Abwägen | Internalisierung |
| Legitimation der Werte | historischer Prozeß | kalkulierte Identifikation 1 | Sozialisation 4 |
|  | Interventionsstrategien | selektive Identifikation Autoritätssystem 2 | Indoktrination 3 |

Abb. 5  Verankerungsgrad und Legitimation

Die Felder 1 und 2 charakterisieren das rational handelnde Organisationsmitglied, das die Anreize und Belastungen, die ihm aus seiner Organisationszugehörigkeit erwachsen, abwägt. Die Selektion geeigneter Mitarbeiter und deren Koordination und Integration durch das Autoritätssystem sind Maßnahmen der Organisationsführung, durch welche ein zielentsprechendes Handeln der Mitglieder gewährleistet werden soll.

Die in populärwissenschaftlichen Veröffentlichungen vertretene Auffassung von Unternehmenskultur als einer Instrumentalvariablen der Unternehmensführung hingegen fällt in den Bereich des Feldes 3. Vorschläge, die Unternehmenskultur durch kurzfristige Maßnahmen oder durch einen charismatischen Führer zu manipulieren, machen dabei die Gefahr eines „Wertedrills" unverkennbar.

Die insbesondere von Heinen/Dill[62] aufgezeigte Perspektive der Behandlung des Phänomens der Unternehmenskultur weist in eine andere Richtung (Feld 4). Nicht eine Unternehmenskultur im Sinne einer monolitischen Wertestruktur in betriebswirtschaftlichen Organisationen soll angestrebt werden, sondern eine kulturbewußte symbolische Unternehmensführung. Nach Heinen kann die Unternehmenskultur dann ein Schlüssel zu einem neuen, umfassenderen Menschenbild sein.[63] Dies wird jedoch nicht erreicht, wenn die Unternehmenskultur

---

[62] Vgl. Heinen/Dill (1986).
[63] Vgl. Heinen (1986).

lediglich als Instrument der Mitarbeiterführung angesehen wird, mit dem die Situationsdefinitionen der Individuen beliebig in eine gewünschte Richtung manipuliert werden sollen. Entscheidend ist die Erkenntnis des Einflusses interpretativer subjektiver Aspekte: der Organisationsteilnehmer wird als sinnsuchendes Wesen begriffen, welches als Individuum in der Lage ist, sich mit symbolisch vermittelten Werten und Normen auseinanderzusetzen.

### 2.1.3 Die Bedeutung der Führung für die Entwicklung eines hohen Verankerungsgrades der Unternehmenskultur bei den Organisationsmitgliedern

Die oben aufgezeigten Ansätze können dahingehend interpretiert werden, daß insbesondere dem Bereich der Führung eine große Bedeutung zukommt, wenn die Einflußfaktoren der Entwicklung eines hohen Verankerungsgrades der unternehmensbezogenen Werte und Normen der Organisationsmitglieder untersucht werden sollen. „Führung" ist dabei sowohl im institutionalen als auch im funktionalen Sinne zu verstehen.

Zunächst werden Ansätze vorgestellt, die unter dem Begriff der „Führungshypothese" zusammengefaßt werden können. Diesen Ansätzen gemeinsam ist das Wirken von Schlüsselpersonen, durch das eine spezielle Unternehmenskultur begründet wird.

So führen etwa Eldrige/Crombie die Ausbildung einer unternehmensspezifischen Kultur auf Effekte früherer, „charakterbildender" Entscheidungen und Führer der Unternehmung zurück.[64] Nur der Mensch sei fähig, eine Kultur zu bilden und zu verstehen, da er das einzige Wesen sei, das bewußte Entscheidungen treffen könne. Offen bleibt jedoch, welche Entscheidungen charakterbildend sind. Louis[65] grenzt diese ein auf das Handeln von Schlüsselpersonen, wie etwa den Unternehmensgründer, der die unternehmensindividuellen Werte prägt, die über Geschichten, die ein gemeinsames Verständnis für organisationales Handeln schaffen, weitergegeben und in den Organisationsmitgliedern verankert werden.

Die Bedeutung der Gründerpersönlichkeit für die Identifikation der Organisationsmitglieder mit Werten der Organisation wird ebenfalls von Mintzberg und Sackmann hervorgehoben. Bei beiden ist die Mission des Gründers die Wurzel für die Ausformung gemeinsamer Werte und Normen.[66] Die Weitergabe des sich daraus entwickelnden Überzeugungssystems vollzieht sich für Mintzberg in Traditionen und Sagen. Sackmann beschreibt ein ganzes organisationales Symbolsystem aus ideellen und materiellen Kulturgütern, das die charakteristischen Denk- und Verhaltensweisen, die die Organisationskultur bilden, aufrechterhält.

In den skizzierten Erklärungsansätzen wird die Unternehmenskultur nahezu ausschließlich identifiziert mit der Person des Unternehmensgründers oder anderer Schlüsselpersonen, die das Wertesystem der Organisation verkörpern und vorleben. Die Führungspersonen sind signifikante Symbole für die Bildung und erste Weitergabe der Kultur. Die Organisationsteilnehmer lernen die unternehmensspezifischen Werte und Normen von dem vorbildlich handelnden Gründer.

---

[64] Vgl. Eldrige/Crombie (1974), S. 89f.
[65] Vgl. Louis (1983), S. 47.
[66] Vgl. Sackmann (1983), S. 399, und Mintzberg (1983), S. 153; vgl. auch Pettigrew (1979), S. 50.

Eine nähere Konkretisierung erfährt die geschilderte „Führungshypothese" durch das eher prozeßorientierte Konzept der „kulturbewußten symbolischen Führung".[67] Nicht die einseitige Indoktrination erfolgsfördernder Werte und Normen ist Inhalt dieses Ansatzes, sondern die Betonung der Bedeutung gemeinsamer Sinnpotentiale. Diese sind nicht vorgegeben, sondern erwachsen aus einem historischen Prozeß. Das Handeln der Unternehmensleitung hat dabei Symbolcharakter: Es wird ständig von den Individuen interpretiert. Durch die Pflege unternehmensspezifischer Symbole kann die Ausbildung gemeinsamer Situationsdefinitionen unterstützt werden. Damit werden auch annähernd gleiche Interpretationsergebnisse möglich.

Die vorangegangenen Ausführungen zeigen, daß diesem Ansatz ein gänzlich anderes Menschenbild zugrundeliegt als etwa einer behavioristischen Führungslehre. Kulturbewußte Unternehmensführung begreift den Mitarbeiter als sinnsuchendes Wesen. Sinn kann jedoch nach Frankl nicht gegeben, sondern er muß gefunden werden.[68] Versuche, ihn zu bestimmen, liegen in den jeweiligen Situationsdefinitionen der Individuen vor. Diese werden in symbolischen Interaktionen zwischen den Individuen ausgehandelt. Sinn wird hier nicht gegeben, sondern gemeinsam konstituiert. Eine einseitige Bestimmung führt nicht zur Übernahme durch den Anderen. Erst die Darstellung der eigenen Identität erschließt den Freiraum für die notwendige eigenständige Interpretation. Auf diese kann jedoch Einfluß genommen werden durch eine Unterstützung über geeignete Symbole. Die eigenständige Interpretation kann aber nicht vermieden bzw. ersetzt werden. Auch ein Autoritätssystem kann sie nicht unterdrücken, sondern allenfalls zu einer Form der kalkulierten Identifikation führen.

Eine starke Verankerung unternehmensspezifischer Werte und Normen ist daher nur durch eine kulturbewußte Unternehmensführung zu erreichen. Diese strebt nicht den „organizational man" an, der quasi automatisch funktioniert, sondern das im wahren Sinne selbstbewußte Organisationsmitglied, welches letztlich eine eigenständige Rollenidentität in symbolischen Interaktionen bildet. Auf diese Rollenidentität kann Einfluß genommen werden, jedoch nicht durch bloße Vorgabe und Manipulation bestimmter Situationsdefinitionen, sondern im Verlaufe der symbolischen Interaktionen durch die Bestimmung gemeinsamer Bedeutungsinhalte von Symbolen. Dies ist jedoch im Gegensatz zu Indoktrinationsversuchen ein wechselseitiger Prozeß. Kulturbewußte Unternehmensführung beinhaltet diese Prozesse als weitere Dimension neben den funktionalistischen Koordinationsinstrumenten und berücksichtigt die Tatsache, daß auch diese Symbolcharakter haben und konsistent zu den unternehmensspezifischen Werten und Normen sein müssen.

## 2.2 Bestimmungsgründe des Übereinstimmungsausmaßes der unternehmenskulturellen Werte und Normen einer betriebswirtschaftlichen Organisation

Die Stärke einer Unternehmenskultur resultiert nicht nur aus dem Verankerungsgrad der unternehmensbezogenen Werte- und Normengefüge der Organi-

---
[67] Vgl. hierzu Dill (1986); Heinen/Dill (1986).
[68] Vgl. Frankl (1979), S. 155.

sationsmitglieder, sondern ebenso aus dem Übereinstimmungsausmaß. Wie angesprochen, stellt die Dimension „Übereinstimmungsausmaß" auf die Frage ab, inwieweit die Mitglieder einer betriebswirtschaftlichen Organisation ihren Entscheidungen und Handlungen gleichgerichtete unternehmensbezogene Werte und Normen zugrundelegen. Eine erste Antwort bietet die Analyse der Bestimmungsgründe für die Entwicklung von Subkulturen innerhalb betriebswirtschaftlicher Organisationen.

### 2.2.1 Bestimmungsgründe unterschiedlicher Ausprägungen unternehmensspezifischer Subkulturen

Die zentralen Erklärungsgrößen innerhalb denkbarer Bestimmungsgründe spezifischer Subkulturen sind die Unternehmensgröße und die Organisationsstruktur. Hier sind die Überlegungen von Mintzberg und Greiner zur idealtypischen Entwicklung betriebswirtschaftlicher Organisationen von zentraler Bedeutung. Diese werden im folgenden skizziert.[69]

Kleine Unternehmungen weisen im allgemeinen eine vergleichsweise einfache Struktur auf. Oberstes Gebot ist bei ihnen die Flexibilität. Die Kontrollfunktion ist weitestgehend auf den Unternehmensgründer bzw. -eigner zentriert. Dieser fällt als Unternehmensleiter die prägenden Entscheidungen. Die Interaktionen sind sehr persönlich und informal. Es fehlt bei der Gründung des Unternehmens noch das Erfahrungswissen, welches erst mit der Zeit entsteht und über symbolische Interaktionen weitergegeben wird. Mit zunehmendem Wachstum werden mehr und mehr Fachkenntnisse in der Geschäftsführung und Verwaltung benötigt. Die Lösung dieses Problems ist die Institutionalisierung einer direkten Führung durch ein professionelles Management. Es kommt zur Einführung von formalen Organisationsstrukturen sowie effizienteren Verwaltungs- und Kontrollverfahren. Die Organisation wird zunehmend mechanistisch, wobei der Zentralisationsgrad relativ hoch ist. Im weiteren Verlauf entsteht die „industrielle Bürokratie". In ihr gibt es eine sehr starke Arbeitsstandardisierung und damit verbunden eine große Zahl von Spezialisten. Die industrielle Bürokratie ist primär vertikal zentralisiert, wobei formale Machtbefugnisse an der Spitze konzentriert sind. Eine solche starke Zentralisierung der Befugnisse der obersten Unternehmensführung führt schließlich zur Autonomiekrise, da die spezialisierten Abteilungen mehr Autonomie beanspruchen. Die Lösung stellen in der Regel eine verstärkte Delegation und Dezentralisation der Entscheidungsbefugnisse dar.

Die nächste Phase des Wachstums beinhaltet die Divisionalisierung. Diese Struktur ist vor allem bei stark diversifizierten Unternehmen vorherrschend. Die einzelnen Divisionen haben große Autonomie bei der Gestaltung ihrer Betriebsabläufe. Innerhalb der Divisionen kann aber durchaus industrielle Bürokratie praktiziert werden. Die Kontrolle der Divisions erfolgt jedoch leistungsorientiert. Das Problem, das aus der starken Dezentralisierung erwächst, ist, daß „kleine Grafschaften versuchen, zu kleinen Königreichen (der Organisation, Anm. d. Verf.) zu werden" und damit die Gesamtzielsetzung vernachlässigt wird.[70] Das Ergebnis dieses Prozesses kann eine Kontrollkrise sein, die mit intensiveren Koordinationsbemühungen überwunden werden muß. Möglichkeiten hierfür wären verstärkte Planungsbemühungen und die Zentralisation übergreifender Funktionen, woraus eine Matrixorganisation resultiert.

---

[69] Vgl. Mintzberg (1982), S. 7–19; Greiner (1982), S. 11.
[70] Velu (1981), S. 131.

Die geschilderte Entwicklung ist geprägt durch vermehrte Dezentralisation und Spezialisierung. Den Anforderungen aus einer erhöhten Aufgabenkomplexität soll durch eine entsprechende Komplexität innerhalb der Organisation begegnet werden. Diese organisatorische Ausdifferenzierung vollzieht sich sowohl horizontal, indem von der zentralen Leitung zu Divisionen übergegangen wird, als auch vertikal, indem von der direkten Führung abgegangen wird und mehrere Hierarchieebenen entstehen. Je differenzierter eine Organisationsstruktur ist, um so mehr besteht die Tendenz, daß in ihren Teilbereichen eigenständige Auffassungen über das richtige Handeln kommuniziert werden. Das von Simon beschriebene Phänomen des Ressortegoismus mit der Entwicklung eines einseitigen Aufmerksamkeitsschwerpunktes bekräftigt dies. Auf der individuellen Ebene werden dann diese partiellen Überzeugungen weitergegeben. Je ausgeprägter derartige bereichsspezifische Einstellungen sind, um so mehr kann von einer Subkultur mit eigenen Werten und Normen gesprochen werden.

Für den Grad an Übereinstimmung bezüglich relevanter Werte und Normen zeichnet sich somit ein Strukturdilemma ab: Je ausdifferenzierter eine Organisationsstruktur ist, um so eher bilden sich in Teilbereichen Subkulturen, die unter Umständen eine einheitliche Unternehmenskultur verhindern. Die Notwendigkeit für das einigende Band einer Unternehmenskultur ist aber gerade für derartige betriebswirtschaftliche Organisationen am größten.

Es stellt sich demnach die Frage, wie die Entwicklung einer einheitlichen Unternehmenskultur und damit ein hoher Grad an Übereinstimmung bezüglich der relevanten Werte auch und gerade im Rahmen ausdifferenzierter Organisationsstrukturen unterstützt werden kann. Im Ansatz von Heinen/Dill stellen Zielbildungsprozesse, die in Form von Koalitionsverhandlungen im politischen System der betriebswirtschaftlichen Organisation geführt werden, den zentralen Ausgangspunkt sowohl für die Bestimmung als auch für die Vermittlung der relevanten Werte im Unternehmen dar. Heinen/Dill verweisen darauf, daß nur durch ein verbindliches Zielsystem eine starke Unternehmenskultur entstehen kann. Diese Überlegung soll im folgenden einer näheren Betrachtung unterzogen werden.

### 2.2.2 Die Bedeutung des Zielsystems der betriebswirtschaftlichen Organisation für das Übereinstimmungausmaß der Unternehmenskultur

Die Existenz verbindlicher Zielsysteme in betriebswirtschaftlichen Organisationen ist in der organisationstheoretischen Diskussion umstritten. Heinen erläutert an früherer Stelle, daß die generellen Oberziele häufig sehr abstrakte, nicht operational formulierte Imperative darstellen.[71] Dies wird darauf zurückgeführt, daß Organisationsziele Kompromißformeln sind, die aufgrund von Zielkonflikten zwischen den Koalitionen ausgehandelt worden sind.[72] Cyert/March haben für diesen Sachverhalt den Begriff der Quasi-Lösung geprägt.[73] Weder Ausgleichszahlungen noch die aktive Beteiligung an derartigen Prozessen der Zielbildung führen in diesem Ansatz zur Ausbildung gemeinsamer Werte, da die Ziele bewußt vieldeutig bleiben.[74]

---
[71] Vgl. Heinen (1976), S. 52.
[72] Vgl. hierzu Heinen (1976), S. 223, und Kirsch (1984), S. 82.
[73] Vgl. Cyert/March (1964), S. 117.
[74] Vgl. Heinen (1976), S. 223.

Noch stärker betont Kirsch seine Zweifel an der Möglichkeit einer Ausbildung verbindlicher Zielsysteme, indem er die zugrunde liegende Sichtweise als eine reduktionistische kritisiert. Organisationale Entscheidungsprozesse würden durch die Postulierung eines verbindlichen Zielsystems letztlich in Analogie zu Individualentscheidungen gesehen. Wie das Individuum gemäß seiner Wertehierarchie entscheidet, entscheidet dann eine betriebswirtschaftliche Organisation aufgrund ihres Zielsystems und der zugrunde liegenden Werte. Die Ziele einer Betriebswirtschaft lassen sich nach Kirsch jedoch nicht zu einem konsistenten Wertsystem zusammenfassen.[75] Falls überhaupt Ziele formuliert werden, dienten sie lediglich als Rahmen für das administrative und operative System sowie zur Legitimation der Entscheidungen über die Verteilung der organisationalen Ressourcen gegenüber den Betroffenen. Diese Mittelentscheidungen werden jedoch ausgehandelt, ohne daß eine Ausrichtung an gemeinsamen Oberzielen zugrunde liegt. Für diese Entscheidungen werden nur einzelne Werte herangezogen und jeweils situationsspezifisch wechselnde Ziele angestrebt.[76] Kirsch argumentiert hier mit der Überlegung, daß ein Zielsystem, wenn es aufgestellt wird, zur Legitimation von Mittelentscheidungen dient. Der Prozeß der Entstehung einer Zielhierarchie wird gewissermaßen umgekehrt. Nicht aus generellen Oberzielen werden operationale Subziele stufenweise abgeleitet, sondern aufgrund von Mittelentscheidungen werden begründete Metaziele postuliert.

Die Beteiligten an organisationalen Entscheidungsprozessen verhalten sich nach Kirsch wie Partisanen im Sinne Lindbloms: „A partisan decision maker is therefore one who makes decisions calculated to serve his own goals, not goals presumably shared by all other decision makers with whom he is interdependent, ...".[77] Kirsch erläutert darauf aufbauend und in Anlehnung an Cohen/March/Olsen organisationale Entscheidungsprozesse als weitgehend diskrete Entscheidungsepisoden,[78] in die die Individuen ihre jeweils eigenen, mit den anderen prinzipiell unvereinbaren Problemsichten einbringen.[79] Einigungen sind nicht unmöglich, aber instabil und stellen die beschriebenen Quasi-Lösungen dar. Zusammenfassend entsteht so das Bild einer Abfolge von Entscheidungsepisoden, in denen die in dem politischen System beteiligten Individuen ausschließlich aufgrund ihrer individuellen Ansprüche agieren. Ihre Situationsdefinitionen sind unvereinbar. Es werden daher in diesen Entscheidungsepisoden lediglich einzelne Probleme behandelt und deren Handhabung ausgehandelt. Eine Ausrichtung erfolgt nur am Selbstinteresse. Ziele werden nicht formuliert und falls doch, dann nur zur nachträglichen Legitimation von Mittelentscheidungen, ohne daß diese für weitere Entscheidungsprozesse verbindlich wären: „... a participant in partisan discussion is free to alter his values at any time ...".[80]

Die hier skizzierten Sichtweisen organisationaler Entscheidungsprozesse, wie sie in Ansätzen der deskriptiven Entscheidungs- und Organisationstheorie vorzufinden sind, scheinen die Möglichkeit der Ausbildung konsistenter unter-

---

[75] Vgl. Kirsch (1984), S. 73.
[76] Vgl. Kirsch (1984), S. 80/81.
[77] Lindblom (1965), S. 28/29, und vgl. Kirsch (1984), S. 344.
[78] Vgl. Kirsch (1978), S. 99; Kirsch et al. (1979), S. 249–252, und Cohen/March/Olsen (1976), S. 26 f.
[79] Vgl. Kirsch (1984), S. 290, der in Anlehnung an Kuhn von inkommensurablen Kontexten der Beteiligten spricht.
[80] Lindblom (1965), S. 221.

nehmensbezogener Wert- und Normvorstellungen der Organisationsmitglieder weitgehend auszuschließen. Stellt man die Frage nach Ansatzpunkten zur Überwindung dieser Skepsis, so findet man eine weiterführende Antwort in der kritischen Hinterfragung des Konzeptes der „Entscheidungsepisode". Die Arbeit von Cohen/March/Olsen gibt hier erste Hinweise.[81] In ihr wird deutlich, daß die Vertreter einer konfliktorientierten, koalitionstheoretischen Sichtweise organisationaler Entscheidungsprozesse ihre ahistorische Konzeption der „Entscheidungsepisode" immer dann selbst in Frage stellen, wenn die individuelle Interpretation der Ereignisse innerhalb einer Entscheidungsepisode durch die Organisationsmitglieder in die Analyse mit einbezogen werden soll. Cohen/March/Olsen führen in diesem Zusammenhang aus, daß organisationale Entscheidungsepisoden bei den Beteiligten Erfahrungen hinterlassen, die nicht nur als „Müll" in den jeweiligen Entscheidungsarenen zurückbleiben, sondern weiterwirken. Die Organisationsmitglieder versuchen, den im Laufe ihres Hineinwachsens in eine Organisation gemachten Erfahrungen vielmehr einen Sinn zu verleihen, auch und gerade dann, wenn diese Erfahrungen widersprüchlich erscheinen. Die Mittel der Schaffung von organisationalen Sinnpotentialen identifizieren Cohen/March/Olsen in spezifischen organisationalen Symbolen: Organisationen entwickeln spezifische Mythen, Legenden und Rituale, durch welche eine Orientierung für die Sinnsuche der Mitarbeiter entsteht. Besonders ausgeprägt sei dies in Organisationen, die nur eine geringe sozio-kulturelle Unterstützung durch die Gesamtgesellschaft erhalten. In diesen sei ein „struggle for meaning" zu diagnostizieren.[82]

Mit dem Postulat einer „Sinndimension" organisationaler Entscheidungsprozesse ist somit die Frage nach der Möglichkeit einer Existenz konsistenter und verbindlicher organisationaler Zielsysteme in einer etwas modifizierten Form tendenziell positiv zu beantworten. Geht man davon aus, daß auch in organisationalen „Entscheidungsepisoden" Ziele formuliert werden, so muß konsequenterweise zumindest deren partielle Verbindlichkeit für nachfolgende Entscheidungsprozesse angenommen werden. Andernfalls würde die Glaubwürdigkeit der an den Mittelentscheidungen Beteiligten gegenüber den Betroffenen sehr leicht in Frage zu stellen sein. Das Konzept der „Entscheidungsepisode" ist demzufolge zumindest im Hinblick auf die Sinndimension organisationaler Entscheidungen nicht aufrechtzuerhalten. Es liegt ein historischer Prozeß vor. Einmal formulierte Ziele werden nicht vergessen; sie stellen für die Organisationsteilnehmer Erfahrungen dar und werden von diesen kritisch reflektiert. Erfolg oder Mißerfolg stärken ihre Bedeutung oder stellen sie in Frage. Damit bildet sich zwar keine Zielfunktion im mathematischen Sinne. Es entsteht aber aus den individuellen Interpretationen, dem gemeinsamen Erfahrungswissen und den stetigen Interaktionen ein gemeinsames Verständnis des Anzustrebenden.

Zusammenfassend kann daher festgestellt werden, daß auch Entscheidungsprozesse in der Art der garbage-can-decision und des partisan-mutual-adjustment die Ausbildung gemeinsamer Werte und Normen zulassen, wenn sie nicht als Momentaufnahmen, sondern im zeitlichen Ablauf gesehen werden.

---

[81] Vgl. Cohen/March/Olsen (1976), S. 380 ff.
[82] Cohen/March/Olsen (1976), S. 384, vgl. auch S. 59 ff.

## 2.3 Gesamtgesellschaftlicher Wertewandel und Systemkompatibilität von Unternehmenskulturen

Wie schon angesprochen worden ist, bezieht sich der in der hier zugrundegelegten Typologie von Unternehmenskulturen entwickelte Begriff der Systemkompatibilität auf die Frage, inwieweit eine subjektiv wahrgenommene Verträglichkeit zwischen den unternehmensbezogenen Werten und Normen der Organisationsmitglieder einerseits und den formalen Instrumenten der Mitarbeiter- und Unternehmensführung andererseits vorliegt. Darauf aufbauend wird der Begriff der Funktionalität gebildet. Funktional soll eine Unternehmenskultur dann genannt werden, wenn sie sowohl stark, d.h. tief verankert in dem individuellen Werte- und Normensystem der Mitarbeiter und einheitlich in Bezug auf die Unternehmung als Ganzes ist, als auch kompatibel mit den formalen Systemen der Mitarbeiterführung und Unternehmenssteuerung.[83]

Es stellt sich die Frage, welche Kriterien oder Einflußfaktoren die Ausprägung der Dimension „Systemkompatibilität" einer Unternehmenskultur im Einzelfall erklären können. Eine nähere Betrachtung dieses Problemkomplexes macht deutlich, daß zur Beantwortung dieser Frage letztendlich die Inhalte der unternehmensbezogenen Werte- und Normensysteme der Organisationsmitglieder zur Diskussion stehen. Die beiden Haupteinflußfaktoren bezüglich der konkreten Werte und Norminhalte einer spezifischen Unternehmenskultur sind einerseits die Signale, welche von den formalen Systemen der Mitarbeiter-und Unternehmensführung an die Organisationsmitglieder herangetragen werden. Andererseits sind aber auch die Impulse aus dem gesamtgesellschaftlichen Werte- und Normensystem von Bedeutung, welches die Organisationsmitglieder im Rahmen der Primärsozialisation mehr und minder verinnerlicht haben. Die beiden kritischen Bereiche, welche für das Ausmaß der Systemkompatibilität bzw. -inkompatibilität maßgebend sind, können somit im Problem der adäquaten Übersetzung der Systemerfordernisse in die symbolische Ebene der Unternehmenskultur einerseits und im Ausmaß der Vereinbarkeit unternehmenskultureller Werte- und Normensysteme mit dem gesamtgesellschaftlichen Werte- und Normensystem gesehen werden. Während das erstere Problem in seiner abstrakten Interpretation als Führungsaufgabe bereits in den vorangegangenen Abschnitten abgehandelt wurde, soll das letztere Problem im folgenden unter Rückgriff auf die Erkenntnisse der soziologischen Wertforschung einer näheren Durchleuchtung unterzogen werden.

Während das gesellschaftliche Wert- und Normengefüge in der Vergangenheit stabiler gewesen ist und sich nur wenig oder sehr langfristig verändert hat, läßt sich heute insbesondere in den hochentwickelten Industrienationen eine verstärkte Tendenz zu Änderungen erkennen.[84] Die Antwort auf die Frage, welche besonderen sozio-ökonomischen Kontextfaktoren und gesellschaftlich relevan-

---

[83] Zu dem hier vernachlässigten Problem der Umsystemadäquanz dieser Formalsysteme vgl. auch Beitrag E.
[84] „Früher lange Zeit stabile Grundeinstellungen sind abgelöst worden durch rascher wechselnde Auffassungen, die jeweils auch nicht von allen Menschen geteilt werden." Ulrich, H. (1980), S. 503. Vgl. auch die ausführliche Auseinandersetzung mit dem gesellschaftlichen Wertewandel bei Klages (1984); Klages/Kmieciak (1981); Noelle-Neumann/Strümpel (1984); von Rosenstiel (1984); Ulrich/Probst (1982).

ten Werte, Wertstrukturen und Einstellungen für bundesrepublikanische Unternehmungen von Bedeutung sind, kann im Rahmen der vorliegenden Ausführungen freilich nur rudimentär gegeben werden; dennoch soll, nicht zuletzt aufgrund ihrer enormen Bedeutung, versucht werden, die „wichtigsten Strömungen des sozialen Umfeldes"[85] zu identifizieren. Solche Strömungen können dazu führen, daß betriebswirtschaftliche Organisationen, die auf die Unterstützung von Seiten ihres Umfeldes angewiesen sind, ihre grundsätzliche Handlungsweisen und die ihnen zugrundeliegenden Ziele überdenken und gegebenenfalls anpassen müssen. Andererseits steht es den Unternehmungen aber auch offen, sich nicht bloß reaktiv mit derartigen Strömungen auseinanderzusetzen, sondern in aktiver Weise eine zunehmende Sensibilität und Kritikfähigkeit gegenüber den gesellschaftlichen Vorgängen zu entwickeln und Einfluß auszuüben.[86]

Als erstes kann darauf hingewiesen werden, daß in der mittleren und jüngeren Generation ein eher schwach ausgeprägtes Bewußtsein für überlieferte Traditionen und Werte vorhanden ist, was nicht zuletzt aus den immer noch nachwirkenden Erfahrungen der deutschen Vergangenheit und der damit verbundenen Skepsis gegenüber etablierten gesellschaftlichen und vor allem politischen Institutionen erklärbar wird. Besonders letzteren wird das von ihnen eingeforderte Engagement häufig verweigert.

Damit verbunden ist das Phänomen, daß gesellschaftliche Gruppen, die versprechen, neue sinnvermittelnde Ideen bereitstellen zu können, auf ein überdurchschnittliches Maß an Identifikation ihrer Mitglieder zählen können.[87] Auch die Vorstellungen bezüglich menschenwürdigerer Arbeitsformen und Minimierung der Nachteile überzogenen Taylorismus' fallen in diesen Bereich.

Diese „neueren" Tendenzen in der Gesellschaft werden ergänzt durch eine immer noch tief verankerte Arbeitsethik mit der grundsätzlich positiven Einstellung zur Leistung und einer nicht von vornherein antagonistischen Sichtweise des Verhältnisses von Kapital und Arbeit, wie sie etwa in der marxistischen Theorie zugrunde gelegt ist. Hinweise für die Bedeutung dieser eher traditionellen Werthaltungen können in dem vorhandenen Arbeitsfrieden, der gesellschaftlichen Konstruktion der Sozialpartnerschaft mit grundsätzlich kooperierenden Gewerkschaften und Arbeitgeberverbänden sowie der Bejahung des Systems einer sozialen Marktwirtschaft gefunden werden. In diesen Bereich fallen jedoch auch die nicht zu leugnenden Bürokratisierungstendenzen der deutschen Unternehmungen, welche ihren Ursprung in der „typisch" deutschen, insbesondere von Max Weber nachgezeichneten und analysierten Affinität zur Durchorganisation und Aktenmäßigkeit haben. Gerade diesen Einstellungen versucht man in jüngster Zeit entgegenzutreten, da sie dem steigenden Bedürfnis nach mehr Initiative und Flexibilität entgegenstehen.

Hinzu kommt das immer offensichtlicher werdende Dilemma zwischen den positiven Auswirkungen des technisch wirtschaftlichen Fortschritts und dessen problematischen Konsequenzen im ökologischen Bereich. Während die Zeit

---
[85] Trux (1980), S. 69.
[86] Vgl. auch die Ausführungen von Heinen (1985), der in Dezisionen-, Reaktionen- und Aktionenmodell der Unternehmung unterscheidet.
[87] Als Beispiel kann die ökologische Bewegung angeführt werden, die in ihrer Form und ihrem Ausmaß im internationalen Vergleich beachtenswert ist.

nach dem zweiten Weltkrieg bis weit in die 70er Jahre hinein unter den Vorzeichen eines ausgeprägten Technologieoptimismus gestanden hat, wird spätestens unter dem sich gegen Anfang der 80er Jahre herausbildenden Eindruck einer weltweiten Stagnation die Technik nicht mehr als alleiniger und ständiger Garant der Wohlstandsmehrung angesehen. Im Gegenteil haben eine sich immer vehementer entwickelnde Technologiedynamik und Verselbständigung der technischen Entwicklung in weiten Kreisen der Bevölkerung den Eindruck einer zunehmenden Unbeherrschbarkeit des technischen Fortschritts erweckt und damit verbunden zu einer kritischen Haltung geführt. Als Argumente gelten die Zerstörung der natürlichen Umwelt sowie der Raubbau an nicht regenerierbaren Ressourcen wie etwa fossilen Energien und Rohstoffen. Schließlich wird auch angesichts des mit diesen Entwicklungen verbundenen höheren Gefahrenpotentials die früher nahezu unreflektierte Technikdurchdringung fast sämtlicher Lebensbereiche (ein Aspekt der Kolonialisierung im Sinne Habermas') zunehmend in Frage gestellt. Die latente Technikkritik droht nicht zuletzt aufgrund sich häufender Unglücksfälle und Rückschläge[88] in eine militante Technologiefeindlichkeit umzuschlagen.

Versucht man, solche Überlegungen zu verallgemeinern, so könnte man argumentieren, daß in der bundesrepublikanischen Gesellschaft alte sinnvermittelnde Werte, Normen und Einstellungen, wie Pflichtbewußtsein, Ordnung, Tradition etc. im Zuge des gesamtgesellschaftlichen Wertewandels zu Leitmaximen wie Selbstverwirklichung, Menschenwürde, Kreativität, Individualität, Solidarität usw. transformiert werden. Dies kann dahingehend interpretiert werden, daß Pflicht- und Akzeptanzwerte von Selbstverwirklichungswerten abgelöst werden.[89] Geringe Möglichkeiten zur Selbstverwirklichung in der Arbeit[90] führen tendenziell dazu, daß immer mehr vor allem jüngere und mittlere Bevölkerungskreise in eine „Freizeit-orientierte Schonhaltung"[91] ausweichen; es kommt aufgrund negativer Einstellungen zur Karriere letztlich zu einer Leistungslücke, welche aus den Unterschieden zwischen gesellschaftlicher Sinnvermittlung und privaten Sinnwünschen resultiert.[92]

„Nicht, daß es zu einer völligen Verkehrung aller bisherigen Vorstellungen kommen wird, zu einer ‚Umwertung aller Werte' im Sinne Friedrich Nietzsches; eher ist, wie noch stets in der Geschichte, eine Synthese aus altem und neuem Denken zu erwarten. Aber in einem Zeitalter, da der Mensch im groß organisierten Dasein der Industriewelt ein ganz neues Arbeitserlebnis erfährt; da er drauf und dran ist, die ihn umgebende Natur zu zerstören; da er gelernt hat, die eigene Gattung auszulöschen – in solch einem Zeitalter darf es niemanden verwundern, daß sich auch die Hierarchie der Werte wandelt, die Betrachtung der Dinge überhaupt."[93]

---

[88] Vgl. die Unglücksfälle von Soveto, Bophal, Tschernobyl, Basel, Cattenom sowie die zuletzt mißglückten Raumstarts in Amerika.
[89] Vgl. hierzu Klages (1984).
[90] Das Allensbacher Institut hat bspw. bei einem Vergleich von Befragungsergebnissen festgestellt, daß sich die Arbeitsfreude seit 1962 in allen Bevölkerungsgruppen verringert hat. Vgl. Noelle-Neumann/Strümpel (1984), S. 42 f.
[91] Vgl. hierzu die Untersuchungen bei von Rosenstiel (1984).
[92] Vgl. Opaschowski/Raddatz (1982).
[93] Sommer (1986)

Was kann aus den in groben Zügen und ohne Anspruch auf Vollständigkeit wiedergegebenen Überlegungen der soziologischen Wertforschung zu gegenwärtigen Tendenzen im Gefüge gesamtgesellschaftlicher Werte- und Normensysteme für die Frage der Systemvereinbarkeit von Unternehmenskulturen gefolgert werden? Im wesentlichen zeichnet sich ein Bild ab, welches durch tendenziell wachsende Schwierigkeiten der Unternehmungen bei dem Versuch der Schaffung systemverträglicher Unternehmenskulturen geprägt ist. Der Arbeitsbereich verliert an Wertgewicht. Die Arbeitsfreude nimmt tendenziell ab. Die seit der Aufklärung im Okzident stetig zunehmende Bedeutung der Rationalisierung gesellschaftlicher Strukturen und Verhaltensweisen wird in Teilbereichen sogar von irrationalen Gegenströmen (Aussteigertum, Sekten, Astrologie, neue Mystik usw.) begleitet. Es erscheint daher die Schaffung unternehmensbezogener Werte- und Normensysteme, welche Innovationsgeist, Produktivität, Flexibilität und Engagement für das eigene Unternehmen beinhalten, von erheblichen Problemen gekennzeichnet zu sein.

# Literaturverzeichnis

*Allaire, Y./Firsirotu, M. E.* (1984): Theories of Organizational Culture, in: Organization Studies 1984, S. 193 ff.
*Berger, L. P./Luckmann, T.* (1980): Die gesellschaftliche Konstruktion der Wirklichkeit, Frankfurt 1980
*Bleicher, K.* (1984): Unternehmenspolitik und Unternehmungskultur: Auf dem Wege zu einer Kulturpolitik der Unternehmung, in: ZfO, 8/1984, S. 494 ff.
*Bolman, L. G./Deal, T. E.* (1984): Modern Approaches to Understanding and Managing Organizations, San Francisco/Washington/London 1984
*Boje, D. M. et al.* (1982): Myth making: A qualitative step in Organizational Development interventions, in: Journal of Applied Behavioral Science, 1982, S. 17 ff.
*Cohen, M. D./March, G. G./Olsen, J. P.* (1976): People, Problems, Solutions and Ambiguity of Relevance, in: March, J. G./Olsen, J. P. (Hrsg.): Ambiguity and Choice in Organizations, Bergen, Oslo, Tromso, 1976, S. 24 ff.
*Cyert, R. T./March, J. G.* (1964): A Behavioral Theory of the Firm, 2. Aufl., Englewood Cliffs 1964
*Daft, R. L.* (1983): Symbols in Organizations, in: Pondy, L. R./Frost, P. J./Morgan, G./ Dandrige, T. C. (Hrsg. 1983): Organizational Symbolism, S. 198 ff.
*Dandrige, T. C./Mitroff, I./Joyce, W. F.* (1980): Organizational Symbolism: A Topic to Expand Organizational Analysis, in: Academy of Management Review 1980, Vol. 5 No. 1, S. 77 ff.
*Deal, T. E.* (1984): Unternehmenskultur, Grundstein für Spitzenleistungen, in: ATAG (Hrsg.), Die Bedeutung der Unternehmenskultur für den künftigen Erfolg ihres Unternehmens, Zürich 1984, S. 27 ff.
*Deal, T. E./Kennedy, A. A.* (1982): Corporate Cultures – The Rites and Rituals of Corporate Life, Addison-Wesley 1982
*Dill, P.* (1986): Unternehmenskultur: Grundlagen und Anknüpfungspunkte für ein Kulturmanagement, Bonn 1986
*Eldrige, J. E. T./Crombie, A. D.* (1974): A Sociology of Organizations, Oxford 1974
*Etzioni, A.* (1975): Die aktive Gesellschaft, Opladen 1975
*Frankl, V. E.* (1979): Der Mensch vor der Frage nach dem Sinn, München, Zürich 1979

*Gebert, P./Rosenstiel, L. von* (1981): Organisationspsychologie, Stuttgart 1981
*Greiner, L. E.* (1982): Evolution und Revolution im Wachstum von Organisationen, in: Harvard Manager 3/1982, S. 7 ff.
*Gulian, C. J.* (1981): Mythos und Kultur, Frankfurt/Main 1981
*Heinen, E.* (1976): Grundlagen betriebswirtschaftlicher Entscheidungen – Das Zielsystem der Unternehmung, 3. Aufl., Wiesbaden 1976
*Heinen, E.* (1976): Grundfragen der entscheidungsorientierten Betriebswirtschaftslehre, Wiesbaden 1976
*Heinen, E.* (1981): Identität: Ein bisher vernachlässigtes Element des Zielsystems der Unternehmung?, in: Ott, A. E., Mückl, W. J. (Hrsg.), Wirtschaftstheorie und Wirtschaftspolitik, Passau 1981
*Heinen, E.* (1985): Wandlungen und Strömungen in der Betriebswirtschaftslehre, in: Probst, G. J. B./Siegwart, H. (Hrsg.): Integriertes Management, Bern, Stuttgart 1985, S. 37 ff.
*Heinen, E.* (1986): Menschliche Arbeit aus betriebswirtschaftlicher Sicht, in: Schubert, V. (Hrsg.), Wissenschaft und Philosophie, Bd. 3: Der Mensch und seine Arbeit, St. Ottilien 1986
*Heinen, E./Dill, P.* (1986): Unternehmenskultur – Überlegungen aus betriebswirtschaftlicher Sicht –, in: ZfB 3/86, S. 202 ff.
*Hofstede, G.* (1980): Kultur und Organisation, in: Grochla, E. (Hrsg.), Handwörterbuch der Organisation, 2. Aufl., Stuttgart 1980, Sp. 1168 ff.
*Jönsson, J./Lundin, R.* (1977): Myths and wishful thinking as management tools, in: North Holland/TIMS Studies in the Management Sciences, Nr. 5/1977, S. 157 ff.
*Kirsch, W.* (1978): Die Handhabung von Entscheidungsproblemen, München 1978
*Kirsch, W.* (1984): Wissenschaftliche Unternehmensführung oder Freiheit vor der Wissenschaft, München 1984
*Kirsch, W./Esser, W. M./Gabele, E.* (1979): Das Management des geplanten Wandels von Organisationen, Stuttgart 1979
*Klages, H.* (1984): Wertorientierung im Wandel, Frankfurt/Main/New York 1984
*Klages, H./Kmieciak, P.* (Hrsg.): Wertewandel und gesellschaftlicher Wandel, 2. Aufl., Frankfurt/Main 1981
*Koprowski, E. J.* (1983): Cultural Myths: Clues to Effective Management, in: Organizational Dynamics, 12/1983, S. 30 ff.
*Krappmann, L.* (1972): Soziologische Dimensionen der Identität, Stuttgart 1972
*Kutschker, M.* (1982): Organisationsformen für turbulente Unternehmensumwelten, unveröffentlichte Habilitationsschrift, München 1982
*Lindblom, C. E.* (1965): The Intelligence of Democracy, New York, London 1965
*Louis, M. R.* (1983): Organizations as Culture-Bearing Milieux, in: Pondy, L. R./Frost, P. J./Morgan, G./Dandrige, T. C. (Hrsg.): Organizational Symbolism, S. 39 ff.
*Martin, J. et al.* (1983): The Uniqueness Paradox in Organizational Stories, in: Administrative Science Quarterly, 28/1983, S. 438 ff.
*Martin, J./Siehl, C.* (1983): Organizational Culture and Counterculture: An Uneasy Symbiosis, in: Organizational Dynamics, Autumn 1983, S. 52 ff.
*McCall, G. J./Simmons, J. C.* (1974): Identität und Interaktion, Düsseldorf 1974
*Mead, G. H.* (1968): Geist, Identität und Gesellschaft, Frankfurt 1968
*Mintzberg, H.* (1982): Organisationsstruktur: modisch oder passend?, in: Harvard Manager, 11/1982, S. 7 ff.
*Mintzberg, H.* (1983): Power In and Around Organizations, Englewood Cliffs 1983
*Mitroff, J. J./Kilman, R. H.* (1975): Stories Managers Tell: A New Tool for Organizational Problem solving, in: Management Review, Vol. 64, 7/1975, S. 18 ff.
*Morgan, G./Frost, P. J./Pondy, L. R.* (1983): Organizational Symbolism, in: Pondy, L. R./Frost, P. J./Morgan, G./Dandrige T. C. (Hrsg. 1983): Organizational Symbolism, S. 3 ff.
*Murray, H. A.* (1960): Myth and Myth-Making, New York 1960
*Newcomb, T. M.* (1959): Sozialpsychologie, Meisenheim a.G. 1955
*Noelle-Neumann, E./Strümpel, B.* (1984): Macht Arbeit krank? Macht Arbeit glücklich? München 1984

*Opaschowski, H./Raddatz, G.* (1982): Freiheit im Wertewandel, Hamburg 1982
*Pacanowski, M. E./Trujillo, N.* (1982): Communication and Organizational Cultures, in: Western Journal of Speech Communication, 2/1982, S. 115ff.
*Pascale, R. T.* (1985): The Paradox of „Corporate Culture": Reconciling Ourselves to Socialization, in: California Management Review, Vol. 27 No 2, Winter 1985, S. 26ff.
*Pascale, R. T./Athos, A. G.* (1981): The Art of Japanese Management, New York 1981
*Peters, T. J./Waterman, R. M.* (1983): Auf der Suche nach Spitzenleistungen, Landsberg/Lech 1983
*Pettigrew, A. M.* (1979): On Studying Organizational Cultures, in: Administrative Science Quarterly, Dec. 1979 Vol. 24, S. 570ff.
*Pfeffer, J.* (1981): Management as Symbolic Action, in: Research in Organizational Behavior, Vol. 3 1981, S. 1ff.
*Pondy, L. R.* (1978): Leadership is a Language Game, in: McCall, M. W./Lombardo, M. M. (Hrsg.), Leadership: Where Else Can we Go, Dorham/N. C. 1978
*Pondy, L. R./Mitroff, J. J.* (1979): Beyond open Systems Models of Organization, in: Research in Organizational Behavior, 1/1979, S. 3–39
*Pondy, L. R./Frost, P. J./Morgan, G.* (Hrsg.) (1983): Organizational Symbolism, Greenwich 1983
*Reinhard, W.* (1983): Die Identität von Organiationen, Bonn 1983
*Rosenstiel, L. von* (1984): Wandel der Karrierevorstellungen, in: UNI Berufswahlmagazin 3/1984, S. 34ff.
*Rühli, E.* (1973, 1978): Unternehmensführung und Unternehmenspolitik, Bd. 1 und 2, Bern/Stuttgart 1973 und 1978
*Sackmann, S.* (1983): Organisationskultur: die unsichtbare Einflußgröße, in: Gruppendynamik – Zeitschrift für angewandte Sozialwissenschaft, 4/83, S. 393ff.
*Sathe, V.* (1983): Some Action Implications of Corporate Culture: A Manager's Guide to Action, in: Organizational Dynamics, Vol. 12, 2/1983, S. 4ff.
*Schreyögg, G.* (1985): Mythen in Organisationen, in: Bühler, W./Hofmann, M./Malinsky, A. H./Reber, G./Pernsteiner, A. W. (Hrsg.): Die ganzheitlich verstehende Betrachtung der sozialen Leistungsordnung, Wien – New York 1985, S. 153ff.
*Simon, H. A.* (1981): Entscheidungsverhalten in Organisationen, 3. Aufl., Landsberg am Lech 1981
*Smircich, L./Morgan, G.* (1982): Leadership: The Management of Meaning, in: The Journal of Applied Behavioral Science, Vol. 18, Number 3, S. 257ff.
*Smith, K. K./Simmons, V. M.* (1983): A Rumpelstiltskin Organization: Metaphors on Metaphors in Field Research, in: Administrative Science Quarterly 1983, S. 377ff.
*Sommer, T.* (1986): Jenseits von Pendelschwung und Wellenschlag – Vom Wertewandel in unserer Zeit –, in: Die Zeit, 2/1986, S. 1
*Trice, H. M.* (1984): Rites and Ceremonials in Organizational Culture, in: Bacharach, S. B./Mitchell, S. M., Perspectives on Organizational Sociology Theory and Research, Greenwich 1984
*Trice, H. M./Beyer, J. M.* (1984): Studying Organizational Cultures Through Rites and Ceremonials, in: Academy of Management Review, Vol. 9, 4/1984, S. 653ff.
*Trux, W.* (1980): Unternehmensidentität, Unternehmenspolitik und öffentliche Meinung, in: Birkigt, K./Stadler, M., Corporate Identity. Grundlagen, Funktionen, Fallbeispiele, München 1980, S. 61ff.
*Ulrich, H.* (1980): Management-Philosophie in einer sich wandelnden Gesellschaft, in: Hahn, D./Taylor, B. (Hrsg.) Strategische Unternehmensplanung, Würzburg/Wien 1980, S. 501ff.
*Ulrich, H./Probst, G. J. B.* (1982): Werthaltungen schweizerischer Führungskräfte. Ergebnisse einer empirischen Untersuchung, Bern/Stuttgart 1982
*Velu, H. A. F.* (1981): Die Entwicklungsstufen der durch Einzelpersonen bestimmten Unternehmen, in: Internatinales Gewerbearchiv, 3/1981, S. 129ff.
*Westerlund, F./Sjöstrand, S. E.* (1981): Organisationsmythen, Stuttgart 1981
*Wilkins, A. L.* (1984): The Creation of Company Cultures: The Role of Stories and Human Resource Systems, in: Human Resource Management 1984, 23 Nr. 1, S. 41ff.

*Willems, E.* (1969): Symbol, in: Bernsdorf, W. (Hrsg.) Wörterbuch der Soziologie, Stuttgart 1969, S. 1138 ff.
*Wiswede, G.* (1985): Soziologie, Landsberg am Lech 1985
*Wolff, R.* (1982): Der Prozeß des Organisierens, Spardorf 1982
*Zürn, P.* (1985): Von Geist und Stil des Hauses – Unternehmenskultur in Deutschland, Landsberg/Lech 1985

# Beitrag E.

# Unternehmenskultur und Führung betriebswirtschaftlicher Organisationen
# Ansatzpunkte für ein kulturbewußtes Management

von

Peter Dill/Gert Hügler

| | | |
|---|---|---|
| **1.** | **Funktionen der Unternehmenskultur** | 146 |
| 1.1 | Originäre Funktionen | 147 |
| 1.1.1 | Die Koordinationsfunktion der Unternehmenskultur | 147 |
| 1.1.2 | Die Integrationsfunktion der Unternehmenskultur | 152 |
| 1.1.3 | Die Motivationsfunktion der Unternehmenskultur | 154 |
| 1.2 | Derivative Funktionen | 157 |
| **2.** | **Zielbildungs- und Zieldurchsetzungsprozesse in betriebswirtschaftlichen Organisationen aus der Perspektive der Unternehmenskultur** | 159 |
| 2.1 | Das dreistufige Modell des Zielbildungs- und Zieldurchsetzungsprozesses in betriebswirtschaftlichen Organisationen | 159 |
| 2.2 | Unternehmenskultur und die Bildung genereller Oberziele | 163 |
| 2.2.1 | Unternehmensgrundsätze und Unternehmensleitbilder als Grundlagen für ein Kulturmanagement | 164 |
| 2.2.2 | Zum Prozeß der Einführung von Unternehmensgrundsätzen und Unternehmensleitbildern | 166 |
| 2.3 | Unternehmenskultur und strategische Entscheidungsprozesse | 172 |
| 2.3.1 | Die Rolle der Unternehmenskultur im Rahmen von Prozessen des Entwurfs und der Bewertung von Strategien | 174 |

| | | |
|---|---|---|
| 2.3.2 | Die Handhabung von Misfits zwischen Unternehmenskultur und strategischen Entscheidungen | 177 |
| 2.3.2.1 | Identifikation und Bewertung der aus Misfits zwischen Unternehmenskultur und Strategie resultierenden Risiken | 178 |
| 2.3.2.2 | Begrenzung und Abbau von Risiken | 179 |
| 2.4 | Unternehmenskultur und Mitarbeiterführung – Methoden eines kulturbewußten Managements | 181 |
| 2.4.1 | Die Idee gelebter Wertesysteme | 182 |
| 2.4.2 | Symbolisches Management | 183 |
| 2.4.2.1 | Kommunikative Instrumente | 184 |
| 2.4.2.2 | Symbolische Repräsentation | 188 |
| 2.4.3 | Konsensorientiertes Management | 189 |
| 2.4.4 | Werteorientiertes Human-Ressourcen Management | 196 |
| 2.4.4.1 | Grundgedanken eines werteorientierten Human-Ressourcen Managements | 196 |
| 2.4.4.2 | Strategien eines werteorientierten Human-Ressourcen Managements | 197 |

Theoretische Erkenntnisse, wie sie in den vorangegangenen Teilen dieses Buches erarbeitet worden sind, dienen dazu, Strukturen und Prozesse in betriebswirtschaftlichen Organisationen zu erklären und die mit ihnen einhergehenden Konsequenzen zu prognostizieren. Damit ist bislang jedoch nur der eine Aufgabenbereich einer sich als angewandt begreifenden Betriebswirtschaftslehre angesprochen: die Systematisierung, Beschreibung, Erklärung und Prognose betriebswirtschaftlich relevanter Sachverhalte. Im Sinne des Wissenschaftsprogrammes der entscheidungsorientierten Betriebswirtschaftslehre werden Aussagensysteme und Theorien darüber hinaus aber auch im Hinblick auf einen pragmatischen Zweck formuliert: Sie sollen den Entscheidungsträgern der unternehmerischen Praxis Wege, Strategien und Instrumente aufzeigen, die Strukturen und Prozesse in der Praxis zieladäquat zu gestalten. Derartige Gestaltungsempfehlungen werden im nachfolgenden Beitrag zu Fragen der Handhabung kultureller Phänomene auf Unternehmensebene zu formulieren versucht. Daß es dabei nicht sinnvoll erscheint, von einer uneingeschränkten Machbarkeit eines Kulturmanagements im Sinne eines „Werte- und Normendrills" und einer „Einstellungsindoktrination" auszugehen, ergibt sich vor allem aus der Tatsache, daß es sich bei der Unternehmenskultur um einen in besonderem Maße subjektiven Aspekt des soziotechnischen Systems Unternehmung handelt. Die Unternehmenskultur stellt keinen für sich allein stehenden Entscheidungstatbestand bzw. eine unmittelbar beeinflußbare Variable im Entscheidungsfeld eines Entscheidungsträgers dar, sie ist vielmehr neben den Zielen konstitutiv für die Definition des jeweiligen Entscheidungsfeldes und beeinflußt Strukturen und Prozesse in Unternehmungen in maßgeblicher Weise. Gerade deshalb stellt sich aber auch die Frage nach den Möglichkeiten eines Kulturmanagements in Unternehmen.

Im Zuge der in den vorangegangenen Beiträgen vorgenommenen Explikation und Konzeptionalisierung des Phänomens der Unternehmenskultur ist verdeutlicht worden, daß unternehmenskulturellen Werten und Normen – verkörpert und konkretisiert durch Symbole und symbolische Handlungen – hohe Relevanz für die Entscheidungen und Handlungen der Organisationsmitglieder zukommt. Auch ist unbestreitbar, daß derartige Fragestellungen die Organisation als Ganzes betreffen und deshalb der theoretischen Fundierung in einer Theorie der Unternehmung bedürfen. Eine adäquate Bewältigung solcher ganzheitlich ausgerichteter Probleme weist für die Betriebswirtschaftslehre zwangsläufig eine große Affinität zum umfassenden Bereich der Führung von (und in) Unternehmen auf. Dementsprechend wird in diesem Beitrag zuerst versucht, das Phänomen der Unternehmenskultur aus der Perspektive der Führung betriebswirtschaftlicher Organisationen zu analysieren[1], um dann pragmatisch orientierte Gestaltungsempfehlungen und Handlungskonzepte zu formulieren, die als Basis für ein Kulturmanagement herangezogen werden können. Einem solchen Kulturmanagement kommt vor allem die Aufgabe zu, zur Realisation und Bewahrung einer

---
[1] Mit einer derartigen Vorgehensweise soll jedoch nicht eine normativ ausgerichtete Betriebswirtschaftslehre postuliert werden, die sich die Interessen der Führenden zu eigen macht. Sie wäre zwangsläufig dem Vorwurf ausgesetzt, „Herrschaftswissen" für all jene zu produzieren, die gegenwärtig die Praxis der Führung in Organisationen prägen. Die Orientierung an den Problemen der Praxis und die damit verbundene Problemerklärung sowie der Entwurf von Gestaltungsempfehlungen zu ihrer Handhabung sollen vielmehr **problemorientiert** und **kritisch** erfolgen indem versucht wird, die Bedürfnisse und Interessen möglichst aller Betroffenen einzubeziehen. Vgl. hierzu Kirsch (1984), S. 301 ff.

starken und funktionalen Unternehmenskultur beizutragen. Die starke funktionale Unternehmenskultur ist in ihren Dimensionen[2] gekennzeichnet durch einen hohen Verankerungsgrad und ein hohes Übereinstimmungsmaß der unternehmensbezogenen Werte und Normen der Organisationsmitglieder. Gleichzeitig weist der Inhalt dieser Werte und Normen einen hohen Kompatibilitätsgrad mit den Intentionen der formalen Führungssysteme auf.

Der Begriff der Führung wird im folgenden Beitrag in einem zweifachen Sinn verwendet: Zum einen ist Führung als eine personenbezogene Handlung zu interpretieren, bei der einzelne Personen oder Personeneinheiten (Führende) auf andere Personen (Geführte) einwirken, um diese zu zielentsprechendem Handeln zu veranlassen. Eine Person oder Personenmehrheit führt insoweit, als es ihr gelingt, anderen Personen Ziele, Handlungsbeschränkungen oder Handlungsanweisungen vorzugeben. Man spricht in diesem Zusammenhang auch von **Mitarbeiterführung** als zielorientierter Verhaltensbeeinflussung.[3] Zum anderen müssen das herbeigeführte Verhalten bzw. die erwünschten Handlungen auch zum Erfolg der Unternehmung d.h. zur Erreichung der Ziele beitragen. Dies setzt jedoch eine Steuerung des Unternehmens unter Berücksichtigung möglichst aller verfügbaren Handlungsbedingungen voraus und zwingt zur Entwicklung von globalen, die Kräfte der Unternehmung konzentrierenden Vorstellungen von Chancen und Risiken bzw. Gefahren und Gelegenheiten im Verhältnis Unternehmung/Umwelt. Die gewünschte Steuerung dieser Sachverhalte kann mit dem Begriff der **strategischen Unternehmenssteuerung** bzw. dem der **strategischen Unternehmensführung** umschrieben werden. Dahinter steht die These, daß die für diesen „Bereich" zentralen Entscheidungen insbesondere Fragen der Strategieformulierung, Strategiebewertung und Strategierealisation beinhalten. Entsprechend der sich aus dieser Zweiteilung ergebenden Notwendigkeit, beide Aspekte zu berücksichtigen, werden im folgenden Beitrag sowohl die Prozesse der Mitarbeiterführung als auch der (strategischen) Unternehmenssteuerung aus der unternehmenskulturellen Perspektive näher betrachtet. Dabei wird als Ausgangspunkt das für die entscheidungsorientierte Betriebswirtschaftslehre wesentliche dreistufige Modell des Zielbildungs- und Zieldurchsetzungsprozesses in betriebswirtschaftlichen Organisationen gewählt. Folgende Fragestellungen sind in diesem Zusammenhang von zentralem Interesse:

1) Auf welche Weise kann eine starke und funktionale Unternehmenskultur im Sinne der Begriffsfassung, die für die Funktionalität einer Unternehmenskultur im Beitrag A von Heinen herausgearbeitet worden ist, dazu beitragen, Prozesse der Führung zu „erleichtern"? Anders ausgedrückt: Können einer starken und funktionalen Unternehmenskultur bestimmte Wirkungen zugeschrieben werden, die einen Beitrag zur Erleichterung der Führung leisten? Da Führung – insbesondere der Bereich der Mitarbeiterführung – in hierarchisch gegliederten, arbeitsteiligen Organisationen durch strukturelle und personale Elemente (Koordination, Integration und Motivation) unterstützt wird[4], stehen diese Aspekte

---

[2] Vgl. zu den Dimensionen der Unternehmenskultur und dem darauf basierenden Ansatz zur Typologisierung unterschiedlicher Unternehmenskulturen den Beitrag A in diesem Buch.
[3] Vgl. Heinen (1984), S.38.
[4] Vgl. Heinen (1984); Dietel/Müller–Bader (1984).

bei der Diskussion der Funktionen von Unternehmenskulturen im nachfolgenden ersten Kapitel dieses Beitrages im Vordergrund.

2) Wenn derartige Funktionen bzw. Wirkungen ausgemacht werden können, wie ist dann letztendlich das Verhältnis von Unternehmenskultur und Führung zu charakterisieren und welche (wechselseitigen) Einflüsse können zwischen der Kultur einer Unternehmung und dem mehrstufigen Prozeß der Zielbildung und Zieldurchsetzung in betriebswirtschaftlichen Organisationen identifiziert werden?

3) Da davon auszugehen ist, daß eine (wie auch immer inhaltlich geartete) Unternehmenskultur in marktwirtschaftlich orientierten Gesellschaften nicht um ihrer selbst willen existiert[5], sondern durchaus im Hinblick sowohl auf ökonomische als auch auf soziale Zielvorstellungen bewußt geschaffen, bewahrt bzw. verändert werden soll, ist es vor dem Hintergrund der ersten zwei Fragestellungen die vorrangige Aufgabe dieses Beitrages, der Frage nachzugehen, welche Möglichkeiten, Strategien und Instrumente existieren, die dazu geeignet sein könnten, zur Realisierung einer starken und funktionalen Unternehmenskultur beizutragen.

Wenngleich eine solche Vorgehensweise mit den Aufgaben des Wissenschaftsprogrammes der entscheidungsorientierten Betriebswirtschaftslehre in Einklang steht, ist es insbesondere vor dem Hintergrund der wissenschaftstheoretischen Ausführungen im Beitrag C nicht unstrittig, ob mit einer derartigen, zweifelsohne tendenziell objektivistischen und funktionalistisch-deterministischen Vorgehensweise kulturelle Phänomene hinreichend erfaßt werden können. Auf der anderen Seite erscheint es jedoch nicht möglich, Gestaltungsempfehlungen zu einem Kulturmanagement und damit verbunden zu den relevanten Strukturen und Prozessen in betriebswirtschaftlichen Organisationen zu formulieren, wenn mit einem extrem subjektivistischen Wissenschaftsverständnis deren realer ontologischer Status angezweifelt wird. Deshalb soll unter Bezugnahme auf die im Beitrag C formulierten metatheoretischen Überlegungen im folgenden ein Mittelweg eingeschlagen werden, der in einer reflektierten Interdisziplinarität sowohl subjektivistisches als auch objektivistisches Gedankengut zu berücksichtigen in der Lage ist. Dieser doppelsinnige Charakter, der die Unternehmenskultur kennzeichnet, begründet letztendlich auch die Vorsicht, mit der die Formulierung von Gestaltungsempfehlungen für ein Kulturmanagement angegangen wird. Die Gestaltungsempfehlungen sollen dazu beitragen, theoretische Unzulänglichkeiten und praktische Schwächen von Instrumenten der Mitarbeiterführung und Unternehmenssteuerung abzubauen. Derartige pragmatische Vorschläge zum Management einer Unternehmenskultur machen jedoch gleichzeitig deutlich – insbesondere vor dem Hintergrund der Ausführungen in Beitrag C –, daß praxisorientierte Empfehlungen im unternehmenskulturellen Bereich vielfach mit Zugeständnissen an die „metatheoretische Konsistenz" der Ausführungen einhergehen müssen.

---

[5] Dies äußert sich in der Überlegung, daß Unternehmenskulturen sich zu einem entscheidenden Wettbewerbs- und Erfolgsfaktor entwickelt haben; eine Überlegung, welche insb. in der populärwissenschaftlichen Literatur zur Unternehmenskultur aufgestellt und kaum kritisch hinterfragt wird. Vgl. hierzu Deal/Kennedy (1982); Peters/Waterman (1983); Pümpin (1984a), (1984b).

## 1. Funktionen der Unternehmenskultur

Das Aufkommen des Begriffes der Unternehmenskultur in der wissenschaftlich-theoretischen und praxisorientierten Diskussion basiert in nicht unerheblichem Maße darauf, daß ihr zahlreiche „heilende Wunderkräfte für unternehmerische Krankheiten" zugedacht werden. Die Beschäftigung mit diesem Konzept stellt somit keine alleinige wissenschaftlich ausgerichtete „l'art pour l'art" dar, sondern kann auf „handfeste" unternehmerische Beweggründe zurückgeführt werden. Es ist daher nicht überraschend, daß es vor allem die im Konzept der Unternehmenskultur vermuteten positiven Wirkungen sind, die diesem Phänomen den Weg in die betriebswirtschaftliche Diskussion geebnet haben.

Einer Unternehmenskultur werden dabei einerseits **originäre** und andererseits **derivative Funktionen** zugeschrieben.[6] Originäre Funktionen resultieren direkt aus der Unternehmenskultur, d.h. sie können als Funktionen unmittelbarer Art interpretiert werden, während derivative Funktionen sich als Folge der originären ergeben und somit mittelbar aus dem Wirksamwerden unternehmenskultureller Werte und Normen abgeleitet werden können. Diese Unterscheidung stellt den Tatbestand heraus, daß solche Funktionen einander bedingen und Synergieeffekte freisetzen, deren Natur mit dem Ausdruck: „Das Ganze ist mehr als die Summe seiner einzelnen Bestandteile" charakterisiert werden kann.

Derartige originäre und derivative Funktionen treten jedoch nur bei einer starken und funktionalen Unternehmenskultur mit den ihr eigenen Dimensionsausprägungen auf.[7] Schwache, nicht funktionale und nur in geringem Maße systemkompatible Unternehmenskulturen hingegen „besitzen" diese Funktionen nicht. Bei ihnen muß vielmehr davon ausgegangen werden, daß die herrschenden unternehmenskulturellen Werte und Normen dysfunktionale Folgen mit sich bringen können.

Vor diesem Hintergrund sollen nun im folgenden die zentralen, einer starken, funktionalen und systemkompatiblen Unternehmenskultur zuzuschreibenden Funktionen aufgezeigt werden. Es darf hierbei aber keinesfalls verkannt werden, daß es sich bei diesen Funktionen zumeist um Wirkungsbehauptungen handelt, die primär auf singulären Beobachtungen der Unternehmenspraxis und ihres Be-

---

[6] Vgl. Dill (1986), S. 138 ff.
[7] Vgl. hierzu Beitrag A. Vgl. auch Ulrich (1984), S. 312, der von einer „gesunden, tragfähigen" Unternehmenskultur spricht. Vgl. ebenso Dill (1986); Heinen/Dill (1986), S. 211. Die hier vorgestellte Sichtweise korrespondiert mit der im anglo-amerikanischen Sprachraum häufig anzutreffenden Unterscheidung von Unternehmenskulturen durch dialektische Attribute, wie etwa „strong-weak, thick-thin, good-bad-awful". Vgl. hierzu Baker (1980), S. 10; Gregory (1983), S. 365; Sathe (1983), S. 12; vgl. auch Scheuten (1985), S. 608; Ulrich, P. (1984). Zu den einer starken Unternehmenskultur zugeschriebenen Funktionen vgl. insb. Ulrich, P. (1984), S. 312 f., der die sozialintegratorischen Funktionen einer (gesunden) Unternehmenskultur erörtert. Zur allgemeinen Darstellung unternehmenskultureller Funktionen vgl. Albert/Silverman (1984); Baker (1980); Bate (1984); Deal (1984); Deal/Kennedy (1982); Kieser (1984); (1985); Martin/Siehl (1983); Pfeffer (1981); Reinhard (1983); Sathe (1983); Smircich (1983b). Ähnliche Funktionen werden auch der Unternehmensidentität zugeschrieben; vgl. Birkigt/Stadler (1980); Heinen (1981a); Kneip (1978), (1979); Reinhard (1983); Weber (1985).

ratungsumfeldes basieren und für deren Gültigkeit bislang noch kein umfassender empirischer Nachweis erbracht werden konnte.[8]

## 1.1 Originäre Funktionen

Die originären Funktionen der Unternehmenskultur resultieren in erster Linie aus dem Einfluß der gemeinsam geteilten Werte und Normen auf das interne Beziehungsgefüge innerhalb der Organisation sowie auf die Entscheidungen, Handlungen und das Verhalten der Organisationsmitglieder. Zentrale Aspekte dieser Funktionen lassen sich unter den Gesichtspunkten der Koordination und Integration sowie der Motivation näher kennzeichnen.

### 1.1.1 Die Koordinationsfunktion der Unternehmenskultur

Der Begriff der Koordination wird sowohl in der betriebswirtschaftlichen als auch in der organisationstheoretischen Literatur unterschiedlich interpretiert. Es besteht keine Übereinstimmung darüber, was unter Koordination genau zu verstehen ist.[9] Im Sinne eines kleinsten gemeinsamen Nenners wird Koordination als die Abstimmung von Teilen eines Ganzen im Hinblick auf das Erreichen übergeordneter Zielsetzungen aufgefaßt.

Koordinationsbedarf entsteht in hierarchisch gegliederten betriebswirtschaftlichen Organisationen durch Arbeitsteilung und Spezialisierung, die dazu führen, daß eine Zusammenarbeit der Individuen und/oder Gruppen im Hinblick auf die gewünschte Zielerreichung nicht a priori gewährleistet ist. Die Notwendigkeit zur Koordination resultiert auch aus den unterschiedlichen Zielen und partikulären Interessen der an der Organisation beteiligten Individuen und/oder Gruppen sowie aus den unvermeidbaren Interdependenzen, die etwa aus der Notwendigkeit der Nutzung gemeinsamer und begrenzter Ressourcen resultieren.[10]

Die Notwendigkeit wechselseitiger Abstimmung und damit ein Koordinationsbedarf kann in großen arbeitsteiligen Organisationen darüber hinaus auch auf die Bildung von Subsystemen zurückgeführt werden, welche an zahlreichen organisationalen Entscheidungsprozessen interdependent beteiligt sind. Koordination ist dann gleichsam als Komplement der sich aus der Systemdifferenzierung ergebenden Subsystembildung zu verstehen. Der Koordinationsbedarf zwischen einzelnen Subsystemen wird dabei um so größer,

„– je mehr die arbeitsteilige Differenzierung ... zunimmt;
 – je größer die aufgabenbezogenen Interdependenzen zwischen differenzierten Organisationseinheiten sind;
 – je stärker der Komplexitätsgrad (Art und Intensität) dieser Interdependenzen ... anwächst und

---

[8] In der Literatur zur Unternehmenskultur werden auch berechtigte Zweifel laut, ob ein derartiger „Nachweis" mittels traditioneller Methoden der empirischen Sozialforschung überhaupt möglich ist. Vgl. Smircich/Morgan (1982).
[9] Zur Diskussion des Koordinationsbegriffes vgl. insb. Dietel (1972); Hoffmann (1980), S. 296 ff; Kirsch (1971), S. 61 ff; Klein/Wahl (1970); Lawrence/Lorsch (1967), S. 4 ff; Lindblom (1965); March/Simon (1958), S. 160 ff.
[10] Vgl. Frese (1972), S. 469 ff.

– je größer aufgrund der Zuweisung von Entscheidungsspielräumen die Gefahr gesamtzielverletzenden Verhaltens organisatorischer Teilbereiche ist."[11]

Versteht man Koordination unter Berücksichtigung der angeführten Sichtweisen aus entscheidungstheoretischer Perspektive als die (wünschenswerte) Abstimmung interdependenter Entscheidungen, so lassen sich verschiedene Koordinationsformen[12] identifizieren. So wird traditionellerweise unter Berücksichtigung jeweils unterschiedlicher Kriterien zwischen **zentraler** und **dezentraler Koordination, Voraus-** und **Feedbackkoordination, Koordination durch Anweisung** oder **Selbstabstimmung, Koordination** durch **Pläne** oder **Programme** usw. unterschieden. Diese Koordinationsformen und die sie unterstützenden Koordinationsinstrumente beruhen auf bestimmten organisationalen Regelungen und sind als Teil der formalen Organisationsstrukturen zu sehen. Daher tragen sie auch die Bezeichnung „strukturelle Koordinationsinstrumente".[13] Durch solche strukturelle Koordinationsmechanismen wird versucht, die Entscheidungen und Handlungen der Organisationsmitglieder in vorhersagbare und erwünschte Bahnen zu dirigieren. Strukturelle Regelungen müssen von Individuen und/oder Gruppen, an welche sie gerichtet sind, „verstanden" und für die Anwendung in konkreten Situationen interpretiert werden. Diese Interpretationsprozesse verlaufen weder völlig objektiv noch rein rational, sondern weisen eine in höchstem Maße subjektive Komponente auf, d. h. die Individuen bilden sich unter dem Einfluß ihrer vielfältigen individuellen Bedürfnisse, Werthaltungen und vor allem auch momentanen Einstellungen ein subjektives Modell der jeweiligen Situation.[14] Darüber hinaus wird die Interpretation von dem individuellen Informationsverarbeitungs- und Wahrnehmungspotential der Individuen beschränkt.

Hieraus kann gefolgert werden, daß strukturelle Koordinationsinstrumente lediglich Handlungserwartungen ihrer „Schöpfer" widerspiegeln, deren Wirkungen aufgrund der Interpretationsspielräume nur begrenzt vorhersehbar sind. Die Gefahr abweichender Interpretationen wird dabei um so größer, je abstrakter und genereller die strukturellen Koordinationsregelungen abgefaßt sind. Auch sind die Individuen in ihrer Informationsverarbeitungskapazität durch zu detaillierte Regelungen in vielen Fällen überfordert; ein Phänomen, welches in der Literatur unter dem Stichwort der „strukturellen Überlastung" diskutiert wird.[15]

Sind die strukturellen Koordinationsinstrumente als fremdgesetzte Regelungen ohne Partizipation der betroffenen Individuen entworfen worden, so ist zu befürchten, daß sich dysfunktionale Effekte bezüglich der Motivation ergeben.

---

[11] Hoffmann (1980), S. 316.
[12] Vgl. zu unterschiedlichen Formen der Koordination Dietel (1972); Kieser/Kubicek (1983); Kirsch (1971).
[13] Die Subsumption dieser Koordinationsinstrumente unter den Oberbegriff „strukturelle Koordinationsmechanismen" darf freilich nicht darüber hinwegtäuschen, daß diese Koordinationsinstrumente das Verhalten der Individuen in unterschiedlicher Weise zu beeinflussen versuchen. So kommt der Koordination durch Pläne und Programme in aller Regel ein höherer Formalisierungsgrad zu als der Koordination durch Selbstabstimmung. Trotz dieser Unterschiede gehören alle bisher angeführten Koordinationsformen zur Gruppe der strukturellen Koordinationsinstrumente. Vgl. Kieser/Kubicek (1983), S. 128.
[14] Vgl. Kirsch (1977, III), S. 136 ff; Pfeffer (1981), S. 9 ff; Pondy/Mitroff (1979), S. 8 f.
[15] Türk bezeichnet strukturelle Überlastungen als eine mögliche Form der Überkomplizierung von Organisationen; vgl. Türk (1976), S. 113 ff.

Eine derartig oktroyierte Fremdsetzung kann emotionale Konformitätswiderstände provozieren, was wiederum sowohl die Motivation als auch die Kreativität der Betroffenen berühren würde.[16] Eng damit verbunden ist die Vermutung, daß strukturelle Koordinationsmechanismen und insbesondere detaillierte Handlungsanweisungen und Pläne die situative Anpassungsfähigkeit der Organisation an die Komplexität verschiedener Aufgaben verringern oder sogar verhindern können. Dies kann einerseits darauf zurückgeführt werden, daß die Potentiale von Organisationsmitgliedern, Problemlösungen selbst innovativ und kreativ zu entwickeln, verkümmern. Andererseits ist es aber auch denkbar, daß durch die ausgeprägten organisationalen Strukturen deren Problemlösungsbemühungen und -vorschläge nicht wahrgenommen bzw. nicht vorgetragen werden und somit „versanden".[17]

Andere Argumente für die sinkende Eignung struktureller Koordinationsmechanismen können unter Einbezug transaktionskostentheoretischer Überlegungen gewonnen werden.[18] Betriebswirtschaftliche Organisationen als komplexe Gebilde bieten bei transaktionstheoretischer Betrachtung dann einen Vorteil, wenn die Kosten der unternehmerischen Koordination wirtschaftlicher Aktivitäten (Transaktionen) geringer sind, als die Kosten alternativer (marktlicher oder organisatorisch anderer) Vorgehensweisen, was – grob vereinfacht – zur Entstehung von Unternehmungen führt. Analog zum neoklassischen Prinzip der marginalen Substitution werden (wachsende) Unternehmungen Transaktionen nur so lange realisieren, als die Transaktionskosten niedriger sind als die Kosten der Koordination über andere Mechanismen.

Die unternehmensinternen Transaktionskosten steigen ab einer bestimmten Unternehmensgröße vor allem deshalb überproportional an, weil die interne Koordination bei wachsender Anzahl zu koordinierender Aktivitäten eine abnehmende Grenzeffizienz aufweist. Begründet wird dies mit der zunehmenden Heterogenität und den steigenden Anforderungen der zu koordinierenden Transaktionen. Eine Bewältigungsmöglichkeit dieser Koordinationsproblematik, die gleichzeitig transaktionskostengünstig wäre, könnte in der Schaffung einer gemeinsamen Werte- und Normenbasis, d.h. einer starken und funktionalen sowie systemkompatiblen Unternehmenskultur gesehen werden, die zu einer erheblichen Reduzierung des Bedarfs an formalen Koordinationsmechanismen beitragen würde.

Diesen Gedanken führt vor allem Ouchi[19] näher aus, der zwei Typen nicht struktureller Koordinationsmechanismen vorstellt: Märkte und Clans. Bei der **Koordination über Märkte** erfolgt die Abstimmung unternehmensinterner Leistungsaustausche (Transaktionen) durch freie Verhandlungen zwischen anbietenden und nachfragenden Bereichen, wodurch strukturelle Regelungen ver-

---

[16] Vgl. Remer (1982), S. 283 f.
[17] Gleiches gilt ebenso für starke (und „verkrustete") Unternehmenskulturen: Auch sie können bewirken, daß Organisationen unflexibel werden und ihre Anpassungsfähigkeit verlieren.
[18] Vgl. Weidermann (1984), S. 212 ff. Zum Transaktionskostenansatz vgl. insb. Coase (1937); Picot (1982); Williamson (1975); Williamson/Ouchi (1981).
[19] Vgl. Ouchi (1980), (1981); Williamson/Ouchi (1981); vgl. auch Kieser/Kubicek (1983), S. 128 ff.

drängt werden.[20] Beim **Clan** hingegen soll die Koordination über die Orientierung aller Organisationsmitglieder an gemeinsamen Werten, Normen und Einstellungen realisiert werden. Hinter dem Konzept steht die von dem französischen Soziologen Dürkheim beschriebene, gesamtgesellschaftlich ausgerichtete Idee der „organischen Solidarität", die Ouchi auf betriebswirtschaftliche Organisationen überträgt.[21]

Unter spezifischen Transaktionsbedingungen wird nun dieser Clan zur geeigneten institutionellen Rahmenstruktur für die Koordination derjenigen innerorganisationalen Austauschprozesse, die durch hohe Komplexität und Unsicherheit gekennzeichnet sind. Bei unterstellter Effizienz dieser „weichen" Vereinbarungsmuster kann durch sie eine Senkung der Transaktionskosten herbeigeführt werden, wodurch gleichsam eine „quantitative" und damit traditionell ökonomische Begründung für die Beschäftigung mit dem Phänomen der Unternehmenskultur möglich wird.

Die aufgezeigten Aspekte verdeutlichen, daß strukturelle Koordinationsinstrumente und -regelungen nicht a priori die Zielerreichung gewährleisten, sondern unter Umständen sogar die Freisetzung und den Einsatz organisationaler Ressourcen und Potentiale beeinträchtigen. Sie können nicht verhindern, daß die von ihnen betroffenen Organisationsmitglieder im Rahmen ihrer Entscheidungen eigene Bedürfnisse, Werthaltungen, Normen und Einstellungen berücksichtigen, was zu der Konklusion führt,

„daß formale Regelungen generell nicht ausreichen, um vorhandene Koordinationsbedürfnisse zu befriedigen, und deshalb weitere Maßnahmen, die sich positiv auf das engagierte 'Mitdenken und Handeln' der Mitarbeiter auswirken, zur Anwendung kommen müssen."[22]

Derartige Koordinationsmöglichkeiten können als „nicht-strukturelle Koordinationsinstrumente" bezeichnet werden, welche die strukturellen Regelungen ergänzen und unter Umständen sogar ersetzen. Solchen nicht-strukturellen Koordinationsinstrumenten ist im Vergleich zu der intensiven Auseinandersetzung mit strukturellen Regelungen in der betriebswirtschaftlichen Literatur bislang nur wenig Beachtung geschenkt worden. Erst in jüngster Zeit, insbesondere auch im Rahmen der Beschäftigung mit der Unternehmenskultur, mehren sich die Ansätze, die sich explizit mit dieser Problematik befassen. Dabei wird in aller Regel auf das Koordinationspotential abgestellt, welches sich aus der Identifikation der betroffenen Individuen mit den Organisationszielen ergibt.[23]

Greift man diese Argumentation auf, so ist es naheliegend, die Kultur einer Unternehmung, welche als die Gesamtheit der gemeinsamen unternehmungsbezogenen Werte und Normen der Organisationsmitglieder gekennzeichnet worden ist, als einen möglichen Mechanismus nicht-struktureller Koordination zu begreifen. Eine starke, systemkompatible und damit funktionale Unternehmens-

---

[20] Als Beispiele führen Kieser/Kubicek die auf Schmalenbach zurückgehende Idee der pretialen Lenkung bzw. der Verrechnungspreise an. Auch die Idee der Profit-Center beruht in großem Maße auf der „Theorie" der internen Märkte. Vgl. Frese/Glaser (1980); Kieser/Kubicek (1983); Schmalenbach (1948).
[21] Vgl. auch die Ausführungen in Beitrag A.
[22] Hoffmann (1980), S. 337.
[23] Vgl. Hoffmann (1980), S. 310ff; Kieser/Kubicek (1983), S. 128ff; Ulrich, H. (1978); vgl. auch Ouchi (1981); Ouchi/Jaeger (1978); Ouchi/Price (1978).

kultur sichert der Unternehmung einen **tragfähigen Basiskonsens** und ein **geteiltes Grundverständnis** über fundamentale organisationale Fragen sowie damit verbunden ein **kommunikatives Verständigungspotential**, auf deren Boden auch in „schwierigen" Zeiten und/oder in sozialen Konfliktsituationen befriedigende Formen der Zusammenarbeit sowie Lösungsmöglichkeiten zur Handhabung anstehender Gegenwartsprobleme gefunden und erarbeitet werden können.[24]

Es kann davon ausgegangen werden, daß der gemeinsame unternehmenskulturelle Grundkonsens die Mitarbeiter auf allen hierarchischen Ebenen der Organisation von grundsätzlichen Problemen der Handlungsorientierung entlastet. Hierdurch wird der **Koordinationsbedarf** an formalen Regelungen und administrativen Anweisungen verringert. Eine starke funktionale und systemkompatible Unternehmenskultur kann somit einen erheblichen Beitrag zur Beseitigung potentieller Organisations-, Führungs- und Kontrollprobleme leisten, welche durch die sinkende Eignung struktureller Koordinationsmechanismen und den damit einhergehenden dysfunktionalen Phänomenen innerhalb hoch formalisierter Organisationen hervorgerufen werden.

Der unternehmenskulturelle Basiskonsens wirkt im Hinblick auf den Koordinationsaspekt in zweifacher Weise funktional:[25] Zum einen bietet er eine **Motivationsgrundlage** für zielkonforme Handlungen der Organisationsmitglieder, was darauf zurückzuführen ist, daß eine Übernahme der unternehmenskulturellen Werte und Normen in großem Maße die Divergenz zwischen Individualzielen und Organisationszielen reduziert und somit die Verfolgung der Individualziele gleichzeitig zur Erfüllung der Organisationsziele beiträgt. Zum anderen bieten die internalisierten Werte und Normen eine unmittelbar verfügbare „Informationsquelle", auf die das Organisationsmitglied in der Entscheidungsfindung jederzeit zurückgreifen kann. Dahinter steht die Vermutung, daß bei den Organisationsmitgliedern durch das Vorliegen einer gemeinsamen Werte- und Normenbasis eine große Konvergenz ihrer unternehmensrelevanten Wahrnehmungs- und Interpretationsprozesse existiert. Dies hat zur Folge, daß die Organisationsmitglieder im Vergleich zur Situation einer schwachen systemkonkurrierenden Unternehmenskultur grundsätzlich eher in der Lage sind, adäquate und im Sinne der Unternehmung passende, d.h. zielkonforme Handlungen zu realisieren.

Derartige Effekte können auch darauf zurückgeführt werden, daß die Zahl der in bestimmten Entscheidungssituationen zur Verfügung stehenden Alternativen auf diejenigen beschränkt wird, die mit den jeweiligen unternehmenskulturellen Werten und Normen vereinbart werden können, was letztlich dadurch, daß über die gewählte Entscheidungsalternative ein höheres „commitment" besteht und diese deshalb von allen Beteiligten in der Regel eher akzeptiert wird, zu einer Verringerung von Konfliktursachen führt. Die Unternehmenskultur zeigt sich somit als ein „internalized gyroscope"[26], der den Organisationsmitgliedern Orientierungshilfe ist und die Richtung für adäquate, zielkonforme Hand-

---

[24] Vgl. Dill (1986), S. 148; Ulrich, P. (1984), S. 313.
[25] Vgl. hierzu Ouchi/Price (1978), S. 36f.
[26] Jönsson/Lundin verstehen unter einem „internalized gyroscope" einen internalisierten Kompaß, der den Organisationsmitgliedern individuelle Entscheidungshilfen zur Verfügung stellt. Vgl. Jönsson/Lundin (1977).

lungsweisen aufzeigt. In diesem Zusammenhang spricht Ulrich von einer geistigen Koordination, die über das in materielle Ziele Faßbare hinausgeht und das koordinierte Verhalten vieler Mitarbeiter bzw. Organisationsmitglieder dadurch ermöglicht, daß jeder sich im Einzelfall nach der gemeinsamen Grundorientierung ausrichtet.[27]

Insgesamt ist somit festzuhalten, daß die Existenz einer starken, funktionalen und damit systemkompatiblen Unternehmenskultur zur Überwindung der Mängel institutionalisierter struktureller Koordinationsmechanismen und Regelungen beiträgt und es darüber hinaus erlaubt, in weiten Bereichen betrieblicher Alltagsarbeit ohne detaillierte formale Pläne, Programme und Einzelanweisungen auszukommen.

### 1.1.2 Die Integrationsfunktion der Unternehmenskultur

In engem Zusammenhang mit dem ihr immanenten Koordinationspotential ist auch die Integrationsfunktion der Unternehmenskultur zu nennen. Integration und Koordination stellen qualitativ unterschiedliche Harmonisierungsarten dar, die sich teilweise ergänzen und teilweise zueinander in Konkurrenz stehen.[28] Ihr Verhältnis ist von den spezifischen Bedingungen des sozio-ökonomischen Feldes der betrachteten Organisation und ihrer jeweiligen inneren Konstellation abhängig. In systemtheoretischer Terminologie wird Integration als eine spezifische Form der Verknüpfung von Elementen zum Ganzen eines Systems verstanden. Daraus folgt, daß als erfolgreiche Integrationsbemühungen die Entwicklung und Festlegung spezifischer Organisationsstrukturen angesehen werden können, die den zukünftig zu erwartenden und zu antizipierenden Ereignissen angepaßt sind, um dadurch (absehbare) Störungen der organisationalen Prozesse von vornherein zu minimieren.

Die Notwendigkeit zur Integration ergibt sich ebenfalls aus dem Problem der Systemdifferenzierung und den damit verbundenen zentrifugalen Tendenzen, die insbesondere großen divisional aufgegliederten Organisationen immanent sind. Folgen derartiger Systemdifferenzierungen können sich etwa in zunehmendem Ressort- und Abteilungsegoismus sowie in wachsendem Konkurrenzdenken bemerkbar machen, wodurch die Einheit der Organisation zusätzlich zu den Gefahren von außen auch von innen gefährdet wird.

„Alle Arbeitsteilung in spezialisierten Großsystemen tendiert ... zu innerem Zerfall, zur Auflösung in enge Identifikationen, die das Gesamtsystem zu sprengen drohen."[29]

Dies steht im Einklang mit der Vermutung, daß die Mitglieder von Organisationen stärker an den Aktivitäten und Entscheidungen derjenigen Funktionalbereiche, Divisionen oder Abteilungen interessiert sind, denen sie angehören, als an den Interessen der Gesamtorganisation. Einen Hinweis liefert die Überlegung, daß die einem Subsystem zugehörigen Individuen in einem besonders intensiven Gedankenaustausch und damit auch in vielfältigen Interaktions- und Sozialisationsprozessen miteinander stehen, was schließlich zur Entstehung von Subkulturen führen kann. Gefördert werden derartige Prozesse nicht zuletzt auch durch die den Subsystemen häufig belassene Autonomie in der Art und Weise der

---

[27] Vgl. Ulrich, H. (1978), S. 24.
[28] Vgl. hierzu Weidermann (1984), S. 98 ff; vgl. auch Bleicher (1979), S. 47 ff.
[29] Luhmann (1964), S. 83.

Realisation der ihnen vorgegebenen Ziele etwa im Rahmen einer Profit-Center Organisation. Der damit verbundene Entscheidungs- und Handlungsfreiraum ermöglicht es den Subsystemmitgliedern, bei der Wahl der zu verwendenden Mittel und Strategien eigene Ziele sowie auch eigene Werte, Einstellungen und Bedürfnisstrukturen miteinzubringen. Dies kann dazu führen, daß ein Subsystemziel gleichsam zum Selbstzweck degradiert und es unabhängig von seinem Verhältnis und seiner Bedeutung für die generellen Oberziele des Gesamtsystems angestrebt wird. Tendenziell gilt dabei: Je mehr die Subsystemziele als Selbstzweck gewertet werden und je stärker persönliche Interessen das Verhalten der Subsysteme prägen, desto weniger werden die Mitglieder von Untersystemen die Folgen für das Erreichen der Ziele anderer Subsysteme und insbesondere des Gesamtsystems mit in Betracht ziehen.[30]

Gestützt werden können derartige dysfunktionale Wirkungen auch dadurch, daß die Erfüllung der jeweiligen Subsystemziele dominantes Kriterium für die Bewertung der Leistung des betreffenden Subsystems darstellt, wie es z. B. bei divisionalisierten Profit-Center Organisationen der Fall ist. Die häufig sehr weitgehende Autonomie der Subsysteme kann dann zur Bedrohung der Gesamtorganisation aufgrund fehlender Integration führen. Liegt eine derartige Situation vor, so ist im Sinne der Typologie Heinens der Fall einer systemkonkurrierenden Subkulturenkultur gegeben, welche insbesondere durch stark zentrifugale Tendenzen in der Gesamtorganisation gekennzeichnet ist.

An dieser Stelle wird der ambivalente Charakter der Systemdifferenzierung besonders deutlich: Einerseits wird Systemdifferenzierung und die damit verbundene Bildung von organisationalen Subsystemen zur Zielerreichung als unumgänglich angesehen[31], andererseits gefährden die sich im Laufe der Zeit herausbildenden Subsysteme mit den ihnen immanenten eigenen Werten, Normen und Einstellungen die Aufrechterhaltung der Gesamtorganisation bzw. ihre Fähigkeit zur ganzheitlichen Verbindung ihrer Elemente (Integration).

Eine starke, systemkompatible und damit funktionale Unternehmenskultur wirkt den zentrifugalen Tendenzen entgegen und fungiert als eine Art „social glue"[32], welcher den Zusammenhalt der einzelnen Subsysteme fördert. Das aufgrund der gemeinsamen Werte- und Normenbasis sich entwickelnde „Wir-Bewußtsein" trägt dazu bei, partikuläre Interessen einzelner Personen und/oder Gruppen (Abteilungen, Funktionen, Divisionen) in den Hintergrund treten zu lassen, was nicht zuletzt eine erhöhte Widerstandsfähigkeit der Organisation gegenüber sowohl internen als auch externen Störungen mit sich bringt. Die Gefahr sich verselbständigender und „abdriftender" Subsysteme kann somit durch das der Unternehmenskultur immanente Integrationspotential verringert werden. Derartige Auswirkungen lassen sich auch auf die „unternehmenskulturelle

---

[30] Vgl. Dill (1986), S. 154.
[31] „Überschreiten Organisationen eine gewisse Größe, müssen sie ... eine Differenzierung in **Untersysteme** vornehmen, die ihrerseits wieder Systemcharakter gewinnen." Bosetzky (1976), S. 200; vgl. auch Luhmann (1964), (1967), (1970), (1980), der das technisch ausgerichtete „Law of Requisite Complexity" von Ashby (1956) in den sozialwissenschaftlichen Bereich übertragen hat. Vgl. auch Kirsch/Mayer (1976), S. 127 ff. und die dort vorgenommene kritische Anlayse dieses Gesetzes. Zur größeren Leistungsfähigkeit differenzierter Systeme vgl. auch Gebert (1978), S. 81; Remer (1982), S. 41.
[32] Albert/Silverman (1984), S. 13; Smith/Simmons (1983), S. 377.

Fähigkeit" zurückführen, ein „Commitment"[33] zu erzeugen, welches neben seiner Funktion als nichtstrukturales Koordinationsinstrument auch integrationsfördernd wirkt. Insbesondere die Entstehung von Subkulturen, die aufgrund der oben angesprochenen Notwendigkeit zur Systemdifferenzierung kaum verhindert werden kann und wegen der damit verbundenen Kreativitäts- und Wandlungspotentiale[34] auch nicht verhindert werden sollte, kann durch eine dominierende und integrative (Gesamt-)Kultur in erwünschte Bahnen gelenkt werden. Derartige Integrationswirkungen werden angesichts bestehender Tendenzen zur Dezentralisation und Divisionalisierung vor allem bei Großunternehmungen und der wachsenden Anzahl multinationaler Organisationen in Zukunft sicherlich immer mehr an Bedeutung gewinnen.

### 1.1.3 Die Motivationsfunktion der Unternehmenskultur

Zur Untersuchung der motivationalen Potentiale einer Unternehmenskultur bedarf es eines Rückgriffs auf theoretische Erkenntnisse der Motivationstheorien und damit der Motivationspsychologie. In der Motivationspsychologie wird zwischen Motiv und Motivation unterschieden. Während der Begriff des Motivs eine zeitlich relativ überdauernde psychische Disposition bezeichnet, liegt Motivation dann vor, wenn eine Person Anregungsbedingungen in einer spezifischen Situation so wahrnimmt, daß dadurch Verhalten ausgelöst wird.[35] Im Rahmen betriebswirtschaftlich ausgerichteter Forschungsbemühungen ist insbesondere die Frage der Arbeitsmotivation von Interesse. Der Begriff der Arbeitsmotivation charakterisiert die Motivation zur Arbeit in formalen, arbeitsteiligen, hierarchisch aufgebauten Organisationen und umfaßt damit jenen Teil der Motivation eines Menschen, der zur Erfüllung der ihm übertragenen Aufgaben und Pflichten innerhalb einer Organisation notwendig ist.

Beschreitet man einen solchen motivationsorientierten Weg der Erkenntnisgewinnung, so bietet sich die klassische Maslow'sche Bedürfnispyramide[36] als Bezugsrahmen zur Diskussion von motivationalen Wirkungen einer starken funktionalen und systemkompatiblen Unternehmenskultur an. Da jedoch weder die Maslow'sche Taxonomie noch das mit ihr verbundene Hierarchieprinzip der Motivaktivierung empirisch bestätigt worden ist, soll im folgenden auf das empirisch fundiertere ERG-Modell Alderfers zurückgegriffen werden.[37] Im Gegensatz zu Maslow unterscheidet Alderfer nur drei Motivkategorien, die er in dem Akronym ERG zusammenfaßt. Dabei steht E für „Existence", d.h. für die physiologischen und die Sicherheitsbedürfnisse, R für „Relatedness", d.h. für die

---

[33] Vgl. hierzu Pettigrew, der „commitment" definiert „as the willingness of participants to give energy and loyalty to an organization, to be effectively attached to its goals and values and thereby to the organization for its own sake". Pettigrew (1979), S. 577; vgl. auch Martin/Siehl (1983), S. 52; Sathe (1983), S. 11.

[34] Zur Diskussion des Wandlungs- und Kreativitätspotentials von Subkulturen aus soziologischer Sicht vgl. Sack (1971); Yinger (1960), (1977). In der populärwissenschaftlich orientierten Diskussion wird in diesem Zusammenhang immer wieder auf den „Freiraum für Unternehmertum" hingewiesen, der sich insb. in kleinen, abgeschotteten Subkulturen (z.B. Forschungs- und Entwicklungsabteilungen) entwickeln kann. Vgl. Deal/Kennedy (1982); Peters/Waterman (1983), S. 235 ff.

[35] Vgl. Rosenstiel (1980), S. 103 f.

[36] Vgl. Maslow (1964); vgl. Heinen (1984), S. 29; Rosenstiel et al. (1983a), S. 23.

[37] Vgl. hierzu Alderfer (1969), (1972); Rosenstiel (1980), S. 276 ff; vgl. auch Gebert/ Rosenstiel (1981), S. 28 ff.

sozialen Bedürfnisse und G für „Growth", d.h. für die Bedürfnisse nach Persönlichkeitsentfaltung, Wertschätzung und Selbstverwirklichung. Alderfers Konzeption relativiert die Zwangsläufigkeit des Hierarchieprinzips und integriert ein dynamisch-oszillierendes Element. Während bei Maslow eine übergeordnete Motivklasse erst nach Satisfizierung der gegenwärtig dominanten Motivklasse aktiviert wird, zeigen die empirischen Untersuchungen Alderfers, daß auch bei nichtbefriedigten Bedürfnissen auf einer bestimmten Motivebene ein Wechsel auf eine nach- oder übergeordnete Motivebene erfolgen kann, welcher jedoch in Abhängigkeit von der jeweiligen Persönlichkeitsstruktur zu sehen ist.

Geht man von dem von Alderfer entwickelten ERG-Schema aus, so ist zu erwarten, daß eine starke und funktionale Unternehmenskultur für die Mitarbeiter einer Organisation im Falle einer hinreichenden Sicherung ihrer „Existence-Bedürfnisse" ihren Wunsch nach mehr „Relatedness" und „Growth" erfüllen kann. Dies kann darauf zurückgeführt werden, daß die unternehmenskulturellen Werte und Normen bei einer starken und funktionalen Unternehmenskultur dazu beitragen, den Organisationsmitgliedern einen Sinnzusammenhang des unternehmerischen Handelns zu vermitteln und dadurch zur „erhöhten" Bedürfnisbefriedigung beitragen, welche wiederum verbesserte Arbeitsmotivation[38] zur Folge hat.

In ähnlicher Weise kann auch im Rückgriff auf die Zwei-Faktoren-Theorie der individuellen Motivation von Herzberg et al.[39] argumentiert werden, welche zwischen Motivatoren und Hygienefaktoren unterscheidet. Während Motivatoren wichtige Bestimmungsgründe für die Entstehung von Arbeitszufriedenheit sind, können Hygienefaktoren helfen, Unzufriedenheit abzubauen bzw. zu vermeiden. Als charakteristische Motivatoren können Leistungserfolg, Anerkennung, Art der Arbeit, Verantwortung, Aufstiegs- und Entfaltungsmöglichkeiten angeführt werden; typische Hygienefaktoren stellen monetäres Entgelt, zwischenmenschliche Beziehungen, Status, allgemeine Firmenpolitik, Führungsstil, Arbeitsbedingungen, Arbeitsplatzsicherheit dar. Es ist offensichtlich, daß eine starke funktionale Unternehmenskultur diese Faktoren in nicht unerheblichem Maße anspricht und beeinflußt. Dementsprechend kann davon ausgegangen werden, daß sie sowohl zum Abbau von Unzufriedenheit als auch zur Verstärkung der Motivatoren beitragen kann, was eine verbesserte Arbeitsmotivation durch erhöhte Arbeitszufriedenheit wahrscheinlich werden läßt.

Das motivationale Element, das mit einer derartigen funktionalen und starken Unternehmenskultur verbunden ist, steht freilich auch in engem Zusammenhang mit dem bereits bei der Diskussion des Koordinations- und Integrationspotentials angesprochenen Aspekt des „Commitment", welches unter den Angehörigen der Organisation besteht. Dieses „Commitment", d.h. der unternehmenskulturelle Basiskonsens, dürfte in nicht unbedeutender Weise die Entstehung einer für die Organisationsmitglieder befriedigenden Form der Zusammenarbeit[40] fördern, was wiederum die Freisetzung motivationaler Kräfte bedingt.

[38] Vgl. Albert/Silverman (1984), die den glaubwürdigen Sinnzusammenhang betonen: „Culture has the potential of giving meaning and purpose to an employee's organizational life."Albert/Silverman (1984), S.13.
[39] Vgl. Herzberg et al. (1959); vgl. auch Dietel/Müller–Bader (1984), S.165f.
[40] Heinen spricht in diesem Zusammenhang sogar davon, daß die Ergründung des Phänomens der Unternehmenskultur ein Schlüssel zu einer „neuen Art der Zusammenarbeit der Menschen in den Unternehmungen" sein könnte. Vgl. Heinen (1985c).

Diese Hinweise auf individualpsychologische Aspekte, die unter Heranziehung weiterer motivationstheoretischer Grundlagen noch fortgesetzt werden könnten, sollen hier genügen. Über eine verbesserte Arbeitsmotivation hinaus wird das Phänomen der Unternehmenskultur von vielen auch als eine mögliche Lösung des Sinnproblems bzw. der oft postulierten Sinn- und Orientierungskrise betriebswirtschaftlicher Organisationen angesehen. Die „Behebung" einer solchen Sinn- und Orientierungskrise einerseits und die Betonung motivationaler Aspekte andererseits können allerdings im Widerspruch zueinander stehen:

> „Was in der verhaltenswissenschaftlichen Führungslehre gemeinhin als ‚Motivation' bezeichnet wird und mit fragwürdigem empirischen Fundament in sog. Motivationstheorien quasi naturgesetzlich eingefangen werden soll, erweist sich aus kulturwissenschaftlicher Perspektive als behavioristisch verkürzter und letztlich zirkulärer Ansatz zur (kompensatorischen) sozial-technologischen Lösung des Sinnproblems der Arbeit in einer schwachen Unternehmenskultur. Motivationstheorien sind in der Tat erst ‚gefragt', seit die überschießende Systemrationalisierung traditionelle, echte Sinnzusammenhänge in der Arbeit weitgehend zerstört oder unsichtbar gemacht hat. Äußerlich stimulierte ‚Motivation' wird durchschaubar als funktionalistisches Surrogat für die ausfallende Sinnerfüllung."[41]

Daraus könnte gefolgert werden, daß in einer starken und funktionalen Unternehmenskultur motivationale Maßnahmen überflüssig seien, da durch den unternehmenskulturellen Basiskonsens der „verloren gegangene" Sinnzusammenhang der Arbeit wieder erkennbar würde. Dem kann grundsätzlich nicht zugestimmt werden. Zwar ist die These sicherlich vertretbar, daß die **deterministisch verhaltensorientierten** Motivationstheorien zu kurz greifen, um dem intentionalen Charakter bestimmter Tätigkeiten in Unternehmungen gerecht zu werden. Dies darf aber keinesfalls zu der Schlußfolgerung verleiten, daß ein erkannter Sinn in der Arbeit zwangsläufig bestimmte Handlungen, d. h. physische oder geistige Tätigkeiten in betriebswirtschaftlichen Organisationen nach sich zieht. Vielmehr muß davon ausgegangen werden, daß zusätzliche motivationale Maßnahmen der Unterstützung in Form der Gewährung bestimmter Anreize notwendig sind, um die betroffenen Individuen zu den von ihnen erwünschten Handlungen zu veranlassen. Eine funktionale und starke Unternehmenskultur wirkt hier in zweifacher Weise: Zum einen enthält sie **motivationsfördernde Wirkungen**[42], indem sie bestimmte Bedürfnisse der Organisationsmitglieder zu erfüllen hilft; zum anderen leistet sie dabei gleichzeitig einen Beitrag zur Befriedigung des **Strebens nach Sinn**, insbesondere dadurch, daß sie dazu beiträgt, (Sinn-)Zusammenhänge in der Arbeit zu verdeutlichen, die aufgrund von Arbeitsteilung, Spezialisierung und Automatisierung nicht mehr erkennbar sind. Derartige Sinnzusammenhänge können durch **verhaltenslenkende** motivationale Maßnahmen schon alleine deshalb nicht vermittelt werden, weil sie menschliche Individuen und deren Verhalten als quasi naturgesetzlich (deterministisch) vorbestimmt sehen und über – wenn auch zugegebenermaßen sophistische – Reiz-Reaktions-Schemata zu beeinflussen suchen: Der Mensch wird als komplexes Verhaltenssystem angesehen. Umgekehrt steht es aber durchaus im Einklang mit motivationstheoretischen Konzepten, wenn die Sinnfragen mit derartigen motivationstheoretischen Ansätzen in Verbindung gebracht werden. Ordnet man sie etwa in die

---

[41] Ulrich, P. (1984), S. 324.
[42] Vgl. hierzu auch Fine, der vermutet, „that strong cultures are good motivators", Fine (1984), S. 255.

Kategorie des „Growth", d. h. in die Bedürfnisse der Selbstentfaltung im Sinne Alderfers ein, so ist zu erwarten, daß die „Beantwortung" der Sinnfrage für die Organisationsmitglieder auch motivationsfördernde Wirkungen enthält. Dementsprechend ist davon auszugehen, daß Ursache und Wirkung zirkulär verlaufen und beide Fragen nicht unabhängig voneinander gestellt werden können. Insgesamt kann festgehalten werden, daß eine starke und funktionale Unternehmenskultur zu einer erhöhten Arbeitsmotivation der Beteiligten beiträgt, was nicht zuletzt auf die größere Identifikation der Organisationsmitglieder mit der Unternehmung zurückgeführt werden kann. Offen ist jedoch noch der empirische Nachweis, warum und insbesondere in welcher Weise derartige Prozesse ablaufen.[43]

## 1.2 Derivative Funktionen

Derivative Funktionen einer Unternehmenskultur beruhen auf den grundlegenden originären Wirkungspotentialen, die eine starke, funktionale und systemgestützte Unternehmenskultur kennzeichnen. Sie zeichnen sich dadurch aus, daß sie nicht direkt durch die Gesamtheit der unternehmensbezogenen Werte und Normen verursacht werden, sondern als indirekte Folgen des herrschenden Konsensus zu begreifen sind. Diese derivativen Funktionen können unter Rückgriff auf die Begriffe der Effizienz (bzw. Produktivität) und Effektivität näher erläutert werden.

Nimmt man auf die Kategorien der Effizienz[44] und Effektivität[45] Bezug, so lassen sich unter der Voraussetzung, daß eine starke und funktionale Unternehmenskultur koordinations-, integrations- und motivationsfördernde Potentiale in sich trägt, als Folge eine Reihe effizienz- und effektivitätssteigernder Wirkungen konkretisieren:

(1) greater commitment to the organization's objectives (notably quality, good customer service, high productivity, and so on);
(2) increased employee effort, pride and loyalty;
(3) lower turnover,
(4) faster implementation of plans, projects and programs,
(5) more effective problem solving at all organizational levels; ...

---

[43] Der Versuch eines empirischen Nachweises findet sich bei Wilkins, der Arbeiter und Angestellte in zwei Unternehmen befragt und dabei festgestellt hat, daß die Betroffenen in dem Unternehmen mit einer starken Kultur ein besseres „Verhältnis" zu ihrem Unternehmen haben. Vgl. Wilkins (1979). Allerdings handelt es sich um eine kleinzahlige Studie, bei der für das Kriterium „**starke** Unternehmenskultur" als einziger Indikator die Frequenz und der Inhalt erzählter Stories herangezogen wird. Zur Kritik vgl. insb. Fine (1984), S. 255.
[44] Zum Begriff der Effizienz, welcher als das Verhältnis von Input zu Output definiert werden kann und mithin einen Ausdruck des Wirtschaftlichkeitsstrebens darstellt, vgl. Etzioni (1964), S. 8; Weidermann (1984), S. 8 ff.
[45] Unter „Effektivität" wird die Erwünschtheit eines Outputs bzw. seine relative Eignung, eine übergeordnete Zwecksetzung zu erfüllen, verstanden. Eine solche Effektivitätsbetrachtung gibt der Lösung von Wirtschaftlichkeitsfragen eine umfassendere Dimension im Sinne des „doing the right things" (im Gegensatz zu „doing the things right"). Vgl. hierzu Etzioni (1964), S. 8; Weidermann (1984), S. 10 ff.

(6) the ability to grow rapidly through directing more effort toward implementing plans, programs, and objectives and less effort toward fighting fires, plugging holes, constantly resolving conflicts ..."[46]

In ähnlicher Weise gehen auch andere Autoren davon aus, daß eine starke Unternehmenskultur die Produktivität und dementsprechend auch den Unternehmenserfolg positiv beeinflußt.[47] Diese Ansicht, daß eine starke Unternehmenskultur mit den ihr immanenten originären und derivativen Wirkungspotentialen als eine Art „Allheilmedizin" und „Wundermittel" zu verstehen ist, sollte nicht kritiklos übernommen werden; denn über die Dimension „Stärke" bedarf eine Unternehmenskultur, will sie die ihr zugeschriebenen Wirkungen realisieren, auch der Funktionalität und der Systemkompatibilität. Aber auch dann kann die in der Unternehmung herrschende gemeinsame Grundausrichtung nicht immer verhindern, daß Individuen bei anstehenden Entscheidungen zu unterschiedlichen Bewertungen von zur Diskussion stehenden Alternativen und deren Konsequenzen gelangen. Auch in einer Unternehmenskultur mit einem hohen Übereinstimmungsgrad und einem starken Verankerungsgrad der unternehmensbezogenen Werte und Normen kann davon ausgegangen werden, daß die gemeinsamen unternehmenskulturellen Werte und Normen dann nicht mehr unbedingt zwingend miteinander verträglich sind, wenn es ihrer Operationalisierung in konkreten Situationen bedarf. Hier könnte es sich sehr schnell zeigen, daß die Organisationsteilnehmer offene Interpretationsspielräume zu ihren eigenen Gunsten schließen, und daß somit trotz eines Kerns gemeinsamer Werte und Normen partikulären Interessen Vorrang eingeräumt wird.

Im Zusammenhang mit der Frage nach den Effizienz- und Effektivitätswirkungen starker und funktionaler Unternehmenskulturen ist auch das Problem ihrer Verfestigung evident. Für solche „verkrusteten" Unternehmenskulturen besteht die Gefahr, daß sie sich durch ständige Selbstbestätigungen zu sehr verfestigen und durch eine Art kultureller Übersozialisation die Notwendigkeit von Veränderungen nicht mehr wahrgenommen wird.[48] Erst unvermittelt auftretende Krisen können dann dazu führen, daß die grundlegenden Werte, Normen und Einstellungen in fundamentaler Weise in Frage gestellt werden. In einem solchen Falle ist es denkbar, daß gerade die mit einer starken Unternehmenskultur einhergehenden funktionalen Wirkungen durch eine Verkrustung der Wertstrukturen und Denkweisen konterkariert werden und es zu einem „Umkippen", d. h. zu dysfunktionalen Folgen als Ergebnis verkrusteter Kulturen kommt. Dies wird insbesondere dann der Fall sein, wenn Veränderungen in der für die Unternehmung relevanten Umwelt neue innovative Problemlösungen notwendig werden lassen, welche zu der bestehenden Unternehmenskultur in diametralem Widerspruch stehen. Deshalb müssen auch in starken und funktionalen sowie system-

---

[46] Albert/Silverman (1984), S. 13; in ähnlicher Weise argumentiert Baker: „Because it directly effects employee behavior, organizational culture can help a company to prosper. It can make it easy for top managers to devise and implement new strategies and plans. It can make people work harder or be more innovative.". Baker (1980), S. 8.
[47] Vgl. Pümpin (1984a), S. 17, (1984b). Auch Deal/Kennedy greifen diesen Gedanken auf und stellen fest: „The impact of a strong culture on productivity is amazing." Dieser „amazing impact" kann auf motivationale Aspekte zurückgeführt werden: „A strong culture enables people to feel better about what they do, so they are more likely to work harder." Deal/Kennedy (1982), S. 14f.
[48] Vgl. hierzu Heinen/Dill (1986).

kompatiblen Unternehmenskulturen die Grundbedingungen und Voraussetzungen für einen Wandel bestehen bleiben, um deren Funktionalität zu gewährleisten.

## 2. Zielbildungs- und Zieldurchsetzungsprozesse in betriebswirtschaftlichen Organisationen aus der Perspektive der Unternehmenskultur

Vor dem Hintergrund der dargestellten Funktionen, die einer starken und funktionalen Unternehmenskultur zuzuschreiben sind, eröffnet sich die Frage, auf welche Weise eine solche Unternehmenskultur die Strukturen und Prozesse in betriebswirtschaftlichen Organisationen beeinflußt. Ein fruchtbarer Weg zur Diskussion und differenzierten Analyse dieser Fragestellung bietet das dem entscheidungsorientierten Ansatz der Betriebswirtschaftslehre zugrundeliegende dreistufige Denkmodell des Zielbildungs- und Zieldurchsetzungsprozesses. Auch wenn die dort vorgenommene Einteilung in generelle Oberziele, strategische Ziele und operative Ziele[49] sicherlich nicht absolut trennscharf ist, trägt sie doch wesentlich zur theoretischen Durchdringung des zu erörternden Sachverhaltes bei. Deshalb soll im folgenden von ihr ausgegangen werden.

### 2.1 Das dreistufige Modell des Zielbildungs- und Zieldurchsetzungsprozesses in betriebswirtschaftlichen Organisationen

Das hierarchisch ausgerichtete dreistufige Modell des Zielbildungs- und Zieldurchsetzungsprozesses verzeichnet auf seiner obersten Stufe die generellen Oberziele[50] einer Unternehmung. Als generelle Oberziele werden dabei jene Ziele verstanden, die die Existenz einer Betriebswirtschaft als soziale Institution ermöglichen, und deren Verfolgung die Anreize zu erzeugen hat[51], welche eine Unternehmung den an ihr beteiligten Individuen bieten muß, um deren Bereitschaft zur Beitragsleistung zu gewährleisten. Sie liegen in aller Regel nicht als operationale Handlungskriterien vor. Zur Verwirklichung solcher genereller Oberziele bedarf es ihrer Konkretisierung, d.h. für einzelne funktionale, regionale und/oder divisionale Subsysteme der Organisation ist ein engerer Bezug zwischen den abstrakten Erwünschtheitsmerkmalen der generellen Oberziele und operationalen Kriterien zur Beurteilung der Realität erforderlich.[52]

Als wichtigster Schritt auf dem Weg zur Realisation genereller Oberziele kann die Formulierung vergleichsweise konkreter strategischer Ziele angesehen werden. Strategischen Zielen kommt im Hinblick auf die generellen Oberziele Mittelcharakter zu; Zielcharakter haben sie in Bezug auf faßbare operative Einzelhandlungen und Aktivitäten. Strategische Ziele beziehen sich auf Teilaspekte des organisationalen Gesamtgeschehens und sind auf die Ausgestaltung von strategi-

---

[49] Vgl. hierzu Heinen (1984).
[50] Vgl. Heinen (1976), (1984), S.35.
[51] Zur Anreiz-Beitragstheorie vgl. Heinen (1984), S.25f sowie deren Begründer Barnard (1938), Simon (1947) und March/Simon (1958); vgl. auch Beitrag F.
[52] Vgl. hierzu Heinen (1984), S.34ff; vgl. auch Heinen (1985b), S.31ff sowie S.63ff.

schen Objekten gerichtet. Strategische Objekte können Produkte, Märkte, Technologien, organisationale Potentiale, Geschäftsfelder, etc. sein.[53]

Auch die Entwicklung von strategischen Zielen und Strategien[54] ist Gegenstand von Entscheidungsprozessen. Dabei kann von einem kreativen Prozeß zur Erarbeitung grundsätzlicher Potentiale gesprochen werden, welche es ermöglichen sollen, in Zukunft die Erfüllung der generellen Oberziele der betriebswirtschaftlichen Organisation zu gewährleisten.[55] Sind auf strategischer Ebene geeignete strategische Ziele und Strategien gefunden worden, so ist eine erste und wichtige Voraussetzung zur erfolgreichen Verwirklichung der generellen Oberziele gegeben.

Mit der Formulierung und Festlegung von strategischen Zielen und Strategien kann jedoch der Prozeß der Konkretisierung der generellen Oberziele noch nicht als beendet betrachtet werden. Es bedarf vielmehr zum Zwecke der Realisation strategischer Ziele deren weiterer Operationalisierung. Hierzu ist es erforderlich, diese strategischen Ziele in operative Systemkategorien zu übersetzen.[56] Die Übersetzungsnotwendigkeit kann darauf zurückgeführt werden, daß das System strategischer Objekte in aller Regel nicht deckungsgleich mit den Inhalten des operativen Systems der Organisation ist. Die Realisierung einzelner Strategien und strategischer Ziele erfordert demzufolge koordinierte Maßnahmen in unterschiedlichen funktionalen und divisionalen Bereichen des operativen Systems. Die Erarbeitung diesbezüglicher Ziele, die im Unternehmensalltag der betrieblichen Teilbereiche bzw. Subsysteme verwirklicht werden sollen, ist Aufgabe des operativen Systems. Es entstehen operative Ziele für das ausführende Handeln.

Auch diese Stufe der Konkretisierung weist in aller Regel kreative Elemente auf, nicht zuletzt deshalb, weil bei der Erarbeitung strategischer Ziele auf die Erfordernisse der operativen Entscheidungsebene nur in beschränktem Maße Rücksicht genommen wird. Operative Ziele entstehen folglich durch die Transformation strategischer Vorhaben in operative Systemkategorien (z. B. funktionale, regionale und/oder divisionale Bereichsziele). Abb. 1 verdeutlicht den Zusammenhang der drei Zielkategorien.

Verfügt eine Unternehmung über ein System genereller, strategischer und operativer Ziele, so kann es als prominente Aufgabe der Führung bzw. des Managements angesehen werden, diese Vorstellungen durchzusetzen. Dazu ist es erforderlich, die Interpretationen der generellen Ziele, die Übersetzung genereller Ziele in strategische Ziele und die Adäquanz operativer Maßnahmen sowie deren Realisierung zu steuern und zu kontrollieren. Akzeptiert man eine solche Sichtweise und legt die in der entscheidungsorientierten Betriebswirtschaftslehre vorgenommene gedankliche Trennung des Entscheidungsprozesses in die Pha-

---

[53] Vgl. Dill (1986), S. 193 ff.
[54] Als Strategien werden bestimmte Sequenzen und/oder Bündel von Maßnahmen bezeichnet, die dazu beitragen, strategische Ziele und damit auch generelle Oberziele zu verwirklichen.
[55] Vgl. hierzu Heinen (1984), (1985b).
[56] Zu den Problemen bei der Übersetzung strategischer Kategorien in operative Bereiche vgl. Naumann (1982); auch Trux/Müller/Kirsch (1984), S. 403 ff.

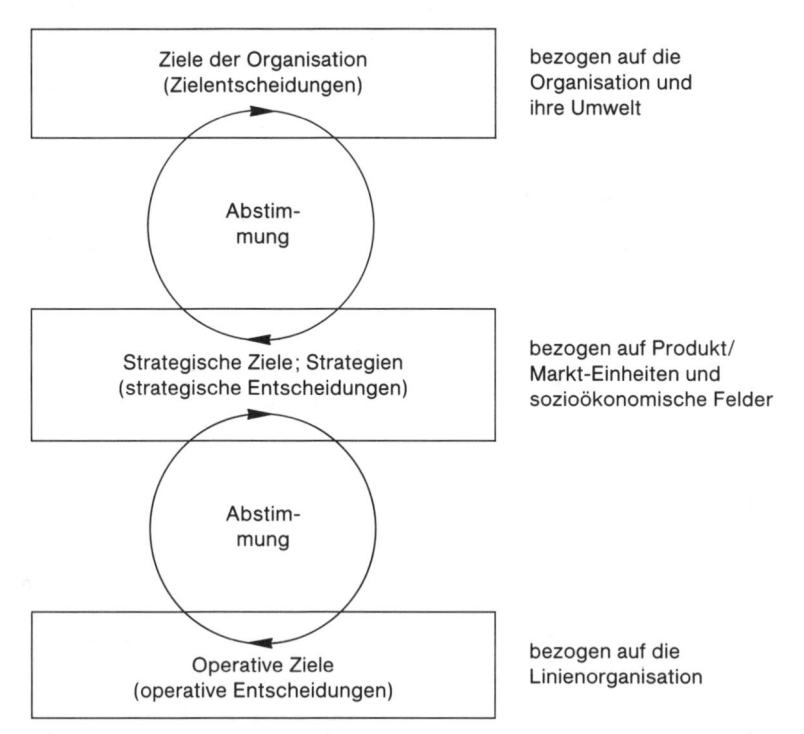

```
┌─────────────────────────────┐
│   Ziele der Organisation    │   bezogen auf die
│    (Zielentscheidungen)     │   Organisation und
│                             │   ihre Umwelt
└─────────────────────────────┘
            ╱‾‾‾╲
           │ Abstim-│
           │  mung  │
            ╲___╱
┌─────────────────────────────┐
│ Strategische Ziele; Strategien│  bezogen auf Produkt/
│ (strategische Entscheidungen)│  Markt-Einheiten und
│                             │   sozioökonomische Felder
└─────────────────────────────┘
            ╱‾‾‾╲
           │ Abstim-│
           │  mung  │
            ╲___╱
┌─────────────────────────────┐
│      Operative Ziele        │   bezogen auf die
│  (operative Entscheidungen) │   Linienorganisation
└─────────────────────────────┘
```

**Abb. 1** Zusammenhang zwischen strategischen Zielen, operativen Zielen und Oberzielen der Organisation[57]

sen der Willensbildung und Willensdurchsetzung[58] zugrunde, so gestaltet sich der Transformationsprozeß der generellen Oberziele in strategische Ziele als Prozeß der Willensbildung auf strategischer Ebene und als Prozeß der Willensdurchsetzung auf der Ebene genereller Oberziele. In gleicher Weise stellt die Umsetzung der strategischen Maßnahmen in operative Systemkategorien die Phase der strategischen Willensdurchsetzung dar. Die ausführenden Tätigkeiten bzw. das konkrete organisationale Handeln schließlich ist als Prozeß der Willensdurchsetzung im Hinblick auf die operativen Ziele zu charakterisieren. Diesen Zusammenhang zwischen den verschiedenen Phasen der Entscheidungsprozesse auf unterschiedlichen hierarchischen Ebenen verdeutlicht Abb. 2.

Dabei symbolisieren die durchgezogenen Pfeile die Maßnahmen zur Durchsetzung getroffener Entscheidungen im nächstniedrigeren Willensbildungsprozeß, während die gestrichelten Pfeile als Feed-Back-Informationen zu verstehen sind, die anzeigen, ob die angestrebte Willensdurchsetzung erfolgreich verläuft.

---

[57] Zur Abb. 1 vgl. Heinen (1985b), S. 64.
[58] Vgl. hierzu Heinen (1984), (1985a).

## Unternehmenskultur und Führung

[Diagram: Zusammenhänge bei den Entscheidungsarten]

Ebene im organisationalen Entscheidungsprozeß:
- Entscheidungen über generelle Oberziele → Willensbildung / Willensdurchsetzung
- strategische Entscheidungen → Willensbildung / Willensdurchsetzung
- operative Entscheidungen → Willensbildung / Willensdurchsetzung
- ausführendes Handeln

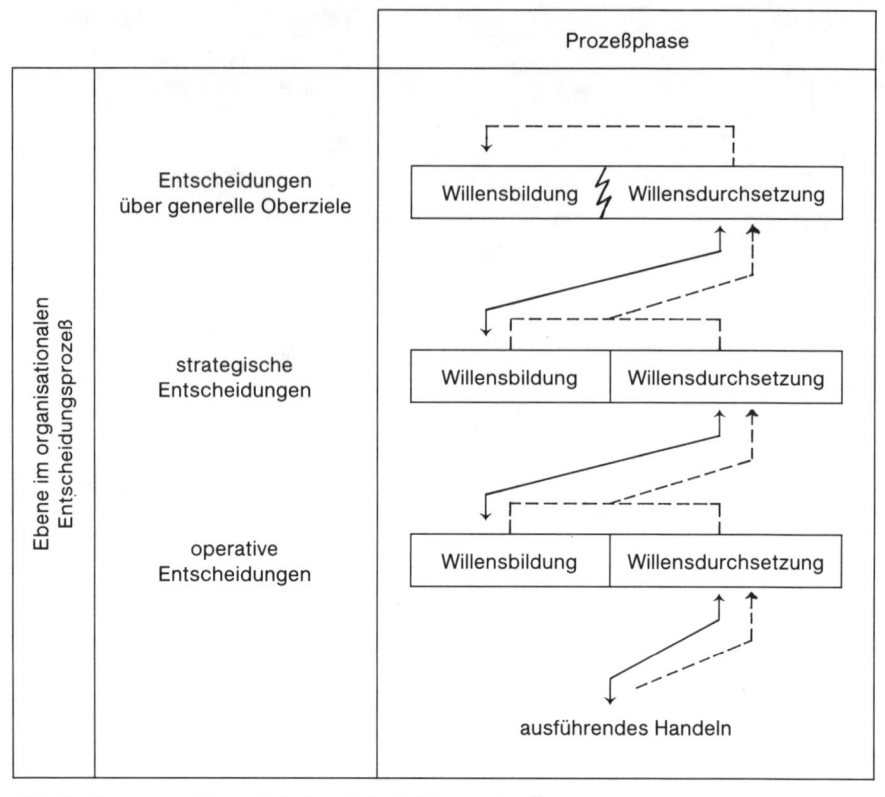

Prozeßphase

**Abb. 2** Zusammenhänge bei den Entscheidungsarten[59]

Vor dem Hintergrund dieses dreistufigen Zielbildungs- und Zieldurchsetzungsprozesses soll nun der Einfluß der Unternehmenskultur sowohl auf die Bildung als auch auf die Durchsetzung genereller Oberziele mit Hilfe geeigneter strategischer und operativer Maßnahmen aufgezeigt werden. Dabei muß davon ausgegangen werden, daß die Unternehmenskultur in diesem Prozeß sowohl als unterstützendes Instrument als auch als Resultante zu begreifen ist. Anders ausgedrückt: Die unternehmenskulturellen Werte und Normen sind zum einen eine zentrale Bestimmungsgröße in den Prozessen der Zielbildung und Zieldurchsetzung, d.h. sie stellen Faktoren dar, die – ähnlich einem Führungsinstrument – koordinations-, integrations- und motivationsfördernd wirken, wenn ein hohes Übereinstimmungsausmaß bezüglich der Werte und Normen gegeben ist.[60] Zum anderen aber ist die Unternehmenskultur gleichzeitig auch das Ergebnis dieser Prozesse; denn die spezifische Ausprägung bzw. das Profil einer Unternehmens-

---

[59] Vgl. zur Abb. 2 Heinen (1984), S. 37.
[60] Der „Erfolg" der Unternehmenskultur im Rahmen der Unterstützung von Zielbildungs- und Zieldurchsetzungsprozessen hängt in nicht unerheblicher Weise davon ab, inwieweit es gelingt, bei diesbezüglichen Prozessen der bestehenden Unternehmenskultur Rechnung zu tragen. Dies korrespondiert mit der Sichtweise, Unternehmenskulturen als Determinante der Führung zu betrachten. Vgl. Dietel/Müller–Bader (1984), S. 174.

kultur wird durch die Art der in einer Unternehmung ablaufenden Prozesse mitgeprägt. Dementsprechend sind die unternehmenskulturellen Werte und Normen ebenso als Resultanten der Zielbildungs- und Durchsetzungsprozesse anzusehen.

## 2.2 Unternehmenskultur und die Bildung genereller Oberziele

Neuere Ansätze zur entscheidungsorientierten, interdisziplinär ausgerichteten Unternehmungstheorie sehen im Zielsystem der Unternehmung einen Tatbestand, der selber einer Erklärung bedarf. Es wird davon ausgegangen, daß die generellen Oberziele einer Unternehmung nicht a priori vorgegeben sind, sondern in einem Zielbildungsprozeß, den es zu untersuchen gilt, entstehen. Dabei wird zugrundegelegt, daß die Organisationsteilnehmer sehr heterogene, individuelle Zielvorstellungen besitzen, die sie über ihre Tätigkeit in der Organisation zu erreichen suchen.

Diese individuellen Ziele von Organisationsmitgliedern und -teilnehmern[61] gelangen als „Ziele für die Organisation" über politische Prozesse in das autorisierte Zielsystem der Unternehmung. Ob und inwieweit in derartigen Zielbildungsprozessen einzelne „Ziele für die Organisation" zu im Zielsystem der Unternehmung[62] festgelegten „Zielen der Organisation" werden, ist vor allem eine Frage der Macht der an diesen Prozessen beteiligten Individuen oder Gruppen.[63] Die „Ziele für die Organisation" sind dabei insbesondere durch die Werte und Normen der jeweiligen am Zielbildungsprozeß beteiligten Personen oder Gruppen determiniert. Diese Werte und Normen werden wiederum vornehmlich durch zwei Faktoren beeinflußt:

1) Durch die individuellen Werte, Wertstrukturen und Einstellungen, die die Organisationsmitglieder und -teilnehmer im Laufe ihrer bisherigen primären und sekundären Sozialisationsprozesse „erworben" haben.[64] Diese sind insbesondere auch durch das gesellschaftlich-kulturelle Wert- und Normengefüge geprägt. Derartige gesellschaftliche Werte und Normen stellen für das organisationale Handeln **sanktionierte Rahmenbedingungen** dar. Sie finden in der Gesetzgebung, in ethischen Prinzipien, in institutionalisierten Verfahrensvorschriften, in Handlungsnormen etc. Berücksichtigung.

2) Durch die in der Unternehmenskultur verankerten Werte und Normen, welche im Rahmen der Zielbildungsprozesse insbesondere bei einem hohen Verankerungsgrad und einem hohen Übereinstimmungsmaß eine wesentliche Rolle spielen.

---

[61] Organisationsmitglieder sind Individuen, die aufgrund einer bewußten Teilnahmeentscheidung eine formale Rolle in der Organisation innehaben. Teilnehmer sind alle Individuen innerhalb und außerhalb der Organisation, die Einfluß auf die Mitglieder ausüben können. Vgl. zur Unterscheidung von Mitgliedern und Teilnehmern Heinen (1985b); Heinen/Dietel (1987); Kirsch (1977, III), S. 31 f und S. 123. Zu verschiedenen Arten der Mitgliedschaft in Organisationen vgl. Kieser/Kubicek (1983), S. 9 ff.
[62] Vgl. hierzu Heinen (1976).
[63] Zum Zielbildungsprozeß vgl. Heinen (1981b), S. 47 ff, Heinen (1984); zur Rolle der Unternehmenskultur im Zielbildungsprozeß vgl. Beitrag F.
[64] Zum Begriff der primären und sekundären Sozialisation vgl. Berger/Luckmann (1980) sowie die Ausführungen in Beitrag D.

Dementsprechend ist nicht davon auszugehen, daß Unternehmenskulturen immer auch mit dem in einer Gesellschaft vorherrschenden Wert- und Normengefüge übereinstimmen müssen. Der Bedarf an Legitimation für ein Unternehmen und seine Kultur ist vielmehr primär nur auf den Bereich im weitesten Sinne beschränkt, in dem es eine marktliche Verwertung seiner Produkte anstrebt. Es geht für Unternehmen letztendlich somit darum, nicht nur ihre marktliche, sondern auch ihre kulturelle Nische zu finden. Daß in einer pluralistischen Gesellschaft, in der kontroverse Werte und Normen geradezu als Charakteristika anzusehen sind, ausreichend Platz für derartige Nischen existiert, ist unbestreitbar. Dieser für die Unternehmen bestehende Spielraum und die damit vorhandenen Freiheitsgrade zur Herausbildung eines eigenständigen Wert- und Normensystems werden „lediglich" begrenzt durch die Toleranz der Gesamtgesellschaft gegenüber abweichenden Werten und Normen. Er kann jedoch auch in dem Maße erweitert werden, wie es der Unternehmung gelingt, Unterstützung für ihre spezifischen eigenständigen Werte und Normen zu erlangen.

Unternehmensspezifische Werte und Normen weisen somit eine duale Struktur auf. Einerseits gibt es bei den Organisationsmitgliedern eine Reihe von Werthaltungen und Normen, deren Relevanz in erster Linie aus gesamtgesellschaftskulturellen Wertphänomenen resultiert, andererseits existieren insbesondere bei Unternehmen mit starken Kulturen ausgeprägte eigenständige Werte und Normen, denen vor allem im Hinblick auf die ökonomisch relevanten Wirkungen der Unternehmenskultur erhebliche Bedeutung zukommt. Dabei darf jedoch nicht übersehen werden, daß zwischen diesen einzelnen, wohl nur gedanklich-analytisch zu trennenden Elementen einer Unternehmenskultur in starkem Maße Wechselbeziehungen und Abhängigkeiten bestehen. Beide Elemente gehen in den politischen Zielbildungsprozeß ein und beeinflussen dementsprechend dessen Output. Darüber hinaus wird die Unternehmenskultur aber auch auf der strategischen und operativen Ebene einer Unternehmung in nicht unerheblicher Weise wirksam – Aspekte, die im Laufe dieses Beitrags noch anzusprechen sind.

Versucht man nun, eine Brücke zu schlagen und die aufgeworfenen Fragen der wechselseitigen Einflüsse von Unternehmenskultur und Zielbildungsprozeß mit der Idee einer bewußten Gestaltung von Unternehmenskulturen in Verbindung zu bringen, so bieten sich Unternehmensgrundsätze, Unternehmensphilosophien, Unternehmensleitbilder etc. als Anknüpfungspunkte für ein Kulturmanagement an. Unter diesen Begriffen werden – vereinfacht – Bestrebungen verstanden, die den Mitarbeitern in Unternehmen breit angelegte (und in aller Regel explizit formulierte) normative Bezugspunkte zur Verfügung stellen sollen.[65] Insofern können derartige Konzepte als Ausdrucksformen „gewünschter Unternehmenskulturen" interpretiert werden. Dies legt es nahe, sie als mögliche Instrumente eines Kulturmanagements zu interpretieren, welche auf der Ebene der generellen Oberziele anzusiedeln sind.

### 2.2.1 Unternehmensgrundsätze und Unternehmensleitbilder als Grundlagen für ein Kulturmanagement

Einhergehend mit der Zunahme der Relevanz von unternehmenskulturellen Phänomenen hat sich in Wissenschaft und Praxis das Bewußtsein verstärkt, daß

---

[65] Vgl. stellvertretend für viele insb. Ouchi (1981); Probst (1983); Tschirky (1981); Ullrich, K. V. (1977); Ulrich, H. (1978); vgl. auch die Literaturhinweise bei Dill (1986), S. 259.

die von einer Unternehmung verfolgten Ideen und Ziele einer expliziten Formulierung bedürfen; denn in Sozialsystemen erhalten Ideen erst dann handlungsleitende Kraft, wenn sie in Form eines bestimmten Weltbildes bzw. einer bestimmten Lebensordnung instutionalisiert werden. Unternehmensgrundsätze bzw. -leitbilder können als solche (für ein Unternehmen) institutionalisierte Weltbilder bzw. Lebensordnungen begriffen werden. Mit ihrer Aufstellung wird versucht, eine langfristig orientierte und gleichzeitig veränderungs- und entwicklungsfähige, in sich geschlossene Konzeption für die Unternehmung zu entwerfen und zu formulieren, die eine anspruchsvolle, aber zugleich auch realistische Vorstellung einer idealen Unternehmenskultur enthält. Es soll ein Orientierungsrahmen für den zukünftigen Weg der Unternehmung und damit für die langfristigen politischen und strategischen Entscheidungen aufgespannt werden. Ferner kommt den Unternehmensgrundsätzen und -leitbildern eine sowohl unternehmensinterne als auch unternehmensexterne **Legitimationsfunktion**[66] insofern zu, als sie

(1) gegenüber den unterschiedlichen Anspruchsgruppen eine **Aufklärungsfunktion** über die das Handeln der Unternehmung leitenden Werte, Grundsätze und Einstellungen wahrnehmen,

(2) damit aber gleichzeitig auch versuchen, die Unternehmenskultur besser zum Ausdruck zu bringen und dafür zu sorgen, daß das Unternehmen an **Expressivität** gewinnt, um dementsprechend auch ein eventuell im negativen Sinne abweichendes Image zu korrigieren,

(3) und dadurch nicht zuletzt bestimmte Verhaltensweisen **rechtfertigend** zu begründen versuchen.

Unternehmensgrundsätze und -leitbilder sind von ihrer Intention her demnach grenzziehende, richtungsweisende und orientierungsgebende Richtlinien.[67] Ihre Rolle im Rahmen eines Kulturmanagements besteht insbesondere in der Erfüllung zweier Funktionen:

(1) Explizite Sichtbarmachung und Dokumentation der für die jeweilige Unternehmung relevanten Werte und Normen, d.h. schriftliche Niederlegung einer gewünschten Unternehmenskultur.

(2) „Kodifizierung" bestimmter erwünschter Handlungsweisen und damit verbundene Möglichkeit zur Sanktionierung unternehmenskultureller Zuwiderhandlungen.

Weitere Aufgaben von Unternehmensgrundsätzen und -leitbildern beschreiben Gabele/Kretschmer, die in mehreren Veröffentlichungen[68] zu diesem Problemkreis Stellung bezogen haben:

„Das Dokument (d.h. die Unternehmensgrundsätze, Anm. der Verf.) selbst kann dabei auch symbolische Funktionen übernehmen. Es ist in gewissem Sinn vergleichbar mit den Basisdokumenten in Religion und öffentlichem Leben. Die Bibel und die staatlichen Verfassungen leisten eine integrierende und steuernde Funktion innerhalb einer Gemeinschaft. Man zieht sie zum einen in Zweifelsfällen heran, um Lösungshilfen zu erhalten. ... Ihr Wert geht aber darüber hinaus, denn sie drücken gleichzeitig einen anerkannten Basiskonsens aus, der unmittelbar integrierend wirkt, auf dem aber auch

---

[66] Vgl. hierzu Dill (1986), S.256.
[67] Vgl. Brantl (1985), S.63.
[68] Vgl. Gabele/Kretschmer (1981), (1983), (1985) sowie Gabele (1981), (1982).

Meinungsverschiedenheiten austragbar sind bzw. geschlichtet werden können. In einer Reihe von Unternehmen scheint diese Idee von ausschlaggebender Bedeutung zu sein, denn die Unternehmensgrundsätze werden mit der ‚Gesetzestafel Moses' verglichen."[69]
Die Ausführungen enthalten sicherlich stark idealisierte Vorstellungen. Insbesondere kann nicht a priori davon ausgegangen werden, daß derartige Grundsätze und Leitbilder einen anerkannten Basiskonsens ausdrücken; denn „... sie sind in aller Regel einseitige Absichtserklärungen oder Forderungskataloge der Unternehmensleitungen, die sich manchmal fast nach Landlord- oder Fabrikherrenart anmaßen, den 'Bediensteten' einen Verhaltenskodex zu oktroyieren. Im allgemeinen werden Führungsgrundsätze 'erlassen'...".[70] Diese Kritik verdeutlicht, daß für die Wirksamkeit solcher Unternehmensgrundsätze insbesondere der Form ihres Entstehungs- und Einführungsprozesses eine entscheidende Bedeutung zukommt. Bei der Einführung eines Leitbildes bzw. von Unternehmensgrundsätzen sollte deshalb versucht werden, die unternehmenskulturellen Werte und Normen umfassend und in authentischer Weise zu berücksichtigen, da solche Leitbilder, die der Unternehmenskultur diametral entgegenstehen, auf personale Widerstände treffen werden.

Mit der Einführung von Unternehmensgrundsätzen kann jedoch auch eine Veränderung der Unternehmenskultur, d.h. eine kulturelle Transformation[71] angestrebt werden. In einem solchen Fall sind der gegenwärtige Ist-Zustand dem angestrebten Soll-Zustand gegenüberzustellen und die entdeckten Lücken zu dokumentieren, um geeignete Maßnahmen einzuleiten.

### 2.2.2 Zum Prozeß der Einführung von Unternehmensgrundsätzen und Unternehmensleitbildern

Der Prozeß der Einführung von Unternehmensgrundsätzen, -philosophien oder -leitbildern kann idealtypisch in die Phasen der Formulierung und Implementierung aufgegliedert werden.

(1) Formulierung von Unternehmensgrundsätzen und Unternehmensleitbildern

Der Formulierung von Unternehmensleitbildern bzw. -grundsätzen kommt bezüglich eines Kulturmanagements – wie bereits geschildert – primär die Aufgabe zu, die unternehmenskulturellen Werte und Normen zu explizieren. Dabei werden sicherlich in nicht unerheblichem Umfang Vorstellungen über eine (von der Führung bzw. dem Management) gewünschte Unternehmenskultur einfließen, so daß sich die Grundsätze oder das Leitbild aus der beschreibenden Darstellung sowohl gegenwärtiger Zustände als auch anzustrebender Ziele zusammensetzt. Für die Formulierung können verschiedene, typischerweise angewandte Vorgehensmuster unterschieden werden.[72]

---

[69] Gabele/Kretschmer (1983), S. 719.
[70] Neuberger (1984), S. 21; zu einer ideologiekritischen Analyse von Unternehmensgrundsätzen vgl. Böhm (1979); vgl. auch Kubicek (1984a), 1984b). Den Versuch einer umfassenden Kritik bietet Brantl (1985), S. 78 ff.
[71] Zum Begriff der kulturellen Transformation vgl. Kirsch/Trux (1981), S. 315 ff; Reinhard (1983), S. 176 ff; Trux (1980), S. 68; vgl. auch Hinder (1986), S. 550 ff.
[72] Vgl. zu diesen Vorgehensmustern Gabele/Kretschmer (1983), S. 723 ff; Gabele/Kretschmer (1985), S. 95 ff, deren Ausführungen sich auf die Ergebnisse einer empirischen Untersuchung über die Formulierung und Einführung von Unternehmensgrundsätzen stützen.

Der erste Typus ist dadurch gekennzeichnet, daß die Erstellung des Leitbildes fast ausschließlich in den Händen des Top-Managements liegt. Aufgrund des kleinen Personenkreises (Vorstand, Geschäftsführung, Gesellschafter, Aufsichtsrat) wird eine vergleichsweise zügige Ausarbeitung des Dokumentes ermöglicht, wenngleich auch innerhalb dieser Gruppen Verhandlungs- und Konsensbildungsprozesse notwendig sind. Bei einer solchen Vorgehensweise ist es wahrscheinlich, daß sich im Leitbild vor allem die Vorstellungen des Top-Managements widerspiegeln. Es ist zu erwarten, daß aufgrund der mit dieser Vorgehensweise verbundenen Einseitigkeit Widerstände bei den Betroffenen hervorgerufen werden und das Leitbild in nur geringem Maße von allen übrigen nicht beteiligten, aber betroffenen Organisationsmitgliedern akzeptiert wird. Offene und versteckte Widerstände werden dabei um so mehr auftreten, je weniger die Vorstellungen dieser Betroffenen bei der Formulierung der Leitbilder antizipiert werden und je größer die Abweichungen von der bestehenden Unternehmenskultur sind. Mit anderen Worten: Die mit einer solchen Formulierung einhergehende Erleichterung der Prozeßpromotion wird sich zu Lasten der Ergebnispromotion auswirken.[73] Durch eine solche einseitige Vorgehensweise kann eine authentische Wiedergabe der unternehmenskulturellen Werte und Normen nicht realisiert werden.[74] Ferner bleibt das Wissens- und Erfahrungspotential der anderen nicht beteiligten Organisationsmitglieder ungenutzt.

Das Charakteristische des zweiten Vorgehenstyps ist die aktive Leitbilderforschung in der Organisation, die von einem eingesetzten Projektteam durchgeführt wird. Das Projektteam soll sich dabei aus erfahrenen Führungskräften der mittleren Hierarchieebenen und Experten aus zentralen Stabsabteilungen zusammensetzen. Mit Hilfe von Befragungen der Organisationsmitglieder wird versucht, die in der Unternehmung geltenden grundsätzlichen Regelungen, Normen und Werte zu erfassen. Aufbauend auf den hierbei gewonnenen Erkenntnissen entwickelt das Projektteam dann ein erstes Leitbild, welches daraufhin mit dem Top-Management und weiteren Führungskräften diskutiert wird. Im Gegensatz zum ersten Vorgehenstypus berücksichtigt diese Vorgehensweise die Erfahrungen und Meinungen einer größeren Zahl von Organisationsmitgliedern.

Deren Partizipationschancen sind freilich eingeschränkt[75], da ihnen nur innerhalb der Befragungen die Möglichkeit gegeben worden ist, ihr Wissen und ihre Einstellungen einzubringen. Unbestreitbar ist, daß ein solcher Vorgehenstypus langwieriger ist. Durch die verbesserten Partizipationsmöglichkeiten kann aber davon ausgegangen werden, daß die Ergebnispromotion erleichtert wird. Dennoch bleibt dem Projektteam das Problem, das erarbeitete Leitbild sowohl der Unternehmensleitung als auch den Mitarbeitern nahezubringen; beide Gruppen könnten dem erarbeiteten Leitbild Widerstände entgegenbringen, insbesondere

---

[73] Mit dem Begriff der Prozeßpromotion wird das Initiieren und Vorantreiben von Problemlösungsprozessen beschrieben, während die Ergebnispromotion das Durchsetzen bzw. „Verkaufen" der Ergebnisse dieser Problemlösungsprozesse gegenüber denjenigen beinhaltet, die nicht oder nur teilweise am Problemlösungsprozeß beteiligt sind. Vgl. hierzu Kirsch/Scholl (1981), S. 208.

[74] Vgl. hierzu Kritik von Neuberger (1984), S. 21 f.

[75] Es handelt sich hierbei um Partizipation im Sinne der „Human-Resources" bzw. „Social-Values"-Strategie, die zwar das Wissen der Geführten für sich in Anspruch nehmen, eine authentische Partizipation aber nicht ermöglichen. Vgl. Kirsch/Scholl (1981), S. 209 ff.

wenn es nicht gelingen sollte, die Interessen, Bedürfnisse und Werte der Betroffenen in adäquater Weise zu berücksichtigen. Gleichwohl ist anzunehmen, daß ein auf diese Weise formuliertes Leitbild in größerem Maße „wahre" unternehmenskulturelle Werte und Normen widerspiegelt als ein im Rahmen des ersten Vorgehensmusters gewonnenes Dokument.

Der dritte Vorgehenstypus eröffnet die größten Partizipationschancen für die unterschiedlichen Gruppen von Organisationsmitgliedern. Es wird wiederum ein Projektteam eingesetzt, das sich ebenfalls aus Repräsentanten des mittleren Managements und der zentralen Stabsstellen zusammensetzt. Dieses Projektteam erstellt dann im kleinen Kreis einen ersten groben Leitbildentwurf, welcher als Grundlage für umfassende Beratungsprozesse im Unternehmen herangezogen wird. In diesen Beratungsprozessen können die Betroffenen ihre Vorstellungen, ihr Wissen und ihre Meinungen artikulieren und somit auf das zu erstellende Leitbild einwirken. Deshalb ist davon auszugehen, daß bei diesem Vorgehenstypus die größte Chance besteht, unterschiedliche Werte, Einstellungen und Ziele zu integrieren. Somit könnte auch hier die Ergebnispromotion erleichtert werden. Gleichzeitig wird man aber bei der Prozeßpromotion nicht unerheblichen Schwierigkeiten gegenüberstehen, da zu vermuten ist, daß die divergierenden Absichten die Konsensfindung erschweren werden.[76] In jedem Fall aber können mit der Eröffnung von Partizipationschancen die Voraussetzungen dafür geschaffen werden, daß die Organisationsmitglieder dem Leitbild nicht von vornherein ablehnend gegenüberstehen, und daß das zu formulierende Leitbild einen höheren Grad an Authentizität erreicht. Offen bleibt jedoch, inwieweit diese eingeräumten Partizipationschancen tatsächlich genutzt werden (können).

Wägt man alle Vorgehensmuster unter Berücksichtigung der mit ihnen verbundenen Vor- und Nachteile gegeneinander ab, so kann a priori nicht bestimmt werden, welchem Typus der Vorzug zu geben ist; denn die Frage, ob die Eröffnung von Partizipationschancen die Formulierung und Implementierung eines Leitbildes unterstützt, kann mit ja und nein beantwortet werden.[77] So bezweifeln Kirsch et al. grundsätzlich die in der Literatur häufig vertretene These, daß erfolgreiche Reorganisationsmaßnahmen eine umfassende Partizipation der Betroffenen bei der Planung und Implementierung der zu treffenden Maßnahmen voraussetzt und weisen darauf hin, daß die unternehmerische Praxis vornehmlich „radikalere Strategien vom Typ des Bombenwurfs" präferiert.[78] Da aber im Rahmen eines Kulturmanagements und bei einer damit verbundenen Einführung eines Leitbildes die Werte und Einstellungen der Betroffenen eine zentrale Rolle spielen, sollte doch grundsätzlich dem dritten Vorgehenstypus der Vorzug gegeben werden. Er enthält durch die mit ihm einhergehenden intensiven Beratungsprozesse am ehesten die Möglichkeit, sowohl die bestehende Unternehmenskultur adäquat zu berücksichtigen als auch geeignete Formen einer kulturellen Transformation aufzuzeigen.

---

[76] „Verfechter der Theorie, daß eine Partizipation die Ergebnispromotion erleichtert, unterstellen vielfach, daß der partizipative kollektive Entscheidungsprozeß letztendlich zu einem Konsens zwischen den Beteiligten führt. Häufig sind derartige Entscheidungsprozesse jedoch sehr konfliktträchtig." Kirsch/Esser/Gabele (1979), S. 300.
[77] Vgl. Kirsch/Esser/Gabele (1979), S. 300; auch Kirsch/Scholl (1981).
[78] Vgl. Kirsch/Esser/Gabele (1979), S. 180 ff.

### (2) Implementierung von Unternehmensgrundsätzen und Unternehmensleitbildern

Mit der abgeschlossenen Formulierung und Dokumentation des Leitbildes ist der Einführungsprozeß noch nicht beendet. Grundsätzlich kann sogar davon ausgegangen werden, daß mit der nun folgenden Ergebnispromotion „die Arbeit erst beginnt". Zum einen ist es insbesondere bei größeren Organisationen wahrscheinlich, daß auch bei Einräumung umfassender Partizipationschancen bei weitem nicht alle Organisationsmitglieder über das letztlich verabschiedete Leitbild ausreichend informiert sind. Zum anderen darf nicht davon ausgegangen werden, daß trotz augenscheinlich erfolgreicher Prozeßpromotion dem Leitbild keine Widerstände mehr entgegengebracht werden und alle Betroffenen von dem Nutzen und der Notwendigkeit eines derartigen Dokumentes überzeugt sind. Deshalb ist es notwendig, die Implementierung mit weiteren unterstützenden Maßnahmen zu verbinden.[79]

In der frühen Implementierungsphase kommt dabei insbesondere organisationalen Schulungs- und Informationsmaßnahmen eine herausragende Rolle zu.[80] Diese können zur Information der Organisationsmitglieder über das zu verfolgende Leitbild und damit auch über die Unternehmenskultur beitragen.[81] Neben derartigen Aspekten der Informationsvermittlung kann der diese Schulungs- und Informationsmaßnahmen dominierende Zweck sicherlich in dem Wunsch nach Erhöhung der Akzeptanz gegenüber dem jeweiligen Leitbild (und auch der in ihm dokumentierten erwünschten Unternehmenskultur) gesehen werden.

Positive Auswirkungen auf die Prozesse der Implementierung eines Leitbildes sind insbesondere durch die Teilnahme von Führungskräften an solchen Schulungs- und Informationsaktivitäten zu erwarten. Diesem Personenkreis kommt bei der Umsetzung und Verwirklichung der im Leitbild präsentierten Ideen eine exponierte Stellung zu. Gelingt es den für die Implementierung der Grundsätze verantwortlichen Kreisen, die Führungskräfte von der Notwendigkeit dieser Grundsätze und damit auch der schriftlichen Fixierung einer gewünschten Unternehmenskultur zu überzeugen, so können letztere gleichsam als Promotoren[82]

---

[79] Vgl. zur Vorgehensweise bei der Implementierung eines Leitbildes Gabele/Kretschmer (1983), S.725f; Gabele/Kretschmer (1985), S.121 ff. Ein idealtypischer Formulierungs- und Einführungsprozeß für ein unternehmerisches Leitbild findet sich auch bei Ouchi. In seinen dreizehn Schritten, die er zur Realisation der von ihm präferierten Typ-Z-Clan-Organisation vorschlägt, sind insb. die Schritte 1–4 der idealen Vorgehensweise zur Implementierung eines unternehmerischen Leitbildes gewidmet. Dabei weist Ouchi nachdrücklich auf die überragende Bedeutung offener Diskussionen, der Unterstützung des Top-Managements, der schriftlichen Dokumentation der Unternehmensphilosophie sowie weiterer Hilfen durch passende Organisationsstrukturen und Anreizsysteme hin. Vgl. Ouchi (1981), S. 97 ff.

[80] Die dominierende Rolle von Schulungs- und Informationsmaßnahmen wird von Gabele/Kretschmer durch die Ergebnisse ihrer empirischen Untersuchungen bestätigt. Vgl. Gabele/Kretschmer (1981), S. 87 ff., (1985), S. 123 ff. Zur Diskussion der Bedeutung von derartigen Schulungs- und Informationsmaßnahmen vgl. auch Dill (1986), S. 269 ff.

[81] Vgl. hierzu Rüßmann (1985), der über die Einführungsseminare der Nixdorf Computer AG berichtet.

[82] Für die Gewinnung solcher Promotoren erscheint es zweckmäßig, bestimmte (ausgesuchte) Organisationsmitglieder frühzeitig in den Prozeß zur Einführung eines Leitbildes zu involvieren. Vgl. Witte (1973).

der Leitbildumsetzung dazu beitragen, Widerstände und Akzeptanzschwellen abzubauen sowie den Organisationsmitgliedern die Bedeutung der Unternehmenskultur näher zu bringen.

Weitere positive Auswirkungen sind zu erwarten, wenn bei Informations- und Schulungsaktivitäten solche Organisationsmitglieder gemeinsam angesprochen werden, die gleichen Bereichen oder gleichen hierarchischen Ebenen angehören. In derartigen Gruppen ist die Möglichkeit gegeben, potentielle Auswirkungen des angestrebten Leitbildes auf die jeweiligen Gruppen und deren Bereiche in der Organisation zu konkretisieren. Dadurch bietet sich den Promotoren die Möglichkeit, insbesondere in kleineren Gruppen personenbezogen zu argumentieren und somit die „innere Situation"[83] der Betroffenen zu berücksichtigen.

Faßt man hingegen Mitglieder unterschiedlicher Gruppen bei Informations- und Schulungsveranstaltungen zusammen, so kann die Intention der Lösung von Inter-Gruppen-Problemen zugrundeliegen. Dabei sollen bspw. durch Konfrontationstraining Beziehungen zwischen den Gruppen offengelegt, Konfliktherde aufgedeckt und analysiert sowie durch diese Vorgehensweise die Zusammenarbeit zwischen den Gruppen verbessert werden.[84] Bezüglich eines bewußten Kulturmanagements kann in einem solchen Fall insbesondere daran gedacht werden, „Vertreter konkurrierender Subkulturen" zusammenzubringen, um auf diese Weise Diskussionen auszulösen, welche letztendlich integrationsfördernd wirken.

Weitere Techniken und Instrumente zur Unterstützung des Einführungsprozesses können in der Vielzahl von Programmen der Organisationsentwicklung gefunden werden. So besteht die Möglichkeit, bei der Leitbildformulierung im Rahmen einer Mitarbeiterbefragung auf das „Survey-Feedback-Verfahren"[85] oder dem dieser Methode ähnlichen „System-4-Ansatz"[86] zurückzugreifen. Des weiteren können insbesondere Techniken der Teamentwicklung[87], Intergruppen-Interventionen[88] sowie Sensitivitätstrainingskonzepte[89] herangezogen werden.

Diese Hinweise auf Theorien und Techniken der Organisationsentwicklung, deren umfassende Rezeption den Rahmen des vorliegenden Beitrages sprengen würde, sollen genügen, um aufzuzeigen, daß derartige Ansätze bei einem Management der Unternehmenskultur unterstützende Funktionen übernehmen können. Dennoch sind sie und vornehmlich die ausführlicher dargestellten Schulungs- und Informationsmaßnahmen mit einer Reihe von Problemen behaftet. So kann in aller Regel nicht von einer neutralen, „werturteilsfreien" Aufklärung und Information über die Notwendigkeit des Leitbildes einerseits und die von

---

[83] Vgl. Gebert (1974), S. 24 ff.
[84] Vgl. Gebert (1974), S. 104.
[85] Zum Survey-Feedback-Verfahren vgl. Bowers (1973); Bowers/Seashore (1966); Taylor/Bowers (1972); zur Darstellung vgl. Kirsch/Esser/Gabele (1979), S. 216 ff; Staehle (1985), S. 668 f.
[86] Vgl. hierzu Likert (1967); Marrow et al. (1967).
[87] Individuen bilden ein Team, wenn sie über **identische** Wert- und Präferenzordnungen verfügen. Vgl. Kirsch (1977, III), S. 57. Zur Teamentwicklung vgl. Beer (1976); Du Brin (1974); Huse (1975); Kirsch/Esser/Gabele (1979), S. 212 f.
[88] Vgl. hierzu Blake/Mouton (1961); Blake et al. (1965); Huse (1975); Staehle (1985).
[89] Das Sensitivitätstraining wird vielfach auch als „Laboratory Training" bezeichnet. Vgl. hierzu Argyris (1962); Schein/Bennis (1965); zur Kritik vgl. insb. Kovel (1976).

ihnen und der Unternehmenskultur erhofften Auswirkungen ausgegangen werden. Insbesondere diejenigen Strategien, welche gleichsam im Sinne einer „Gehirnwäsche" danach trachten, die inneren Orientierungen der Betroffenen zu verändern, machen die Grenzen und die Ambivalenz von Versuchen der Aufklärung, Überzeugung und Manipulation deutlich.[90] Hinzu kommt, daß bei in marktwirtschaftlich-orientierten Systemen tätigen Organisationen aufgrund der zweifelsohne vorhandenen Interessensgegensätze zwischen Kapital und Arbeit eine authentische Partizipation aller Betroffenen kaum denkbar ist. Realistischere Annahmen dürften vielmehr dahingehen, daß die jeweiligen Führungskräfte bzw. verantwortlichen Entscheidungsträger aktiv und manipulativ den Meinungsbildungsprozeß der Individuen zu beeinflussen versuchen, um dadurch die Akzeptanz gegenüber dem Leitbild und dessen Ergebnispromotion zu verbessern.

Überträgt man diese Gedanken auf die Möglichkeiten eines Kulturmanagements in Organisationen, so ist Skepsis durchaus angebracht; denn Versuche zur Formulierung und Implementierung von Leitbildern, die sich lediglich auf „althergebrachte" Techniken der Organisationsentwicklung stützen, greifen zu kurz. Insbesondere lassen die Konzepte der Organisationsentwicklung die explizite Berücksichtigung kultureller Phänomene auf der Ebene der Organisation vermissen. Ihre Anregungen und Vorschläge sind in aller Regel auf die Änderung von Handlungs- und Verhaltensweisen gerichtet, d.h. in der Terminologie der Kulturanthropologie gesprochen: sie beziehen sich vornehmlich auf die kulturellen „Perceptas" und vernachlässigen die dahinter befindlichen „Konceptas" im Sinne der in Beitrag B präsentierten Sichtweise von Kultur. Dementsprechend können sie im Rahmen eines Kulturmanagements nur unterstützende Funktionen übernehmen und müssen durch andere, weitergehende Strategien ergänzt werden. Solche Strategien werden im vorliegenden Beitrag insbesondere im Abschnitt 2.4 aufgezeigt. Die bezüglich der Organisationsentwicklungstechniken formulierte Skepsis darf freilich nicht dahingehend mißverstanden werden, daß diese Maßnahmen überflüssig wären; ihre Notwendigkeit und ihre Bedeutung sind keinesfalls zu unterschätzen. Nur müssen sich die Entscheidungsträger bzw. das Management bewußt sein, daß umfassende schriftliche Bekenntnisse und Dokumente nicht a priori als Garanten für eine starke und funktionale Unternehmenskultur angesehen werden können; denn ohne Unterstützung durch ein dauerhaftes Kulturmanagement erscheint die Befürchtung gerechtfertigt, daß Unternehmensgrundsätze und -leitbilder zu wirkungslosen Lippenbekenntnissen[91] verpuffen und als „modische Erscheinungen"[92] lediglich „Pflichtübungen von Personalabteilungen gegenüber der Geschäftsleitung"[93] darstellen. Dennoch – und dies kann zusammenfassend festgehalten werden – sind sie auf der Ebene des politischen Systems einer Organisation und im Rahmen der generellen Oberziele einer Unternehmung als ein realistisches Instrument und als eine geeignete Strategie sowohl zur grundlegenden Formulierung einer gewünschten starken

---

[90] Vgl. Klis (1970), S.30, der folgende Unterscheidung zwischen Überzeugung und Manipulation herausarbeitet: „Im Gegensatz zur Überzeugung wird bei der Manipulation dem Beeinflußten sehr oft nicht bewußt, beeinflußt worden zu sein – zumindest nicht im Zeitpunkt der Beeinflussung".
[91] Vgl. Gabele (1982), S.185.
[92] Paschen (1977), S.168.
[93] Gottschall (1975), S.78.

und funktionalen Unternehmenskultur als auch als Basis zu deren Verwirklichung anzusehen.

## 2.3 Unternehmenskultur und strategische Entscheidungsprozesse

In den bisherigen Darlegungen ist vornehmlich der Zusammenhang von Unternehmenskultur und generellen Oberzielen angesprochen worden. Die Wirkungen einer Unternehmenskultur sind jedoch nicht nur auf diesen Bereich beschränkt. Die unternehmensbezogenen Werte und Normen müssen neben der angemessenen Berücksichtigung gesamtgesellschaftlicher und organisationaler Wertstrukturen auch den kurz- und langfristigen Erfordernissen des Wettbewerbs gerecht werden. Dies bedeutet nichts anderes, als daß eine Unternehmung mit ihren Systemen und ihrer Kultur gleichsam ein dreifaches Kompatibilitätsproblem zu handhaben hat. Zum ersten bedarf es einer angemessenen Adäquanz unternehmenskultureller Werte und Normen mit den gesellschaftlich relevanten Wertstrukturen, zumindest in dem für die Unternehmung bedeutsamen Bereich. Zum zweiten sollten die Systeme der Unternehmung den Erfordernissen des Wettbewerbs bzw. der Branche und dem unternehmerischen Umfeld entsprechen. Zum dritten ist es aber auch unabdingbar, daß sich Kultur und System im Unternehmen „vertragen". Dementsprechend sollte eine Unternehmung, will sie eine starke und gleichzeitig funktionale Unternehmenskultur entwickeln bzw. bewahren, die Bedeutung und die Probleme der Zusammenhänge von Unternehmenskultur und strategischen Entscheidungen, insbesondere im Rahmen strategischer Planungsprozesse[94], in adäquater Weise berücksichtigen.

Strategische Entscheidungsprozesse stellen einen andauernden Prozeß der Lösungssuche für gegenwärtige und mögliche zukünftige Probleme dar. Sie befassen sich sowohl mit der Entwicklung von strategischen Zielen als auch mit der Formulierung von Strategien.[95] Die Notwendigkeit strategischer Überlegungen ergibt sich für die Unternehmung vor allem aus zwei Bedingungen: zum einen aus der wachsenden Komplexität von Unternehmen und ihren Umwelten und zum anderen aus der zunehmenden Dynamik von Veränderungsprozessen in sozialen Systemen und deren Umwelten.[96] Dabei kann jede Veränderung von Umweltbedingungen einer Unternehmung als eine Gefahr, aber auch als eine Gelegenheit zur Erweiterung oder Modifikation der Unternehmungsaktivitäten und damit zur Verbesserung der Wettbewerbsposition betrachtet werden. Die Einschätzung einer Veränderung als Gelegenheit oder Gefahr hängt primär davon ab, ob der Unternehmung auf dem betroffenen Gebiet die internen Potentiale für eine adäquate strategische Reaktion zur Verfügung stehen. Weist sie in diesem Gebiet eine Stärke auf, so bieten sich die Veränderung und deren strategische Auswertung als Chance geradezu an. Trifft eine Veränderung aber auf eine

---

[94] Zum Begriff der strategischen Planung vgl. Reinhard/Weidermann (1984), S. 55 ff; Trux/Müller/Kirsch (1984), S. 8 ff.
[95] Vgl. z. B. Chandler (1962), S. 13; Heinen (1984), S. 35; Hinterhuber (1977).
[96] Vgl. Reinhard/Weidermann (1984), S. 57. Anschauliche Beispiele zur sinkenden Vorhersagbarkeit, zum Neuigkeitsgrad und zur Zunahme der Frequenz von Veränderungen finden sich bei Ansoff (1979).

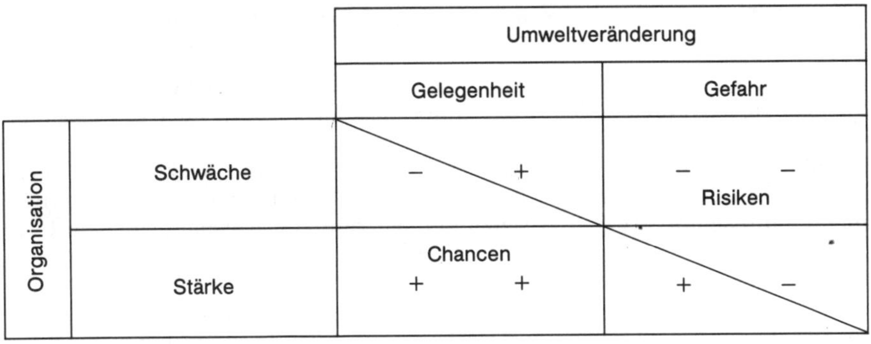

|  | | Umweltveränderung | |
|---|---|---|---|
|  | | Gelegenheit | Gefahr |
| Organisation | Schwäche | − + | − −  Risiken |
| | Stärke | Chancen<br>+ + | + − |

**Abb. 3** Chancen-Risiken-Matrix

organisationale Schwäche, so besteht grundsätzlich ein Risiko für die Unternehmung. Abb. 3 verdeutlicht mögliche Konstellationen.[97]

Zur Unterstützung strategischer Entscheidungen sind von Wissenschaft und Unternehmenspraxis eine Reihe von Instrumenten, Methoden und Techniken entwickelt worden, die speziell auf den strategischen Denkansatz zugeschnitten sind.[98] Dabei können verschiedene strategische Analysefelder (Unternehmung, strategisches Geschäftsfeld, Markt, Branche, sozio-ökonomisches Feld) unterschieden werden.[99] Grundsätzlich gilt, daß die strategischen Entscheidungen in Abstimmung mit den aus der strategischen Analyse gewonnenen Informationen zu erfolgen haben. Da Strategien – zumindest langfristig – jedoch nur dann erfolgreich zu realisieren sind, wenn sie im Einklang mit den im Unternehmen vorherrschenden Werten und Normen stehen[100], ist es unbedingt erforderlich, das Phänomen der Unternehmenskultur in strategische Überlegungen miteinzubeziehen. Eine diesbezügliche Berücksichtigung soll insbesondere verhindern, daß angestrebte strategische Neuorientierungen auf bewußte und/oder unbewußte Widerstände bei den Organisationsmitgliedern stoßen und deshalb nicht verwirklicht werden können.[101]

Dieser Verbindung von Unternehmenskultur und strategischen Entscheidungen gilt das Interesse der nachfolgenden Ausführungen. Dabei wird zunächst die Rolle der Unternehmenskultur im Rahmen von Strategieformulierungsprozessen expliziert, um anschließend Möglichkeiten und Ansatzpunkte zur Handhabung von Risiken aufzuzeigen, welche sich aus einer Nichtentsprechung von Strategie und Unternehmenskultur ergeben.

---

[97] Vgl. hierzu und zur Abb. 3 Reinhard/Weidermann (1984), S. 62.
[98] Vgl. z. B. Trux/Müller/Kirsch (1984).
[99] Vgl. zu dieser Einteilung Trux/Müller/Kirsch (1984), S. 70 ff.
[100] Vgl. Kirsch/Trux (1981), S. 307; vgl. auch Breckenfeld (1982); o. V. (1980), S. 148 ff; Petersen (1984).
[101] Vgl. Reinhard/Weidermann (1984), S. 125.

## 2.3.1 Die Rolle der Unternehmenskultur im Rahmen von Prozessen des Entwurfs und der Bewertung von Strategien

Grundsätzlich gilt, daß Strategie und Unternehmenskultur einander entsprechen und demzufolge aufeinander abgestimmt sein sollten. Ähnlich der von Chandler aufgestellten Sequenz „Structure follows Strategy"[102] und deren Umkehrung in die Abfolge „Strategy follows Structure"[103] besteht jedoch auch zwischen Unternehmenskultur und Strategie ein ambivalenter Zusammenhang. Die unternehmenskulturellen Werte und Normen können zum einen, wenn zwischen ihnen und den zu verfolgenden Strategien eine konvergierende Tendenz besteht, die Umsetzung und Realisation von geplanten Strategien entscheidend unterstützen; zum anderen können sie sich aber auch als eine kaum überwindbare Barriere zur Durchführung neuer strategischer Vorhaben erweisen. Für die Entwicklung von Strategien und insbesondere für eine angestrebte Neuorientierung in der strategischen Grundhaltung[104] einer Unternehmung ist es deshalb nicht ausreichend, lediglich entsprechende Modifikationen und Anpassungen struktureller Komponenten vorzunehmen und die Unternehmenskultur unberücksichtigt zu lassen. Dieser Sachverhalt wird vor allem dann akut, wenn die Unternehmenskultur nicht mit der geplanten modifizierten strategischen Grundhaltung in Einklang steht und die Verfolgung der neuen Stoßrichtung andere Werte und Normen als die bisherigen erforderlich macht.

Ein für die Diskussion solcher Fragestellungen geeigneter Bezugsrahmen, der in systematischer Weise nach Anpassungsnotwendigkeiten an mögliche Veränderungen in einer Unternehmung sucht, kann in der von Ansoff[105] kreierten „Misfit-Analyse" gesehen werden. Dieses Verfahren stellt in grundsätzlicher Weise den Versuch dar, Nichtentsprechungen, die bei der Beschreibung eines Systems und dessen Entscheidungsfeldern angetroffen werden können und von denen vermutet wird, daß sie die (Über)Lebensfähigkeit des Systems auf Dauer gefährden, zu identifizieren und durch Einleiten von geeigneten Maßnahmen aufzulösen. Ein solches Denkschema beinhaltet unter Berücksichtigung von Unternehmenskultur, Strategie, Systemen und Umwelt den in Abb. 4 dargestellten Rahmen.

---

[102] Chandler hat in den von ihm untersuchten Großunternehmungen festgestellt, daß grundsätzlich zuerst nach einer geeigneten Strategie gesucht wird, um wahrgenommenen Veränderungen in der Umwelt zu begegnen, und erst danach eine Anpassung der Organisationsstrukturen an die gewählte Strategie erfolgt, d.h. daß die Strategie die Struktur determiniert. Vgl. Chandler (1962); zur Diskussion der Chandler-Sequenz, vgl. Kirsch/Esser/Gabele (1979), S. 163 ff; Weidermann (1984), S. 279 ff.

[103] Präskriptive Ansätze zum Zusammenhang von Strategie und Struktur fordern eine Umkehrung der Chandler-Sequenz. So behauptet Ansoff, daß in Zeiten hoher Dynamik die Chandler'sche Abfolge zu Problemen führt, da Strukturen bei notwendig werdenden Anpassungsprozessen niemals ein problemadäquates Lösungssystem zur Verfügung stellen. Eine adäquate Strategie kann nach Ansoff nur mit Hilfe einer Struktur ermittelt werden, die den Anforderungen der Umwelt entspricht. Vgl. Ansoff (1979); Reinhard/Weidermann (1984).

[104] Beispielhafte strategische Grundhaltungen illustriert der von Kirsch/Trux (1981) in enger Anlehnung an Miles/Snow (1978) entwickelte Bezugsrahmen, in dem unter Heranziehung der Kriterien „Grundhaltung gegenüber Veränderungen" und „Grundhaltung zur Spezialisierung" zwischen Verteidiger, Risiko-Streuer, Architekt, Innovator, Prospektor und Reagierer unterschieden wird.

[105] Vgl. Ansoff (1979); Ansoff/Declerck/Hayes (1976).

```
                    Umwelt
                      ↑
                      ↓
                Unternehmens-
                   kultur
                ↙         ↘
    Strategie ←——————————→ Systeme
```

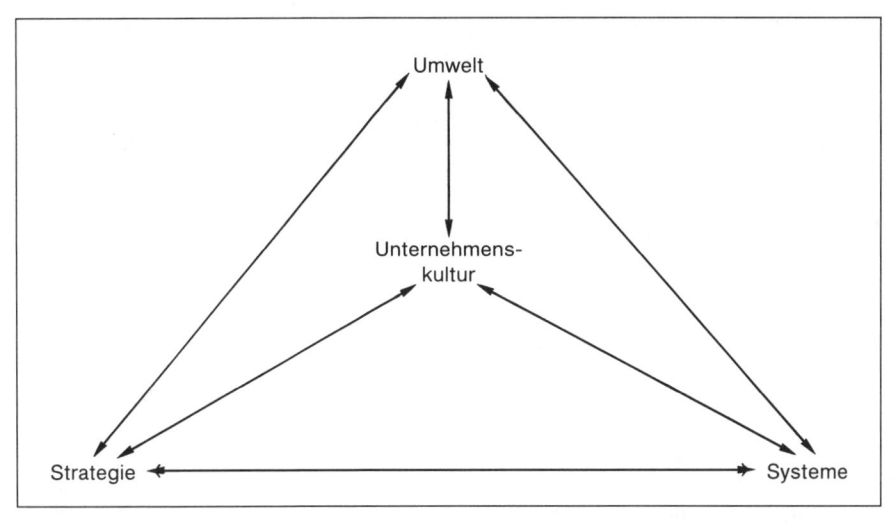

**Abb. 4** Herzustellende Entsprechungen zwischen Unternehmenskultur, Strategie, Systemen und Umwelt

Eine beispielhafte Argumentation soll diesen Zusammenhang verdeutlichen.[106] Geht man von einem Verteidiger[107] aus, der in einer relativ stabilen Umwelt operiert[108] und seine Strategien bewußt auf diese stabile Situation ausrichtet, so wird im Vordergrund seiner Systemgestaltung zweifelsohne eine starke Effizienzorientierung stehen. Es werden ein relativ hoher Grad an formalisierten Regelungen und ein geringeres Interesse an der Delegation von Entscheidungen vorhanden sein. Dies bedeutet, daß zumindest tendenziell eine „klassische" Organisationsform, wie z. B. die funktionale Organisation, präferiert wird. Es fällt nicht schwer, einzusehen, daß in einer derartigen Unternehmung solche Werte und Normen favorisiert werden, die einem Effizienz- und Kostendenken entsprechen. Dabei kommt sicherlich traditionellen Werthaltungen und Einstellungen besondere Bedeutung zu (Bürokratie, Arbeitsethik, Glaube an die Beherrschbarkeit der Dinge, extensive Kostenkontrolle, Kapazitätsauslastung, etc.). Dadurch, daß sich diese Werte und Normen als erfolgreich erwiesen haben, sind sie in ihrer Bedeutung gefestigt und als gemeinsames Erfahrungswissen allgemein anerkannt: Es existiert eine Entsprechung, d.h. ein Fit zwischen Unternehmenskultur, Strategie, Systemen und Umwelt.

Anders stellt sich die Situation allerdings dar, wenn die Umwelt turbulent wird. Derartige Turbulenzen könnten einerseits darauf zurückzuführen sein, daß

---

[106] Vgl. hierzu Kirsch/Trux (1981), S. 307ff, insb. S. 313ff.
[107] Ein Verteidiger ist durch eine stark konservative Grundhaltung gegenüber Veränderungen und durch einen hohen Grad an Spezialisierung gekennzeichnet.
[108] Zu verschiedenen Texturen der Umwelt vgl. Emery/Trist (1965), die „placid, randomized environment", „placid, clustered environment", „disturbed, reactive environment" und „turbulent fields" unterscheiden. Im vorliegenden Falle operiert der Verteidiger anfangs in einer „ruhigen, zufallsverteilten" oder einer „ruhigen, geklumpten" Umwelt.

sich die Unternehmung selbst als eine Art Offensiv-Verteidiger versteht und durch die damit verbundenen aggressiven Aktivitäten Reaktionen von Konkurrenten auslöst. Andererseits ist es freilich auch denkbar, daß die Unternehmung als Verteidiger zwar defensiv operiert, sich jedoch der Aktivitäten von angreifenden Konkurrenten zu erwehren hat. In diesem Fall ist es angebracht, die relevanten Systeme und Strukturen zumindest teilweise flexibler zu gestalten. Im Falle eines Offensiv-Verteidigers, der solche (selbstausgelösten) Turbulenzen vorhersehen kann, sollte die Anpassung antizipativ erfolgen, während unvorhergesehene Störungen in aller Regel nur ex post und somit reaktiv erwidert werden können. In einer derartigen Situation wäre es das Beste, von einem Mix der Systeme und der Strukturprinzipien auszugehen, welcher den ambivalenten Anforderungen sowohl nach Flexibilität als auch nach Effizienz gerecht würde. Dies beinhaltet gleichzeitig die Forderung, daß die Werte, Normen und Einstellungen der Mitarbeiter im Unternehmen sich zu ändern haben, da durch das Postulat der Flexibilität andere Kriterien (Sensibilität, Frühaufklärung, Neuerungsdrang, Innovationsorientierung etc.) ergänzend in den Vordergrund zu stellen sind und eine Entsprechung bzw. ein Fit zwischen Unternehmenskultur, Strategie, Systemen und Umwelt nur durch eine grundlegende Modifikation der unternehmensbezogenen Werte und Normen zu erreichen sein wird.

Die vorstehenden Überlegungen können sicherlich nicht für sich beanspruchen, den Zusammenhang zwischen Unternehmenskultur, Strategie, Systemen und Umwelt umfassend zu beschreiben. Sie sind aber auch nur als beispielhafte Erläuterungen gedacht und sollen dabei insbesondere verdeutlichen, daß bei dem Entwurf und der Realisation von Strategien den unternehmensbezogenen Werten und Normen überragende Bedeutung zukommt. Dies gilt vor allem dann, wenn die Unternehmung eine grundlegende strategische Wende anstrebt und die geplanten Strategien „völlige Neuorientierungen"[109] beinhalten, welche andere Denk- und Handlungsweisen als die bisher dominierenden und damit andere Einstellungen und Werthaltungen erforderlich machen. Wird dann der Notwendigkeit einer kulturellen Transformation[110] nicht genügend Beachtung geschenkt, so können sich die Inhalte der aktuellen Unternehmenskultur als ein Engpaß oder sogar als ein unüberwindliches Hindernis erweisen, an dem eine als notwendig erachtete Änderung der strategischen Grundhaltung im Unternehmen scheitern kann: Die Organisationsmitglieder sind aufgrund der bislang vorherrschenden unternehmenskulturellen Werte und Normen weder bereit noch in der Lage, die strategische Wende sowie die damit verbundenen Strategieänderungen zu akzeptieren und diese in konkrete operative Aktivitäten umzusetzen.

Die Berücksichtigung der Unternehmenskultur im Rahmen des Entwurfs und der Realisation strategischer Entscheidungen ist folglich unabdingbar. Sie soll verhindern, daß angestrebte strategische Neuorientierungen auf bewußte und/oder unbewußte Widerstände bei den Organisationsmitgliedern stoßen bzw. dazu beitragen, daß potentielle Friktionen abgebaut werden. So haben insbesondere jüngere empirische Fallstudien[111] gezeigt, daß die Implementierung von in-

---

[109] Pümpin (1984a), S. 21.
[110] Zur Notwendigkeit einer kulturellen Transformation als entscheidende Voraussetzung für tiefgreifende strategische Änderungen vgl. Kirsch/Trux (1981); Reinhard (1983), S. 176 ff; Trux (1980), S. 68.
[111] Vgl. hierzu Schwartz/Davis (1981); vgl. auch Davis (1984).

novativen Unternehmensstrategien ohne die angemessene Berücksichtigung des unternehmensspezifischen Wert- und Normengefüges ein häufig zum Scheitern verurteiltes Unterfangen ist.

"Immense changes in the economic environment and a radical increase in competitive pressures have put a premium on strategy and a company's capacity to implement ist. Having the ability not only to formulate appropriate strategic responses, but also to get them moving quickly, now represents a competitive advantage. To tap this advantage, corporations have to be able to act fast. Perhaps the single most promising catalyst – and in many unlucky cases, the single greatest barrier – has come to be recognized as corporate culture."[112]

Die genannten Aspekte verweisen auf die Problematik, die mit dem Sachverhalt verbunden ist, daß Unternehmenskulturen sich in einem historischen Prozeß herausbilden[113] und nur langfristig verändert werden können. Insbesondere für starke Unternehmenskulturen mit einem hohen Verankerungsgrad und Übereinstimmungsausmaß der unternehmensspezifischen Werte und Normen besteht die nicht unerhebliche Gefahr, daß sie sich durch andauernde Prozesse der Selbstbestätigung zu sehr verfestigen und dadurch eine Art kulturelle Übersozialisation entsteht, so daß die Notwendigkeit von Veränderungen nicht mehr wahrgenommen wird.[114] In einer solchen Situation muß befürchtet werden, daß unvermittelt auftretenden Krisen, welche die unternehmenskulturellen Werte und Normen in fundamentaler Weise in Frage stellen, nicht in adäquater Weise begegnet werden kann. Aus diesem Grund ist es schon allein aus einer ökonomischen Perspektive heraus auch in einer starken Unternehmenskultur unabdingbar, daß die Voraussetzungen für Offenheit und Toleranz bestehen bleiben, um unterschiedliche Auffassungen von Gegebenheiten der Umwelt in die organisationalen Entscheidungsprozesse einfließen lassen zu können. Derartige Möglichkeiten für fundamentalkritische Hinterfragungen dürften als „conditio sine qua non" dafür angesehen werden, daß sich die Unternehmenskultur selbst wandeln kann.

### 2.3.2 Die Handhabung von Misfits zwischen Unternehmenskultur und strategischen Entscheidungen

Unternehmungen sind gefordert, auf Veränderungen der Umwelt zu reagieren bzw. zu versuchen, derartige Veränderungen zu antizipieren. Damit kann die Notwendigkeit einhergehen, die grundlegenden strategischen Orientierungen an diese veränderten Verhältnisse anzupassen und neue Strategien zu entwerfen, welche den bislang unbekannten ökonomischen und institutionellen Rahmenbedingungen entsprechen. Eine adäquate (Re-)Aktion bedarf, wie oben geschildert, auch der Berücksichtigung der Unternehmenskultur. Diese Berücksichtigung sollte in zwei Schritten realisiert werden: Zuerst geht es darum, die mit der bestehenden Unternehmenskultur verbundenen strategischen Risiken zu identifizieren und zu bewerten, um anschließend, falls notwendig, geeignete Maßnahmen zu deren Begrenzung zu initiieren.

---

[112] Davis (1984), S. 2.
[113] Vgl. hierzu Beitrag D; vgl. auch Dill (1986), S. 87 ff.
[114] Vgl. Heinen/Dill (1986), S. 212.

### 2.3.2.1 Identifikation und Bewertung der aus Misfits zwischen Unternehmenskultur und Strategie resultierenden Risiken

Risiken, welche sich aus Misfits zwischen Unternehmenskultur und Strategie ergeben, zu identifizieren und zu bewerten, ist ein äußerst schwieriges Unterfangen. Es bedarf sowohl einer genauen Kenntnis der unternehmenskulturellen Werte und Normen, d.h. einer umfassenden Kulturanalyse[115], als auch einer kritischen Distanz, die ein Hinterfragen der Unternehmenskultur – gegebenenfalls in fundamentaler Weise – erlaubt.

Eine mögliche Grundlage und ein Bezugsrahmen für eine intensive Auseinandersetzung mit der Frage, ob eine zur Diskussion stehende Strategie zur Unternehmenskultur paßt, kann in der in Abb. 5 dargestellten Matrix gefunden werden.[116] Mit ihrer Hilfe sollte versucht werden, Antworten auf zwei Fragen zu erhalten, denen in diesem Zusammenhang besondere Aufmerksamkeit geschenkt werden muß:

1) Von welcher Bedeutung sind bestimmte durchzuführende Aktivitäten für die erfolgreiche Realisation der geplanten Strategien?
2) Inwieweit sind diese Aktivitäten kompatibel mit den unternehmensbezogenen Werten und Normen?

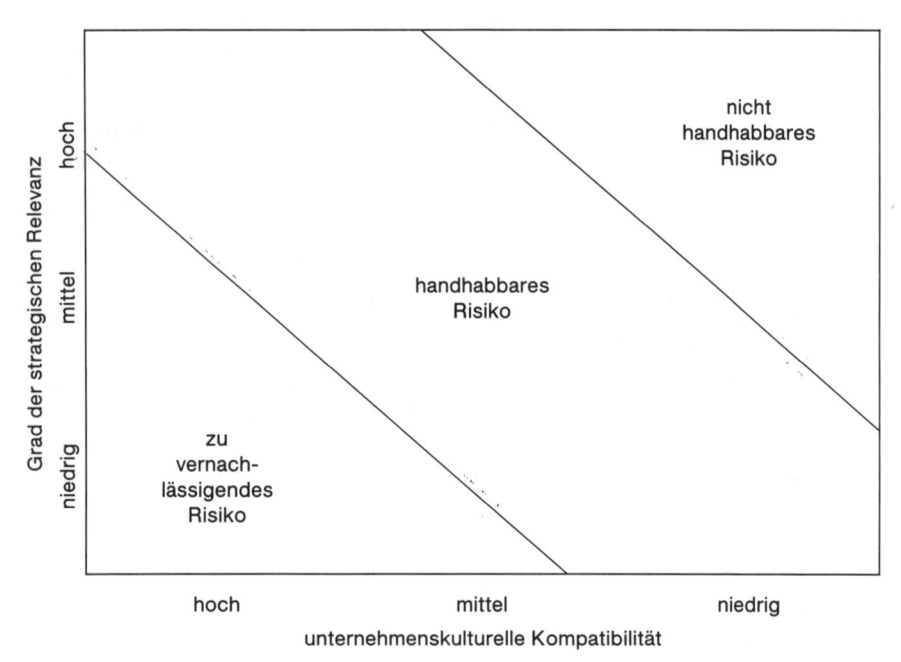

**Abb. 5** Matrix zur Bewertung der aus dem Verhältnis „Unternehmenskultur – Strategie" resultierenden Risiken

---

[115] Vgl. hierzu die exemplarischen Ausführungen in Beitrag C; vgl. auch Dill (1986), S. 114 ff und S. 229 ff.
[116] Vgl. Davis (1984); MAC (1983); Schwartz/Davis (1981); vgl. auch Hinterhuber (1985).

In einer solchen Matrix kann sichtbar gemacht werden, in welchem Maße sich aus einer bestehenden Unternehmenskultur Risiken für die Implementierung neuartiger Strategien ergeben. Die zwei Hauptdimensionen erlauben eine erste Einschätzung und Positionierung geplanter Strategien und damit verbunden eine Bewertung der mit ihnen verbundenen Risiken. Fällt deren Einordnung in den linken unteren Bereich, so kann das mit der Strategie verbundene kulturelle Risiko vernachlässigt werden, da die hiermit verbundenen Aktivitäten zum einen keine besondere Relevanz für den Erfolg der Strategie besitzen und zum anderen einen hohen Vereinbarkeitsgrad mit den unternehmenskulturellen Werten, Normen und Einstellungen aufweisen.

Der mittlere, diagonale Korridor gibt den Bereich der handhabbaren Risiken an. Hierbei steigt der Grad der Vereinbarkeit mit der Unternehmenskultur kontinuierlich mit der Bedeutung der Aktivitäten für den Erfolg der geplanten Strategien. Im rechten oberen Dreieck ist die Situation unverhältnismäßig schwieriger. Die Bedeutung der strategischen Aktivitäten ist tendenziell hoch und ihr unternehmenskultureller Vereinbarkeitsgrad sehr gering; es ergeben sich „unacceptable risks".[117]

Es ist offensichtlich, daß die Grenzen zwischen den einzelnen Bereichen fließend sind und die vorzunehmenden Einordnungen in hohem Maße auf subjektiver Einschätzung beruhen. Es bietet sich daher an, die Unsicherheiten und auch den möglicherweise bestehenden Dissens in der Beurteilung der Dimensionen explizit sichtbar zu machen. Dies kann indirekt dadurch geschehen, daß anstelle einer Punktpositionierung eine Bereichspositionierung[118] vorgenommen wird, mit deren Hilfe es gelingen könnte, Unschärfebereiche innerhalb der Matrix zu ermitteln. Derartige Unschärfebereiche können erste Hinweise dafür liefern, daß die beurteilenden Organisationsmitglieder Anhaltspunkte besitzen, die eine dissente bzw. mehrdeutige Einordnung rechtfertigen. Unterschiedliche Interpretationen können darüber hinaus auch differenzierte Vorgehensweisen nahelegen. Durch nachfolgende Diskussionen und eingehendere Tiefenanalysen läßt sich das Wissensstadium dann unter Umständen in entscheidender Weise verbessern bzw. es kann zumindest geklärt werden, worauf die divergierenden Beurteilungen basieren und wie sie sich vermutlich auswirken werden.

Unbeschadet der Tatsache, daß die vorgestellte Matrix keine ausgefeilte Analysemethode darstellt, welche gleichzeitig adäquate Problemlösungen zur Handhabung unternehmenskulturstrategischer Risiken anbietet, liefert sie aber dennoch einen geeigneten Bezugsrahmen für eine intensive Auseinandersetzung mit Fragen der Entsprechung bzw. Nichtentsprechung von Unternehmenskultur und strategischen Entscheidungen. Dabei werden implizit auch Aspekte von Umwelt und Systemen berücksichtigt.

### 2.3.2.2 Begrenzung und Abbau von Risiken

Aufbauend auf der Identifikation und Bewertung von unternehmenskulturellen Risiken stehen der Unternehmung unterschiedliche Handlungsoptionen zur Verfügung. Das Spektrum der Möglichkeiten reicht dabei von einer bewußten Ver-

---

[117] Davis (1984), S. 15.
[118] Zur Bereichspositionierung vgl. Kirsch/Trux (1981), S. 360 ff sowie Roventa (1979), deren Ausführungen sich jedoch auf die Portfolioanalyse beziehen.

nachlässigung von Risiken der Anpassung der Strategien an die Unternehmenskultur bis hin zum Versuch einer kulturellen Transformation, um die gewünschten Strategien erfolgreich zu realisieren. Es ist offensichtlich, daß die bewußte Vernachlässigung von Risiken nur dann als eine akzeptable Vorgehensweise angesehen werden kann, wenn das Segment der geringen Risiken angesprochen ist. In den Bereichen der mittleren, handhabbaren und der hohen, schwer zu akzeptierenden Risiken sind jedoch andere Reaktionen angebracht.

Eine beispielhafte Argumentation soll diese Zusammenhänge verdeutlichen. Wird etwa in einer Betriebswirtschaft, die Investitionsgüter produziert und die bislang als Defensiv-Verteidiger mit ausgeprägter Effizienz- und Kostenorientierung geführt worden ist, erkannt, daß diese Unternehmung langfristig nur dann ihr Überleben und damit ihre Zukunft sichern kann, wenn sie auf breiter Basis Innovationen realisiert, so muß diese Unternehmung versuchen, Strategien zu entwerfen und zu realisieren, die ein solches Erfordernis zu bewältigen vermögen.[119] Dies könnte dadurch versucht werden, daß innovationsfördernde Strategien entworfen werden und die Innovationsorientierung zum zentralen Punkt der unternehmerischen Aktivitäten erhoben wird. Als Folge der bislang dominierenden, hierzu konträren strategischen Grundhaltung hat sich jedoch eine Unternehmenskultur herausgebildet, welche sich durch grundlegende Skepsis gegenüber Neuerungen auszeichnet. Außerdem sind in erster Linie nur solche Mitarbeiter in höheren Rängen zu finden, die sich durch besonders erfolgreiche Kostensenkungsprogramme mit entsprechenden Entlassungen profiliert haben. In einem derartigen Fall ist es offensichtlich, daß eine Angleichung der Unternehmenskultur an die Erfordernisse der neuen strategischen Grundhaltung nicht ad hoc durchgeführt werden kann, da die mit dieser strategischen Wende verbundenen Risiken nicht unerheblich sind und kurz- bis mittelfristig mit erheblichen Widerständen gerechnet werden muß. Aus diesem Grunde würde sich eine duale Vorgehensweise anbieten: Die Unternehmung versucht, ihre Strategien mittelfristig mehr auf die Übernahme von Lizenzen als auf Eigenentwicklungen auszurichten, langfristig jedoch eine Transformation der Unternehmenskultur in Richtung innovationsfördernder Werte und Normen zu realisieren.

Eine derartige duale Vorgehensweise könnte sicherlich zur Begrenzung und zum Abbau der oben aufgeführten Risiken beitragen. Im konkreten Einzelfall bedarf es hierzu dann allerdings eingehender Analysen, welche zu prüfen haben, ob die vorgesehenen Strategien auch aus unternehmenskultureller Sicht realisiert werden können.

Verallgemeinert man derartige Überlegungen, so ist zusammenfassend festzuhalten, daß der Unternehmung grundsätzlich zwei Ansatzpunkte zur Verfügung stehen, an denen notwendige Änderungsprozesse festgemacht werden können. Zum einen besteht die Möglichkeit, die Inhalte der Strategien zu revidieren bzw. an die Unternehmenskultur anzupassen; zum anderen könnte daran gedacht werden, eine Modifikation und Angleichung der unternehmensbezogenen Werte und Normen an die angestrebten Strategien herbeiführen zu wollen. Bestehen zwischen der Unternehmenskultur und den strategischen Erfordernissen allerdings derart tiefe Diskrepanzen, daß ein Scheitern der neuen Strategien von vornherein als wahrscheinlich anzusehen ist, so empfiehlt sich ein stufenweises Vorgehen. Tendenziell muß bei derartigen Überlegungen folgender Ausgangs-

---

[119] Vgl. hierzu Pümpin (1984a), S. 21 f.

punkt zugrundegelegt werden: Je stärker der unternehmenskulturelle Konsens, d. h. der individuenbezogene Verankerungsgrad und das Übereinstimmungsausmaß der unternehmensbezogenen Werte und Normen sind, desto inflexibler und nachhaltig starrer werden die Beziehungen innerhalb der Unternehmung sein, d. h. eine angestrebte Veränderung der unternehmenskulturellen Werte und Normen wird nur sehr behutsam realisiert werden können.

Den bisher aufgezeigten Maßnahmen und Vorgehensweisen liegt die Intention zugrunde, über die Generierung deskriptiver Aussagen zu präskriptiven Empfehlungen zur Gestaltung des Verhältnisses von Strategie und Unternehmenskultur zu gelangen. Ohne diese Vorgehensweise generell in Frage stellen zu wollen, ist dennoch darauf hinzuweisen, daß derartige präskriptive Hinweise problematisch sind. Zwar kann grundsätzlich davon ausgegangen werden, daß der Prozeß einer (Unternehmens-)Kulturentwicklung und -veränderung sehr langfristig ausgelegt sein muß und strategische Entscheidungen sicherlich in kürzerer Zeit revidiert und angeglichen werden können. Aufbauend darauf jedoch in präskriptiver Weise die Forderung „Strategy follows Culture" erheben zu können, erscheint zumindest zweifelhaft. Insbesondere Fragen der (Über-)Lebensfähigkeit von Unternehmungen könnten eine Umkehrung in die Sequenz „Culture follows Strategy" relevant werden lassen. So ist lediglich das allgemeine Postulat nach einer Entsprechung von Unternehmenskultur und Strategie präzise erfaßbar. Diese anzustrebende Entsprechung sollte, wie es bereits bei der Misfit-Analyse aufgezeigt worden ist, insbesondere auch am erwarteten Turbulenzgrad der Umwelt und an den in einer Unternehmung befindlichen Systemen ausgerichtet sein.

### 2.4 Unternehmenskultur und Mitarbeiterführung – Methoden eines kulturbewußten Managements

Die Unternehmenskultur ist, wie geschildert, ein Phänomen, welches Strukturen und Prozesse in Unternehmungen auf allen Hierarchieebenen maßgeblich beeinflußt. Dementsprechend bedarf es neben der bewußten Berücksichtigung kultureller Phänomene auf der Ebene der Zielbildungsprozesse zum einen und der strategischen Entscheidungen zum anderen darüber hinaus ihrer Einbeziehung in operative Aktivitäten der Mitarbeiterführung. Hierbei ist zu beachten, daß die unternehmensbezogenen Werte und Normen auch in diesem Bereich sowohl als Determinanten als auch als Resultanten[120] der Führung anzusehen sind. Damit und mit dem an anderer Stelle bereits dargelegten Sachverhalt[121], daß man einer Unternehmenskultur nicht gerecht wird, wenn sie als rein sozialtechnologisches Managementinstrument im Sinne eines Wertedrills und einer Normindoktrination verstanden wird, geht einher, „Kulturmanagement" als **kulturbewußte Führung** zu begreifen[122], welche insbesondere das bewußte Pflegen und die Weiterentwicklung unternehmensbezogener Werte und Normen durch geeignete Symbole beinhaltet. Zentraler Grundgedanke und Ansatzpunkt eines derartigen kulturbewußten Managements ist die Idee gelebter Wertsysteme.

---

[120] Vgl. Dill (1986), S. 207 ff.
[121] Vgl. hierzu Beitrag A und Beitrag D.
[122] Vgl. Dill (1986), S. 216 ff, Heinen/Dill (1986), S. 205 ff sowie Ulrich, P. (1983a), 1983b), (1983c), 1984).

### 2.4.1 Die Idee gelebter Wertsysteme

Die bewußte Reflexion, Weiterentwicklung und das Vorleben unternehmensbezogener Werte und Normen durch Entscheidungsträger bzw. Führungskräfte als Aufgaben des Managements stellt keine völlig neuartige Erkenntnis dar. Sie ist früher bereits von Selznick hervorgehoben worden, der Führung eng mit der Entwicklung und Förderung von Werten verbindet: „The institutional leader ... is primarily an expert in the promotion and protection of values."[123] Mit diesen Aufgaben sind nicht nur die Ausarbeitung, Formulierung und der Aufbau eines für die Unternehmung spezifischen Werte- und Normensystems, wie sie für ein Kulturmanagement auf der Ebene genereller Oberziele beispielhaft in der Darstellung von Unternehmensgrundsätzen bzw. -leitbildern skizziert worden sind, angesprochen, sondern insbesondere auch das (sichtbare) Vorleben von Werten als dominante Führungsaufgabe.[124] Erst dieses „sichtbar gelebte Wertesystem"[125] trägt dazu bei, daß die unternehmensbezogenen Werte und Normen bei den Organisationsmitgliedern handlungsleitende Kräfte gewinnen. Um diesen Leitgedanken eines sichtbar gelebten Wertsystems zu realisieren, stellen sich dem Management zunächst die Aufgabe der Reflexion über diejenigen Werte und Normen, die für die Unternehmung und deren Mitglieder als bedeutsam angesehen werden, sowie die Frage nach ihrer Übereinstimmung oder Unverträglichkeit mit den unternehmenspolitischen, strategischen und operativen Erfordernissen der Unternehmung und den kulturellen Potentialen der Mitarbeiter. Mit einer solchen, idealtypischerweise fundamentalkritischen Hinterfragung und Überprüfungsarbeit erfolgt bereits ein erster Schritt im Hinblick auf die Verwirklichung einer starken und funktionalen Unternehmenskultur. Diese bewußte Perzeption führt darüber hinaus auch dazu, daß sich die Führungskräfte bzw. Entscheidungsträger selbst der unternehmenskulturellen Bedeutung ihrer Führungs- und Managementaktivitäten bewußt werden und deren symbolischen Sinngehalt erkennen. Mit derartigen Überlegungen ist die Forderung verbunden, sich derjenigen Fähigkeiten und Interessen bewußt zu werden, die im gegenwärtigen Bestsellerjargon mit der prägnanten Formulierung „Machen Sie sich Gedanken über Ihr Wertsystem! Werden Sie sich darüber klar, wofür Ihr Unternehmen steht"[126] umschrieben werden.

Vor diesem Hintergrund wird die zentrale Rolle eines sichtbar gelebten Wertsystems als eine Methode kulturbewußten Managements deutlich: Zur Realisierung einer starken und (im Sinne des Zielsystems der Unternehmung) funktionalen Unternehmenskultur wird dem Vorbild auf oberer, mittlerer und auch unterer Führungsebene große Bedeutung zugeschrieben.[127] Kulturbewußtes Management heißt daher auch unternehmenskulturkonformes Handeln der Führungskräfte; alleinige Lippenbekenntnisse und Festtagsreden reichen nicht aus.[128] Dies verdeutlichen anschaulich Deal/Kennedy:

---

[123] Selznick (1957), S. 28.
[124] Vgl. Peters (1978), (1980), S. 102; Peters/Waterman (1983), S. 321 ff.
[125] Vgl. hierzu Peters/Watermann (1983), S. 321 ff.
[126] Peters/Waterman (1983), S. 321; vgl. auch Deal/Kennedy (1982) sowie Deal (1984).
[127] Vgl. Deal (1984), S. 41.
[128] Vgl. Kieser (1985).

„Special management initiatives ... go a long way toward dramatizing the values that a management team aims at establishing or reinforcing, but they are not enough unless the day-to-day behavior of the top managers reflects their concern ... People are interested in what other people say they value, but they are only really convinced by what others do. What counts is rarely the single dramatic act ..., but the consistency of a pattern of behavior over time".[129]

Eng mit diesem Gedanken gelebter Wertsysteme verbunden ist die Idee eines symbolischen Mangements, das auf die Verstärkung und zielgerichtete Nutzung symbolischer Potentiale im Unternehmen abzielt und die in Beitrag D näher dargelegte Sichtweise aufgreift, in der Symbole als die Medien einer Unternehmenskultur beschrieben worden sind. Dementsprechend kann eine bewußte Gestaltung von Unternehmenskulturen an diesen Medien ansetzen.

### 2.4.2 Symbolisches Management

Akzeptiert man, daß ein Management der Unternehmenskultur im Sinne einer kulturbewußten Führung zu begreifen ist, und berücksichtigt insbesondere die im Rahmen kultureller Fragestellungen bedeutsamen Aspekte symbolischer Handlungen, so ist es als prominente Aufgabe des Managements bzw. der Entscheidungsträger anzusehen, symbolische Sinnpotentiale aufzubauen und durch bewußtes Setzen bestimmter Zeichen die Unternehmenskultur vorzuleben.[130] Führung hat sich dementsprechend auch mit der Vorstellung von Unternehmungen als „symbolisch strukturierten Wirklichkeiten" auseinanderzusetzen und zu berücksichtigen, daß organisatorische Realität erst durch soziale Interaktionsprozesse entsteht und den handelnden Individuen nicht bereits „vorgegeben" ist. Insbesondere die Idee von Unternehmungen als Arenen symbolischer Handlungen erscheint instruktiv. Morgan/Frost/Pondy verdeutlichen diesen Aspekt in anschaulicher Weise:

„The rational for studying organizational symbolism stems from recognition of this all important fact: that organizations are not simple systems like machines or adaptive organisms, they are human systems manifesting complex patterns of cultural activity ... Members of an organization are able to use language, can exhibit insight, produce and interpret metaphors, are able to vest meaning in events, behavior and objects, seek meaning in their lives – in short, can act symbolically. This symbolic capacity is enhanced by their association in formal organzations so that institutions develop a history, a common point of view, and a need to process such complexity through symbolic means. Organizations are by their very nature symbolic entities and a fully adequate theory of them must perforce also be symbolic in its content".[131]

Aufbauend auf diesen theoretischen Gedanken ergibt sich aus der Einsicht in die Bedeutung von symbolischen Aspekten im Rahmen eines Managements der Un-

---

[129] Deal/Kennedy (1982), S. 168; in ähnlicher Weise betont Baker diesen Aspekt: „Perhaps the most effective technique used by successful managers to foster a desired culture is role modeling-behavior that is consistent with the norms and values they want to reinforce". Baker (1980), S. 11; vgl. hierzu auch Smircich/Morgan (1982), S. 260.

[130] Die Idee einer solchen Vorgehensweise kommt in jüngerer Zeit auch in einer wachsenden Anzahl von Veröffentlichungen zum Themenbereich „Symbolisches Management" zum tragen. Vgl. hierzu Pfeffer (1981); Pondy/Mitroff (1979); vgl. auch Daft (1983), Dandridge (1983); Eoyang (1983); Frost/Morgan (1983); Morgan/Frost/Pondy (1983); Smircich/Morgan (1982) und die dort jeweils angegebenen Literaturhinweise.

[131] Morgan/Frost/Pondy (1983), S. 3 f.

ternehmenskultur die Notwendigkeit für die Führung, geeignete Bemühungen und Maßnahmen zur Förderung und Pflege symbolischer Potentiale zu unternehmen. Diese Förderung und Pflege betrifft vornehmlich die Reflexion und Weiterentwicklung der unternehmenskulturspezifischen Symbole sowie die Aktivierung brachliegender kultureller Energien und Fähigkeiten bei den Organisationsmitgliedern, d.h. die Führungskräfte bzw. Entscheidungsträger sollten danach trachten, unter Berücksichtigung der unternehmensbezogenen Werte und Normen, Symbole und symbolische Handlungen bewußt zu gestalten. Ein derartiges „Symbolisches Management" führt zu einer erweiterten Sichtweise und damit verbunden zu zusätzlichen, über die reine Systemsteuerung hinausgehenden Aufgaben der Führung. Entscheidungsträger und Führungskräfte haben somit – vereinfacht ausgedrückt – nicht mehr nur als Verwalter und Gestalter sophistischer Managementmethoden Dienst zu tun, sondern auch „... as creators of symbols, ideologies, languages, beliefs, rituals, and myths, aspects of the more cultural und expressive componentsof organizational life"[132] tätig zu werden. Die bewußte Gestaltung symbolischer Handlungen und der Aufbau symbolischer Sinnpotentiale können dabei zum einen über kommunikative Instrumente (Sprache bzw. Geschichten, Stories, Mythen) und zum anderen über Methoden symbolischer Repräsentation erfolgen.

### 2.4.2.1 Kommunikative Instrumente

Auf die Bedeutung der Sprache als verbalem Symbol zur Vermittlung und Weitergabe unternehmensbezogener Werte und Normen ist in Beitrag D bereits hingewiesen worden. Dabei ist auch darauf aufmerksam gemacht worden, daß Sprache innerhalb von Unternehmen bestimmte Funktionen erfüllt und ihr als „channel of social influence" instrumenteller Charakter zukommt.[133] Dementsprechend kann der Sprache das Potential zugeschrieben werden, nicht nur zur Entstehung[134], sondern auch zur Beeinflussung der unternehmensbezogenen Werte und Normen beizutragen. „Sharing a language with other persons provides the subtlest and most powerful of all tools for controlling the behavior of these people to one's advantage".[135] Durch die Inhalte der jeweiligen unternehmensspezifischen Sprache wird eine bestimmte soziale Realität geschaffen, die für die objektive Wirklichkeit prägend wird. „The use of specialized language to develop a common sense of identity (i.e. culture, Anm. d. Verf.) in the socialization process is clearly visible in the professions ... In this process the individual is inculturated into the paradigms and meanings shared within the organization".[136] Beabsichtigt nun das Management derartige Sozialisationsprozesse im

---

[132] Pettigrew (1979), S.574. Ähnlich argumentieren Pondy/Mitroff: „In our view, the administrator's role shifts from technologist to linguist, from structural engineer to mythmaker." Pondy/Mitrof (1979), S.30; vgl. ebenso Schein (1985); Weick (1979); vgl. auch Allen/Kraft (1982), S.86.
[133] Vgl. zu den Funktionen der Sprache Pondy/Mitroff (1979) sowie Beitrag D.
[134] Vgl. Pfeffer (1981). S.24.
[135] Morris (1949), S.214.
[136] Pfeffer (1981), S.21. In ähnlicher Weise argumentiert Silverman: „Social reality is „predefined" in the very language in which we are socialized. Language provides us with categories which we define as well as distinguish our experience. Language allows us to define the typical features of the social world and the typical acts of typical actors." Silverman (1971), S.132; vgl. hierzu auch March/Simon (1958), S.161ff.

Rahmen kulturbewußter Führung zu „steuern", so können die aus einzelnen Wörtern und Sätzen bestehenden sprachlichen Gebilde diese Versuche unterstützen: „Sprache ist ... sowohl der wichtigste Inhalt als auch das wichtigste Instrument der Sozialisation".[137]

Sprachlichen Gebilden werden sowohl denotative als auch konnotative Bedeutungen zugeschrieben.[138] Der Begriff der denotativen Bedeutung umschreibt die Beziehung zwischen einem Signal (Wort) und einem Objekt der Umwelt. So hat ein Individuum im Rahmen seiner Sozialisationsprozesse z. B. erfahren, was die Wörter „Haus", „Auto", „Arbeiter" oder „essen" bedeuten. Abweichungen in der denotativen Bedeutung eines Wortes bzw. eines sprachlichen Gebildes zwischen einzelnen Individuen, die dieselbe Sprache sprechen, halten sich in aller Regel in relativ engen Grenzen, d.h. der Interpretationsspielraum ist eingeschränkt. Die mit einem sprachlichen Gebilde verbundene konnotative Bedeutung ist demgegenüber in erheblich stärkerem Maße vom Individuum abhängig. In ihr spiegeln sich vornehmlich die gefühlsmäßigen und wertenden gedanklichen Vorstellungen und Interpretationen des Individuums wider. Differierende konnotative Bedeutungen, die in Anbetracht einzelner sprachlicher Gebilde bestehen, finden ihren Ausdruck darin, daß dasselbe Wort bei den Individuen unterschiedliche Assoziationen hervorruft. Die Bedeutung, die den individuenbezogenen Werten und Normen bei solchen Assoziations- und Interpretationsprozessen zukommt, läßt die Vermutung angebracht erscheinen, daß konnotative Bedeutungen in aller Regel nicht von allen Organisationsmitgliedern geteilt werden. Im Rahmen einer starken Unternehmenskultur ist jedoch davon auszugehen, daß diese Assoziations- und Interpretationsspielräume als Folge der geteilten Werte und Normen beschränkt sind, d.h. die Konnotation wird vor dem Hintergrund der organisationsspezifischen Sprache durch die Unternehmenskultur determiniert. Ähnlich den unternehmensbezogenen Werten und Normen verfestigen sich auch solche Konnotationen im Verlaufe von Sozialisationsprozessen. Aus diesem Wissen über die konnotative Bedeutung und den damit verbundenen Unterschieden zum denotativen Sinn sprachlicher Gebilde ergeben sich Ansatzpunkte für ein Management der Unternehmenskultur. Möglichkeiten der aktiven sprachlichen Einflußnahme sind dabei in aller Regel auf die konnotative Bedeutung sprachlicher Gebilde beschränkt. Im Rahmen eines Kulturmanagements geht es somit vornehmlich darum, bei den Organisationsmitgliedern einheitliche Konnotationen zu schaffen bzw. divergierende abzubauen, wozu insbesondere in organisationalen Kommunikations- und Sozialisationsprozessen die Möglichkeit besteht. So können die Führungskräfte einerseits durch die bewußte Wahl von solchen Worten, die beim Organisationsmitglied **positive Konnotationen** hervorrufen, Überzeugungs- oder auch Manipulationsvorgänge einleiten und das betreffende (bzw. betroffene) Individuum gegenüber einem beabsichtigten Beeinflussungsversuch zugänglicher machen. Andererseits kann die Wahl von sprachlichen Gebilden mit **negativen Konnotationen** dazu beitragen, ein bestimmtes nicht erwünschtes Handeln zu verhindern und die damit verbundenen Einstellungen zu ändern.

---

[137] Berger/Luckmann (1980), S. 144.
[138] Vgl. zu dieser in den Sprachwissenschaften üblichen Unterscheidung z. B. Hörmann (1977).

Ob derartige Beeinflussungs- und Überzeugungsversuche erfolgreich verlaufen und inwieweit solche Potentiale der menschlichen Sprache realiter ausgenutzt werden können, hängt weitestgehend von den persönlichen Fähigkeiten der Führungskräfte ab, die diese Beeinflussungsversuche vorantreiben.[139] Das Einflußpotential der Sprache äußert sich in Unternehmungen, wie in Beitrag D geschildert, vor allem in unternehmensspezifischen Geschichten, Erzählungen, Legenden, Stories und Mythen. Diese sprachlichen Konkretisierungen bestimmter organisationaler Geschehnisse und Handlungen verdeutlichen als symbolische Medien die unternehmensbezogenen Werte und Normen. Greift man auf die diesen sprachlichen Gebilden zugeschriebenen Funktionen zurück[140], so liegt der Versuch nahe, sie als Aktionsvariablen und kommunikative Instrumente im Prozeß eines Kulturmanagements einzusetzen.

Entscheidungsträger bzw. Führungskräfte könnten danach trachten, sich die Inhalte von Geschichten, Erzählungen und Stories in geeigneten Momenten nutzbar zu machen, um sowohl eigene als auch unternehmerische Zielvorstellungen zu realisieren. Auch besteht für sie die Möglichkeit, Geschichten, Erzählungen und Stories bewußt weiterzuleiten, um über diese Formen der impliziten Kommunikation zur Verstärkung, Verdeutlichung bzw. Veränderung von unternehmensbezogenen Werten und Normen beizutragen. Bei derartigen Versuchen der Einflußnahme kommt der Glaubwürdigkeit der Erzählenden (des Kommunikationssenders) überragende Bedeutung zu. Diese Glaubwürdigkeit wird vor allem durch die sekundären Informationen bestimmt, die der Zuhörer (der Kommunikationsempfänger) mit dem betreffenden Sender in Verbindung bringt. So kann eine hohe Glaubwürdigkeit z. B. darauf zurückgeführt werden, daß sich der Zuhörer mit dem Erzählenden identifiziert, ihn für sachverständig, vertrauenswürdig, gewissenhaft und zuverlässig hält, beide derselben sozialen Gruppe zugehörig sind, der Erzähler in der hierarchischen Ordnung der Organisation eine hohe Position und damit Macht innehat oder in der Art seiner Erzählung zu faszinieren versteht.[141]

Diese Aspekte verdeutlichen wiederum die dominante Bedeutung des vorbildhaften Handelns bzw. des sichtbar gelebten Wertesystems: Eine erzählerkonforme Interpretation von Geschichten und Stories wird zweifelsohne erleichtert, wenn das alltägliche Handeln des Kommunikationssenders mit der von ihm vertretenen „message" übereinstimmt. Dabei kann auch daran gedacht werden, ganz bewußt einige „storytellers"[142] zu fördern, die vergangene Erfolgslegenden aus der Historie des Unternehmens wiederaufleben lassen und dadurch zur Weitergabe unternehmensbezogener Werte und Normen beitragen.[143]

Eine weitere wichtige Determinante der Wirksamkeit von Geschichten, Erzählungen und Stories ist die vom Zuhörer dem Erzählenden zugeschriebene Absicht, ihn beeinflussen zu wollen (Offenkundigkeit der Absicht).[144] Individuen reagieren in aller Regel sehr sensibel auf Versuche, ihr Handeln zu beeinflussen.

---

[139] Vgl. Pondy (1978), S. 94f; vgl. auch Pettigrew (1979), S. 575.
[140] Vgl. zu diesen Funktionen Beitrag D sowie Dill (1986), S. 74ff.
[141] Zur Glaubwürdigkeit des Kommunikationssenders vgl. Klis (1970), S. 99ff.
[142] Vgl. hierzu die pragmatischen Vorschläge von Deal/Kennedy (1983), S. 85ff.
[143] Vgl. Wilkins (1984), S. 50f.
[144] Vgl. zur „Offenkundigkeit der Absicht" als Determinante der Wirksamkeit einer Kommunikation Klis (1970), S. 106ff.

In empirischen Untersuchungen der Kommunikationsforschung ist dieses Phänomen untersucht und dabei die These bestätigt worden, daß eine zufällig aufgenommene Kommunikation wirksamer ist als eine, von welcher der Empfänger annimmt, daß sie speziell dazu bestimmt sei, ihn zu beeinflussen.[145] Dies ist darauf zurückzuführen, daß es bei zufällig vernommenen Informationen gleichsam zu einer Ausschaltung geistiger Abwehrkräfte kommen kann, da das betreffende Individuum auf den Beeinflussungsversuch nicht eingestellt ist.

In der unternehmerischen Praxis können derartige Kommunikationssituationen – zumindest näherungsweise – geschaffen werden. Insbesondere bei Prozessen der Willensdurchsetzung gegenüber hierarchisch untergeordneten Organisationsmitgliedern lassen sich Verhältnisse herstellen, in denen das betroffene Organisationsmitglied glaubt, zufällig Ohrenzeuge zu sein und somit eine Information zufällig zu vernehmen. Eine solche Möglichkeit ist z. B. in Gruppendiskussionen gegeben, bei denen der Einzelne als scheinbar zufälliger Zuhörer zur Auseinandersetzung mit ihm fremden Argumenten veranlaßt wird.

Aus alledem könnte gefolgert werden, daß der Erzählende versuchen sollte, eine Situation herzustellen, in welcher der (zu beeinflussende) Zuhörende mit den empfangenen Informationen nicht spontan die Absicht des Erzählenden assoziiert, auf ihn Einfluß ausüben zu wollen. Denn dadurch würde das Mißtrauen bzw. der innere Widerstand des Zuhörenden vergrößert und somit die Überzeugungskraft der Informationen geringer. Bei derartigen Versuchen wäre es sicherlich hilfreich, daß in den als implizite Kommunikationsformen zu charakterisierenden Geschichten und Legenden Schlußfolgerungen nicht offen ausgesprochen werden, sondern es dem Zuhörer überlassen bleibt, eigene Konklusionen zu ziehen. Dies wiederum könnte als eine Situation zufälligen Zuhörens interpretiert werden. Im Rahmen eines Kulturmanagements wäre es dann Aufgabe der Entscheidungsträger, vorhandene Stories und Geschichten, welche die unternehmensbezogenen Werte und Normen in typischer Weise widerspiegeln, zu pflegen, d. h. weiterzuerzählen und neue Legenden aufzubauen. Daß hierbei insbesondere sogenannte Erfolgsstories[146] relevant sind, ist kaum verwunderlich: Diese repräsentieren in hohem Maße die Vorstellungen des Top-Managements und beinhalten darüber hinaus in aller Regel konkrete Handlungsanleitungen für alltägliche Aktivitäten.

Gegenüber einer derart funktionalistischen Sichtweise der Sprache und ihrer Konkretisierungen ist jedoch Skepsis angebracht. Zwar ist es durchaus denkbar, daß einzelne Vorgehensweisen und Instrumente („Management by wandering around", Firmenzeitschriften, etc.) gezielt das Medium der Sprache für ein kulturbewußtes Management einsetzen; a priori kann aber nicht von einer umfassenden Wirksamkeit solcher Beeinflussungsversuche ausgegangen werden. Insbesondere ist auf die Gefahr hinzuweisen, daß organisationale Geschichten und Mythen, die sich nicht gleichsam alleine in der Unternehmung herausbilden, sondern „top-down" als Orientierungshilfen angeboten werden, von den Organisationsmitgliedern nicht akzeptiert werden. Außerdem sind deren Inhalte in-

---

[145] Klis (1970), S. 106. Dieser Effekt wird als „overhearing-effect" bezeichnet; die These ist von Lazarsfeld et al. (1948) und von Brock/Becker (1965) sowie von Walster/Festinger (1962) experimentell überprüft worden.

[146] Vgl. hierzu die umfangreichen Präsentationen unternehmerischer Erfolgsstories bei Deal (1984); Deal/Kennedy (1982); Pascale/Athos (1981); Peters/Waterman (1982).

terpretationsbedürftig, und sie besitzen häufig nur eine beschränkte räumlich-zeitliche Gültigkeit, so daß zum Zeitpunkt des Erzählens mit einem geschichtenkonformen Handeln durchaus dysfunktionale Effekte verbunden sein können.

### 2.4.2.2 Symbolische Repräsentation

Neben kommunikativen Instrumenten können als weitere Medien zur Vermittlung und Weitergabe der Unternehmenskultur habitualisierte Symbole in Form bestimmter Riten, Rituale und Zeremonien treten. Sie tragen ebenso wie die kommunikativen Instrumente zur Konkretisierung, Durchsetzung und Verankerung unternehmensbezogener Werte und Normen bei und bewirken darüber hinaus, daß die institutionelle Ordnung der Organisation erklärt und legitimiert wird.[147]

Die bewußte Pflege und Weiterentwicklung symbolischer Repräsentationen durch rituelle Handlungen und Zeremonien ist demzufolge als prominente Aufgabe eines sich der Bedeutung von Symbolen und symbolischen Handlungen in Unternehmungen bewußten Managements anzusehen. Mittels ritueller Kommunikation und Interaktion kann versucht werden, sowohl alltäglichen Obliegenheiten als auch spezifisch symbolisch orientierten Aktivitäten Sinngehalt hinzuzufügen, der von den betroffenen Organisationsmitgliedern in einer bestimmten Weise wahrgenommen und interpretiert wird.[148]

Diesen Sinngehalt über bewußt symbolische Führungsaktivitäten zu vermitteln, ist Aufgabe des „symbolischen Managers", der es über traditionelle Anforderungen der Führung hinaus verstehen sollte, die unternehmensbezogenen Werte und Normen weiterzugeben.[149] Dabei können sowohl rein sprachliche Symbole als auch non-verbale Zeichen in Form symbolischer Repräsentationen als Methoden eines Kulturmanagements Anwendung finden.

Gerade diesen möglichen Formen eines symbolischen Managements müssen jedoch auch Vorbehalte entgegengebracht werden. Symbolische Handlungen sind in aller Regel interpretationsbedürftig und können daher von einzelnen Organisationsmitgliedern mit unterschiedlichen Inhalten belegt werden.[150] Es besteht die Möglichkeit, daß die angesprochenen Individuen aufgrund früherer Erfahrungen den Symbolen eine andere als die gewünschte Bedeutung beimessen und die bewußte Gestaltung und der gezielte Einsatz unternehmenskulturkonformer symbolischer Handlungen somit dysfunktional wirken.[151]

---

[147] Vgl. Heinen/Dill (1986), S. 211.
[148] Die Bedeutung symbolischer Handlungen betont Ulrich, W.L. (1984), S. 122: „Selection, training, reward and development procedures become part of the litany of rituals in the organization. Their symbolic value should not be ignored. For example, the appraisal process can be a meaningless paperpushing ritual, or a vital, performance-enhancing ritual, characterized by directness, honesty, and concern for employee development".
[149] Vgl. Deal/Kennedy (1982), S. 141 ff, die folgende Anforderungen an symbolische Manager formulieren: „Symbolic Managers are sensitive to culture and its importance for long-term success ..., place a much higher level of trust in their fellow employees ..., see themselves as players-scriptwriters, directors, actors – in the daily drama of company affairs".
[150] Vgl. hierzu Morgan/Frost/Pondy (1983), S. 12 ff, die anschauliche Beispiele für diese Aussage liefern.
[151] Vgl. Dandridge (1983), S. 76 f, der zur Handhabung dieses Dilemmas organisationale „orientation programs" vorschlägt.

Darüber hinaus ist im Rahmen eines symbolischen Managements und der Illustration seiner Wirksamkeit die Erkenntnis von Bedeutung, daß symbolisch ausgerichtete Handlungen nur dann ihr sinnstiftendes Potential nachhaltig entfalten können, wenn sie den nachfolgend aufgeführten Kriterien genügen:[152]

(1) Die Entwicklungsprozesse von Aktivitäten eines symbolischen Managements sollten unter Berücksichtigung von Erfahrungen der betroffenen Organisationsmitglieder eingeleitet werden, daß sie nicht als fremdbestimmte Objekte eines Wertedrills für ihnen fremde Zwecke mißbraucht werden, sondern sich als Subjekte in der zu entwickelnden kulturellen Sinngemeinschaft selbst wiederfinden. Dies setzt tatsächliche Erlebnisse der Einbindung sowie Prozesse der eigenen Persönlichkeitsentfaltung voraus.[153]

(2) Es ist notwendig, daß die praktizierten Handlungen mit dem Sinngehalt der in der Organisation anzutreffenden bzw. zu institutionalisierenden Werte und Normen konsistent sind. Dies beinhaltet auch die Forderung, organisationale Systeme, Strukturen, Führungsprinzipien sowie Anreizsysteme zu implementieren, die zur Unternehmenskultur passen: Die „weichen" Prozesse der kulturellen Selbstfindung sind durch „harte" systembezogene und strukturelle Maßnahmen zu unterstützen.

(3) Kulturelle Entwicklungsprozesse dürfen im Rahmen eines symbolischen Managements, wenn sie eingeleitet und die für eine Entfaltung ihrer Potentiale notwendigen Voraussetzungen geschaffen sind, weder dogmatisch festgeschrieben noch überkontrolliert werden.[154] Um ihrem „kulturellen Eigensinn" gerecht zu werden, sind sie sowohl in ihrer Durchführung als auch in ihren Ergebnissen offen zu gestalten; sie brauchen Zeit, um sich von innen her entwickeln und ihr dauerhaftes kulturelles Potential entfalten zu können.

Will man diesen Bedingungen gerecht werden und darüber hinaus auch die Tatsache berücksichtigen, daß Unternehmenskultur immer gleichzeitig Determinante und Resultante organisationaler Prozesse und Strukturen ist, so bietet sich als ein weiterer möglicher Ansatzpunkt kulturbewußter Führung die Idee eines konsensorientierten Managements an.

### 2.4.3 Konsensorientiertes Management

Die Idee eines konsensorientierten Managements[155] basiert im wesentlichen auf einer Erweiterung traditioneller, den Okzident bisher dominierender Rationalitätsvorstellungen und der daraus resultierenden Forderung nach Berücksichti-

---

[152] Vgl. Ulrich, P. (1984), S.319f.
[153] Mit dieser Sichtweise korrespondiert auch die (in behavioristischer Sichtweise) häufige Betonung des Effektes der positiven Verstärkung zur Realisation einer starken Unternehmenskultur; vgl. stellvertretend für viele Baker (1980); Sathe (1983); Then (1985).
[154] „Overmanaging a process to effect cultural change is almost certain to make it unsuccessful". Deal/Kennedy (1982), S. 166.
[155] Vgl. zum konsensorientierten Management Ulrich, P. (1983a), (1983b), (1983c), (1984) Argumente zur Befürwortung eines derartigen Konzeptes könnten sich nicht zuletzt auch aus dem Sachverhalt ergeben, daß in weit überwiegenden Teilen der bundesrepublikanischen Gesellschaft Demokratie- und Mitbestimmungswerten ein hoher Stellenwert eingeräumt wird. Die Unterstützung einer derartigen Vorgehensweise auf einzelwirtschaftlicher Ebene durch gesamtgesellschaftliche Werte und Normen wäre somit wahrscheinlich.

gung zweier grundlegender Handlungsdimensionen bei Prozessen der Führung in und von Unternehmungen: der technischen Vernunft im Sinne systemsteuernder Maßnahmen und der kommunikativen Vernunft im Sinne einer konsensorientierten Unternehmenskulturentwicklung. Daraus ergibt sich ein dualer Managementansatz, in dem versucht wird, neben die Dimension „technische Vernunft" gleichrangig die Dimension „kommunikative Vernunft" zu stellen.

Die Dimension der technischen Vernunft ist dabei grundlegendes Merkmal des traditionellen industriellen Rationalitätsverständnisses, welches in großem Maße die gegenwärtige Gesellschaft dominiert. Im Vordergrund steht das Gebot der Zweckrationalität, das sich im umfassenden Streben nach Verfügbarmachung und Kontrolle von Objekten als Mittel zum Zweck der Befriedigung vorgegebener Bedürfnisse manifestiert. Max Weber hat diesen Prozeß der Entwicklung des okzidentalen Rationalismus nachgezeichnet und den Weg zum (Wunsch-)Denken der technokratischen Beherrschung aller Dinge beschrieben.[156] „Zur Diskussion steht in dieser Dimension der technischen Vernunft nicht der Zweck des Handelns selbst, sondern nur die Wahl der geeignetsten Instrumente und Strategien. Die technische Vernunft ist somit die Fähigkeit des erfolgskontrollierten, instrumentalen oder strategischen Handelns. Das rationale Grundelement derartigen Handelns liegt in der Zweck-Mittel-Analyse von Wirkungszusammenhängen. ‚Rationalisierung' meint in dieser Dimension die Ausdehnung der technischen Verfügungsgewalt über Objekte."[157]

Dieses traditionelle Rationalitätsdenken ist insbesondere durch die Entwicklung ökonomischer Theorien geprägt. Ausgehend von dem vor nahezu zweihundert Jahren von Ricardo geprägten Begriff des „homo oeconomicus", jenem Idealtypus des ökonomisch rational handelnden Menschen, ist über die Konzeption der klassischen Wirtschaftstheorie mit der Annahme einer natürlichen Harmonie zwischen einzel- und gesamtwirtschaftlichen Interessen, welche auf die von Smith geprägte Formel der „invisible hand" zurückgeht, die zwangsläufig zu einem volkswirtschaftlichen Gesamtnutzenoptimum führt, ein eindimensionales Rationalitätsstreben propagiert worden. Diese Eindimensionalität hat sich auch in der Taylor'schen Vorstellung von einem „Scientific Management" durchgesetzt und wird vielfach in neueren, insbesondere der westlichen Hemisphäre zuzurechnenden Entwicklungen von zweifelsohne hochentwickelten Informationsverarbeitungs-, Planungs-, Entscheidungs- und Managementtechniken[158] sowie in zahlreichen Ansätzen zu einem strategischen Management[159] deutlich, in deren Rahmen es angestrebt wird, langfristige strategische Erfolgspotentiale und Wettbewerbsvorteile aufzubauen.

In der gegenwärtigen Diskussion sind jedoch sowohl das streng ökonomische Nutzenkalkül als auch die davon nicht unabhängig zu sehenden sophistischen Managementmethoden zunehmend vehementer werdender Kritik unterworfen.

---

[156] Vgl. Weber (1972), (1973).
[157] Ulrich, P. (1983a) S. 73.
[158] Vgl. hierzu auch die Gegenüberstellungen amerikanischer und japanischer Managementkonzepte bei Ouchi (1981); Ouchi/Price (1978).
[159] Eine Ausnahme bildet hier zweifelsohne die von Kirsch/Trux vertretene Konzeption eines strategischen Managements. Vgl. hierzu Kirsch/Trux (1981); Trux/Müller/Kirsch (1984).

Zum einen gelangen die explosiv wachsenden „sozialen Kosten"[160] ökologischer, sozialer, psychischer und medizinischer Natur der wirtschaftlichen Fortschritts- und Wachstumsideologie immer mehr ins Bewußtsein weiter Kreise der Bevölkerung. Zum anderen erzeugen auch die in betriebswirtschaftlichen Organisationen vorhandenen Technokratisierungs- und eindimensionalen Rationalisierungstendenzen bei den Mitarbeitern abnehmendes Interesse an der Arbeit, Entfremdung, Mißtrauen und Passivität. Dies macht sich in wachsendem Ausmaß in kontraproduktiven Folgen bemerkbar, die für (ökonomisch handelnde) Unternehmungen bereits unter dem Gesichtspunkt der (Über-)Lebensfähigkeit von Bedeutung sind.[161] Um derartigen Dysfunktionalitäten ökonomischer und sozialer Art entgegenzutreten, wird ein erweitertes Rationalitätsverständnis durch Ergänzung einer konsensorientierten, kommunikativen Dimension gefordert.[162] Die auf dieser kommunikativen Dimension fußende Idee eines konsensorientierten Managements ist dabei als ein Versuch zu verstehen, in betriebswirtschaftlichen Organisationen systematisch kommunikative Verständigungspotentiale aufzubauen, d. h. den Organisationsmitgliedern die Möglichkeit zu offenem Diskurs (Dialog) und einer offenen Konsensbildung über Sinnzusammenhänge zu eröffnen. Als Diskurs wird dabei jeder intersubjektive Prozeß argumentativer Verständigung über Geltungsansprüche bezeichnet, in dem kein anderes Interesse als das an Begründung und Kritik anerkannt wird. Leitidee konsensorientierten Managements ist somit die Verwirklichung kommunikativen Handelns, in dem es – vereinfacht – darum geht, durch sprachliche Verständigung gemeinsame Weltinterpretationen und Handlungsorientierungen zwischen Individuen zu schaffen.[163] Somit ergeben sich zwei grundsätzliche Dimensionen rationalen Managements, die in Abbildung 6 verdeutlicht sind.

Dabei sollte zwischen traditioneller und kommunikativer Rationalität grundsätzlich kein „Methodenstreit" entfacht werden. Wesentlich ist vielmehr, daß Anstrengungen auf beiden Ebenen notwendig sind, wenn Unternehmungen den Anforderungen der Gegenwart genügen wollen.

Zur Ausgestaltung einer bewußt konsensorientierten Führung im Rahmen eines Kulturmanagements und dem sich daraus ergebenden Ziel des Aufbaus kommunikativer Verständigungspotentiale bedarf es aber bestimmter Regeln, welche als regulative Ideen zur Entwicklung eines offenen Diskurses beitragen können. Mit diesen Fragestellungen befaßt sich traditionellerweise die Diskurs-

---

[160] Zum Begriff der sozialen Kosten vgl. Heinen/Picot (1974).
[161] Da es im Rahmen des vorliegenden Beitrags nicht darum geht, Antworten auf ethisch-moralische Fragen der Ökonomie zu finden, welche durch derartige Ausführungen zweifelsohne angesprochen sind, soll es hier bei dieser Begründung belassen werden, wenngleich dieser Beitrag dadurch dem Vorwurf ausgesetzt werden könnte, zu sehr in „betriebswirtschaftlichen Denkschemata" verhaftet zu bleiben.
[162] Zur umfassenden Herleitung dieses Gedankens und der mit ihm verbundenen Konsequenzen vgl. Ulrich, P. (1983a), (1983b), (1983c), (1984); vgl. auch Kirsch (1985a), (1985b).
[163] Die Ausführungen zum konsensorientierten Management beruhen vereinfacht auf der Habermas'schen Theorie des kommunikativen Handelns. Vgl. Habermas (1981). Zur betriebswirtschaftlichen Habermas-Rezeption vgl. Hinder (1986); Kirsch (1984); Weber (1985); vgl. auch Brantl (1986).

```
                    Dimensionen der Rationalität
        ┌───────────────────────┴───────────────────────┐
   traditionelle Rationalität              kommunikative Rationalität
              │                                        │
      „objektive" Informationen              „interaktionsorientierter"
      über Wirkungszusammenhänge          Konsens über Sinnzusammenhänge
              │                                        │
       Zweck-Mittel-Analyse                         Diskurs
              │                                        │
       Ausdehnung technischer                 Ausdehnung argumentativer
       Verfügungsmöglichkeiten                Verständigungsmöglichkeiten
              │                                        │
       Aufbau strategischer                    Aufbau kommunikativer
       Erfolgspotentiale                      Verständigungspotentiale
```

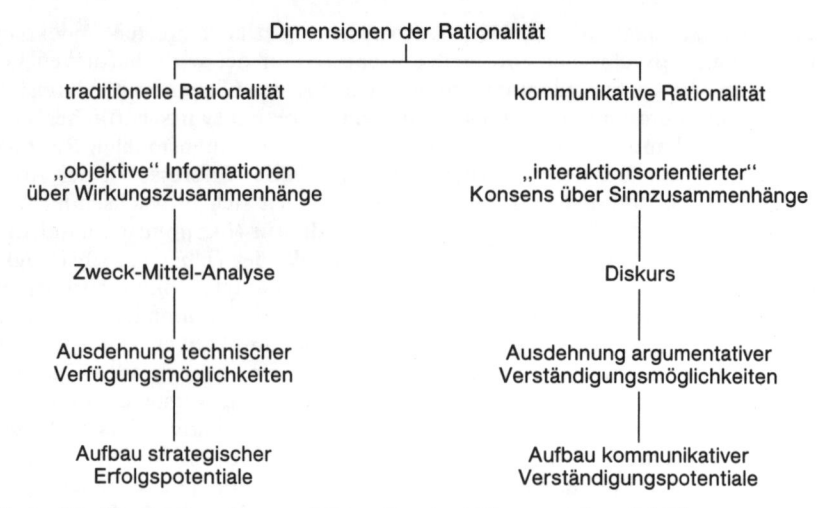

**Abb. 6** Die Konzeption einer zweidimensionalen Führungsrationalität[164]

und Kommunikationstheorie.[165] Vertreter dieser Forschungsrichtungen sind darum bemüht, die Bedingungen für eine ideale Kommunikationsgemeinschaft zu formulieren, in der keine Verzerrungen des Argumentationsprozesses den „perfekten" Diskurs stören. Hierbei kann in Bezug auf betriebswirtschaftliche Organisationen an folgende Anforderungen gedacht werden[166]:

- Partizipation aller Betroffenen und authentische, unbeschränkte Bedürfniseinbringung

- Chancengleichheit für alle Beteiligten, d.h. weder Personen, organisationale Rollen und Positionen noch Institutionen oder Traditionen sind von Bedeutung, sondern nur deren Argumentation

- Zwanglosigkeit durch Verzicht auf persuasive Maßnahmen und Sanktionen

- Universalierbarkeit, d.h. nur allgemein akzeptierbare Argumente können eingebracht werden

- rationale Motivation aller Beteiligten, d.h. die Teilnehmer am offenen Diskurs müssen gewillt sein, unvoreingenommen und vernünftig alle Argumente zu prüfen und zu argumentieren sowie das Ziel verfolgen, einen für jedermann zumutbaren Konsens zu erzielen.

---

[164] Vgl. zur Abb. 6 Ulrich, P. (1983a) S. 80; (1983b) S. 241, (1983c) S. 37.

[165] Wichtige Beiträge zur Kommunikations- und Diskurstheorie sind in den Werken von Apel (1976) und Habermas (1981) zu finden; innerhalb der Betriebswirtschaftslehre sind diese Ideen u.a. von Kappler (1976); Kirsch (1984); Hinder (1986); Weber (1985) aufgegriffen worden. Vgl. auch die bereits aufgeführten Arbeiten von Ulrich (1983a), (1983b), (1984).

[166] Eine umfassendere Zusammenstellung und ausführlichere Diskussion wichtiger Anforderungen an den idealen Diskurs findet sich bei Backhaus (1979) S. 320ff.; zu den hier vorgestellten Bedingungen vgl. Ulrich (1983a) S. 75.

Es wäre freilich naiv und weltfremd, bei allen Diskursbeteiligten in jeder Situation vorbehaltlos davon auszugehen, daß sie den dargestellten Anforderungen gerecht werden und ihnen den uneingeschränkten Willen zu einem zumutbaren Konsens sowie die Fähigkeit zur vernunft- und kommunikationsorientierten Argumentation zu unterstellen. Offensichtlich ist vielmehr, daß derartige Bedingungen nicht unmittelbar realisierbar sind. Es muß sogar grundsätzlich bezweifelt werden, ob es je gelingt, sie in einem realen Diskurs herzustellen. Insbesondere in betriebswirtschaftlichen Organisationen, in denen ein unvermeidbares Spannungsverhältnis schon allein aufgrund der nur begrenzt vorhandenen und zu verteilenden Ressourcen besteht, sind Interessensgegensätze, asymmetrische Machtverteilungen, Konflikte und damit ungleiche Kommunikationssituationen unvermeidlich.

Eine Lösung dieses Dilemmas würde sich anbieten, wenn man das Prinzip eines offenen Diskurses als regulative Leitidee begreift, welche die grundsätzliche Richtung für pragmatisch orientierte Bemühungen zum Aufbau von kommunikativen Verständigungspotentialen weist. Solche pragmatisch orientierten Bemühungen müssen zuerst auf die Verbesserung der strukturellen und institutionellen sowie personellen Rahmenbedingungen von organisationalen Entscheidungsprozessen abzielen, um dadurch bei den Betroffenen notwendige kommunikative Lernprozesse auszulösen: Die Fähigkeit zum „machtfreien" Diskurs und damit zum konsensorientierten Management kann nicht unter Bedingungen erworben werden, die einen solchen Diskurs nicht zulassen, „sondern nur durch praktisches, partizipatives Einüben in die dialogische Verantwortungsübernahme".[167] Aber auch hier zeigt sich das unvermeidliche Spannungsverhältnis zwischen der Idee einer idealen Kommunikationsgemeinschaft und der real vorfindbaren Dialogsituation. Zwar ist zu vermuten, daß ein derartiges dialog-orientiertes Konsensmanagement durch die mit ihm verbundenen Chancen authentischer Partizipation als Schritt zur Realisation einer starken Unternehmenskultur angesehen werden kann; seiner Praktikabilität, Durchsetzbarkeit und seinem ökonomischen Nutzen sind jedoch deutliche Grenzen gesetzt:

(1) Es ist grundsätzlich zu bezweifeln, ob Kommunikationssituationen mit asymmetrischen Machtverteilungen „zu verhindern" sind. Insbesondere weisungsbefugte Entscheidungsträger müssen die Bereitschaft zur individuellen Verantwortungsübernahme und damit verbunden auch zur Verhängung von Sanktionen mitbringen.

(2) Skepsis ist auch gegenüber der Frage angebracht, ob partizipative Entscheidungsprozesse letztendlich überhaupt zu einem Konsens zwischen den Beteiligten führen. Häufig sind derartige Entscheidungsprozesse sehr konfliktträchtig. Ein weiteres Argument liefert die Vermutung, daß die Eröffnung von Partizipationschancen „schlafende Hunde weckt", auf deren Erkenntnis- und Erfahrungspotential bislang keinerlei Rücksicht genommen worden ist; denn erst wenn ein Individuum an Entscheidungsprozessen partizipiert, entstehen bei ihm Erwartungen, die häufig enttäuscht werden müssen.[168]

---

[167] Ulrich, P. (1983a) S. 84.
[168] Vgl. Kirsch/Esser/Gabele (1979) S. 300 ff.

(3) Solche Überlegungen können in den erweiterten Fragenkomplex nach Aufrechterhaltung der Handlungsfähigkeit von Unternehmen gestellt werden. Es ist davon auszugehen, daß mit einer intensiven und ideal-authentischen Partizipation eine Gefährdung der Handlungsfähigkeit einhergeht: was und wem nützt ein dialogischer Diskurs, wenn das Unternehmen darüber die täglichen Aufgaben vernachlässigt.

(4) In diesem Zusammenhang ist prinzipiell auch die Frage nach dem ökonomischen Nutzen derartiger Diskurse evident. Zwar ist darauf hingewiesen worden, daß unter spezifischen Rahmenbedingungen eine gemeinsame Werte- und Normenbasis effizienzfördernd sein kann; übersteigen jedoch die Kosten der zu koordinierenden Transaktionen, welche bei einer konsensorientierten Vorgehensweise im Rahmen der Schaffung einer starken Unternehmenskultur zweifelsohne sehr hoch wären, den daraus resultierenden späteren Nutzen, so würde der betriebswirtschaftliche Zweck auf Grund des sich ergebenden ungünstigen Kosten-Nutzen-Verhältnisses nicht erreicht.

(5) Schließlich stellt sich noch ein gleichsam methodisches Problem: Es bedürfte einer sorgfältigeren Analyse, um zu klären, ob das durch kommunikative Prozesse geschaffene ökonomische Potential des Vertrauens nicht lediglich um der Ökonomie willen geschaffen und auf diese Weise dazu mißbraucht wird, der eigentlich zu überwindenden einseitigen technischen Rationalität den Rücken zu stärken.

Aus alledem kann gefolgert werden, daß ein kulturbewußtes Management, welches sich zu stark auf die Wirkungen authentischer Partizipation in verständigungsorientierten, kommunikativen Willensbildungs- und Willensdurchsetzungsprozessen stützt, in naiver Weise und unbedarft die real vorfindbaren ökonomischen Verhältnisse verkennt. Insbesondere die Konfliktträchtigkeit, welche in Unternehmungen mit starken Kulturen sicherlich auch latent vorhanden ist und vornehmlich in den Situationen relevant wird, die einem Null-Summen-Spiel näherkommen, wird vernachlässigt. Freilich darf dies nicht darüber hinwegtäuschen, daß eine dialogische Willensbildung und -durchsetzung den Organisationsmitgliedern Erkenntnisse und Einblicke vermitteln und Arenen für eine integrative Konfliktregulierung eröffnen könnten. Je mehr das Konzept einer sich aus dem Dialog ergebenden kollektiven Verantwortung dabei selbst als regulative Leitidee von grundsätzlich an ökonomischen Gesichtspunkten ausgerichteten Handlungen betrieben wird, desto mehr Realitätsnähe gewinnt es. Wird diesen Grenzen Rechnung getragen, so kann ein auf einem solchen Konzept beruhendes Kulturmanagement durchaus als eine Chance zur Realisation einer starken Unternehmenskultur angesehen werden. Aufgrund eben dieser Grenzen bedarf es allerdings zusätzlicher pragmatisch ausgerichteter Bemühungen, welche die Tatsache berücksichtigen, daß ein herrschafts- und machtfreier Diskurs (insbesondere in Unternehmungen) grundsätzlich nicht in der beschriebenen idealtypischen Weise realisierbar ist.

Vielversprechende Ansatzpunkte für derartige pragmatisch ausgerichtete Bemühungen, welche auch auf den Einbezug hierarchisch niedriger Ebenen ausgerichtet sind, können in der möglichen Einführung bzw. dem Ausbau von Qualitätszirkeln und Lernstätten gefunden werden, in denen dialogisches Lernen am Arbeitsplatz oder in der Arbeitsgruppe zur selbstinitiierten und selbstverantwortlichen Verbesserung von Methoden und Techniken der Arbeit, von Arbeitsbedingungen sowie der Produktqualität führen kann. Gerade derartige Maßnahmen erscheinen als erste Schritte in die Richtung eines realitätsnahen, konsensorientierten Managements geeignet. Darüber hinaus würden durch eine solche Vorgehensweise Werte, wie etwa das Streben nach Selbstverwirklichung und Selbstbestimmung innerhalb der Arbeit, (zumindest ansatzweise) berücksichtigt.

Neben diesen Ansätzen kann auch an die Änderung von Beziehungen zwischen einzelnen Hierarchieebenen und an Lösungen, welche an den Organisationsstrukturen ansetzen, gedacht werden. Vor allem die weitgehende Delegation von Entscheidungsbefugnissen, welche insbesondere bei teilautonomen Arbeitsgruppen mit gruppeneigener Selbstorganisation und Selbstverantwortung sowie bei dem aus dem skandinavischen Raum stammenden Modell der selbststeuernden Gruppen realisiert wird, würde der grundlegenden Idee und Zielsetzung eines konsensorientierten Managements entgegenkommen. Aber auch andere traditionelle Möglichkeiten zur Erweiterung des Ermessensspielraums in unteren Hierarchieebenen (Management-by-Objectives, Management-by-Delegation, Management-by-Exception, etc.) könnten zur Schaffung persönlicher Freiräume und Wahlmöglichkeiten sowie zur Förderung der Selbständigkeit des Individuums beitragen. Damit verbunden wäre die Chance, das in diesen Konzepten enthaltene Potential zum Aufbau von tragfähigen Kommunikations- und Verständigungsprozessen zu eröffnen.

Derartige Maßnahmen zu initiieren, die für sie notwendigen institutionellen Rahmenbedingungen zu schaffen und diese Maßnahmen dann dauerhaft zu unterstützen, kann als eine dominierende Aufgabe im Rahmen einer realitätsnahen Konzeption eines konsensorientierten Managements als Bestandteil unternehmenskulturbewußter Führung identifiziert werden. Für ein Kulturmanagement kann die Einführung solcher nahezu „althergebrachter" Konzepte bzw. deren nachhaltige Unterstützung insbesondere dann von Vorteil sein, wenn ihre unternehmenskulturelle Dimension erkannt und in adäquater Weise berücksichtigt wird.[169] Die Entwicklung und Schaffung solcher institutioneller Rahmenbedingungen sollte dann darüber hinaus durch Förderung und Einsatz unternehmensspezifischer Symbole und kultureller Artefakte unterstützt werden. Dabei kann ebenso an intensive Marketingschulungsmaßnahmen, Vorträge, Informationsmärkte wie an die Herausgabe von Informationsbroschüren gedacht werden, in denen die zu fördernden unternehmensbezogenen Werte und Normen betont werden. Auch diese Maßnahmen können zur Realisation einer starken und funktionalen Unternehmenskultur beitragen.

---

[169] So wird man in einem qualitätsorientierten Unternehmen bspw. zu prüfen haben, ob sich eine Verbesserung des Qualitätsbewußtseins, d.h. der Wertschätzung bzw. Einstellung der Mitarbeiter zur Produktqualität beispielsweise durch die Einführung von Lernstätten und Quality Circles oder auch durch Schulungs- und Informationsaktivitäten erreichen läßt. Ein im tertiären Sektor tätiges Dienstleistungsunternehmen hingegen könnte seinem primären Erfordernis der Orientierung am Nachfrager, d.h. der unternehmensbezogenen positiven Einstellung zur Kundennähe bzw. Kundenorientierung bspw. durch räumliche Dezentralisation und eine damit verbundene Verlagerung von Kompetenzen an Profit-Center Rechnung tragen. Vgl. auch die Gestaltungsvorschläge bei Spälti (1984) S. 70 ff.

### 2.4.4 Werteorientiertes Human-Ressourcen Management

Die vorausgegangenen Überlegungen sind der Frage gewidmet gewesen, wie ein kulturbewußtes Management im Unternehmen in grundsätzlicher Weise ausgestaltet werden kann. Als Ergebnis der diesbezüglichen Ausführungen ist festzuhalten, daß ein solches Management sich auf umfassend formulierte Unternehmensgrundsätze bzw. -leitbilder, auf eine explizite Berücksichtigung der strategischen Relevanz unternehmensbezogener Werte und Normen sowie auf ein sichtbar gelebtes Wertesystem und auf ein bewußt symbolisches Management stützen sollte. Darüber hinaus könnte sicherlich auch ein konsensorientiertes Management mit den in ihm enthaltenen Implikationen hilfreiche Funktionen übernehmen. Soweit diese Grundlegungen erörtert und beschrieben worden sind, handelt es sich um die Frage, wie der Prozeß zur Realisation einer starken und funktionalen Unternehmenskultur grundsätzlich ausgestaltet werden könnte. Darauf aufbauend soll im folgenden der Versuch unternommen werden, diese generalisierenden Gestaltungsempfehlungen, welche sich zweifelsohne auf einem hohen Abstraktionsniveau befinden, um konkretere, operationalere Vorgehensweisen zu erweitern. Einen fruchtbaren Weg hierzu bietet die Idee eines werteorientierten Human-Ressourcen Managements.

#### 2.4.4.1 Grundgedanken eines werteorientierten Human-Ressourcen Managements

Die Bedeutung der unternehmerischen Human-Ressourcen für die Realisation einer starken und funktionalen Unternehmenskultur wird von zahlreichen Autoren immer wieder hervorgehoben.[170] Investitionen in das Humanvermögen[171], im Mitarbeiterbereich, Förderung kooperativer Maßnahmen und insbesondere eine der Unternehmenskultur entsprechende Gestaltung der Anreizsysteme sowie partizipative Führung und begleitende Maßnahmen der Personalentwicklung können als wirksame Möglichkeiten des Kulturmanagements im Bereich der unternehmerischen Human-Ressourcen betrachtet werden.

Ein geeigneter Ansatzpunkt zur Entwicklung einer Verbindung zwischen Unternehmenskultur und den Anforderungen an ein Human-Ressourcen Management kann im Rückgriff auf den bereits angesprochenen inhaltlichen Dualismus von Unternehmenskulturen gefunden werden. Die unternehmensbezogenen Werte und Normen setzen sich zum einen zusammen aus spezifischen unternehmensrelevanten Werten und Normen (wie z.B. die Einstellungen zum Kunden, zur Qualität etc.) und zum anderen aus den über die Individuen im Wege von Sozialisationsprozessen in die Unternehmung hineingetragenen gesamtgesellschaftlichen Wertströmungen. Diese beiden Aspekte in eine geschlossene Konzeption einzubinden, ist das Anliegen und der Grundgedanke werteorientierten Human-Ressourcen Managements, welches als ein integrierter Bestandteil kulturbewußter Führung insbesondere die Belange der Mitarbeiter im Blickfeld hat.[172] Dabei sind sowohl längerfristige, strategisch ausgerichtete Entwick-

---

[170] Vgl. Albert/Silverman (1984); Bleicher (1983); Hatvany/Pucik (1981); Ouchi (1981); Ouchi/Jaeger (1978); Rüßmann (1981); Short/Ferrat (1984); Silverzweig/Allen (1976); Then (1985); Tunstall (1983); White (1984).

[171] Zum Begriff des Humanvermögens vgl. Aschoff (1978).

[172] Zur Bedeutung und Ausgestaltung eines Human-Ressourcen Managements vgl. Fombrun (1984); Hall (1984); Harris (1984); Lorange/Murphy (1984); Tichy/Fombrun/Devanna (1982); White (1984) sowie auch die übrigen Beiträge in Fombrun/Tichy/De-

lungen, wie sie etwa in einer der Unternehmenskultur entsprechenden Personalrekrutierung und -auswahl zu finden sind, als auch kurzfristige, operative Aktivitäten – z. B. in der konkreten Verbesserung von Arbeitsbedingungen – notwendig. Der Nutzen und die Berechtigung der Betonung eines werteorientierten Human-Ressourcen Managements werden gerade aus dem Blickwinkel einer unternehmenskulturellen Perspektive unterstrichen, wenn man sich vor Augen führt, welches Ausmaß und welche Bedeutung Investitionen in das Humanvermögen einerseits angenommen haben und welche Rolle andererseits insbesondere dem Aspekt des gelebten Wertsystems und damit den Führungskräften und Mitarbeitern bei der Realisation einer starken Unternehmenskultur zugeschrieben wird. Geeignete Strategien und Konzepte sowie daraus abzuleitende Instrumente und Maßnahmen, die ein solches werteorientiertes Human-Ressourcen Management unterstützen können, werden im folgenden präsentiert.[173]

### 2.4.4.2 Strategien eines werteorientierten Human-Ressourcen Managements

Ziel eines werteorientierten Human-Ressourcen Managements ist es, durch die Unternehmenskultur und die individuumbezogenen Werte und Normen berücksichtigende Entscheidungen und Maßnahmen einen sinnvollen und tragbaren Ausgleich zwischen den Zielen der Organisation und den partikulären Interessen betroffener Organisationsmitglieder zu finden. Dabei sollen insbesondere die individuellen Laufbahnziele des Einzelnen mit den strategischen Zielen der Personalentwicklung des Unternehmens abgestimmt werden. Überlegungen, daß die richtigen Führungskräfte zur richtigen Zeit für die richtige Aufgabe zur Verfügung stehen[174], sind in diesem Zusammenhang ebenso von Bedeutung wie differenzierte Anreizsysteme, die auf die Systeme und die Kultur der jeweiligen Unternehmung abgestellt sind.

Ein der Unternehmenskultur entsprechendes werteorientiertes Human-Ressourcen Management hat bereits bei den Prozessen der Personalrekrutierung und -auswahl zu beginnen.[175] Für die Rekrutierung geeigneter Mitarbeiter können insbesondere gezielte Öffentlichkeitsarbeit, Anwerbungsprogramme und damit eine bewußte Pflege des Images[176] wertvolle Unterstützung liefern. Zahlreiche größere Unternehmungen gehen bereits dazu über, Gastvorträge, Wochen-

---

vanna (1984), deren Ansätze insofern jedoch zu kurz greifen, als sie das Phänomen der Unternehmenskultur lediglich als externe Determinante im Sinne streng objektivistischer Kulturforschung begreifen.

[173] Die Idee zu einem werteorientierten Human-Ressourcen Management basiert in nicht unerheblichem Umfang auf der von Wollert/Bihl entwickelten Konzeption einer werteorientierten Personalpolitik. Wollert/Bihl beschränken ihre Ausführungen jedoch auf die Berücksichtigung gesamtgesellschaftlicher Wertänderungen bei der unternehmerischen Personalpolitik und gehen nicht explizit auf das Phänomen der Unternehmenskultur ein. Vgl. hierzu Wollert/Bihl (1983); zur Darstellung vgl. auch Schuhmacher (1985).

[174] Vgl. Wissema et al. (1981).

[175] Vgl. Albert/Silverman (1984) S. 29 ff; Baker (1980); Bleicher (1982); Wilkins (1984).

[176] Das Image eines Unternehmens kann grundsätzlich als das Bild charakterisiert werden, das eine Person und/oder Gruppe von dem betreffenden Unternehmen hat. Ein solches Image bauen sowohl Nicht-Mitglieder einer Organisation (Fremdimage) als auch Organisationsmitglieder (Eigenimage) auf. Zur ausführlichen Diskussion des Imagebegriffs sei verwiesen auf Johannsen (1971); Trommsdorf (1980); Weber (1985).

endseminare, Betriebsbesichtigungen etc. anzubieten, um damit potentiellen Mitarbeitern einen umfassenden Überblick über das Unternehmen zu vermitteln, und vor allem auch um ihre Nachfrage nach qualifizierten Führungs- und Nachwuchskräften befriedigen zu können. In diesem Zusammenhang ist sicherlich auch einer ersten Skizzierung und Verdeutlichung der Unternehmenskultur ein hoher Stellenwert einzuräumen, wobei insbesondere Unternehmensgrundsätze bzw. -leitbilder wertvolle Hilfen liefern können.

Die Prozesse der Personalauswahl sind traditionellerweise dadurch geprägt, mit Hilfe bestimmter Prüf- und Analysemethoden zuverlässige Prognosen über Art und Umfang der Beiträge, d. h. der Leistung zu generieren, die der potentielle Mitarbeiter in die Unternehmung einbringen wird.[177] Die Prognoseproblematik erstreckt sich dabei zunächst auf die Feststellung des Übereinstimmungsgrades von Anforderungsprofil der Stelle und Fähigkeitspotential (Leistungsfähigkeit) des betreffenden Kandidaten. Da jedoch zwischen beiden Größen keine zwangsläufige Beziehung besteht, muß darüber hinaus versucht werden, Informationen darüber zu gewinnen, in welchem Umfang der potentielle Mitarbeiter bei der ihm gegebenen Eignung in seinem Arbeitsverhalten und Leistungswillen den offiziellen Rollenerwartungen entsprechen wird. In diesem Zusammenhang ist auch zu prüfen, ob der Bewerber zum Unternehmen paßt, d. h. ob seine Werte und Normen mit denen des Unternehmens konvergieren können. Eine solche Prüfung ist sicherlich mit Unsicherheiten behaftet und letztlich auch durch mögliche Täuschungsbemühungen grundsätzlichen Schwierigkeiten ausgesetzt. Das geeignetste Prüfverfahren stellt hierzu zweifelsohne das Vorstellungsgespräch dar. In einem Vorstellungsgespräch besteht für beide Seiten die Möglichkeit, die gegenseitigen Ansprüche und Wünsche offenzulegen. Natürlich kann auch daran gedacht werden, Hilfsmittel heranzuziehen, so daß versucht wird, etwa in Form der Beantwortung von Fragebögen einen Einblick in die den Bewerber dominierenden Einstellungen und Werte zu gewinnen.[178] Über derartige Fragebögen kann dann eine Diskussion bezüglich der unternehmensbezogenen Werte und Normen eingeleitet werden. Zusätzlich erscheint insbesondere bei der Auswahl von Führungskräften die Erörterung einzelner organisationaler Geschichten und Stories, die die Unternehmenskultur in typischer Weise kommunizieren, als geeignetes Instrument eines „Kultur-Tests". Man wird in diesem Zusammenhang auch nicht übersehen dürfen, daß bereits die Form sowie die Art und Weise der Mitarbeiterrekrutierung und -auswahl Rückschlüsse auf die Unternehmenskultur zulassen. Deshalb sollte die Unternehmung es vermeiden, Täuschungsmanöver zu initiieren und bei dem betroffenen Kandidaten falsche Vorstellungen zu wecken, wie etwa im Falle eines Vorspielens einer vom Partizipationsgedanken getragenen Unternehmenskultur, obgleich realiter ein autoritärer Führungsstil dominiert.

Dem der Phase der Personalrekrutierung und -auswahl folgende Prozeß der Personaleinführung von neu eingestellten Mitarbeitern in die ihnen zugeordneten Tätigkeitsbereiche ist im Rahmen eines unternehmenskulturkonformen und werteorientierten Human-Ressourcen Managements besondere Beachtung zu

---

[177] Vgl. hierzu Kupsch/Marr (1985) S. 685 ff.
[178] Vgl. hierzu die Vorschläge bei Albert/Silverman (1984); Allen/Dyer (1980); Allen/Kraft (1982) S. 42 ff.

schenken. „The early stage of a new employee's relationship with your organization is a critical time for shaping his or her values and attitudes."[179]

Zu diesem Zeitpunkt treten die bereits bei der Personalrekrutierung und -auswahl beginnenden Sozialisationsprozesse in ein entscheidendes Stadium: einer systematischen Einführung und umfassenden Vermittlung von Informationen über das Unternehmen, über die Funktion, Sparte bzw. Abteilung, in der der Mitarbeiter tätig sein wird, sowie auch über die in dem Unternehmen herrschende Kultur kommt besondere Bedeutung zu. Hierbei kann an ein mehrtägiges Einführungsseminar gedacht werden, wie es etwa bei dem Computerhersteller Nixdorf durchgeführt wird, der sich davon einen raschen Transfer seiner Unternehmenskultur verspricht.[180] Wenngleich dabei sicherlich idealisierte Vorstellungen vermittelt werden, so können derartige Auftakt- und Eingliederungsveranstaltungen doch vertiefende Informationen und Einblicke in das Unternehmen und dessen Werte und Normen vermitteln.

Darüber hinaus kann sich die Einrichtung eines „Patensystems" als vorteilhaft erweisen, bei dem ein bereits eingearbeitetes (und sozialisiertes) Organisationsmitglied dem neuen Mitarbeiter bei grundsätzlichen Fragestellungen und insbesondere bei Wertfragen sowie bei der Integration in die Organisation hilfreich zur Seite steht.[181] Hierbei spielen auch Förderungsmaßnahmen in Form des „Coaching" eine bedeutende Rolle.[182] Eine solche konkrete Unterstützung in der frühen Orientierungs- und Einarbeitungsphase kann nicht nur dem neuen Mitarbeiter die Eingliederung erleichtern und damit auch zwangsläufig zu einer größeren Bereitschaft führen, die unternehmensbezogenen Werte und Normen zu akzeptieren bzw. zu internalisieren, sondern ebenso langfristig den Effekt nach sich ziehen, daß eben jener neue Mitarbeiter aufgrund seiner positiven Erfahrungen dazu bereit sein wird, eine ähnliche „coaching role" zu übernehmen. Allerdings ist es sowohl für die Unternehmung als auch für das Individuum unerläßlich, daß das zu integrierende Organisationsmitglied den personenorientierten Beistand des Paten bzw. die vergleichsweise abstraktere Form der Unterstützung des „Coaching" überwindet und möglichst bald auf „eigenen Füßen steht". Bei derartigen Prozessen in der Personaleinführung sollten insbesondere auch die bereits präsentierten Methoden der symbolischen Repräsentation Anwendung finden.

Nach der Phase der Personaleinführung sind im Rahmen der Personalentwicklung weitere Maßnahmen wie etwa Trainings- und Entwicklungsprogramme von überragender Bedeutung: „Of all human resource programs, management training and development is most important in terms of designing an approach that is consistent with and supportive of your overall management philosophy and values".[183] In diesem Zusammenhang werden sich Unternehmen insbesondere überlegen müssen, welche Personalentwicklungsmaßnahmen zu einer langfristigen Entwicklung und/oder Bewahrung einer starken und funktionalen Unternehmenskultur führen und wie eine die unternehmensbezogenen Werte und Normen berücksichtigende Personalplanung auszugestalten ist.

---
[179] Albert/Silverman (1984) S. 30.
[180] Vgl. Rüßmann (1985).
[181] Vgl. Kupsch/Marr (1985) S. 697.
[182] Vgl. hierzu die Vorschläge bei Kettern (1986); vgl. zum „Coaching" auch Trux/Müller/Kirsch (1984) S. 471 f.
[183] Albert/Silverman (1984) S. 30.

Für die Ausgestaltung einer der Unternehmenskultur entsprechenden Personalplanung[184] ist es von besonderer Bedeutung, Karriere- und Einsatzplanung, d.h. Strategien und Human-Ressourcen aufeinander abzustimmen. Eine solche Abstimmung kann für beide Seiten hilfreich sein. Diesem Erfordernis trägt ein amerikanischer Elektrokonzern dadurch Rechnung, daß die Führungspositionen in strategischen Geschäftsfeldern, die im Rahmen der Portfolioanalyse etwa als „arme Hunde" zu kennzeichnen sind, mit einem anderen Managertyp besetzt werden als dies z.B. in einem „Star"-Geschäftsfeld der Fall wäre.[185] Durch eine solche Vorgehensweise können sowohl die Fähigkeiten und damit in aller Regel die von den Individuen präferierten Werte und Normen als auch die Interessen der Unternehmung in vergleichsweise stärkerem Umfang berücksichtigt werden als es bei traditionellen Methoden der Personalplanung der Fall ist. Solche intensiveren, von der „alltäglichen" Planung abgekoppelten Überlegungen sind freilich nur für einen kleineren Kreis von Führungskräften durchzuführen.

Für die breite Basis empfiehlt es sich, den regelmäßigen Gedankenaustausch mit Mitarbeitern in Form von Beratungs- und Weiterentwicklungsgesprächen zu pflegen, um darauf aufbauend eventuelle Karriere-bzw. Förderungsmaßnahmen zu initiieren.[186] Hierbei kann die Unternehmenskultur eine hilfreiche „Verifier-Funktion"[187] übernehmen, d.h. die Antwort auf die Frage, ob ein Organisationsmitglied geeignet ist, hängt nicht zuletzt davon ab, inwieweit es zur Kultur der Unternehmung paßt. Derartige Maßnahmen können freilich nur dann Konsequenzen bewirken, wenn sie in ein stimmiges Gesamtkonzept eingebettet sind sowie insbesondere durch konsistentes, vorbildhaftes Handeln, d.h. durch ein gelebtes Wertesystem unterstützt und nicht durch abweichende, die unternehmenskulturellen Werte und Normen konterkarierende Aktivitäten unterlaufen werden. Dazu gehört es auch, die Anreizgestaltung auf die Unternehmenskultur auszurichten und sowohl systemadäquate als auch unternehmenskulturkonforme Anreizsysteme bzw. -strukturen zu schaffen.

Anreizstrukturen werden flankierend in Prozessen der Führung betriebswirtschaftlicher Organisationen eingesetzt. Ihr Spektrum reicht von rein monetären Leistungen über soziale Anreize bis zu Chancen der Befriedigung von Bedürfnissen nach Anerkennung, Wertschätzung und Selbstverwirklichung, wobei die Grenzen zwischen diesen Kategorien und die mit ihnen verbundenen Möglichkeiten zur Bedürfnisbefriedigung fließend sind.

Für die konkrete Ausgestaltung von materiellen und immateriellen Anreizen im Rahmen eines werteorientierten Human-Ressourcen Managements ist aus unternehmenskultureller Perspektive die Erkenntnis wesentlich, daß die Bewertung der zu gewährenden Anreize durch die Individuen im wesentlichen von deren Bedürfnisstruktur, Werten und Normen abhängt. Bei der Generierung motivationsfördernder und leistungswirksamer Anreizsysteme sollte deshalb gewährleistet sein, daß die Motivationsstrukturen der Mitarbeiter in adäquater Weise Berücksichtigung finden. Akzeptiert man diese Annahmen, so können der Un-

---

[184] Zur Personalplanung als Bestandteil der Personalentwicklung vgl. Kupsch/Marr (1985) S. 741 ff.
[185] Vgl. hierzu Trux/Müller/Kirsch (1984) S. 468 sowie die Ausführungen bei Lorange/Murphy (1984) S. 275 ff.
[186] Zur Bedeutung und Ausgestaltung von Mitarbeitergesprächen vgl. Neuberger (1980).
[187] Zum Begriff der „Verifier-Funktion" vgl. Trux/Müller/Kirsch (1984) S. 440 ff.

ternehmenskultur entsprechende Anreizarten so ausgestaltet werden, daß die Anreize entweder einer Gruppe gemeinsam oder aber einem Individuum alleine zuerkannt werden. Aus der Sicht der Unternehmung erscheint es hierbei zusätzlich sinnvoll, Anreize auch danach zu unterscheiden, ob sie auf der operativen oder strategischen Ebene greifen und somit entweder auf die Beeinflussung der operativ richtigen oder strategisch erwünschten Handlungen abzielen. An diesen grundsätzlichen Ansatzpunkten können jeweils unterschiedliche Anreizarten festgemacht werden. Abb. 7 illustriert derartige Anreizarten und enthält für jeden Anreiztyp Beispiele.

| Orientierung / Zielgruppe | Operativ | Strategisch | Orientierung / Anreizart |
|---|---|---|---|
| Gruppe | kollektive jährliche Gewinnbeteiligung/ Erfolgsbeteiligung | Gruppenbonus für strategische Aktivitäten | materielle Anreize |
| | Kollektives Prämienlohnsystem | Prämie für abgeschlossene Projekte | |
| | Lernstatt/Qualitätszirkel | Projektmanagement/ Teamarbeit | immaterielle Anreize |
| | Delegation/selbststeuernde Gruppen | Dezentralisation | |
| | Personalentwicklung | Organisationsentwicklung | |
| Individuum | individuelles Prämienlohnsystem | Tantieme/Erfolgsbeteiligung | materielle Anreize |
| | betriebliches Vorschlagswesen | strategische Wette[1] | |
| | außertarifliche Zulagen | Incentives[2] | |
| | Aufstiegschancen/ Schulungsaktivitäten | Karriereplanung | immaterielle Anreize |
| | Initiativrechte | qualitative Personalplanung | |
| | Mitarbeitergespräche | Entscheidungsdelegation | |

[1]) Zum Begriff der Strategischen Wette vgl. Trux/Müller/Kirsch (1984) S. 475
[2]) Unter die Gruppe der Incentives fallen z.B. Reisen, welche dem besten Verkäufer einer Unternehmung winken.

**Abb. 7** Anreizarten

Das in Abb. 7 dargestellte Spektrum von Anreizarten kann sicherlich ergänzt werden. Nicht zuletzt kann auch eine starke Unternehmenskultur und ein daraus resultierendes positives Image als Anreiz angesehen werden, bei einer Unternehmung tätig zu werden und im Verlaufe der Mitgliedschaft erhöhten Leistungswillen zu zeigen.

Es ist zu erwarten, daß angesichts der immer größer werdenden Anforderungen an die Mitarbeiter und den damit verbundenen Herausforderungen der Unternehmungen im Bereich der Human-Ressourcen die Bedeutung differenziert ausgestalteter Anreizarten und -systeme zunimmt. Aus unternehmenskultureller Perspektive sollte die Gewährung der Anreize darüber hinaus immer auch unter dem Aspekt ihrer symbolischen Relevanz betrachtet werden. Abschließend muß eingeräumt werden, daß die entworfenen Strategien eines werteorientierten Human-Ressourcen Managements die Realisation einer starken Unternehmenskultur nicht von alleine garantieren können. Dies aber wird von keinem unterstützenden Führungsinstrument zu erwarten sein. Sie sind letztlich alle nur so lange handlungswirksam, wie sie in eine konsistente Gesamtkonzeption eingebunden sind und Unterstützung durch stimmige Handlungsweisen erhalten. Das werteorientierte Human-Ressourcen Management stellt aber zweifelsohne einen wichtigen Bestandteil im Rahmen eines Kulturmanagements dar und erscheint insbesondere dazu geeignet, eine Brücke zwischen traditionellen Methoden der Personalführung und den Anforderungen an eine sich der unternehmenskulturellen Phänomene bewußten Führung zu schlagen. Damit kann schließlich auch ein Schlüssel zu einem umfassenden Managementverständnis gefunden werden, das auch die Bedeutung von unternehmensbezogenen Werten und Normen sowohl für die Individuen als auch für die Unternehmung erkennt und in adäquater Weise zu berücksichtigen versucht.

# Literaturverzeichnis

*Albert, U./Silverman, M.* (1984): Making Management Philosophy a cultural reality, Part 1: Get started, in: Personnel, Vol. 61, January/February, 1984, Nr. 1, S. 12–21, Part 2: Design Human Ressources Programs Accordingly, in: Personnel, Nr. 2, March/April 1984, S. 28–35

*Alderfer, C. P.* (1969): An Empirical Test of a New Theory of Human Needs, in: Organizational Behavior and Human Performance, 1969, S. 142–175

*Alderfer, C. P.* (1972): Existence, Relatedness, and Growth, New York, Free Press, 1972

*Allen, R. F./Dyer, F. J.* (1980): A Tool for Tapping the Organizational Unconscious, in: Personnel Journal, Nr. 3, 1980, S. 192–223

*Allen, R. F./Kraft, Ch. K.* (1982): The Organizational Unconscious. How to creat the Corporate Culture You Want and Need, Englewood Cliffs, 1982

*Ansoff, J. H./Declerck, R. P./Hayes, R. L.* (Hrsg.) (1976): From Strategic Management to Strategic Planning, London 1976

*Ansoff, J. H.* (1979): Strategic Management, London 1979

*Apel, K.-O.* (1979): Die Erklären: Verstehen – Kontroverse in transzendentalpragmatischer Sicht, Frankfurt/Main 1979

*Argyris, Ch.* (1962): Interpersonal competence and organizational effectiveness, Homewood, Illinois 1962

*Aschoff, Ch.* (1978): Betriebliches Humanvermögen – Grundlagen einer Humanvermögensrechnung, Wiesbaden 1978

*Ashby, W. R.* (1956): Introduction to Cybernetics, New York 1956
*Backhaus, J.* (1979): Praktische Philosophie und politische Ökonomie, in: Mittelstraß, J. (Hrsg.), Methodenprobleme der Wissenschaften vom gesellschaftlichen Handeln, Frankfurt/Main 1979, S. 320ff.
*Baker, E. L.* (1980): Managing Organizational Culture, in: Management Review, 7/1980, S. 8–13
*Barnard, C. J.* (1938): The Functions of the Executive, Cambridge, Mass. 1938
*Bate, P.* (1984): The Impact of Organizational Culture on Approaches to Organizational Problem Solving, in: Organization Studies, 5/1984, S. 43–66
*Beer, M.* (1976): The Technology of Organization Development, in: Dunnette, M. D. (Hrsg.), Handbook of Industrial and Organizational Psychology, Chicago 1976, S. 937–993
*Berger, L. P./Luckmann, T.* (1980): Die gesellschaftliche Konstruktion der Wirklichkeit, Frankfurt/Main 1980
*Birkigt, K./Stadler, M.* (Hrsg.) (1980): Corporate Identity, Grundlagen, Funktionen, Fallbeispiele, München 1980
*Blake, R. R./Mouton, J. S.* (1961): Reactions to Intergroup Competition and Winloose Conditions, in: Management Science, 1961, S. 420–435
*Blake, R. R./Mouton, J. S./Sloma, R. L.* (1965): The Union-Management Intergroup Laboratory: Strategy for Resolving Intergroup Conflicts, in: Journal of Applied Behavioral Science 1965, S. 25–57
*Bleicher, K.* (1979): Unternehmensentwicklung und organisatorische Gestaltung, Stuttgart/New York 1979
*Bleicher, K.* (1982): Japanisches Management im Wettstreit mit westlichen Organisationskulturen, in: ZfO, 8/1982, S. 444–450
*Bleicher, K.* (1983): Organisationskulturen und Führungsphilosophien im Wettbewerb, in: ZfbF, 2/1983, S. 135–146
*Böhm, H.* (1979): Gesellschaftlich verantwortliche Unternehmensführung: verbale Bekenntnisse, Verhaltenskodices, Sozialbilanzen; kritische Analyse eines Legitimationskonzepts, Weilheim/Teck 1979
*Bosetzky, H.* (1976): Zur Erzeugung von Eigenkomplexität in Großorganisationen, in: ZfO, 45/1976, S. 279ff.
*Bowers, D. G./Seashore, S. E.* (1966): Predicting organizational effectiveness with a four-factor theory of Leadership, in: Administrative Science Quarterly, 1966, S. 238–263
*Bowers, K. S.* (1973): Situationism in psychology: An Analysis and Critique, in: Psychological Review, 1973, S. 307/335
*Brantl, S.* (1986): Management und Ethik, München 1986
*Breckenfeld, G.* (1982): Corporate Cultures – The Odyssey of Levi Strauss, in: Fortune, 22. March 1982, S. 110–124
*Brock, T. C./Becker, L. A.* (1965): Ineffectiveness of „Overheard" Counterpropaganda, in: Journal of Personal and Social Psychology, 1965, S. 654ff.
*Chandler, A. D.* (1962): Strategy and Structure – Chapters in the History of the Enterprise –, Mass./London 1962
*Coase, R.* (1937): The Nature of the firm, in: Economica, 4/1937, S. 386–405
*Daft, R. L.* (1983): Symbols in Organizations, in: Pondy, L. R./ Frost, P. J./Morgan, G./ Dandridge, T. C. (Hrsg.), Organizational Symbolism, Greenwich 1983, S. 199–206
*Dandridge, Th. C.* (1983): Symbol's, Function and Use, in: Pondy, L. R./Frost, P. J./Morgan, G./Dandridge, T. C. (Hrsg.), Organizational Symbolism, Greenwich 1983, S. 69–79
*Davis, M.* (1984): Managing Corporate Culture, Cambridge, Mass. 1984
*Deal, T. E.* (1984): Unternehmenskultur, Grundstein für Spitzenleistungen, in: ATAG (Hrsg.), Die Bedeutung der Unternehmenskultur für den künftigen Erfolg Ihres Unternehmens, Zürich 1984, S. 27–42
*Deal, T. E./Kennedy, A. A.* (1982): Corporate Cultures – The Rites and Rituals of Corporate Life, Addison-Wesley 1982
*Dietel, B.* (1972): Zur Koordination kollektiver Entscheidungsprozesse in der Unternehmung, Diss., München 1972

*Dietel, B./Müller-Bader, P.* (1984): Elemente einer Theorie der Führung, in: Heinen, E. (Hrsg.), Betriebswirtschaftliche Führungslehre, 2. Aufl., Wiesbaden 1984, S. 143–187
*Dill, P.* (1986): Unternehmenskultur: Grundlagen und Anknüpfungspunkte für ein Kulturmanagement, Bonn 1986
*Du Brin, A. J.* (1974): Fundamentals of Organizational Behavior – an Applied Perspective, New York 1974
*Emery, F. E./Trist, E. L.* (1965): The Causal Texture of Organizational Environments, in: Human Relations 1965, S. 21–32
*Eoyang, C.* (1983): Symbolic Transformation of Belief Systems, in: Pondy, L. R./Frost, P. J./Morgan, G./Dandridge, T. C. (Hrsg.), Organizational Symbolism, Greenwich 1983
*Etzioni, A.* (1964): Modern Organizations, Englewood Cliffs 1964
*Fine, G. A.* (1984): Negotiated Orders and Organizational Cultures, in: Annual Review of Sociology, 10/1984, S. 239–262
*Fombrun, Ch. J.* (1984): Corporate Culture and Competitive Strategy, in: Fombrun, Ch. J./Tichy, N. M./Devanna, M. A. (Hrsg.), Strategic Human Ressource Management, U.S.A. 1984, S. 203–216
*Fombrun, Ch. J./Tichy, N. M./Devanna, M. A.* (Hrsg.) (1984): Strategic Human Resource Management
*Frese, E.* (1972): Organisation und Koordination, in: ZfO 1972, S. 404ff.
*Frese, E./Glaser, H.* (1980): Verrechnungspreise, in: Grochla, E. (Hrsg.), Handwörterbuch der Organisation, 2. Aufl., Stuttgart 1980, Sp. 2311–2326
*Frost, P. J./Morgan, G.* (1983): Symbols and Sensemaking: The Real-Ization of a Framework, in: Pondy, L. R./Frost, P. J./Morgan, G./Dandridge, T. C. (Hrsg.), Organizational Symbolism, Greenwich 1983
*Gabele, E.* (1981): Unternehmensgrundsätze. Ein Spiegelbild innerbetrieblicher und gesellschaftlicher Entwicklungen, in: ZfO, 5/1981, S. 245–252
*Gabele, E.* (1982): Unternehmens- und Führungsgrundsätze. Wirkungslose Lippenbekenntnisse oder Wegweiser zum Erfolg?, in: Die Unternehmung, 3/1982, S. 185–204
*Gabele, E./Kretschmer, H.* (1981): Unternehmensgrundsätze in Theorie und Praxis, Bamberg 1981
*Gabele, E./Kretschmer, H.* (1983): Unternehmensgrundsätze als Instrument der Unternehmensführung, in: ZfbF, 8/1983, S. 716–726
*Gabele, E./Kretschmer, H.* (1985): Unternehmensgrundsätze. Empirische Erhebungen und praktische Erfahrungsberichte zur Konzeption, Einrichtung und Wirkungsweise eines modernen Führungsinstrumentes, Frankfurt/Main 1985
*Gebert, D.* (1974): Organisationsentwicklung, Stuttgart 1974
*Gebert, D.* (1978): Organisation und Umwelt – Probleme der Gestaltung innovationsfähiger Organisationen, Stuttgart 1978
*Gebert, P./Rosenstiel, L. von* (1981): Organisationspsychologie, Stuttgart 1981
*Gottschall, D.* (1975): Am Menschen vorbeigeschrieben?, in: Manager Magazin, 2/1975, S. 76–80
*Gregory, K. L.* (1983): Native-View Paradigms: Multiple Culture and Culture Conflicts in Organizations, in: Administrative Science Quarterly, 28/1983, S. 359–376
*Habermas, J.* (1981): Theorie des kommunikativen Handelns, Bd. 1: Handlungsrationalität und gesellschaftliche Rationalisierung: Bd. 2: Zur Kritik der funktionalistischen Vernunft. Frankfurt/Main 1981
*Hall, D. T.* (1984): Human Resource Development and Organizational Effectiveness, in: Fombrun, Ch. J./Tichy, N. M./Devanna, M. A. (Hrsg.), Strategic Human Resource Management, U.S.A. 1984, S. 159–181
*Harris, St.* (1984): Hewlett-Packard: Shaping the Corporate Culture, in: Fombrun, Ch. J./Tichy, N. M./Devanna, M. A. (Hrsg.), Strategic Human Resource Management, U.S.A. 1984, S. 217–233
*Hatvani, N./Pucik, V.* (1981): Japanese Management – Practices and Productivity, in: Organizational Dynamics, Spring 1981, S. 5–21
*Heinen, E.* (1976): Grundlagen betriebswirtschaftlicher Entscheidungen – Das Zielsystem der Unternehmung, 3. Aufl., Wiesbaden 1976

*Heinen, E.* (1981a): Identität: Ein bisher vernachlässigtes Element des Zielsystems der Unternehmung?, in: Mückl, W. G./Ott, A. E. (Hrsg.), Wirtschaftstheorie und Wirtschaftspolitik – Gedenkschrift für Erich Preiser zum 80. Geburtstag, Passau 1981, S. 125–143

*Heinen, E.* (1981b): Zum betriebswirtschaftlichen Politikbegriff – Das Begriffsverständnis der entscheidungsorientierten Betriebswirtschaftslehre, in: Festschrift für Curt Sandig, Stuttgart 1981

*Heinen, E.* (1984): Führung als Gegenstand der Betriebswirtschaftslehre, in: Heinen, E. (Hrsg.), Betriebswirtschaftliche Führungslehre, 2. Aufl., Wiesbaden 1984

*Heinen, E.* (1985a): Einführung in die Betriebswirtschaftslehre, 9. Aufl., Wiesbaden 1985

*Heinen, E.* (1985b): Industriebetriebslehre als Entscheidungslehre, in: Heinen, E. (Hrsg.), Industriebetriebslehre, 8. Aufl., Wiesbaden 1985, S. 1–70

*Heinen, E.* (1985c): Entscheidungsorientierte Betriebswirtschaftslehre und Unternehmenskultur; Vortrag, gehalten am 24.5.1985 an der Universität der Bundeswehr anläßlich der Umbenennung in Universität und der ersten Verleihung der Ehrendoktorwürde, abgedruckt in: ZfB 10/1985

*Heinen, E./Dietel, B.* (1987): Ziele der Führung, in: HWFü Stuttgart 1987

*Heinen, E./Dill, P.* (1986): Unternehmenskultur – Überlegungen aus betriebswirtschaftlicher Sicht, in: ZfB, 3/1986, S. 202–218

*Heinen, E.* (1986): Unternehmenskultur, in DBW 4/1986

*Heinen, E./Picot, A.* (1974): Können in betriebswirtschaftlichen Kostenauffassungen soziale Kosten berücksichtigt werden?, in: BFuP, 1974, S. 345 ff.

*Herzberg, F./Mausner, B. M./Snyderman, B. B.* (1959): The Motivation to Work, New York 1959

*Hinder, W.* (1986): Strategische Unternehmensführung in der Stagnation – Strategische Programme, unternehmenspolitischer Rahmen und kulturelle Transformation, München 1986

*Hinterhuber, H. H.* (1977): Strategische Unternehmensführung, Berlin/New York 1977

*Hinterhuber, H.* (1985): Aufbau und Komponenten eines strategischen Planungssystems in der Versicherungswirtschaft, 10/1985, S. 626–632

*Hörmann, H.* (1977): Psychologie der Sprache, 2. Aufl., 1977

*Hoffmann, F.* (1980): Führungsorganisation, Stand der Forschung und Konzeption, Bd. 1, Tübingen 1980

*Huse, E. F.* (1975): Organization Development and Change, St. Paul 1975

*Jönsson, J./Lundin, R.* (1977): Myths and wishful thinking as management tools, in: North Holland/TIMS Studies in the Management Sciences, 5/1977, S. 157 ff.

*Johannsen, U.* (1971): Das Marken- und Firmen-Image. Theorie, Methodik, Praxis, Berlin 1971

*Kappler, E.* (1976): Zum Theorie-Praxis-Verhältnis einer noch zu entwickelnden kritischen Theorie der Betriebswirtschaftspolitik, in: Ulrich, H. (Hrsg.), Zum Praxisbezug der Betriebswirtschaftslehre, Bern 1976, S. 107 ff.

*Kettern, T.* (1986): Ich bin stolz auf meine Firma – Unternehmenskultur in Deutschalnd –, Manuskript zur Sendung im Bayerischen Rundfunk am 31.1.1986

*Kieser, A.* (1984): Welchen Einfluß hat die Kultur auf Organisation und Führung, in: Pullig, K. K./Schäkel, U./Scholz, J. (Hrsg.), Erfolgskonzepte der Führung – Fallstudien aus Deutschland, Japan und den U.S.A., Hamburg 1984, S. 25–51

*Kieser, A.* (1985): Innovationsmanagement: Unternehmenskultur und Innovation, in: Blick durch die Wirtschaft, Innovationsmanagement IV, 1985

*Kieser, A./Kubicek, H.* (1977, 1983): Organisation, Berlin/New York 1977, 2. Aufl., Berlin/New York 1983

*Kirsch, W.* (1971): Die Koordination von Entscheidungen in Organisationen, in: ZfbF, 1971, S. 61 ff.

*Kirsch, W.* (1977): Einführung in die Theorie der Entscheidungsprozesse, 2. Aufl., Bd. I bis III, Wiesbaden 1977

*Kirsch, W.* (1984): Wissenschaftliche Unternehmensführung oder Freiheit vor der Wissenschaft, 2 Bände, München 1984

*Kirsch, W.* (1985a): Evolutionäres Management und okzidentaler Rationalismus, in: Probst, G. J. B./Siegwart, H. (Hrsg.), Integriertes Management. Bausteine des systemorientierten Managements, Bern/Stuttgart 1985, S. 331–350
*Kirsch, W.* (1985b): Zur Konzeption der Betriebswirtschaftslehre als Führungslehre, in: Wunderer, R. (Hrsg.), Betriebswirtschaftslehre als Management- und Führungslehre, Stuttgart 1985, S. 33–62
*Kirsch, W./Esser, W.-M./Gabele, E.* (1979): Das Management des geplanten Wandels von Organisationen, Stuttgart 1979
*Kirsch, W./Mayer, G.* (1976): Die Handhabung komplexer Probleme, in: Kirsch, W. (Hrsg.), Entscheidungsverhalten und Handhabung von Problemen, München 1976, S. 99–219
*Kirsch, W./Scholl, W.* (1981): Demokratisierung – Gefährdung der Handlungsfähigkeit organisatorischer Führungssysteme?, in: Kirsch, W. (Hrsg.), Unternehmenspolitik: Von der Zielforschung zum strategischen Management, München 1981, S. 206–232
*Kirsch, W./Trux, W.* (1981): Perspektiven eines strategischen Managements, in: Kirsch, W. (Hrsg.), Unternehmenspolitik: Von der Zielforschung zum strategischen Management, München 1981, S. 290–396
*Klein, H. K./Wahl, A.* (1970): Zur „Logik" der Koordniation interdependenter Entscheidungen in komplexen Organisationen, in: Kommunikation, 1970, S. 53 ff. und S. 137 ff.
*Klis, M.* (1970): Überzeugung und Manipulation, Wiesbaden 1970
*Kneip, K.* (1978): Identitätsorientierte Unternehmensführung, Teil I–V, in: Werben und Verkaufen, 1978
*Kneip, K.* (1979): Statt Heilslehre handfeste Ökonomie, in: Manager Magazin, 11/1979, S. 264 ff.
*Kovel, J.* (1976): A complete Guide to Therapy – From psychoanalysis to behavior modification, New York 1976
*Kubicek, H.* (1984a): Führungsgrundsätze. Lösungen von gestern für Probleme von morgen?, in: ZfO, Teil 1, 2/1984, S. 81–88, Teil 2, 3/1984, S. 182–188
*Kubicek, H.* (1984b): Führungsgrundsätze als Organisationsmythen und die Notwendigkeit von Entmythologisierungsversuchen, in: ZfB, 1/1984, S. 4–29
*Kupsch, P. M./Marr, R.* (1985): Personalwirtschaft, in: Heinen, E. (Hrsg.), Industriebetriebslehre, 8. Aufl., Wiesbaden 1985, S. 627–767
*Lawrence, P. R./Lorsch, J. W.* (1967): Organization and Environment, Homewood, Illinois, 1967
*Lazarsfeld, P. F./Berelson, B./Gaudet, H.* (1948): The People's Choice: How the Voter Makes up his Mind in a Presidential Campaign, New York 1948
*Likert, R.* (1967): The Human Organization, New York 1967
*Lindblom, C. E.* (1965): The Intelligence of Democracy: Decision Making Through Mutual Adjustment, New York/London 1965
*Lorange, P./Murphy, D.* (1984): Bringing Human Resources into Strategic Planing: Systems Design Considerations, in: Fombrun, Ch./Tichy, N. M./Devanna, M. A. (Hrsg.), Strategic Human Resource Management, U.S.A. 1984, S. 275–296
*Luhmann, N.* (1964): Funktionen und Folgen formaler Organisation, Berlin 1964
*Luhmann, N.* (1967): Soziologie als Theorie sozialer Systeme, in: Zeitschrift für Soziologie und Sozialpsychologie, 1967, S. 615 ff.
*Luhmann, N.* (1970): Funktionale Methode und Systemtheorie, in: Luhmann, N. (Hrsg.), Soziologische Aufklärung, Aufsätze zur Theorie sozialer Systeme, Köln/Opladen 1970, S. 31 ff.
*Luhmann, N.* (1980): Komplexität, in: Grochla, E. (Hrsg.), Handwörterbuch der Organisation, 2. Aufl. 1980, Sp. 1064 ff.
*MAC* (1983): Matching Corporate Culture and Business Strategy, in: Management Analysis Center, Cambridge, Mass. 1983, S. 1–19
*March, J. G./Simon, H. A.* (1958): Organizations, New York/London 1958, 8. Aufl., New York/London 1966
*Marrow, A. J./Bowers, D. G./Seashore, St. E.* (1967): Management by Participation, New York 1967

*Martin, J./Siehl, C.* (1983): Organizational Culture and Counterculture: An Uneasy Symbiosis, in: Organizational Dynamics, Autumn 1983, S. 52–65
*Maslow, A. H.* (1964): A Theory of Human Motivation, in: Leavitt, H. J./Pondy, L. R. (Hrsg.), Readings in managerial Psychology, London/Chicago 1964
*Miles, R. E./Snow, C. C.* (1978): Organizational Strategy, Structure and Process, New York 1978
*Morgan, G./Frost, P. J./Pondy, L. R.* (1983): Organizational Symbolism, in: Pondy, L. R./Frost, P. J./Morgan, G./Dandridge, T. C. (Hrsg.), Organizational Symbolism, Greenwich 1983, S. 3–35
*Morris, C. W.* (1949): Signs, language and behavior, New York 1949
*Naumann, C.* (1982): Strategische Steuerung und integrierte Unternehmensplanung, München 1982
*Neuberger, O.* (1980): Das Mitarbeitergespräch, Glonz 1980
*Neuberger, O.* (1984): Führung. Ideologie – Struktur – Verhalten, Stuttgart 1984
*Ouchi, W. G.* (1979): A Conceptual Framework for the Design of Organizational Control Mechanizing, in: Management Science No. 9, 25/1979, S. 833–848
*Ouchi, W. G.* (1980): Markets, Bureaucracies and Clans, in: Administrative Science Quarterly, 25/1980, S. 129–141
*Ouchi, W. G.* (1981): Theory Z: How American Business can Meet the Japanese Challenge, Reading/Mass. 1981
*Ouchi, W. G./Jaeger, A. M.* (1978): Type Z Organization: Stability in the Midst of Mobility, in: Academy of Management Review, 4/1978, S. 305–314
*Ouchi, W. G./Price, R. L.* (1978): Hierarchies, Clans and Theory Z: A New Perspective on Organizational Development, in: Organizational Dynamics, Autumn 1978, S. 25–43
*o. v.* (1980): Corporate Culture – The hard-to-change values that spell success or failure, in: Business Week, October 1980, S. 148–160
*Pascale, R. T./Athos, A. G.* (1981): The Art of Japanese Management, New York 1981
*Paschen, K.* (1977): Führungsleitsätze – eine modische Erscheinung oder eine Chance für eine effiziente Unternehmenssteuerung?, in: Der Betriebswirt, 6/1977, S. 168–171
*Peters, T. J.* (1978): Symbols, Patterns and Settings: An Optimistic Case for Getting things Done, in: Organizational Dynamics 7/1978, S. 3 ff.
*Peters, T. J.* (1980): Effektives Führungsverhalten, in: Harvard Manager, 4/1980, S. 96 ff.
*Peters, T. J./Waterman, R. M.* (1983): Auf der Suche nach Spitzenleistungen, Landsberg/Lech 1983
*Petersen, D.* (1984): Bessere Strategieplanung durch eine neue Organisationskultur, in: Management-Zeitschrift iO, 53/1984, S. 12–15
*Pettigrew, A. M.* (1979): On Studying Organizational Cultures, in: Administrative Science Quarterly, 24/1979, S. 570–581
*Pfeffer, J.* (1981): Management as Symbolic Action, in: Research of Organizational Behavior, 3/1981, S. 1–52
*Picot, A.* (1982): Transaktionskostenansatz in der Organisationstheorie: Stand der Diskussion und Aussagewert, in: DBW, 42/1982, S. 267–284
*Pondy, L. R.* (1978): Leadership is a Language Game, in: McCall, M. W./Lombardo, M. M. (Hrsg.), Leadership: Where Else Can we Go, Dorham/N. C. 1978
*Pondy, L. R./Mitroff, J. J.* (1978): Beyond open Systems Models of Organization, in: Research in Organizational Behavior, 1/1979, S. 3–39
*Probst, G. J. B.* (1983): Variationen zum Thema Management-Philosophie, in: Die Unternehmung 4/1983, S. 322–332
*Pümpin, C.* (1984a): Unternehmenskultur, Unternehmensstrategie und Unternehmenserfolg, in: ATAG (Hrsg.), Die Bedeutung der Unternehmenskultur für den künftigen Erfolg ihres Unternehmens, Zürich 1984, S. 11–26
*Pümpin, C.* (1984b): Unternehmenskultur, Unternehmensstrategie und Unternehmenserfolg, in: gdi-impuls, 2/1984, S. 19 ff.
*Reinhard, W.* (1983): Die Identität von Organisationen, Bonn 1983
*Reinhard, W./Weidermann, P.* (1984): Planung als Voraussetzung zielorientierter Führung, in: Heinen, E. (Hrsg.), Betriebswirtschaftliche Führungslehre, 2. Aufl., Wiesbaden 1984, S. 53–157

*Remer, A.* (1982): Instrumente unternehmenspolitischer Steuerung, – Unternehmensverfassung, formale Organisation und personale Gestaltung –, Berlin 1982
*Rosenstiel, L. von* (1980): Grundlagen der Organisationspsychologie – Basiswissen und Anwendungshinweise, Stuttgart 1980
*Rosenstiel, L. von et al.* (1983): Organisationspsychologie, 5. Aufl., Stuttgart 1983
*Roventa, P.* (1979): Portfolio-Analyse und Strategisches Management, München 1979
*Rüßmann, K.-H.* (1981): Konsens statt Konflikt, in: Manager Magazin, 8/1981, S. 36–40
*Rüßmann, K.-H.* (1985): Wettkampf nach Mitternacht, in: Manager Magazin, 6/1985, S. 160–169
*Sack, F.* (1971): Die Idee der Subkultur: Eine Berührung zwischen Anthropologie und Soziologie, in: Kölner Zeitschrift für Soziologie und Sozialpsychologie, 23/1971, S. 261–282
*Sathe, V.* (1983): Some Action Implications of Corporate Culture: A Manager's Guide to Action, in: Organizational Dynamics, Vol. 12, 1983, S. 4–24
*Selznick, P.* (1957): Leadership in Administration, Evanston 1957
*Short, L. E./Ferrat, Th. W.* (1984): Work unit culture: Strategic starting point in building organizational change, in: Management Review, Vol. 73, 8/1984, S. 15–19
*Silverman, D.* (1971): The Theory of Organizations, London 1971
*Silverzweig, St./Allen, R. F.* (1976): Changing the Corporate Culture, in: Sloan Management Review, Vol. 17, 3/1976, S. 33–49
*Simon, H. A.* (1947, 1957, 1965): Administrative Behavior, A Study of Decision-Making Process in Administrative Organization, New York/London 1947, 1957, 1965
*Smircich, L./Morgan, G.* (1982): Leadership: The Management of Meaning, in: The Journal of Applied Behavioral Science, Vol. 18, 3/1982, S.257–273
*Smircich, L.* (1983a): Studying Organizations as Cultures, in: Morgan, G. (Hrsg.), Beyond Method, London 1983, S. 160–171
*Smircich, L.* (1983b): Concepts of Culture and Organizational Analysis, in: Administrative Science Quarterly, 28/1983, S. 339–358
*Smith, K. K./Simmons, V. M.* (1983): A Rumpelstiltskin Organization: Metaphors on Metaphors in Field Research, in: Administrative Science Quarterly 1983, S. 377–392
*Spälti, P.* (1984): Unternehmenskultur der Winterthur-Versicherungen, in: ATAG (Hrsg.), Die Bedeutung der Unternehmenskultur für den künftigen Erfolg ihres Unternehmens, Zürich 1984, S. 65–81
*Schein, E. H.* (1985): Organizational Culture and Leadership, San Francisco/Washington/London 1985
*Schein, E. H./Bennis, W. G.* (1965): Personal and Organizational change through group methods: The laboratory approach, New York 1965
*Scheuten, W. K.* (1985): Wertewandel und Unternehmenskultur, in: Der Arbeitgeber, 17/37, 1985, S. 608–609
*Schmalenbach, E.* (1948): Pretiale Wirtschaftslenkung, Bd. 2: Pretiale Lenkung des Betriebes, Bremen 1948
*Schuhmacher, B.* (1985): Handbuch: Führungsgrundsätze und Führungshilfen entwickeln und einführen. Bausteine der Organisationskultur, Landsberg/Lech 1985
*Schwartz, M./Davis, S. M.* (1981): Matching Corporate Culture and Business Strategy, in: Organizational Dynamics, Summer 1981, S. 30–48
*Staehle, W. H.* (1980): Management – Eine verhaltenswissenschaftliche Einführung –, München 1980. 2. Aufl. München 1985
*Taylor, J./Bowers, D. G.* (1972): Survey of Organizations: A machine scored standardized questionnaire instrument, Ann Arbor, Michigan 1972
*Then, W.* (1985): Unternehmenskultur: Reintegration der Wirtschaft in die Gesellschaft, in: Der Arbeitgeber, 9/37, 1985, S. 33–332
*Tichy, N. M./Fombrun, Ch. J./Devanna, M. A.* (1982): Strategic Human Ressource Management, in: Sloan Management Review, 1982, S. 47–61
*Trommsdorf, V.* (1980): Image als Einstellung zum Angebot, in: Hoyos, C. Graf von/Kroeber-Riel, W./Rosenstiel, L. von/Strümpel, B. (Hrsg.), Grundbegriffe der Wirtschaftspsychologie. Gesamtwirtschaft – Markt – Organisation – Arbeit, München 1980, S. 117–128

*Trux, W.* (1980): Unternehmensidentität, Unternehmenspolitik und öffentliche Meinung, in: Birkigt, K./Stadler, M., Corporate Identity. Grundlagen, Funktionen, Fallbeispiele, München 1980, S. 61–72
*Trux, W./Müller, G./Kirsch, W.* (1984): Das Management strategischer Programme, 2 Bände, München 1984
*Tschirky, H.* (1981): Führungsrichtlinien, Zürich 1981
*Türk, K.* (1976): Grundlagen einer Pathologie der Organisation, Stuttgart 1976
*Tunstall, W. B.* (1983): Cultural Transiton at AT&T, in: Sloan Management Review, Fall 1983, S. 15–26
*Ullrich, K. V.* (1977): Gesellschaftsbezogene Unternehmensphilosophie. Grundlagen, Funktionen und instrumentaler Einsatz, Köln 1977
*Ulrich, H.* (1978): Unternehmenspolitik, Stuttgart/Bern 1978
*Ulrich, P.* (1983a): Konsensus-Management: Die zweite Dimension rationaler Unternehmensführung, in: BFuP, 1/1983, S. 70–84
*Ulrich, P.* (1983b): Sozialökonomische Entwicklungsperspektiven aus dem Blickwinkel der Lebenswelt, in: Schweizerische Zeitschrift für Volkswirtschaft und Statistik, 3/1983, S. 237–259
*Ulrich, P.* (1983c): Konsensus-Management. Zur Ökonomie des Dialogs, in: gdi – impuls, 2/83, S. 33–41
*Ulrich, P.* (1984): Systemsteuerung und Kulturentwicklung, in: Die Unternehmung, 4/1984, S. 303–325
*Ulrich, W. L.* (1984): Human Resource Management and Culture: History, Ritual, and Myth, in: Human Resource Management, Vol. 23, Summer 1984, S. 117–128
*Walster, E./Festinger, L.* (1962): The Effectiveness of „Overhead" Persuasive Communications, in: Journal of Abnormal and Social Psychology, 1962, S. 395 ff.
*Weber, J.* (1985): Unternehmensidentität und unternehmenspolitische Rahmenplanung, München 1985
*Weber, M.* (1972): Wirtschaft und Gesellschaft, 5. Aufl., Tübingen 1972
*Weber, M.* (1973): Die protestantische Ethik (Hrsg. von Winckelmann, J.) 2 Bände, Hamburg 1973
*Weick, K. E.* (1979): Cognitive Processes in Organizations, in: Research in Organizational Behavior, 1979, S. 41 ff.
*Weidermann, P.* (1984): Das Management des Organizational Slack, Wiesbaden 1984
*White, J.* (1984): Corporate Culture and Corporate Success, in: Management Decision 22, 4/1984, S. 14–19
*Wilkins, A. L.* (1979): Organizational stories as an expression of management philosophy, PhD thesis, Stanford University, California, 1979
*Wilkins, A. L.* (1984): The Creation of company Cultures: The Role of Stories and Human Resource Systems, in: Human Resource Management, No 1. 23/1984, S. 41–60
*Williamson, O. E.* (1975): Markets and Hierarchies: Analysis and Antitrust Implications, New York 1975
*Williamson, O. E./Ouchi, W. G.* (1981): The Markets and Hierarchies and Visible Hand Perspectives, in: Van de Ven, A./Joyce, W. F. (Hrsg.), Perspectives on Organization Design and Behavior, New York 1981, S. 347–370
*Wissema, J. G./Brand, A. F./Van der Pol, H. W.* (1981): The Incorporation of Management Development in Strategic Management, in: Strategic Management Journal, 2/1981, S. 361–377
*Witte, E.* (1973): Organisation für Innovationsentscheidungen – Das Promotoren-Modell, Göttingen 1973
*Wollert, A./Bihl, G.* (1983): Werteorientierte Personalpolitik – Ein Beitrag zur Diskussion des personalpolitischen Gesamtkonzeptes der Zukunft, in: Personalführung, Nr. 8/9, 1983
*Yinger, M. J.* (1960): Contraculture and Subculture, in: American Sociological Review, Vol. 25, 5/1960, S. 625–635
*Yinger, M. J.* (1977): Presidential Address: Countercultures and Social Change, in: American Sociological Review, 6/1977, S. 833–853

# Beitrag F.

# Unternehmenskultur: eine Herausforderung für die Theorie der Unternehmung?

von

Bernhard Dietel

| | | |
|---|---|---|
| 1. | Anreiz-beitrags- und koalitionstheoretische Grundlagen einer Theorie der Unternehmung | 214 |
| 2. | Starke Unternehmenskulturen in einem anreiz-beitrags- und koalitionstheoretisch fundierten Modell der Unternehmung | 219 |
| 2.1 | Beitritts- und Beitragsleistungsentscheidungen und Unternehmenskultur | 220 |
| 2.1.1 | Beitrittsentscheidungen | 220 |
| 2.1.2 | Beitragsleistungsentscheidungen | 221 |
| 2.2 | Managementaufgabe und Unternehmenskultur | 222 |
| 2.2.1 | Zielsetzung | 223 |
| 2.2.2 | Rollendefinition, Rollenbesetzung und Rollenhandeln | 228 |
| 3. | Die „Botschaft" der Unternehmenskulturdiskussion: Management of Evolution | 233 |

Die Klagen über den Sinnverlust in der Gegenwart im allgemeinen und in der Arbeitswelt im besonderen erinnern gelegentlich an die Beschwörung des Unterganges des Abendlandes. Dabei wird zur Verstärkung der dramaturgischen Wirkung dieser Behauptung der Sinnbegriff in einer Weise verwendet, die keineswegs selbstverständlich ist. Es wird nämlich nicht der Verlust bestimmter Sinninhalte beklagt, an deren Stelle andere, für weniger wünschenswert gehaltene treten, sondern von einer generellen „Sinnentleerung" gesprochen. Nicht vom Sinnwandel ist die Rede, sondern vom Verlust. Damit wird den Kommunikationspartnern die Vorstellung des Verschwindens eines wertvollen Sachverhaltes aufgedrängt. Die Möglichkeit, an eine Befreiung von belastenden Vorstellungen und Erwartungen, von Zwängen, die bei sich bietender Gelegenheit beseitigt werden können, zu denken, wird beiseite geschoben.

Es bedürfte einer sorgfältigeren Analyse, um klären zu können, ob solchen Klagen das Unvermögen zugrunde liegt, andere als die jeweiligen eigenen Kriterien der Sinnhaftigkeit für denkbar und zulässig zu halten, ob unterschiedliche Sinnkriterien für möglich gehalten, diese aber als einer Bewertung mit Hilfe höherrangiger Werte zugänglich angesehen werden, oder ob der Sinnbegriff auf diese Weise lediglich dazu mißbraucht wird, eigene Interessen mit Hilfe eines verführerischen sprachlichen Symbols mit besseren Durchsetzungschancen auszustatten. Wie dem auch sei, man kann sich des Eindrucks nicht erwehren, daß die Fragestellung nicht lautet, ob neue Sinnkriterien möglicherweise an die Stelle derjenigen treten müßten, deren Verschwinden beklagt wird; die Denkrichtung scheint vielmehr restaurativ zu sein.[1] Es ist im Grunde nicht verwunderlich, daß in einer Situation, in der traditionelle Sinnorientierungen in Frage gestellt werden, weil sie nicht zu übersehende negative Konsequenzen haben und daher nicht mehr als selbstverständlich gelebt werden können, andererseits aber stabile und glaubwürdige Alternativen nicht zu erkennen sind, die Restaurierung ehemals bewährter Werte, Ziele und Methoden als Heilmittel angesehen wird. Die Aufmerksamkeit, die die Diskussion um die Unternehmenskultur als möglichem Mittel gegen die Krankheit der Sinnleere erfahren hat, könnte nicht zuletzt auch damit erklärt werden.

Die Unternehmenskultur-Diskussion wurde darüber hinaus sicherlich auch dadurch begünstigt, daß das Wort Kultur selbst positiv besetzt ist, Solidität, Stabilität, Tradition signalisiert. Modernität steht dazu nicht im Widerspruch. Durch die Kombination der Sprachsymbole Modernität und Kultur werden Vorstellungen der Antiquiertheit einerseits und solche der Kurzlebigkeit andererseits unterdrückt. Moderne Kultur ist gegenwärtig, sie wird verkörpert und zum Ausdruck gebracht von den Kulturträgern, zu denen man sich gerne rechnen möchte, sie nimmt die Zukunft vorweg und zeigt die richtigen Orientierungen. Sie ist Sache der Wissenden, der Elite, der Trendsetter.

Im Kreuzfeuer der Vorwürfe der öden Profitmacherei, der Manipulation von Bedürfnissen und der damit im Zusammenhang stehenden Ausbeutung und Zerstörung der natürlichen Lebensgrundlagen des Menschen, ja sogar der Kolonialisierung der Lebenswelt[2] können sich Unternehmungen unvermutet der positi-

---

[1] Vgl. dazu die im Beitrag A aufgezeigten Beschwörungen alter Cowboy-Tugenden in den USA; vgl. auch Deal/Kennedy (1982); Deal (1984).
[2] Vgl. Habermas (1981), S. 447 ff; Kirsch (1984), S. 669 ff.

ven Konnotationen des Kulturbegriffes bedienen. Darüber hinaus strahlt er auch auf diejenigen ab, die sich mit Unternehmungen wissenschaftlich befassen. Die Entdecker des Begriffs der Unternehmenskultur, seien sie in der Unternehmensberatungspraxis oder in den Wirtschafts- und Sozialwissenschaften zu suchen, scheinen den Zeitgeist und das Bedürfnis nach einem solchen Symbol gespürt zu haben.

Mit dem Begriff der Unternehmenskultur[3] verbinden sich bei Laien (und auch Wissenschaftlern) ein gewisses Erstaunen hinsichtlich seiner Zweckmäßigkeit und Angemessenheit sowie eine nicht unbegründete Ungläubigkeit hinsichtlich seiner empirischen Fundiertheit. Negativ getönte Assoziationen sind dagegen kaum auszumachen. Bei einer vordergründigen Beschäftigung mit den mit diesem Begriff in Zusammenhang gebrachten Sachverhalten mag sich der eher analytisch denkende Betrachter zwar an mangelnder Schärfe des Begriffsinstrumentariums sowie Schlüssigkeit und Beweisbarkeit oder gar Bewiesenheit behaupteter Wirkungen der Unternehmenskultur stören. Werte, Normen, Symbole, Mythen, Zeremonien, Rituale etc. scheinen ihre Wirksamkeit aber ohne Rücksicht auf Inhalte durch bloße Beschwörung zu entfalten und sich einer im herkömmlichen Sinne rationalen Untersuchung weitgehend zu entziehen. Es besteht der Verdacht, daß der Nährboden für derartiges, eher dem Bereich des Mythischen zuzurechnendes Denken besonders gut gedüngt ist, jedenfalls wesentlich besser als der für aufklärerische und emanzipatorische Bemühungen.

Vor diesem Hintergrund soll der Versuch einer Abschätzung der Erfolgschancen und Zukunftsaussichten von Bemühungen zur Etablierung von Unternehmenskulturen gewagt werden. Dabei wird von einer in der entscheidungsorientierten Betriebswirtschaftslehre bereits seit langem verwendeten, für die vorliegenden Zwecke jedoch noch zu erweiternden Modellvorstellung bezüglich der Grundstruktur der sozioökonomischen Beziehungen in Unternehmungen und zwischen Unternehmungen und ihrer Umwelt ausgegangen. Diese Modellvorstellung basiert auf der Anreiz-Beitrags-Theorie und der Koalitionstheorie. Sie hat sich als geeignet für die Formulierung einer realitätsnahen Theorie der Unternehmung unter Einbeziehung von Erkenntnissen sozialwissenschaftlicher Nachbardisziplinen erwiesen. Das Phänomen der Unternehmenskultur wurde dabei bislang nicht explizit berücksichtigt. Es erscheint daher notwendig, diesen Aspekt in das Theoriegebäude einzubeziehen, es entsprechend zu modifizieren und weiterzuentwickeln. Im folgenden werden zunächst die Grundzüge dieses Modells skizziert.

---

[3] Die Schwierigkeiten, den Begriff der Unternehmenskultur präzise fassen zu können, betonen Allaire/Firsirotu: „However, this notoriety may turn a complex, difficult but seminal concept into a superficial fad, reduce it to an empty, if entertaining, catch-all-construct explaining everything and nothing." Allaire/Firsirotu (1984), S. 194.

## 1. Anreiz-beitrags- und koalitionstheoretische Grundlagen einer Theorie der Unternehmung[4]

Betriebswirtschaften werden in der anreiz-beitrags-theoretischen Betrachtungsweise als Systeme aufgefaßt, die Beitragsleistungen ihrer Mitglieder in Umwandlungs- und Umverteilungsprozessen so transformieren, daß die Ergebnisse der Transformation für die Mitglieder zu Anreizen für weitere Beitragsleistungen werden. Die Mitglieder leisten Beiträge um der Erlangung der Anreize willen. Das Ausmaß ihrer Beitragsleistung hängt davon ab, wie sie das Verhältnis der grundsätzlich als persönliche „Kosten" angesehenen Beiträge zu der als persönlichem Nutzen betrachteten Anreizerlangung in einem jeweils individuellen Vorteils-Nachteils-Kalkül bewerten. Ein erheblicher Teil dieser Abwägung findet bereits bei der Entscheidung über den Eintritt in die Organisation statt. Es verbleiben jedoch in der Regel auch nach der Aushandlung der Mitgliedschaftsbedingungen noch erhebliche Spielräume für die Gestaltung des individuellen Anreiz-Beitrags-Gleichgewichts.

Die Funktionsfähigkeit eines solchen Systems setzt also voraus, daß es stets in ausreichendem Umfange Individuen und andere Organisationen gibt, die die zur Ingangsetzung und Aufrechterhaltung der Transformations- und Verteilungsprozesse erforderlichen Beiträge zu leisten bereit sind. Deren Beitragsleistungsbereitschaft wird jedoch stark von der Höhe der Anreize bestimmt, die das System zu bieten in der Lage ist. Welche Anreize das System bieten kann, hängt wiederum von den Beiträgen und deren Transformation und Verteilung ab. Die Struktur ist jedoch nur scheinbar zirkulär. Anreize und Beiträge müssen im Zeitablauf sowie in ihrer Abhängigkeit von Vergleichsmöglichkeiten und vermuteten Verteilungsspielräumen gesehen werden.

Betrachtet man Betriebswirtschaften als Anreiz-Beitragsgefüge im Zeitablauf, so wird deutlich, daß neben Zug-um-Zug-Austauschen von Anreizen und Beiträgen sowohl Beitrags- als auch Anreizvorleistungen möglich und nötig sind. Zu Beitragsvorleistungen ist ein Beteiligter dann bereit, wenn er auf die Fähigkeit und Bereitschaft des Systems zur späteren Anreizgewährung, d. h. zu zukünftiger Einforderung ausreichender Beiträge und deren Transformation und Verteilung vertraut. Anreizvorleistungen hängen andererseits davon ab, ob das System (d. h. die dafür Handelnden) auf die Fähigkeit und Bereitschaft des Empfängers zu zukünftiger Beitragsleistung vertraut. Mangelt es an diesem Vertrauen oder wird es nachträglich enttäuscht, so ist das Funktionieren des Systems bedroht, weil entweder die zukünftige Leistungsbereitschaft sinkt oder Beiträge gänzlich ausfallen. Systembedrohungen ergeben sich jedoch auch dann, wenn Teilnehmer günstigere Verwertungsalternativen für ihre Beiträge wahrnehmen und Anreizsteige-

---

[4] Anreiz-Beitrags-Theorie und Koalitionstheorie entstammen einer Denktradition, die die moderne verhaltensorientierte Organisationstheorie und damit die entscheidungsorientierte Betriebswirtschaftslehre maßgeblich beeinflußt hat. Vgl. zu den organisationstheoretischen „Ursprüngen" Simon (1952/53); March/Simon (1958); Cyert/March (1959) (1963); vgl. auch Mintzberg (1983), dessen Ansatz von dem koalitionstheoretischen Grundgedanken als geeigneter Perspektive organisationstheoretischer Überlegungen geprägt ist. Zur Stellung der Anreiz-Beitrags- und Koalitions-Theorie im Ansatz der entscheidungsorientierten Betriebswirtschaftslehre vgl. Heinen (1976b), S. 184 ff, insb. S. 188 ff; Heinen (1984), S. 26 ff; Heinen (1985a), S. 35 ff; Heinen (1985b).

rungen für sie wegen der Anreizansprüche der übrigen Teilnehmer (d. h. wegen unzureichender Verteilungsspielräume) nicht zustande kommen. Für die Funktionsfähigkeit des Systems ist die Verteilung des Erfolges der Transformationsprozesse zwar lebenswichtig, unbezweifelbar richtige Zurechnungskriterien für die Bemessung der Anreize stehen jedoch nicht zur Verfügung.

Das System ist somit prinzipiell konfliktträchtig und in seiner Funktionsfähigkeit gefährdet. Beitragsleistungen können ausfallen, weil die Anreize aus der Sicht der Beitragsleistenden nicht hoch genug sind mit der Wirkung, daß Transformations- und Verteilungsprozesse entweder gänzlich unmöglich oder in ihrer Ergiebigkeit beeinträchtigt werden, so daß das System „insolvent" zu werden droht.

Betrachtet man Betriebswirtschaften unter Verwendung des anreiz-beitragstheoretischen Begriffsinstrumentariums, so stellt sich neben der Frage nach den Bedingungen der Funktionsfähigkeit des Systems auch die nach der Abgrenzung des (Teil-)Systems Betriebswirtschaft. Die Betriebswirtschaft (oder die Unternehmung) wird üblicherweise als Institution begriffen, d. h. nicht als einmalige Interaktionsepisode, sondern als ein zumindest für eine gewisse Zeit existierendes Interaktionsgefüge. Sieht man das System der Anreiz-Beitrags-Austausche im Zeitablauf, so werden durchaus episodenhafte Beziehungen sichtbar. Diese Beurteilung ergibt sich jedoch nur dann, wenn an die konkreten Personen oder Institutionen gedacht wird, mit denen Austauschbeziehungen bestehen, wie etwa den nur ein einziges Mal oder zumindest nur in größeren Zeitabständen auftretenden Käufern, Lieferanten oder Kreditgebern. Versucht man aber, die benötigten Beiträge und die zu gewährenden Anreize zu typologisieren, so ergibt sich ein anderes Bild. Beitragsleistungen einer bestimmten Art wiederholen sich immer wieder, werden jedoch von im Zeitablauf wechselnden Interaktionspartnern erbracht. Bei näherem Zusehen besteht aber auch bei Interaktionspartnern, die in dauerhafter Beziehung in das Anreiz-Beitrags-System eingebunden sind, und deren Zugehörigkeit zum System Betriebswirtschaft intuitiv niemand in Zweifel ziehen würde, wie etwa bei den durch Arbeitsvertrag verpflichteten Mitarbeitern, die Möglichkeit des personellen Wechsels, ohne daß damit das Anreiz-Beitrags-System zerbrechen müßte.

Das hier angesprochene Problem legt es nahe, bei der Bestimmung der Elemente des Anreiz-Beitrags-Systems von den jeweils individuellen Interaktionspartnern zu abstrahieren und sie lediglich als Inhaber bestimmter Rollen zu begreifen. Dies hat zur Folge, daß das Kriterium der Zeitdauer der Zugehörigkeit zum Anreiz-Beitrags-System für die Frage der Zugehörigkeit zum System Unternehmung nicht mehr relevant ist.

Die Einbeziehung des Rollenkonzeptes erfordert die Berücksichtigung der dahinterstehenden soziologischen Theorien und Begriffe.[5] Mit dem Begriff der Rolle werden in der Soziologie mehr oder weniger stark stabilisierte Komplexe von Verhaltenserwartungen bezeichnet. Die Erfüllung dieser Erwartungen wird Rollenhandeln genannt. Es wird also mit diesem Begriff zum Ausdruck gebracht, daß sich innerhalb sozialer Gebilde gewisse Grundmuster von Verhaltenserwartungen entwickeln, denen konkrete Individuen innerhalb gewisser

---

[5] Vgl. zur soziologischen Rollentheorie stellvertretend für viele Dahrendorf (1974); Wiswede (1985) S. 147 ff; Mayntz (1980).

Toleranzgrenzen entsprechen müssen, wenn sie nicht das Risiko der Geringschätzung, Sanktionierung oder gar des Ausgestoßenwerdens auf sich nehmen wollen.

Die Antwort auf die Frage nach der Entstehung von Rollenerwartungen innerhalb von Organisationen scheint weniger Schwierigkeiten aufzuwerfen als die nach der Entstehung von Rollen innerhalb der Gesellschaft. Dies gilt zumindest für Organisationen, die nicht durch ein eher zufälliges Aufeinandertreffen von Personen mit jeweils individuellen Bedürfnissen und Erwartungshaltungen entstehen, sondern „organisiert", d. h. im Hinblick auf die Erreichung von Zielen geschaffen und dabei entsprechend strukturiert werden. Mit dieser Überlegung soll keineswegs zum Ausdruck gebracht werden, daß sich die konkrete Rollenstruktur einer Unternehmung zwingend aus Zielen ableiten lasse. Grundmuster einer zweckrationalen Aufgabenteilung lassen sich jedoch in aller Regel feststellen.

Auf einer relativ hohen Abstraktionsebene gesehen müssen, bezogen auf ein Anreiz-Beitrags-Gefüge, wie es oben skizziert wurde, die folgenden Rollen adäquat besetzt sein:

- „Lieferanten" der unmittelbaren Einsatzgüter wie Stoffe, Maschinen, Arbeitsleistungen;
- „Abnehmer" der Ergebnisse der Transformationsprozesse, d.h. Lieferanten von Geld oder sonstigen Gegenleistungen, die als Anreize für die Zurverfügungstellung der Einsatzgüter benötigt werden;
- „Lieferanten" von Kapital, d.h. von Beiträgen in Form von Geld (oder Arbeitsleistungen unter Verzicht auf deren sofortige Kompensation durch Auszahlung), die die Zeitspanne zwischen erforderlicher Anreizzahlung an Lieferanten unmittelbarer Einsatzgüter und Beitragsleistung der Abnehmer des Transformationsergebnisses überbrücken helfen;
- „Manager" des Beschaffungs-, Transformations- und Verteilungssystems. Zu ihrem Rollenhandeln zählt neben der Definition der anderen (und der eigenen) Rollen deren adäquate Besetzung sowie deren Redefinition im Zeitablauf.

Es ist davon auszugehen, daß in der Entstehungsphase einer Unternehmung vom Gründungsmanagement erkannt wurde, daß Lieferanten-Abnehmer-Kapitalgeber-Konstellationen bestehen, die das Zustandekommen sowohl jeweils individuell als auch gesamtsystemisch gesehen vorteilhafter Anreiz-Beitrags-Relationen ermöglichen, sofern Maßnahmen zu ihrer Aktivierung ergriffen werden. Derartige Relationen bestehen allerdings nicht abstrakt, sondern im Hinblick auf ein bestimmtes Leistungsprogramm oder Sachziel. Nur auf dieses hin können die zu definierenden Beiträge von Rolleninhabern und die dafür an sie zu gewährenden Anreize bestimmt werden. Dieser Kristallisationspunkt für unterschiedliche, jedoch durch koordiniertes und arbeitsteiliges Handeln zu befriedigende Interessen bedarf daher der ständigen Beobachtung, Weiterentwicklung und erforderlichenfalls Neuformulierung. Die Rolle des „Gründers" endet somit nicht mit der Gründung, sondern stellt einen Teil der Managementrolle dar.

Es stellt sich jedoch die Frage, in welchem Verhältnis das Konzept eines solchen Anreiz-Beitrags-Gefüges zu dem der Betriebswirtschaft als Institution steht. Wenig sinnvoll erscheint es, das gesamte Rollengefüge als Betriebswirtschaft zu bezeichnen. Eine solche Ausweitung des Begriffs widerspricht nicht nur etablierten Denkvorstellungen, sondern erscheint auch unzweckmäßig, weil damit auf Differenzierungsmöglichkeiten unnötigerweise verzichtet würde. Die in der klassischen Begriffsfassung als Angehörige der Betriebswirtschaft verstandenen Rollen bzw. deren Inhaber unterscheiden sich nämlich in der Tat von den Rollen, die „außerhalb" stehen. Sie stellen nämlich nicht nur Beiträge zur Verfügung und nehmen die dafür gewährten Anreize entgegen, sondern sind am Transformations- und Verteilungsprozeß beteiligt, sei es, daß sie unter Hinzufügung ihrer eigenen Beiträge (insbesondere Arbeit) Kombinationsergebnisse produzieren, sei es, daß sie durch Planung und Entscheidung diese Prozesse vorstrukturieren, lenken und auf vermutete Veränderungen in der Zukunft hin umgestalten bzw. hierfür die Voraussetzungen durch Zielformulierungen und deren Veränderungen schaffen.

Im Zentrum des Anreiz-Beitrags-Systems befindet sich also ein Subsystem von Rollen, das die Beiträge einfordert, in Anreize transformiert, diese verteilt und damit nicht nur sich selbst, sondern das gesamte Gefüge des Austausches von Anreizen und Beiträgen „betreibt". Elemente dieses Subsystems sind diejenigen Rollen, deren Inhaber üblicherweise als Mitglieder betriebswirtschaftlicher Organisationen bezeichnet werden.

Die mit Hilfe des begrifflichen Instrumentariums der Anreiz-Beitrags-Theorie mögliche Beschreibung von betriebswirtschaftlichen Organisationen und deren relevanter Umwelt reicht jedoch nicht aus, um die Realität des betrieblichen Geschehens in seiner Grundstruktur vollständig zu charakterisieren. Aufgrund der bisherigen Überlegungen könnte das zu lösende bzw. von funktionierenden Betriebswirtschaften gelöste Problem darin gesehen werden, auf der Grundlage hinreichender Informationen über vorhandene ungenutzte oder „abwerbbare" Beitragsleistungsfähigkeiten und -bereitschaften sowie zu diesen gehörenden Anreizerwartungen ein System von Rollen zu definieren, das den beschriebenen Gleichgewichtsbedingungen genügt, und es dann durch Besetzung der Rollen zu aktivieren. Insbesondere die Verwendung des Rollenbegriffes könnte den Eindruck verstärken, das Denkmodell gehe von eindeutig vorgegebenen und im Zeitablauf stabilen Beitragsbedarfen und deren Zuordnung auf Rollen aus, so daß sich das zu lösende Problem kalkülisieren lassen müßte, um die Existenz einer Lösung – evtl. sogar einer besten – feststellen zu können.

Es ist jedoch unmittelbar einsichtig, daß eine solche Sichtweise die Problemstellung verkürzt. Obwohl natürlich durch „Marktanalysen" im weitesten Sinne feststellbar ist, ob in ausreichendem Umfang anreizproduzierende Beitragsleistungen verfügbar und „organisierbar" sind, kann mit einem solchen Wissen lediglich eine Ausgangskonstellation bestimmt werden. Über deren Entwicklungsrichtung und damit deren Funktionsfähigkeit können dagegen bestenfalls Vermutungen angestellt werden, kennt man doch nicht einmal die bereits in der Ausgangssituation bestehenden Erwartungen sowie Entscheidungs- und Handlungsdispositionen potentieller Mitglieder bezüglich der Entwicklung ihrer Rolle im Zeitablauf, geschweige denn die zu erwartende Entwicklung des Rollengefüges insgesamt. Für dessen Prognose wären detaillierte Kenntnisse der hinter den Anreizerwartungen und Beitragsleistungsbereitschaften stehenden individuellen Bedürfnisse und Interessen nötig. Diese weisen jedoch die unangenehme Eigenschaft auf, sich in Abhängigkeit von der jeweils wahrgenommenen aktuellen Situation und den bis dahin gemachten Erfahrungen zu verändern. Die dadurch ausgelösten u. U. erheblichen Veränderungen in den Anreizerwartungen und Beitragsleistungsbereitschaften können zu einer Bedrohung, aber auch zu einer Verbesserung der Funktionsfähigkeit des Systems führen. Es darf also nicht vernachlässigt werden, daß die Vorgänge des Austausches und der Transformation von Beiträgen und Anreizen innerhalb eines Systems sozialer Beziehungen stattfinden, das eine zeitliche Dimension hat, daß also mit einem kontinuierlichen Prozeß der Redefinition von Rollenerwartungen zu rechnen ist.

Wie bereits angesprochen, liegt der Hauptgrund für die Labilität eines zu einem bestimmten Zeitpunkt funktionsfähigen Anreiz-Beitrags-Systems jedoch in der generellen Knappheit der Anreizgewährungsmöglichkeiten im Verhältnis zu den Anreizerwartungen. Das Fehlen eines zwingenden Verfahrens für die Zurechnung von Anreizen auf geleistete oder zu leistende Beiträge verstärkt diese Labilität einerseits, erhöht andererseits aber die Anzahl möglicher Lösungen. Auch dort, wo Marktprozesse eine Orientierung dafür liefern, welche Anreizforderungen für eine bestimmte Art und Menge von Beitragsleistungen gestellt werden können und mindestens erfüllt werden müssen, besteht kein Grund für die Annahme, die Beteiligten gäben sich a priori mit ihren Marktpreisen zufrieden. Marktpreise stellen kein unabänderlich vorgegebenes Datum dar, insbesondere nicht auf unvollkommenen Märkten, sondern entstehen aus Verhandlungen. Vom Bestreben, in Verhandlungen die eigene Anreiz-Beitrags-Situation zu verbessern, ist in aller Regel auszugehen. Es wäre also sicherlich naiv, die Rolleninhaber grundsätzlich als passive Rollenspieler zu begreifen, insbesondere hinsichtlich der Stabilität ihrer Anreizerwartungen. Aber auch die Beitragsleistungen verändern sich im Zeitablauf. Eine Reihe von Rollen kann nur sehr vage beschrieben werden, ihre konkrete inhaltliche Ausfüllung kann und muß sich häufig im Ablauf der Zeit verändern. Dies kann Konsequenzen für andere Rollen nach sich ziehen. Auch Veränderungen im Anspruchsniveau können Auswirkungen auf die Beitragsleistungsbereitschaft haben.

Zusammenfassend kann festgehalten werden, daß die Rolleninhaber innerhalb des beschriebenen sozialen Gefüges realistischerweise als Vertreter ihrer eigenen Interessen und nicht als Vertreter der Interessen des „Gesamtsystems" d. h. der Interessen der übrigen Rolleninhaber gesehen werden müssen. Sie sind Rolleninhaber, weil sie sich von der Erfüllung und Ausfüllung von Rollenerwartungen eine Befriedigung ihrer Bedürfnisse versprechen, die ihnen in anderen Rollen nicht oder nicht in gleichem Maße möglich erscheint. Nur insoweit, als sie eine über die Erfüllung der Rollenerwartungen hinausgehende Komplementarität zwischen ihren individuellen Interessen und den für das Gesamtsystem formulierten oder vermuteten Werten und Zielen annehmen, ist deren Berücksichtigung wahrscheinlich.

Um diese potentiell konfliktäre Interessensstruktur innerhalb eines Anreiz-Beitrags-Systems und damit auch innerhalb ihres Aktionszentrums Unternehmung zum Ausdruck zu bringen, wird seit langer Zeit der Begriff der Koalition verwendet.[6] Von Koalitionen spricht man im allgemeinen dann, wenn Personen oder Personengruppen kooperieren, um etwas zu realisieren, was sie als isoliert Handelnde nicht realisieren könnten. Die Verwendung des Koalitionsbegriffes ist jedoch nicht bereits dann angebracht, wenn ein Problem arbeitsteilig gelöst

---

[6] Zu einer frühen Verwendung dieses Begriffes in Zusammenhang mit betriebswirtschaftlichen Organisationen vgl. z. B. March (1962).

wird, das ohne Kooperation mehrerer Personen nicht lösbar wäre. Sofern bei allen Beteiligten der Grund für die Kooperation in der Lösung des Problems besteht, diese Lösung also den Beteiligungsanreiz bildet, besteht kein Grund zur Verwendung des Koalitionsbegriffes. Das von einem „Organisator" eines solchen „Teams"[7] zu lösende Strukturierungsproblem bestünde in diesem Idealfalle in der Bestimmung von Teilaufgaben, die den Fähigkeiten der Beteiligten möglichst gut entsprechen, und in der Entdeckung einer akzeptierten Regel für die Aufteilung der Belastungen. Wenn hingegen der Hauptgrund oder zumindest ein wesentlicher Grund für die Beteiligung an einem arbeitsteilig strukturierten Prozeß der Lösung von Problemen darin besteht, in den Genuß der für die Beteiligung gewährten Gegenleistungen zu gelangen, besteht eine die Verwendung des Koalitionsbegriffes rechtfertigende Situation. Die Rollenerwartungen werden dann nicht als primär sachlich bestimmt angesehen, sondern als entweder explizit ausgehandelt oder als implizit, d.h. unter Antizipation eines Verhandlungspartners und dessen Verhandlungssituation verhandlungsähnlich bestimmt. Die Beteiligten wissen voneinander oder unterstellen sich gegenseitig, daß sie um des eigenen Vorteils willen kooperieren und kooperieren müssen, daß die Frage der Beitragsleistung aber stets mit der der Verteilung des im Gesamtsystem entstehenden Ertrages der Beiträge gekoppelt und die Höhe des eigenen Anteils eine Frage der eigenen Verhandlungsmacht ist. Diese hängt wesentlich von den eigenen Alternativen, d.h. der Knappheit der eigenen Beitragsleistungsmöglichkeiten auf den entsprechenden Märkten ab.

Das Denkmodell der Koalition impliziert keinesweg totale Konkurrenz aller Beteiligter um alles, was das Kooperationssystem produziert bzw. umverteilen kann. Nicht nur die benötigten Beiträge sind von unterschiedlicher Art, sondern auch die verteilbaren Anreize. Es wird davon ausgegangen, daß auch die Anreizerwartungen verschiedener Beteiligter von unterschiedlicher Art sind. Die wesentlichen Ergebnisse des Transformationsprozesses jedoch sind so beschaffen, daß sie sich zur Befriedigung der Anreizerwartungen einer Vielzahl von Beteiligten eignen. Diese machen ihre Beteiligungsbereitschaft ganz erheblich von der Erlangung eines ihnen angemessen erscheinenden Anteils dieses Ergebnisses abhängig. Dies gilt vor allem für das im generalisierten Ergebnismaßstab Geld konkretisierte Transformationsresultat.

## 2. Starke Unternehmenskulturen in einem anreiz-beitrags- und koalitionstheoretisch fundierten Modell der Unternehmung

Mit dem Begriff der Unternehmenskultur werden die von den Organisationsmitgliedern geteilten unternehmensbezogenen Werte und Normen bezeichnet. Es wird also grundsätzlich von der Möglichkeit der Existenz eines mehr oder weniger ausgeprägten und für das jeweilige Unternehmen charakteristischen Bodensatzes übereinstimmender Wertorientierungen ausgegangen, der das Entscheiden und Handeln der Organisationsmitglieder beeinflußt und bei starker Aus-

---

[7] Vgl. zum Teambegriff Marschak (1965), zu dessen Rolle in der betriebswirtschaftlichen Organisationstheorie z.B. Heinen (1976a).

prägung ein für die betreffende Unternehmung wahrnehmbar typisches Erscheinungsbild entstehen läßt.

Bei oberflächlicher Betrachtung einer solchen Annahme scheint sie in erheblichem Widerspruch zu den im oben skizzierten Unternehmensmodell enthaltenen Grundannahmen zu stehen, so daß sich die Frage nach dem Realitätsgehalt entweder des Modells oder des Konzeptes der Unternehmenskultur, zumindest in dieser Begriffsfassung zu stellen scheint. Im folgenden soll der Frage nachgegangen werden, welche Bedeutung eine starke Unternehmenskultur vor dem Hintergrund der oben skizzierten Annahmen für eine Unternehmung haben könnte. Angesichts der Struktur des Modells bietet es sich an, die mögliche Bedeutung gemeinsamer Werte und Normen für die Beitritts- und Beitragsleistungsentscheidungen der einzelnen Organisationsmitglieder einerseits und für die Stimulierung und Strukturierung der Anreiz- und Beitragsströme als Managementaufgabe aus der Sicht der Unternehmung andererseits zu untersuchen.

## 2.1 Beitritts- und Beitragsleistungsentscheidungen und Unternehmenskultur

Starke Unternehmenskulturen geben dem Entscheiden und Handeln der Unternehmensmitglieder eine wahrnehmbar typische Prägung. Die Vermutung liegt nahe, daß hierfür bereits durch die Beitrittsentscheidungen der Mitglieder günstige Voraussetzungen geschaffen werden, d. h. die unterstellte Konformität ihrer Beitragsleistungen mit den unternehmenskulturellen Werten und Normen zum Teil auf die Mitgliederselektion zurückzuführen ist.

### 2.1.1 Beitrittsentscheidungen

Die Bedingungen, unter denen sich ein „Kandidat" dafür entscheidet, in eine Organisation einzutreten, sind für den Fall des Fehlens einer (starken) Unternehmenskultur bereits in Abschnitt 1 beschrieben. Er entschließt sich zu einem Beitritt, wenn er bei Abwägung seiner Informationen über die von ihm erwarteten Beitragsleistungen und deren Entwicklung im Zeitablauf einerseits und die zu erwartenden Anreize und deren zukünftige Entwicklung andererseits im Lichte seiner persönlichen Werte zu dem Urteil gelangt, daß die Anreiz-Beitrags-Relation dieser Alternative am günstigsten ist. Die Struktur dieses Entscheidungsproblems kann jedoch außerordentlich komplex sein. Meist sind sowohl die Anreize als auch die Beiträge für unterschiedliche, nicht auf einen operationalen gemeinsamen Nenner zu bringende Bewertungsdimensionen relevant. Zusätzlich ist die Vergleichbarkeit der Alternativen dadurch beeinträchtigt, daß die absoluten „Höhen" sowohl der Beiträge als auch der Anreize bei den verschiedenen Alternativen unterschiedlich sind und „Supplementbeiträge" nur schwer zu definieren oder gar zu realisieren sind.

Versucht man, sich in die Situation eines die Mitgliedschaft in einer Organisation mit starker Unternehmenskultur erwägenden Individuums oder Repräsentanten einer anderen Institution zu versetzen, so stellt sich die Entscheidungssituation aus dessen Sicht wesentlich einfacher dar. Unterstellt, das potentielle Mitglied glaube, daß es sich bei den von ihm über die Interpretation von Symbolen als Merkmale der Unternehmenskultur gedeuteten Werten und Normen nicht um Lippenbekenntnisse oder Erfindungen einer einfallsreichen PR-Abteilung handelt, sondern um das Entscheiden und Handeln tatsächlich beeinflussende normative Orientierungen, so wird es ihm leichter fallen, Vorstellungen von den Rollenerwartungen zu entwickeln, denen er als Organisationsmitglied ausgesetzt sein wird. Die tatsächliche Existenz einer starken Unternehmenskultur ist allerdings keine Gewähr dafür, daß sie von potentiellen Mitgliedern auch zutreffend antizipiert werden kann. Sie verhindert nicht Beitrittsfehlentscheidungen, dürfte diese aber unwahrscheinlicher machen.

Die vom potentiellen Mitglied wahrgenommene Unternehmenskultur kann zu seinem persönlichen Werte- und Normensystem ganz oder teilweise komplementär oder gar deckungsgleich, indifferent oder konfliktär sein. Die Wahrnehmung der Komplementarität oder gar Deckungsgleichheit wird eine Tendenz in Richtung einer Beitrittsentscheidung bewirken, da Versuche zur Antizipation der zukünftigen eigenen Situation in eine Richtung gelenkt werden, die subjektiv positiv bewertet wird. Auch die Aussicht auf die Möglichkeit einer – von der konkreten eigenen Rolle unabhängigen – weitgehenden Identifikation mit der Unternehmung insgesamt kann diese Tendenz bewirken oder verstärken. Dabei muß nicht notwendigerweise ein festgefügtes subjektives Wertsystem vorausgesetzt werden. Bereits die Wahrnehmbarkeit einer normativen Ausrichtung kann, wenn sie nicht gänzlich konfliktär zu den subjektiven Werten ist, vermutlich zu einer Präferenz für die betreffende Unternehmung führen, weil sie kognitive und evtl. auch emotionale Orientierungen für Unschlüssige oder durch den gesellschaftlichen Wertepluralismus Verunsicherte bietet. Sofern die betreffende Unternehmenskultur auch noch Attribute wie zeitgemäß oder zukunftweisend assoziieren läßt, dürften die diesbezüglichen Chancen noch besser sein. Eine positive Einstellung zu einer Unternehmung wegen komplementärer subjektiver und unternehmenskultureller Werte und Normen kann allerdings durch die jeweils konkreten Beitragsforderungen und Anreizerwartungen konterkariert werden. Darüber hinaus kann ein zu kritischer Selbsteinschätzung fähiger Aspirant vom Eintritt in eine Organisation deswegen Abstand nehmen, weil er eine zu seinem individuellen Werte- und Normensystem partiell komplementäre Unternehmenskultur für nicht funktional hält.

Unternehmungen mit einer starken Kultur stellen für potentielle Mitglieder aber auch dann eine Alternative dar, wenn sie deren Werte- und Normensystem subjektiv nicht teilen. Im Falle der Indifferenz können die Möglichkeiten der kalkulierten Übernahme, des Durchhaltens der Indifferenz, der Veränderung durch eigene Einflußnahme oder die der Außenseiterrolle erwogen werden. Informationen über die vorhandene Unternehmenskultur verbessern die Chancen für eine zutreffende Prognose der Konsequenzen einer Beitrittsentscheidung und der alternativen Möglichkeiten des persönlichen Umgangs mit den unternehmenskulturellen Werten und Normen. Diese Aussage gilt auch für den Fall der Wahrnehmung eines Konfliktes, die nicht notwendigerweise dazu führen muß, daß die betreffende Unternehmung keine Entscheidungsalternative darstellt. Die gebotenen oder erwarteten Anreize können hoch genug sein, um in der Hoffnung auf eine Handhabbarkeit des Konfliktes dessen Existenz so lange wie möglich zu verschweigen.

### 2.1.2 Beitragsleistungsentscheidungen

Bei Vorliegen einer starken Unternehmenskultur kann vermutet werden, daß die Organisationsmitglieder eher dazu neigen, in interpretierbaren und interpretationsbedürftigen Situationen Deutungen, die das Argument des Gesamtinteresses verwenden, zu akzeptieren oder selbst zu liefern. Die behauptete Existenz eines starken Wir-Gefühls dürfte auch dazu führen, daß eine stärkere Orientierung auf eine gemeinsam zu lösende Aufgabe hin vorliegt und die Beitragsleistungen in stärkerem Maße unter Berücksichtigung ihres Zusammenhanges mit den Beiträgen anderer gesehen werden. Der Anteil der Selbstkoordination interdependenter Aufgabenträger dürfte dadurch ebenso steigen wie die Bereitschaft zur Suche nach verbesserten Problemlösungen. Hierbei handelt es sich im Grunde um Beispiele für die Bereitschaft zur Erbringung von Vorleistungen im Vertrauen darauf, daß entsprechende Anreize zu einem späteren Zeitpunkt zufließen werden. Dabei kann den Vorschußleistenden durchaus bewußt sein, daß sie damit Anreizvorschüsse an andere Mitglieder „vorfinanzieren" und auf deren Beitragsnachleistungen vertrauen.[8]

Inwieweit Unternehmenskulturen entstehen und überleben können, die zu gesellschaftlichen Grundwerten in Konflikt stehen, ist eine nur empirisch zu beantwortende Frage. Diese Möglichkeit generell zu verneinen, erscheint gewagt. Auch als Sekten bezeichnete Gruppen mit Wertvorstellungen und Lebensgewohnheiten, die zu denen der etablierten Religionen oder Philosophien in starkem Widerspruch stehen, haben in demokratischen Staaten die Chance, toleriert zu werden, solange ihre Mitglieder unter sich bleiben, d. h. Anhänger anderer Weltanschauungen nicht in unzumutbarer Weise beeinträchtigen. Sie haben dann auch die Möglichkeit, betriebswirtschaftliche Organisationen zu gründen, in denen Beitragsleistungen und Anreizgewährungen nach weltanschaulich-religiösen Prinzipien bestimmt werden. Allgemein gültige Aussagen über den Zusammenhang zwischen Beitragsleistungsbereitschaft und Inhalten der Unternehmenskultur erscheinen daher unmöglich.

### 2.2 Managementaufgabe und Unternehmenskultur

Aus anreiz-beitrags-theoretischer Sicht besteht die Aufgabe des Managements darin, die Ströme von Anreizen und Beiträgen zu stimulieren und so zu steuern, daß im Zeitablauf die Beitragsleistungen stets ausreichen, um die Anreizerwartungen zu erfüllen.

Als theoretischer Grenzfall ist dabei ein System denkbar, das existiert, weil es die Bedürfnisse der an ihm Beteiligten befriedigt, ohne daß ein anderes Zielsystem auszumachen wäre als das durch Auflistung der Anreizerwartungen aller Beteiligten charakterisierte.[9] Allenfalls die Erhaltung des Systems könnte in gewissen kritischen Situationen, in denen Beitragssenkungen/Anspruchserhöhungen die Funktionsfähigkeit bedrohen, als Entscheidungskriterium zusätzliche Bedeutung erlangen. Ein derartiges Erhaltungsziel ist dann aber eher ein gemeinsames Unterziel der Anreizerwartungen aller Beteiligten.

---

[8] Dies ist ein Aspekt, der in der „Coporate Culture"-Diskussion in den USA besondere Beachtung gefunden hat, der aber in der Systematik dieses Beitrages zum Problemkreis „Managementaufgabe und Unternehmenskultur" gehört und deshalb in Abschnitt 2.2 dieses Beitrages eingehender erörtert wird.

[9] Die Probleme und Möglichkeiten der Entscheidungsfindung bei Vorliegen derartiger Strukturen sind Gegenstand der Theorie der Sozialwahlfunktionen. Vgl. dazu bspw. Gäfgen (1974), Dietel (1972) S. 66 ff.

Eine solche „kollektivistische"[10] Sichtweise ist Unternehmungen sicherlich nicht angemessen, wenngleich zu vermuten ist, daß mit zunehmender Größe und Differenzierung oder in führungsschwachen Unternehmungen eine Annäherung an diese Situation stattfindet. Generell ist jedoch davon auszugehen, daß Unternehmungen als Anreiz-Beitrags-Systeme nicht „blind" funktionieren, sondern daß die getroffenen Entscheidungen und die daraus resultierenden Maßnahmen auf die Erreichung von Zielen ausgerichtet sind, die für einen größeren Bereich relevant sind als den der jeweils individuellen Anreiz-Beitrags-Relationen.

Die Betriebswirtschaftslehre geht seit langem davon aus, daß Ziele in und von Unternehmungen keine Naturkonstanten sind, die von außen vorgegeben sind, sondern daß sie in internen Zielbildungsprozessen entstehen. Versucht man daher, das grundätzliche Managementproblem in Teilaufgaben zu zerlegen, so steht an erster Stelle die Bestimmung eines geeigneten Systems grundlegender Ziele. Es sind weiterhin die für die Zielerreichung geeignet erscheinenden Rollen so zu definieren, daß sie auch besetzt werden können, und die Prozeßabläufe (Transformation, Verteilung) ingangzusetzen, aufrechtzuerhalten und zu kontrollieren.

Mit der Reihenfolge der Beschreibung von Teilaufgaben ist keineswegs auch eine entsprechende Chronologie der Aufgabenerfüllung unterstellt. Vielmehr ist, weil die Teilaufgaben nur arbeitsteilig zu lösen sind und das Management seine eigenen Teilrollen definieren und besetzen muß, von einer außerordentlich komplexen Struktur interdependenter und rückgekoppelter Problemlösungsprozesse im Zeitablauf auszugehen. Im folgenden soll aus Gründen der Strukturierung der Argumentation bei der Erörterung der aufgeführten Teilaufgaben dennoch in analytischer Weise vorgegangen werden. Zunächst steht das Verhältnis von Zielsetzungsprozessen und Unternehmenskultur im Mittelpunkt der Betrachtung.

## 2.2.1 Zielsetzung

Die Betriebswirtschaftslehre hat sich seit jeher in erster Linie mit Handeln, d. h. absichts-, zweck- oder zielgeleitetem menschlichen Tun befaßt. Sie konnte daher gar nicht anders, als von der Existenz von Zielen auszugehen, die in und von Betriebswirtschaften verfolgt werden. Es erwies sich jedoch als schwierig, zu wissenschaftlich gesicherten Aussagen über die in der betrieblichen Realität tatsächlich verfolgten Ziele zu gelangen. Wissenschaftler haben sich daher teilweise auf behauptete persönliche Erfahrungen berufen, was ihnen den Vorwurf der Unwissenschaftlichkeit, der Postulierung unbewiesener Tatsachen eintrug. Die Verwendung angeblich evidenter, durch Einsicht in das Wesen des Wirtschaftens gewonnener Zielinhalte in idealtypisch konzipierten Modellen löste den Vorwurf der Immunisierungsstrategie aus. So konnte es nicht ausbleiben, daß Versuche zur Feststellung der wirklichen Ziele durch Anwendung von Methoden der empirischen Sozialforschung unternommen wurden. Deren Ergebnisse bestätigten die Vermutung, daß das Handeln von Betriebswirtschaften nicht nur auf ein einziges Ziel, etwa das der maximalen Gewinnzielung ausgerichtet zu werden pflegt, sondern daß ein relativ umfangreicher Katalog unterschiedlicher Ziele Entscheidungsrelevanz besitzt.[11]

---

[10] Vgl. Etzioni (1968).
[11] Vgl. Heinen (1976a).

Die Ergebnisse der Zielforschung sind jedoch aufgrund gewisser methodischer Probleme nicht unhinterfragbar. Wenn man von der sicherlich realistischen Annahme ausgeht, daß den getroffenen Entscheidungen unvermeidlich auch individuelle Ziele der Entscheidungsträger zugrunde liegen und eine Befragung von Unternehmungsangehörigen ebenso unvermeidlich deren durch ihre eigenen Ziele beeinflußte Wahrnehmung von Unternehmenszielen wiedergibt, so stellt sich sowohl bei Versuchen der Rekonstruktion von Zielen aus den tatsächlichen Entscheidungen als auch bei Befragungen das Problem der Validität der Ergebnisse. Hinzu kommt, daß die solchen Untersuchungen zugrunde liegende Hypothese, daß es über die in konkrete Ziele für koordiniertes arbeitsteiliges Handeln transformierten Anreizerwartungen der Beteiligten hinaus noch andere, grundlegendere normative Orientierungen gibt, durchaus umstritten ist.[12]

Es scheint, als ob die Betriebswirtschaftslehre auf die eher aus der „Verstehenstradition" der Wirtschaftswissenschaften und den Emanzipationsbemühungen des Faches heraus verständlichen Frage nach den Zielen der Unternehmung angesichts von Kritik, die auf der Grundlage eines positivistischen Wissenschaftsverständnisses entstand, durch Anwendung positivistischer Untersuchungsmethoden eine Antwort zu geben versucht, ohne die eigentliche Fragestellung zu überdenken. Diese kann für derartige Untersuchungen allenfalls lauten: Welche Ziele liegen Entscheidungen, die von Entscheidungsträgern als Inhabern von Rollen innerhalb einer Unternehmung getroffen werden, zugrunde, d. h. bestimmen die Suche nach und die Auswahl von Handlungsalternativen? Die bei der Untersuchung dieser Frage festgestellten Ziele gestatten nicht die Folgerung, sie seien unbezweifelbar Unternehmensziele. Die Lösung des damit angesprochenen Problems muß auf der Grundlage einer Theorie der Entstehung von Zielen in einem dafür geeigneten Untersuchungsdesign in einem weiteren Schritt versucht werden. Eine solche Untersuchung muß aber darüber hinaus auch von klaren Vorstellungen vom Untersuchungsgegenstand ausgehen können. Diese werden erschwert durch eine Vielzahl von Begriffen, denen gemeinsam ist, daß sie Eigenschaften von Objekten, Zuständen oder Prozessen zum Ausdruck bringen, die ein Individuum veranlassen können, ihre Existenz durch eigenes Tun herbeizuführen oder zumindest für wünschenswert zu halten. Neben dem Zielbegriff sind dies Begriffe wie Wert, Zweck, Motiv, Norm.

Ansätze einer Theorie der Zielbildungsprozesse in Organisationen liegen vor. Ein Grundmodell der Erklärung des Ablaufs politischer Zielbildungsprozesse in Organisationen kann in der sozialwissenschaftlich orientierten Konzeption zur Analyse politischer Prozesse von Easton[13] gesehen werden. Ausgangspunkt ist hier das Gefüge der persönlichen Werte, Einstellungen und Ziele der Organisationsmitglieder und -teilnehmer. Diese werden zum Teil in aktiver Weise versuchen, auf die Ausgestaltung und Festlegung der Organisationsziele Einfluß zu nehmen, denen das zukünftige gemeinsame organisationale Entscheiden und Handeln dienen soll. Ihre „Ziele für die Organisation" werden in Form von For-

---

[12] Vgl. Kirsch (1969).
[13] Vgl. Easton (1965); zur Darstellung vgl. Kirsch (1977, III), S. 121 ff; Kirsch/Esser/Gabele (1979), S. 26 ff; Heinen (1984), S. 28 ff; Heinen (1985b) S. 28 ff.

derungen an die Kernorgane[14] der Organisation gerichtet und stellen den Input des (offenen) politischen Systems dar.

Unter dem Eindruck einer Vielzahl teilweise konkurrierender und konfliktärer Forderungen und der jeweils hinter diesen stehenden Machtverhältnissen sowie unter Berücksichtigung ihrer eigenen Interessen und der Erfordernisse des Systems versuchen die Kernorgane, diese unterschiedlichen Vorstellungen in ein offizielles Zielsystem der Unternehmung umzuformen, das sie für verbindlich erklären. Die so entstandenen autorisierten „Ziele der Organisation" stellen den Output des politischen Systems dar und sollen als Prämissen nachgelagerter Entscheidungen auf allen organisationalen Ebenen wirksam werden. Die Realisation des autorisierten Zielsystems ist um so wahrscheinlicher, je mehr diffuse und spezifische Unterstützung[15] die Kernorgane von den Organisationsmitgliedern und -teilnehmern empfangen. Die verschiedenen Formen der Unterstützung stellen somit einen zweiten wesentlichen Input des politischen Systems dar.

Die einzelnen „Ziele für die Organisation" finden in unterschiedlichem Umfang in den „Zielen der Organisation" Berücksichtigung. Teilweise bleiben sie aber auch unberücksichtigt. Ob und inwieweit einzelne „Ziele für die Organisation" zu „Zielen der Organisation" werden, ist vor allem eine Frage der Macht der jeweiligen Individuen oder Gruppen. Davon ausgehend sind Organisationsziele als Ergebnis forwährender Verhandlungsprozesse anzusehen, die unter ungleichgewichtigen und sich im Zeitablauf ändernden Machtverhältnissen ablaufen, was folgende Erkenntnisse impliziert:[16]

(1) Organisationsziele sind stets Kompromisse, „Quasilösungen"[17], die den verschiedenen Einzelinteressen in unterschiedlicher Weise gerecht werden und stark von den gegebenen Machtverhältnissen abhängen.

(2) Der Zielkompromiß wird durch formale Bestätigung (des hierzu autorisierten Kernorgans) für allgemein verbindlich erklärt.

(3) Der Zielbildungsprozeß wird in aller Regel zu keinem vollständigen Interessensausgleich führen. Vielmehr wird der Aushandlungsvorgang mit der Verabschiedung von relativ globalen und vagen Zielformulierungen enden, die nur in geringem Maße operational sind und genügend Spielraum für Interpretationen und damit für die Einbringung derjenigen individuellen Werte und Normen lassen, welche zuvor im Zielbildungsprozeß nicht durchgesetzt werden konnten.

Das Belassen eines persönlichen Auslegungsspielraumes bezüglich der Inhalte der Ziele einerseits und der Mittel der Zielerreichung andererseits soll nicht zu-

---

[14] Kernorgane sind diejenigen Individuen (oder Gruppen), die aufgrund der Verfassung einer Organisation dazu berechtigt sind, Ziele für verbindlich zu erklären; vgl. Kirsch (1977, III), S. 55 ff und S. 121.
[15] Spezifische Unterstützung wird den Kernorganen von jenen Organisationsinteressenten zuteil, deren Ziele (für die Organisation) in das autorisierte Zielsystem eingegangen sind, während diffuse Unterstützung aus der Verfassungstreue der Organisationsmitglieder, dem Glauben an die Legitimität der Kernorgane, aus einem gemeinsamen Überlebensinteresse sowie aus sozioemotionalen Beziehungen zur Organisation und somit unabhängig von den Zielentscheidungen gewährt wird. Vgl. Heinen (1985b), S. 29; Kirsch (1977, III), S. 123 f; Kirsch/Esser/Gabele (1979), S. 27 f.
[16] Vgl. hierzu Heinen (1984), S. 30 f, (1985b), S. 30.
[17] Vgl. Cyert/March (1963), S. 117; Heinen (1984), S. 31, Heinen (1985b), S. 31.

letzt die Kompromißbereitschaft der aktiven Interessenten erhöhen. Damit verbunden stellt ein bewußt vage gehaltener Zielkompromiß zwar eine Umgehung des in der Zielbildung vorhandenen Konfliktpotentials dar, letztendlich bewirkt er jedoch nur eine Verlagerung auf die Zielverwirklichung[18] (Willensdurchsetzung, Führung). Durch die von allen Seiten gebilligte „Quasilösung" wird also lediglich die Bandbreite grundsätzlich möglicher Konflikte eingeschränkt.

Derartige Zielbildungsprozesse können sowohl integrativer als auch distributiver Natur sein[19], wobei mit diesen Begriffen die jeweiligen Extrempunkte eines Kontinuums von Möglichkeiten beschrieben werden. Als distributiv ist ein politischer Zielbildungsprozeß zu bezeichnen, wenn die Aktoren nur in begrenztem Umfang relevante Informationen austauschen. Die „Ziele der Organisation" entsprechen dann in aller Regel den Zielen des „Siegers für die Organisation". Von integrativen Zielbestimmungsprozessen kann dagegen gesprochen werden, wenn wechselseitiges Vertrauen gegeben ist und ein freier, nicht manipulierter Informationsaustausch vorherrscht, bei dem die beteiligten Individuen und/ oder Gruppen den Versuch unternehmen, gemeinsam die sich aus den konkurrierenden Forderungen ergebenden Konflikte zu handhaben.

Unbestreitbar ist, daß diese auf koalitionstheoretischen Überlegungen aufbauende Perspektive in der Beschreibung von Zielinhalten und insbesondere von Zielbildungsprozessen notwendigerweise eine reduktionistische Interpretation sozialer Prozesse in betriebswirtschaftlichen Organisationen impliziert. Ob der skizzierte Ablauf des politischen Zielbildungsprozesses in Anlehnung an die Konzeption von Easton als ein adäquates Bild realer Vorgänge angesehen werden kann, ist empirisch nicht nachgewiesen. Insbesondere die Konfliktträchtigkeit des im Modell unterstellten Ablaufs von Zielbildungsprozessen und die daraus resultierende Gefährdung der Handlungsfähigkeit von Organisationen lassen die Vermutung angebracht erscheinen, daß Mittelentscheidungen auch ohne vorausgehende explizite Zielentscheidungen getroffen werden können. Zielautorisierungen finden oft erst nach der Schaffung von (vollendeten) Tatsachen statt, um bestehende Machtverhältnisse nicht zu gefährden und/oder zu rechtfertigen. Die Theorie der Zielbildung liefert also bislang lediglich Hypothesen bezüglich der Ablaufstruktur solcher Prozesse.[20] Versuchen einer empirischen Überprüfung stehen kaum überwindbare Schwierigkeiten entgegen. Die im vorliegenden Zusammenhang wesentlichen Annahmen hinsichtlich der Resultate derartiger Prozesse erscheinen jedoch plausibel:

(1) Nicht in allen Unternehmungen finden derartige Zielbildungsprozesse statt bzw. führen zur Formulierung von Unternehmenszielen. Es ist möglich, daß Maßnahmen auf der Grundlage von Zielen gewählt werden, die entscheidungsbefugte Mitglieder durch die Unternehmung verwirklicht sehen wollen. Die Maßnahmen erfüllen dann die unterschiedlichen Anreizerwartungen verschiedener Mitglieder in ausreichendem Umfang, eine Verständigung auf eine von allen akzeptierte Zielformulierung wird als nicht erforderlich angesehen.

(2) Auch wenn es zur Formulierung von Zielen für die Gesamtorganisation kommt, ist nicht gewährleistet, daß alle Entscheidungen ausschließlich auf die

---
[18] Vgl. Heinen (1984), S. 31, Heinen (1985b), S. 31.
[19] Vgl. Kirsch (1969).
[20] Vgl. auch Bütow (1980).

Erreichung dieser Ziele ausgerichtet werden. Die Zielformulierungen können nicht sämtliche Anreizerwartungen abdecken und werden auch dann, wenn sie in erster Linie aus den Interessen mächtiger Teilnehmer entstehen, absichtlich allgemein und vage gehalten. Dies führt dazu, daß diejenigen, die die Berücksichtigung ihrer Interessen für unzureichend halten, diese im Zuge der Zielverwirklichung durchzusetzen versuchen.

Somit ist davon auszugehen, daß selbst bei formulierten Unternehmenszielen zusätzliche normative Orientierungen die Entscheidungen und Handlungen der Unternehmensmitglieder mit beeinflussen. Bei einer starken Unternehmenskultur sind derartige normative Bezugspunkte vorhanden. Es ist zu vermuten, daß zwischen den unternehmenskulturellen Werten und Normen und den explizit formulierten oder nur implizit angewandten Unternehmenszielen komplementäre Beziehungen bestehen, ja die Ziele selbst sprachliche Symbole darstellen, in welchen die Unternehmenskultur zutage tritt.

Die einer solchen These zugrundeliegenden Vorstellungen von Ziel und Wert bedürfen allerdings der Explikation. Der Zielbegriff der Theorie der Zielbildungsprozesse ist dem Wertbegriff in einer Hierarchie von Geltungsumfängen untergeordnet, d.h. nur auf einen engeren Bereich der Realität als normative Orientierung anzuwenden. Ziele sind angestrebte oder anzustrebende Zustände oder Zustandseigenschaften, die als wertvoll angesehen, d.h. aus der Sicht eines Wertkriteriums positiv beurteilt werden.[21] Werte legitimieren Ziele, nicht umgekehrt. Ziele sind Konkretisierungen von Werten für bestimmte Lebensbereiche oder Realitätsausschnitte. Dabei ist es durchaus möglich, daß der in einer Zielformulierung zum Ausdruck kommende Zustand in mehrfacher Weise „wertvoll", d.h. aus der Sicht unterschiedlicher Werte positiv zu beurteilen ist. Ziele sind bzw. ermöglichen die Ableitung der Situationsmerkmale, die durch Handlungen herbeizuführen sind, so daß die Frage „Ziel erreicht?" mit ja oder nein beantwortet werden kann. Sofern es nicht möglich ist, für eine normative Orientierung Inhalt, Ausmaß und zeitlichen Bezug zu definieren, ist der Zielbegriff unangemessen. Werte ermöglichen Stellungnahmen zu erreichten oder vorgestellten Zuständen oder Arten des Handelns, liefern aber selbst keine Regeln für das Auffinden oder Erreichen wertvoller Zustände oder Handlungsweisen (es sei denn durch Nennen von Beispielen).

Unternehmungen mit starker Kultur zeichnen sich dadurch aus, daß in ihnen die Formulierung von Zielen leichter fällt als in Unternehmungen mit schwach ausgeprägter Kultur. Das Hauptproblem für erstere besteht in der Prognose und Verarbeitung von Informationen über die Realität und ihre Veränderungen im Zeitablauf. Deren Bewertung und die Einigung auf Beschreibungen erwünschter Zustände oder Zustandsveränderungen können dagegen vergleichsweise problemlos erfolgen. Die Konzentration der Kräfte auf die Lösung ganz bestimmter Probleme führt in der Folge zu einer Verminderung von Reibungsverlusten, d.h. des „Verpuffens" von Beiträgen im Rahmen konfliktärer Prozesse. Darüber hinaus kann das Management „vertrauensgestützte" Erfolgspotentiale aufbauen, da Beitragsleistungen nicht in jedem Falle „Zug um Zug" mit Anreizen belohnt bzw. im voraus honoriert werden müssen. Die höhere Glaubwürdigkeit des Verweisens auf angestrebte Ziele führt zu höheren Vorleistungsbereitschaften; Anreizüberschüsse können leichter gespeichert, d.h. für zukünftige Stimulationen

---

[21] Vgl. auch Heinen/Dill (1986).

von Beiträgen oder als Sicherheitsreserve für Risikosituationen einbehalten werden. Es fällt auch leichter, die Anreizwirkungen von Entscheidungen und Maßnahmen abzuschätzen, weil sie in generelleren Dimensionen beurteilt werden können, d. h. nicht für die einzelnen Individuen oder Gruppen immer wieder von neuem prognostiziert werden müssen.

Die in der oben skizzierten Theorie der Zielbildungsprozesse laut gewordenen Zweifel an der Wahrscheinlichkeit der Entstehung von Zielsystemen von Unternehmungen geben Anlaß zu Skepsis bezüglich der Wahrscheinlichkeit der Entstehung starker Unternehmenskulturen, insbesondere bezüglich der gezielten Herbeiführbarkeit eines organisationsweiten, in den Überzeugungen der Organisationsmitglieder tief verankerten Konsenses über Werte und Normen, die nicht nur eine oberflächliche, jeweils nachträglich angebrachte Garnitur ganz anders begründeter Handlungsweisen darstellen, sondern die Zielauswahl und die zur Zielerreichung ergriffenen Maßnahmen dominieren. Ein diesbezügliches Urteil kann jedoch nicht ohne Berücksichtigung der Bedingungen gefällt werden, unter denen in starken Unternehmenskulturen Entscheidungsprozesse ablaufen.

### 2.2.2 Rollendefinition, Rollenbesetzung und Rollenhandeln

Anreizproduzierende Prozesse der Transformation und/oder Verteilung von Beiträgen in arbeitsteiligen Interaktionsgefügen erfordern ein gewisses Maß an Vorstrukturierung der Beitragsleistungen. Zu diesem Zweck sind Rollen zu definieren und zu besetzen. Unter Rollenbesetzung soll dabei nicht nur die bloße Benennung eines Rolleninhabers verstanden werden, sondern auch die damit verbundene „Auslösung" des Rollenhandelns. Führt man sich die Schwierigkeiten der Schaffung eines umfassenden Zielsystems der Unternehmung vor Augen, so verwundert es nicht, daß ein erheblicher Teil der für eine Rolle in der Organisation präzisierbaren Erwartungen die vom Rolleninhaber erwarteten Beitragsleistungen zur Erfüllung einer technologisch definierten Gesamtaufgabe betrifft, d. h. Stellenaufgabe im Sinne der klassischen Organisationslehre darstellt.[22] Stellenaufgaben sind vorrangig Operationalisierungen des Sachzieles bzw. – in konkreterer Formulierung – des jeweiligen Leistungsprogramms der Unternehmung und der zu seiner Realisierung erforderlichen Steuerungsaufgaben. Bei der Zerlegung des Leistungsprogrammes in Stellenaufgaben dominieren praktische Erfahrungen mit Beitragsleistungsmöglichkeiten von Mitgliedern und den Verfügbarkeiten von Alternativen auf den Märkten. Sie sind in vielen Bereichen ein Problem, das von technischen Fachleuten zu lösen ist. Die Betriebswirtschaftslehre hat sich insoweit in konsequenter Weise auch nur der Struktur des grundsätzlich zu lösenden Entscheidungsproblems angenommen, nämlich dem der Zerlegung einer als vorgegeben gedachten Aufgabe in ihre kleinsten Elemente, die zu alternativen Mustern von Stellenaufgaben zu kombinieren sind und aus denen die günstigste Kombination auszuwählen ist. Die hinter einer solchen Formulierung stehende Sichtweise des Problems der Strukturierung arbeitsteiliger Sozialgebilde gibt jedoch Anlaß zu Bedenken. Der Rolleninhaber wird dabei nämlich als willfähriger Aufgabenerfüller gedacht, dessen Beitragsleistungen und Anreizerwartungen auf ein von einem wie auch immer legitimierten Organisator zugedachtes Maß zugeschnitten werden können. Der soziale Teil der Rollenerwartungen bleibt zwar nicht unbemerkt, wird aber in die „informale" Rolle

---
[22] Vgl. Kosiol (1962).

und die „informale" Organisation abgedrängt. Dort verbleibt er, meist als störender, jedoch nur in seltenen Fällen eliminierbarer Teil der menschlichen Natur aufgefaßt. Versuchen, alternative Strukturen von Rollengefügen unter Einbeziehung der sozialen Komponenten auf ihre als Leistungswirksamkeit bezeichnete Vorteilhaftigkeit zu untersuchen, ist verständlicherweise ebenfalls nicht mehr an Erfolg beschieden als die Sichtbarmachung der Komplexität und analytischen Unlösbarkeit des Problems.[23]

Damit soll keineswegs zum Ausdruck gebracht werden, daß die Vorstrukturierung der Beitragsleistungen und zugehörigen Anreizgewährungen in einem System von Rollenerwartungen nicht eine praktisch außerordentlich wichtige Voraussetzung für koordinierte, technologisch bedingte Reibungsverluste so weit als möglich vermeidende Transformations- und Verteilungsprozesse darstellt. In Zweifel zu ziehen ist jedoch, ob eine solche „technizistische" Sichtweise des Gesamtproblems mit der Vorstellung einer Unternehmung als sozio-ökonomischem System überhaupt vereinbar ist. Im anreiz-beitrags-theoretisch und koalitionstheoretisch fundierten Modell der betriebswirtschaftlichen Organisation werden die individuellen Teilnehmer nicht als passive, willenlose Aufgabenerfüller aufgefaßt, sondern als Teilnehmer an einem Interaktionssystem, auf dessen Struktur und Prozesse sie selbst Einfluß nehmen können und auch nehmen, von dem sie andererseits aber auch beeinflußt werden. Sie sehen sich Beitragsforderungen und Anreizangeboten ausgesetzt, die von anderen Teilnehmern stammen. Diese beurteilen sie im Lichte ihrer persönlichen Wertsysteme unter Berücksichtigung von Alternativen, fällen Beitrittsentscheidungen, erfüllen Rollenerwartungen mehr oder weniger vollständig, versuchen Rollenerwartungen zu verändern, riskieren den Ausschluß aus der Organisation oder treten freiwillig aus, wenn sich ihre eigenen Erwartungen nicht erfüllen. Die Verhandlungsspielräume sind dabei nicht unbeschränkt, aber vorhanden. Marktliche Gegebenheiten liefern sowohl für den einzelnen Organisationsteilnehmer als auch die Organisation als Inbegriff der übrigen Teilnehmer Orientierungen dafür, welche Beitragsleistungen zu welchen Anreizbedingungen „zu haben sind".

Es ist durchaus nachvollziehbar, daß eine noch relativ gut strukturierbare, d.h. in Teilprobleme zerlegbare Sachaufgabe in einer insbesondere auf das Zweck-Mittel-Schema fixierten Denktradition nicht nur als ein ebenfalls zu lösendes Teilproblem eines sehr viel umfassenderen Gesamtproblemes angesehen wird, sondern zum Paradigma des Gesamtproblemes wird.

In der Unternehmenskulturdiskussion wird diese paradigmatische Verengung nicht nur überwunden, es wird förmlich ein Gegenentwurf entwickelt.

Ein anschauliches Beispiel für die Eigenheiten einer Unternehmung, die in ihren Strukturen und Prozessen an diesem Gegenentwurf orientiert ist, liefert die „Typ-Z"-Organisation von Ouchi.[24] „Typ-Z"-Organisationen zeichnen sich durch ihre starken Unternehmenskulturen aus. Diese haben charakteristische Konsequenzen für die Prozesse und Ergebnisse der Definition und der Besetzung von Rollen im Rahmen des Anreiz-Beitrags-Gefüges der betreffenden Unternehmungen. Im einzelnen können spezifische Gestaltungsprinzipien für die

---

[23] Vgl. Stratmann (1968).
[24] Vgl. zur „Typ-Z"-Organisation Ouchi/Jaeger (1978); Ouchi/Johnson (1978), Ouchi (1981); vgl. auch die Ausführungen in Beitrag A.

Allokation von Teilaufgaben und Anreizen auf organisatorische Einheiten (Rollendefinition) und Besonderheiten in den Praktiken der Rekrutierung, des Einsatzes und nicht zuletzt der Freisetzung von Organisationsmitgliedern (Rollenbesetzung) aller Hierarchiestufen identifiziert werden.

Im Zentrum der Definition organisatorischer Rollen im Sinne idealtypischer Verhaltensmuster für einzelne Organisationsmitglieder steht das Problem, ein Gefüge von vergleichsweise abstrakten Beitragskategorien zu schaffen, welches sowohl den Erfordernissen der zu erfüllenden Sachaufgaben als auch den Fähigkeiten, den Kenntnissen und den Erwartungen der die organisatorischen Rollen ausfüllenden Individuen gerecht wird. In den von Ouchi untersuchten Unternehmungen mit starken Unternehmenskulturen begegnet man diesem Problem in einer auf den ersten Blick nicht unbedingt einsichtigen Weise: Die arbeitsteilige Strukturierung der Sachaufgabe als durch einen „Organisator" zu erbringende Leistung wird gar nicht mehr thematisiert. Es wird offensichtlich davon ausgegangen, daß die arbeitsteilige Strukturierung von Sachaufgaben kein oder zumindest kein durch eine zentrale Planung zu lösendes Problem, mithin auch keine primäre „Managementaufgabe" darstellt – eine Anschauung, die im herkömmlichen Verständnis einer organisationspraktischen „Häresie" gleichkommt. Die Folge dieser Grundüberzeugung ist dementsprechend eine Art „formaler Desorganisation", die ihren Ausdruck im weitgehenden Fehlen formaler hierarchischer Berichtskanäle und in unklaren Stellenabgrenzungen, -aufgaben und -kompetenzen findet.

Man könnte in diesem Zusammenhang versucht sein, von einem geringen Spezialisierungsgrad zu sprechen. Es scheint allerdings den Kern der Sache besser zu treffen, wenn man festhält, daß in starken Unternehmenskulturen eine Definition organisationaler Rollen über die Zuordnung spezieller sachlicher Beitragsleistungsforderungen offenbar nicht in dem Maße nötig ist wie in einem in den obigen Ausführungen beschriebenen konfliktär und individualistisch geprägten Anreiz-Beitrags-Gefüge „klassischer" Art. Dies gilt im übrigen nicht nur für die Rollen der einzelnen Organisationsmitglieder, sondern ebenso für größere organisatorische Einheiten wie Abteilungen und Geschäftsbereiche.

Es stellt sich die Frage, wie ein solches System relativ unklarer Aufgaben- und Kompetenzzuweisungen auf einzelne Organisationsmitglieder, in welchem zudem auch die Grenzen zwischen organisatorischen Subsystemen mangelhaft definiert sind, dennoch funktionsfähig sein kann. Ouchi setzt offensichtlich ohne wesentliche Einschränkung auf interpersonale Selbstkoordination, die in ihren Bedingungsfaktoren aus der individuellen Identifikation der Organisationsmitglieder mit der Organisation und ihren Werten und Normen erwächst, und die ihren „strukturellen" Ausdruck primär in ad hoc entstehenden Arbeitsgemeinschaften findet. Ouchi's „... ideal of a completely efficient and perfectly integrated orgnization is one that has no organizational chart, no divisions, no visible structure at all."[25]

Die Rollendefinition erfolgt in einem solchen organisationalen Kontext letztendlich problemorientiert und interaktiv in den Arbeitsgruppen. Dies erhöht einerseits die Flexibilität der Beiträge der einzelnen Organisationsmitglieder, impliziert andererseits aber auch, daß die Steuerung von solchen „beitragszuwei-

---

[25] Ouchi (1981), S. 105f.

senden" Gruppenprozessen zum vorherrschenden Verfahren der Beitragsforderungsallokation wird. Aus diesem Zusammenhang heraus wird verständlich, warum die Funktionsfähigkeit von „Typ-Z"-Organisationen nicht zuletzt davon abhängt, inwieweit die Führungskräfte die Fähigkeit zur Wahrnehmung von Interaktionsmustern in Gruppenprozessen und zu deren behutsamer Steuerung besitzen oder entwickeln können.[26]

Die Definition einer organisationalen Rolle erschöpft sich nicht in der Konkretisierung spezifischer Beitragsleistungsforderungen, die an den potentiellen Rolleninhaber gestellt werden. Konstitutives Merkmal einer organisationalen Rolle ist darüber hinaus die Art und Menge der Anreize, die dem Rolleninhaber für den Fall der Beitrittsentscheidung und Rollenkonformität in Aussicht gestellt werden. Für die Anreizsysteme in Unternehmungen mit schwach ausgeprägten formalen Strukturen und starken Unternehmenskulturen läßt sich eine grundsätzliche Differenz im Vergleich zum Ideal der „durchorganisierten" Unternehmung erkennen: Die Tendenz zu langfristig und kollektiv orientierten Anreizsystemen. Diese Tendenz ist in gewisser Weise eine notwendige Folge der oben geschilderten Aufgaben- und Kompetenzzuweisungsverfahren in Unternehmungen mit starken Kulturen. In Unternehmungen mit schwachen Formalstrukturen und mehrdeutigen Rollendefinitionen kann eine „anforderungsgerechte" Anreizallokation bestenfalls als Leitidee auf einer Metaebene fungieren. Die einzige überdauernde „Anforderung" an das Organisationsmitglied besteht in der Akzeptanz oder günstigstenfalls Internalisierung der unternehmenskulturellen Werte und Normen. Das Ausmaß der Erfüllung dieser spezifischen „Anforderung" kann jedoch nicht kurzfristig beurteilt werden. Deshalb sind Anreizsysteme in starken Unternehmenskulturen auf größere Zeiträume hin ausgerichtet. Eine „Zug um Zug"-Kompensation von Beiträgen durch Anreize ist selten, im allgemeinen werden gegenseitige Vorleistungen erbracht.

Über die langfristige Orientierung der Anreizsysteme hinaus ist, wie angesprochen, eine Tendenz zu kollektivistischen Formen der Anreizallokation charakteristisch für Unternehmungen mit starken Unternehmenskulturen. Dies ist ebenfalls die logische Folge einer Organisationsform, deren zentrale strukturale Einheit nicht die einzelne Stelle bzw. Abteilung, sondern eine amorphe, flexible und ad hoc auftretende und wieder verschwindende „Arbeitsgruppe" darstellt. Hinter den an kollektiven Leistungsgrößen wie Gruppen-, Unternehmensbereichs- oder Gesamterfolg orientierten Anreizallokationssystemen steht die Idee, daß „partielle Grenzproduktivitäten" einzelner Mitglieder eines arbeitsteilig-kooperativen Produktivsystems letztendlich hypothetische Konstrukte sind, welche über die Rechte auf Anreizgewährung nur wenig aussagen können.

In Unternehmungen mit starken Unternehmenskulturen sind die Prozesse und die Ergebnisse der Definition von organisationalen Rollen gekennzeichnet durch relative Unbestimmtheit und hohe Flexibilität. Die nähere Betrachtung der Praktiken der Rollenbesetzung, d. h. der Rekrutierung, des Einsatzes und vor allem der Freisetzung von Organisationsmitgliedern offenbart wiederum wesentliche Unterschiede im Vergleich zu personalwirtschaftlichen Gepflogenheiten insbesondere der typischen amerikanischen Unternehmung. An erster Stelle steht hier die Beobachtung, daß in starken Kulturen eine wesentlich geringere Fluktuationsrate zu verzeichnen ist als in der hochformalisierten industriellen

---

[26] Vgl. hierzu Ouchi (1981), S. 99 ff.

Bürokratie. Dieses Phänomen ist ein wesentlicher Faktor der Lebensfähigkeit gemeinsamer unternehmensbezogener Werte und Normen der Organisationsmitglieder. Es verwundert deshalb nicht, daß über die Vermeidung von Entlassungen aus Gründen konjunktureller Schwächen oder notwendiger struktureller Anpassungsmaßnahmen hinaus auch das freiwillige Ausscheiden von bewährten Mitarbeitern zu verhindern versucht wird. In Zeiten ernsthafter wirtschaftlicher Schwierigkeiten kann eine solche Politik jedoch eine echte Gefahr für den Fortbestand der Unternehmung bedeuten. Da aber wirtschaftliche Schwierigkeiten zumindest in Großunternehmen meist einzelne Unternehmensbereiche betreffen, könnte dieser Gefahr z. B. durch eine gleichmäßige Verteilung der Belastungen auf das Gesamtunternehmen bzw. u. U. sogar auf die gesamte Koalition begegnet werden.

Weitere wesentliche Charakteristika der Rollenbesetzung in Unternehmungen mit starken Unternehmenskulturen sind in deren speziellen Prinzipien der Personal- und insbesondere Führungskräftebeurteilung, der Beförderungsintervalle und der Karrierewege zu finden. Diese drei zentralen Elemente einer Rollenbesetzungsstrategie, die die Schaffung der Rahmenbedingungen für eine starke Unternehmenskultur zum Ziel hat, betreffen in erster Linie die Führungskräfte einer Unternehmung.

Die Karrierewege der Führungskräfte sind im Gegensatz zur üblichen Praxis nicht mehr an einer spezifischen Funktion innerhalb der Unternehmung orientiert. Der vertikale Aufstieg innerhalb der Hierarchie ist vielmehr regelmäßig an eine horizontale Bewegung gebunden, wobei die dabei durchlaufenen Funktionalbereiche sehr unterschiedlich sein können. Darüber hinaus versucht man in Unternehmen mit starken Kulturen die rein horizontale Rotation der Führungskräfte zu fördern. Ziel dieser Vorgehensweise ist es, ein besseres Verständnis der gesamtorganisatorischen Probleme bei den Führungskräften herbeizuführen, nicht zuletzt in der Absicht, freiwerdende Führungspositionen möglichst von innen besetzen zu können. Die Personalabteilungen spielen in einem solchen System naturgemäß eine zentrale Rolle.

Ein weiteres mit der bereichsübergreifenden Ausdehnung der Karrierewege eng zusammenhängendes Charakteristikum einer unternehmenskulturorientierten Rollenbesetzungsstrategie sind tendenziell lange Intervalle zwischen den Beförderungen in eine Position auf höherer hierarchischer Ebene. Die „Blitzkarriere" des hochqualifizierten Verfahrenstechnik-Ingenieurs zum Leiter der Produktion innerhalb weniger Jahre ist in Unternehmungen mit starken Kulturen eher unwahrscheinlich. Die Qualifikation zum Top-Manager wird dort nicht nur an der fachlichen Eignung, sondern nicht zuletzt am Ausmaß der Integration in das unternehmensbezogene Werte- und Normensystem gemessen. Eine solche Integration erfordert jedoch naturgemäß eine längere Zeit als die Einarbeitung in bereichsspezifische technologische Problemlagen, zu der die entsprechenden Organisationsmitglieder durch ihre Ausbildung im allgemeinen besonders befähigt sind. Die Besonderheit der Personal- und Führungskräftebeurteilung in Unternehmungen mit starken Kulturen besteht somit darin, daß sie langsam erfolgt und sich neben quantitativen Leistungskriterien auch auf die „unternehmenskulturelle Kompetenz" der Beurteilten stützt.

Zusammenfassend kann festgehalten werden, daß sich mit den Verfahren der Rollendefinition und der Rollenbesetzung in Unternehmungen mit starken Kulturen einerseits und den entsprechenden Vorgehensweisen der „durchorganisierten" industriellen Bürokratie andererseits zwei unterschiedliche Philosophien der effizienten Koordination arbeitsteilig-kooperativer Prozesse gegenüberstehen: die Philosophie der Planbarkeit und die Philosophie einer Art „Selbstkoordination" im Rahmen eines normativen Bezugsrahmens höherer Ordnung.

Bei stark vorstrukturierter Rollenstruktur, d.h. einem hohen Detaillierungsgrad der Rollenerwartungen, ist einerseits ein hoher Grad der Koordiniertheit individueller Entscheidungen und Handlungen zu erwarten, die tendenziell zu hoher Effizienz der Beitragsverwertung führt. Andererseits sind mit bürokratischen Strukturen Gefahren und dysfunktionale Tendenzen verbunden. Es ist beispielsweise zu befürchten, daß Veränderungen in der Umwelt nicht erkannt werden und das Ergebnis der mit hoher Effizienz transformierten Beiträge seine Anreizwirkungen verliert. Ein starres Regelungssystem erschwert darüber hinaus das Erkennen und unter Umständen das zweckmäßigere differenziertere Behandeln von Ausnahmefällen. Zudem ist mit eher negativen Einflüssen auf die Motivation der Rolleninhaber und ihre Bereitschaft, sich mit ihrer Rolle und evtl. der gesamten Organisation zu identifizieren, zu rechnen, da sie mehr reagieren müssen als sie agieren können.

Bei schwach vorstrukturierten Rollengefügen entfallen zwar die negativen motivationalen Konsequenzen einer zu starken Reglementierung, es können jedoch Probleme der Überforderung durch die Überlastung mit Verantwortung auftreten, die die Beitragsleistungsbereitschaft beeinträchtigen. Darüber hinaus besteht stets die Gefahr der Beitragsvergeudung mangels ausreichender Koordination.

In starken Unternehmenskulturen scheint man in diesem Dilemma mehr auf die positiven Wirkungen einer schwachen und negativen Wirkungen einer starken Vorstrukturierung zu achten und das Problem der Orientierung der Rolleninhaber im Unternehmensalltag durch ein organisationsumgreifendes Werte- und Normensystem für lösbar zu halten, welches in seiner Lebensfähigkeit durch die oben geschilderten Rahmenbedingungen wie geringe Fluktuationsraten, Abbau von formalen Strukturen und Besonderheiten in der Führungskräftepolitik unterstützt wird.

Es bleibt hier natürlich die Frage, inwieweit eine Unternehmung, die nach dem Prinzip der Selbstkoordination funktioniert, überhaupt „steuerbar" ist. Will man der Unternehmenskultur in einem solchen Fall eine Art Meta-Steuerungsfunktion unterstellen, stößt man unmittelbar auf das Problem der Steuerbarkeit von Unternehmenskulturen selbst. Diese Frage soll im folgenden dritten Abschnitt näher beleuchtet werden.

## 3. Die „Botschaft" der Unternehmenskulturdiskussion: Management of Evolution

Geht man davon aus, daß bereits bürokratische Strukturen nicht durch zentrale Organisationsplanung optimiert werden können, weil sowohl ein Optimierungskriterium fehlt als auch die Dimension dieses Problems wegen seiner sozialen Komponente überhaupt nicht überblickbar ist[27], so kann man auch für ein

---
[27] Vgl. hierzu bspw. Malik (1984), S. 36 ff.

Werte- und Normensystem nicht angeben, ob es seine Aufgabe zu erfüllen in der Lage ist (von den Schwierigkeiten seiner Verankerung ganz abgesehen). Die Konsequenz für Theorie und Praxis muß dann aber eine Abkehr von der Vorstellung sein, betriebswirtschaftliche Organisationen seien „machbar", sofern nur ausreichende Informationen und Informationsverarbeitungskapazitäten zur Verfügung stehen. Betriebswirtschaftliche Organisationen müssen vielmehr als Ergebnis permanent ablaufender Entwicklungsprozesse angesehen werden, und die Aufgabe des Managements besteht in der Beeinflussung dieser Evolutionsschritte. Für diese Steuerungsversuche gibt es keine Rezepte und keine Erfolgsgarantien. Bereits die Logik ihrer Wirkungsweise ist unklar. Informationen über die Bedingungskonstellationen sind zum größten Teil das Ergebnis von Interpretationen, d. h. Bestandteile der durch diese Interpretationen entstehenden sozialen Realität.

Für die Frage der „Machbarkeit" einer Unternehmenskultur gelten diese Argumente in gleicher Weise. Wenn man also auf Unternehmen mit starker Kultur stößt, so ist davon auszugehen, daß sich diese in einem historischen Prozeß entwickelt hat, den man vielleicht rekonstruieren, aber nicht gezielt herbeiführen kann. Werden diese Einschränkungen bezüglich eines Kulturmanagements anerkannt, so liegt es nahe, Gestaltungsempfehlungen zur Handhabung kultureller Phänomene auf Unternehmensebene im Sinne eines „Management of Evolution" zu formulieren.[28] Ein derartiges Management of Evolution (oder auch evolutionäres Management[29]) ist von dem Grundgedanken getragen, daß „Unternehmungen wie auch andere soziale Organisationen und Institutionen weitgehend selbständernde, selbstevolvierende und selbstorganisierende Systeme sind, die in wesentlich geringerem Ausmaß als gemeinhin angenommen wird, beherrschbar, d. h. dem steuernden und gestaltenden Einfluß ihrer Leitungsorgane unterworfen resp. ausgesetzt und zugänglich sind. Etwas präziser müßte man sagen, daß Beherrschung, Gestaltung und Steuerung einer Unternehmung auf der Basis einer evolutionären Perspektive andere Merkmale aufweist als auf der Basis einer Auffassung, die davon ausgeht, daß eine Unternehmung ausschließlich ein bewußt, in absichtsvoller und geplanter Weise gestaltetes, zweckrationales System sei".[30]

Schlägt man eine solche Sichtweise als Paradigma einer kulturbewußten Unternehmensführung vor, so konzentrieren sich die Bemühungen insbesondere auf drei Aspekte. Zum einen sind, ausgehend von der Entwicklung eines unternehmensbezogenen Leitbildes, das seinerseits stets Gegenstand kritischer Prüfungen zu sein hat, die Aktivitäten festzulegen und umzusetzen, die der Realisation einer starken und funktionalen Unternehmenskultur dienlich sein könnten.[31] Andererseits ist es aber auch unabdingbar, sich mit den Fragen der Evolution des Systems „Unternehmung" in seiner Umwelt auseinanderzusetzen und unternehmenskulturelle Frühaufklärung zu betreiben, um gegebenenfalls neuere

---

[28] Vgl. hierzu Kirsch (1984), S. 605 ff.
[29] Zur Konzeption eines evolutionären Managements, wie es vor allem von Forschern der Hochschule Sankt Gallen unter Bezugnahme auf evolutionstheoretische Ansätze vertreten wird, vgl. Malik (1979), (1981), (1982), Malik/Probst (1981), Probst (1981), Probst/Dyllick (1982) sowie Semmel (1984).
[30] Malik/Probst (1981) S. 122.
[31] Vgl. zu den Möglichkeiten eines „Kulturmanagements" Beitrag E sowie Dill (1986) S. 247 ff.

Tendenzen und Strömungen innerhalb des für die Unternehmung bedeutsamen Wertespektrums sowie andere relevante Veränderungen des organisationalen Entscheidungsfeldes erkennen zu können. Drittens muß den Fragen der Abstimmung von System und Umwelt Beachtung geschenkt werden. Dabei ist „evolutionstheoretisch" von einer wechselseitigen Beziehung auszugehen: Die Evolution der Mikrosysteme schafft sich selbst die makroskopischen katalytischen Bedingungen für ihre Kontinuität, und auch die Makroevolution schafft sich ihre bestandserhaltenden katalytischen Elemente. Die Makrosysteme, d. h. die gesellschaftliche Ordnung im weitesten Sinne, garantieren gewissermaßen eine Metastabilität, welche Voraussetzung für die Funktion der Mikrosysteme ist.[32]

Insbesondere der letzte Gedanke macht deutlich, warum die „Botschaft" der Unternehmenskulturdiskussion in der Betriebswirtschaftslehre über eine bloße Anleitung zum „Werte- und Normendrill" hinausgehen muß. Die Unsicherheit bezüglich der Gültigkeit des herrschenden „Machbarkeits"-Paradigmas in Theorie und Praxis betriebswirtschaftlicher Organisationen darf nicht in einer trügerischen Sicherheit der vermeintlichen „Beherrschbarkeit des Unberherrschbaren" versanden. Diese Unsicherheit muß vielmehr als Chance begriffen werden, die Dogmen der Systemabgrenzung und des Überlebens willkürlich definierter „Subsysteme" zu überwinden, zugunsten einer holistischen Perspektive, die weniger der funktionalistischen Kategorie der Differenz und mehr der evolutionstheoretischen Kategorie der Interdependenz vertraut. Für die Unternehmensführung bedeutet das unter Umständen die Notwendigkeit einer tiefgreifenden Wandlung ihres Selbstverständnisses. „Kulturbewußtes Management" könnte hierfür ein Wegweiser sein, der allerdings nur die Richtung, nicht aber das Ziel angeben kann.

---

[32] Vgl. Jantsch (1979) S. 117 ff.

## Literaturverzeichnis

*Arrow, K. J.* (1951): Social Choice and Individual Values, New York 1951
*Bütow, L.* (1980): Genesis und Inhalt der Unternehmungsziele, Berlin 1980
*Cyert, R. M./March, J. G.* (1959): A Behavioral Theory of Organizational Objectives, in: Haire, M. (Hrsg.), Modern Organization Theory, New York 1959, S. 76 ff.
*Cyert, R. M./March, J. G.* (1963): A Behavioral Theory of the Firm, Englewood Cliffs, N. J. 1963
*Dahrendorf, R.* (1974): Homo Sociologicus, 14. Aufl., Opladen 1974
*Deal, T. E.* (1984): Unternehmenskultur: Grundstein für Spitzenleistungen, in: ATAG (Hrsg.), Die Bedeutung der Unternehmenskultur für den Erfolg ihres Unternehmens, Zürich 1984, S. 27–42
*Deal, T. E./Kennedy, A. A.* (1982): Corporate Culture – The Rites and Rituals of Corporate Life, Addison Wesley 1982
*Dill, P.* (1986): Unternehmenskultur: Grundlagen und Anknüpfungspunkte für ein Kulturmanagement, Bonn 1986
*Easton, D.* (1965): A Framework for Political Analysis, Englewood Cliffs, New York 1963
*Etzioni, A.* (1975): Die aktive Gesellschaft, Opladen 1975
*Gäfgen, G.* (1974): Theorie der wirtschaftlichen Entscheidung, 3. Aufl., Tübingen 1974
*Habermas, H.* (1981): Theorie des kommunikativen Handelns, 2 Bände, Frankfurt/Main 1981
*Heinen, E.* (1976a): Grundlagen betriebswirtschaftlicher Entscheidungen – Das Zielsystem der Unternehmung, 3. Aufl., Wiesbaden 1976

*Heinen, E.* (1976b): Grundfragen der entscheidungsorientierten Betriebswirtschaftslehre, München 1976

*Heinen, E.* (1981): Zum betriebswirtschaftlichen Politikbegriff – Das Begriffsverständnis der entscheidungsorientierten Betriebswirtschaftslehre, in: Festschrift für Curt Sandig, Stuttgart 1981

*Heinen, E.* (1984): Führung als Gegenstand der Betriebswirtschaftslehre, in: Heinen, E. (Hrsg.), Betriebswirtschaftliche Führungslehre, 2. Aufl., Wiesbaden 1984

*Heinen, E.* (1985a): Einführung in die Betriebswirtschaftslehre, 9. Aufl., Wiesbaden 1985

*Heinen, E.* (1985b): Industriebetriebslehre als Entscheidungslehre, in: Heinen, E. (Hrsg.), Industriebetriebslehre, 8. Aufl., Wiesbaden 1985, S. 1–70

*Heinen, E.* (1985c): Wandlungen und Strömungen in der Betriebswirtschaftslehre, in: Probst, G. J. B./Siegwart, H. (Hrsg.): Integriertes Management, Bern, Stuttgart 1985, S. 37 ff.

*Heinen, E.* (1986): Unternehmenskultur, in: DBW 4/1986

*Heinen, E./Dietel, B.* (1987): Ziele der Führung, in: Kieser, A./Reber, G./Wunderer, R. (Hrsg.), Handwörterbuch der Führung, Stuttgart 1987, Sp. 2073 ff.

*Jantsch, E.* (1979): Die Selbstorganisation des Universums, München 1979

*Kirsch, W.* (1969): Die Unternehmensziele in organisationstheoretischer Sicht, in: ZfbF, 1971, S. 665 ff.

*Kirsch, W.* (1977): Einführung in die Theorie der Entscheidungsprozesse, 2. Aufl., Band I–III, Wiesbaden 1977

*Kirsch, W.* (1984): Wissenschaftliche Unternehmensführung oder Freiheit vor der Wissenschaft, 2 Bände, München 1984

*Kirsch, W.* (1985): Evolutionäres Management und okzidentaler Rationalismus, in: Probst, J. B./Siegwart, H. (Hrsg.), Integriertes Management, Bern/Stuttgart 1985, S. 331 ff.

*Kirsch, W./Esser, W.-M./Gabele, E.:* Das Management des geplanten Wandels von Organisationen, Stuttgart 1979

*Kosiol, E.* (1962): Organisation der Unternehmung, Wiesbaden 1962

*Kupsch, P.* (1979): Unternehmungsziele, Stuttgart/New York 1979

*Malik, F.* (1979): Die Managementlehre im Lichte der modernen Evolutionstheorie, in: Die Unternehmung 1979, S. 303 ff.

*Malik, F.* (1981): Kybernetische und methodische Grundlagen des Strategischen Managements, Bern 1981

*Malik, F.* (1982): Evolutionäres Management, in: Die Unternehmung 1982, S. 91 ff.

*Malik, F.* (1984): Strategie des Managements komplexer Systeme, Bern/Stuttgart 1984

*Malik, F./Probst, G.* (1981): Evolutionäres Management, in: Die Unternehmung 1981, S. 121 ff.

*March, J. G.* (1962): The Business Firm as a Political Coalition, in: Journal of Politics, 1962, S. 672 ff.

*March, J. G./Simon, H. A.* (1958): Organizations, New York/London 1958

*Marschak, Th. A.* (1959): Economic Theories of Organization, in: March, J. G. (Hrsg.), Handbook of Organization, USA 1965, S. 423 ff.

*Mayntz, R.* (1980): Rollentheorie, in: HWO Sp. 2043 f.

*Mintzberg, H.* (1983): Power in and around Organization, Englewood Cliffs, 1983

*Ouchi, W. G.* (1981): Theory Z: How American Business can Meet the Japanese Challenge, Reading/Mass. 1981

*Ouchi, W. G./Jaeger, A. M.* (1978): Type Z Organization: Stability in the midst of Mobility, in: Academy of Management Review 4/1978, S. 305–314

*Ouchi, W. G./Johnson, J. B.* (1978): Type of Organizational Control and Their Relationship to Emotional Well-Being, in: Administrative Science Quarterly 1978, S. 293–317

*Probst, G.* (1981): Kybernetische Gesetzeshypothesen als Basis für Gestaltungs- und Lenkungsregeln im Management, Bern/Stuttgart 1981

*Probst, G./Dyllick, T.* (1982): Begriffe, Analogiebildung und Intention im Evolutionären Management, in: Die Unternehmung 1982, S. 107 ff.

*Probst, J. B./Siegwart, H.* (Hrsg.) (1985): Integriertes Management, Festschrift zum 65. Geburtstag von H. Ulrich, Bern/Stuttgart 1985

*Rühli, E.* (1973, 1978): Unternehmensführung und Unternehmenspolitik, Bd. 1 und 2, Bern/Stuttgart 1973 und 1978

*Schmidt, R.-B.* (1967): Die Instrumentalfunktion der Unternehmung, in: ZfbF 1967, S. 233 ff.

*Semmel, M.* (1984): Die Unternehmung aus evolutionstheoretischer Sicht, Bern/Stuttgart 1984

*Simon, H. A.* (1952/53): A Comparison of Organization Theories, in: Review of Economic Studies, Vol XX 1952/53, S. 44 ff.

*Stratmann, H. G.* (1968): Die Kriterien der Leistungswirksamkeit im Rahmen der Gestaltung betriebswirtschaftlicher Organisationen, Diss. München 1968

# Sachverzeichnis

Ablehnung 27
Anreizarten 201 f.
Anreiz-Beitrags-Theorie 214 ff.
Anreizsystem 231
Anreizvorleistungen 214
Arbeitsethik 134
Artefakte,
– kulturelle 25, 32
Ausdifferenzierung, organisatorische 130 f.

Bedürfnisse 217
Beitragsleistungsentscheidungen 221 f.
Beitragsvorleistungen 214
Beitrittsentscheidungen 220 f.
Bereichspositionierung 149
Bezugspunkte,
– normative 37, 39, 164

„clan" Organisation 8 ff., 169
Coaching 199
commitment 124
communities of assumption 125
Company Cultures 11, 22
Corporate Culture 4 f., 22

Desintegration,
– unternehmenskulturelle 27
Desorganisation 230
Diskurs 191

Effektivität 157
Effizienz 157
Einheitskultur 27
Entscheidungsepisode, Konzept der 132
Entscheidungsprozeß 35
– strategischer 35, 172 f.
– strategischer, und Unternehmenskultur 172 ff.
Entscheidungssubsystem 35
– administratives 35
– operatives 35
– politisches 35
Ergebnispromotion 167
Erklärungsaufgabe 21, 39 f.
Ethnographische Schule 62
Evolution 234 f.

Fluktuationsrate 231, 10
Führung,
– Begriff der 37 f., 144
Führungshypothese 127

Führungsstil, partizipativer 10
Führungstheorie 38
Funktionalismus 78, 80
– und Organisationstheorie 79 f.
– und Systemtheorie 81 f.
– in der Organisationskulturforschung 87 ff.
Funktionalität einer Unternehmenskultur 16
Funktionen der Organisationskultur 88

Gebräuche 23
Gesamtentscheidungsprozeß 35
Gestaltungsaufgabe 21, 40
Grundhaltung(en),
– strategische 174, 180
Grundmodelle 21

Handeln,
– kommunikatives 191
Human-Ressourcen Management
– werteorientiertes 196 ff.
– Strategien 197 ff.
Humanvermögen 196

Ideal-Regeln 23
Ideensystem 58, 61
Identifikation 123 ff.
Ideologie 94 f.
Ideologiesysteme der Organisation 124
Interaktionismus, Ansatz des symbolischen 118 ff.
Interdependenz 235
Interpretativer Ansatz
– Soziologie 78
– Organisationskulturforschung 89 ff.
Internalisation 27

Karierewege 232
Koalition 218 ff.
Koalitionsmodell 34
Koalitionstheorie 33
Kommunikative Instrumente 184 ff.
Konceptas 55
Konnotationen,
– negative 185
– positive 185
Kontingenzansatz 82
– Kritik am 83 ff.
Kooperationsrecht 8
Koordination,
– Arten der 148

- Begriff der 147 ff.
- über Märkte 149
- über Clans 150
Koordinationsinstrumente,
- strukturelle 148 f.
- nicht strukturelle 150
Kosten
- soziale 191
Kritische Theorie 92
Kultur, Dualismus der 57
Kulturanalyse 99 f., 178
Kulturanthropologie 52, 54
Kulturbegriff 50 ff., 213
kulturbewußte symbolische Führung,
  Konzept der 128
Kulturbewußtes Management 182 f.,
  233 f.
Kulturebenen 98
Kulturentwicklung 100 ff.
- -entwicklungsprozeß 60
Kulturkonzepte, Systematisierung der
  53 ff.
- historisch-diffusionistisch 61
- ökologisch-adaptionistisch 60
- anthropologisch orientiert 54 ff.
- strukturfunktionalistisch 60
- deskriptiv 55
- funktionalistisch 59
- explikativ 55
- „Sociocultural System" Schule 59 ff.
- Soziologisch orientiert 57
- Typologisierung der 58
- nach Allaire/Firsirotu 57 ff.
- kognitiver Ansatz 62
- strukturalistischer Ansatz 62
- Äquivalenzansatz 62 f.
- symbolischer Ansatz 63 ff.
Kulturethnographie 52
Kulturmanagement 17, 143, 145, 164,
  168, 171, 185, 191, 195, 202
- als kulturbewußte Führung 181
Kulturmetapher 85, 17 ff.
- Grenzen der 91 f.
Kultursoziologie 52
Kultursystem 57
Kulturverständnis 50 ff.

Makrosoziologie, klassische 8
Management
- konsensorientiertes 189 ff.
- werteorientiertes Human-Ressourcen-
  196 ff.
Managementforschung, kulturvergleichende 5, 7
Management of Evolution 233 f.
Manager 216, 222 f.,

Menschenbild,
- sozialwissenschaftliches 38
„Misfit-Analyse" 174 f.
Misfits 177 ff.
Mitarbeiterführung 144
Mitgliederselektion 220
Motiv,
- Begriff des 154
Motivation 154
Mythen 115 f.

Narzißmus, Kultur des 93
Normen 64, 22, 23 ff.

Oberziele,
- generelle 35, 159
Objektivismus, Begriff 76
Offenkundigkeit der Absicht 186
Organisationsentwicklung und
  Organisationskulturforschung 97 ff.,
  170 f.
Organisationssoziologie 59
Organisationsstruktur 129 f.
Organizational Symbolism 19

Paradigma 70, 73 ff.
Patensystem 199
Perceptas 55
Personalauswahl 198
Personalbeurteilung 232
Personaleinführung 198
Personalentwicklung 199
Personalplanung 199
Personalrekrutierung 197
Primärsozialisation 120
Prinzipien,
- moralische 23
Prozeßpromotion 167

Radikaler Wandel 77
Rationalität,
- traditionelle 191
- kommunikative 191
Reflektierte Interdisziplinarität 96,
  102 f.
Regeln 23
Regelung 76 f.
Repräsentation,
- symbolische 188 f.
Repressivrecht 8
Riten 117
Rituale 117
Rolle 215
Rollenbesetzung 228
Rollendefinition 228
Rollenhandeln 228

## Sachverzeichnis

Selbstkoordination 230
7-S-Konzept 12f.
Sinn 13
Sinnsystem 90, 19
Sinnverlust 212
Situationsdefinitionen 119f.
Solidarität, organische 8ff.
– mechanische 8
Sozialisation, sekundäre 120
Sozialisationsprozesse 62, 184, 199
– primäre 163
– sekundäre 163
Sozialsystem 57, 61
Sprache 85, 111f.
Sprachgeiz 113
Stellenaufgabe 228
Story 110ff.
„storytellers" 186
strategische Analysefelder 173
Strategy follows Structure 174
Structure follows Strategy 174
Strukturdilemma 130
Subjektivismus, Begriff 76
Subkulturen 129, 64, 27, 154
Symbol(e, en) 62, 63ff., 85, 88, 99f., 93, 109ff., 118
– expressives 110
– habitualisiertes 116ff.
– instrumentelles 110
– Management von 15
– sprachliches 113
Symbolischer Interaktionismus 102, 40f.
Symbolisches Management 183ff.
Symbolisierung 63ff.
System, sozio-kulturelles 64
Systemtheorie 81ff., 102
Systemvereinbarkeit 27ff.

Top Manager 232
Transaktionskostentheorie 149f.
Transformation,
– kulturelle 168, 176, 180
„Typ-A" Organisation 7
„Typ-J"-Organisation 7
„Typ-Z"-Organisation 229f., 7ff., 169

Übereinstimmungsausmaß 27ff.
– Unternehmenskultur, Medien der 41
Unterbewußtsein 62
Unternehmensgrundsätze 164ff., 182
– Einführung von 166ff.
– Formulierung von 166ff.
– Implementierung von 169ff.
Unternehmenskultur(en), Begriff der 2f., 16, 22ff., 32
– als Determinante 162, 189

– als Erfolgsfaktor 13
– als ideeles Metasystem 25
– als Resultante 162, 189
– Typologisierung von 26ff.
– Funktionen der 37, 146, 157
– originäre 146ff.
– derivative 146, 157f.
– Koordinationsfunktion der 147
– Integrationsfunktion der 152ff.
– Motivationsfunktion der 154ff.
Unternehmenskulturforschung 20
– individualistische 17ff.
– objektivistische 15
Unternehmensleitbilder 164ff.
Unternehmensphilosophie 164ff.
Unternehmenspezifische Geschichten 114ff.
Unternehmenssteuerung,
– strategische 144
Unterziele 35

Verankerungsgrad 27ff., 41
– einer Unternehmenskultur 121
Verhandlungsmacht 219
Verhaltensmuster 60
Vernunft,
– kommunikative 190ff.
Vorschriften 23

Wert 22, 64, 227
Wertfreiheit 20, 102f.
Wert- und Normengefüge,
gesellschaftliches 133ff.
Werte- und Normen-Drill 41, 143
Werte- und Normensysteme, Übereinstimmungsausmaß unternehmensbezogener 122
Wertsysteme,
– gelebte 182f.
Wertewandel, gesellschaftlicher 135ff.
Willensbildung 161
Willensdurchsetzung 161

Zen-Tradition 6
Zeremonien 117
Zielanalyse 35
Zielbildungsprozesse 224f., 33, 163
Ziele 223f.
– operative 160
– strategische 159
– für die Organisation 163
– der Organisation 163
Zielkompromiß 226
Zielsystem 131f., 34, 163
Zirkel des Verstehens 91
Zweck-Mittel-Schema 229